살인의 역사

살인의 역사
중세에서 현대까지 살인으로 본 유럽의 풍경

2011년 6월 11일 초판 1쇄 찍음
2011년 6월 16일 초판 1쇄 펴냄

지은이 I 피테르 스피렌부르그
옮긴이 I 홍선영

편 집 I 김희중, 오정원
관 리 I 이영하
영 업 I 우현권

종 이 I 세종페이퍼
인 쇄 I 미르인쇄
제 본 I 은정제책

펴낸이 I 장의덕
펴낸곳 I 도서출판 개마고원
등 록 I 1989년 9월 4일 제2-877호
주 소 I 서울시 마포구 공덕1동 105-225 2층
전 화 I (02) 326-1012
팩 스 I (02) 326-0232
이메일 I webmaster@kaema.co.kr

ISBN 978-89-5769-122-9 03900
ⓒ 개마고원, 2011. Printed in Seoul, Korea.

• 이 도서의 국립중앙도서관 출판시도서목록(CIP)은 e-CIP 홈페이지(http://www.nl.go.kr/ecip)와
  국가자료공동목록시스템(http://www.nl.go.kr/kolisnet)에서 이용하실 수 있습니다.
  (CIP 제어번호: CIP2011002277)

살인의 역사

A HISTORY OF MURDER

중세에서 현대까지 살인으로 본 유럽의 풍경

피테르 스피렌부르그 지음 | 홍선영 옮김

개마고원

차 례

감사의 글

이와 같은 종합적인 작업에서는 참고하는 출판물의 모든 저자들에게 빚을 지게 된다. 필자가 그들에 동의하는지는 별개의 문제다. 이 책에서는 암스테르담 기록 보관소의 자료도 참고했다. 이곳의 자료는 1990년대에 수집된 것으로 에라스무스 대학 역사학과의 재정 지원을 받은 당시 연구자들인 데지레 허버, 스테파니 리싱크, 제로엔 블라크, 야니타 반 네스, 아리스 반 미터렌 등의 도움을 받았다. 책을 마무리하기 위해 2006년에서 2007년까지 교수직을 쉴 수 있도록 지원해준 네덜란드과학연구기관NWO에 감사드린다. 마이클 포렛은 4장을 여는 이야기 자료를 제공해주었다. 얀 반 허바르덴과 존 나제미는 중세 관련 자료를 제공해주었다. 레네 레비와 로랑 무치엘리는 네덜란드 도서관에 없는 프랑스 서적들을 구해주었다. 또한 레네는 파리 보관서의 사진 자료까지 확보해주었다. 그래프 자료는 옴리 마노치가 준비해주었다. 바쁜 가운데 초고의 한두 장을 읽고 평해준 동료들—클라이브 엠슬리, 빌럼 드 한, 토마스 만테콘, 에드 뮈어, 도로티아 놀드, 파울 슐텐, 짐 샤프, 마티 비너, 다미안 자이치—에게도 감사의 마음을 전한다. 로저 레인과 익명의 한 독자는 원고를 검토해주었다. 더불어 조력을 아끼지 않은 폴리티 출판사의 엠마 롱스태프와 조나단 스케렛, 교열 담당 사라 댄시에게 감사드린다.

최종 결과물에 대한 책임은 전적으로 필자에게 있다.

서론

선사시대 유골에서도 외부 폭력의 흔적이 발견될 만큼 살인의 역사는 오래됐다. 살인은 오늘날 우리 주변에서 일어나며 앞으로도 우리 삶의 일부로 남아 있을 것이다. 100년도 더 전에 영국의 법제사가 프레더릭 윌리엄 메이틀런드Frederic William Maitland는, 요정이 자신에게 어떤 한 종류의 장면을 여러 사회에서 직접 관찰할 수 있게 해준다면 자신은 살인 재판을 택하겠다고 말했다. 살인 재판에서는 매우 중요한 문제들이 수없이 드러난다는 것이 이유였다.[1] 앞으로 여러 장에서 메이틀런드의 말을 확인할 수 있을 것이며, 이 책에서는 재판 없이 기록으로만 남은 살인 사건 역시 살펴볼 것이다. 살인은 언제나 사건에 가담한 사람이나 목격자의 근본적인 가치관에 영향을 미치기에 당시의 문화와 사회적 위계구조, 성적 관계 등 귀중한 정보를 알려준다. 그렇기에 장기간에 걸친 사회의 전반적 변화 양상을 살펴보면 살인의 역사를 더 잘 이해할 수 있다. 우리가 여기서 다룰 주제는 역사와 범죄학의 접점에 있다.

'살인'이라는 단어는 일상어에 속한다. 살인의 뜻은 대부분 분명히 알고 있다. 저마다 군인 간의 무력 충돌이나 교통사고에 대한 견해가 다르겠지만, 이를 살인이라 부르는 사람은 드물다. 학자들은 개인적이고 고의적으로 사람을 죽이는 모든 형태의 행위를 약칭하여 살인이라고 한다. 미국 역사가 로저 레인Roger Lane 역시 같은 관점에서 미국 내 살인의 역사를 바라보았다(1997). 여기서도 같은 용법을 따라 살인murder과 그보다 공식적인 표현인 살해homicide를 구분 없이 함께 쓸 것이다. 다만 독자가 살인이라는 단어를 엄격한 법적 의미에서 받아들여야 할 경우에는 두 단어를 뚜렷이 구분할 것이다. 살인은 물론 개인적 폭력의 가장 극단적인 형태다. 살해 사건의 이야기 중에는 죽음으로 귀결되지 않은 우발적 폭력과 비슷한 것이 많다. 이 책에서는 죽음으로까지 이어지지 않은 사건도 조사 대상에 포함시키겠지만 중심은 살인에 둘 것이다. 사소한 폭행이나 위협은 우리의 주된 관심사가 아니다. 한편으로 '개인적' 폭력의 범주에서 벗어나는 주제, 즉 혁명이나 기타 대규모 집단적 폭력, 군사 행동이나 체벌 등은 조사 대상에서 제외된다.(단 살해자가 법적 처벌을 받게 되는 경우는 예외다). 폭력은 어떤 식으로든 온전한 신체에 고의로 해를 입히는 행위를 의미한다.[2] 폭력을 좀 더 폭넓게 정의하는 독자는 여기에 '신체적physical'이라는 단어를 덧붙이면 될 것이다. 마지막으로, 폭력이나 살인을 반드시 범죄와 동일한 것으로 봐서는 안 된다. 폭력과 살인이 점차 불법화하는 양상은 앞으로 중심 주제 중 하나로 살펴볼 것이다.

우리가 살인을 범죄의 범주에 넣고, 개인 간 폭력과 국가의 폭력을 구별하게 된 것은 현대 사회에 접어든 뒤의 일이다. 사회학자 요한 구즈블롬 Johan Goudsblom(1998)은 세계사적 관점에서 독점화 과정의 세 단계를 구별했다. 첫 번째는 성인 남성의 폭력 독점으로, 여성과 아동이 조직적 폭력에서 배제됐다. 이 가상의 단계가 시작되는 시점은 사냥이 남성의 활동으로, 식물 채집이 여성의 활동으로 나뉘는 시기와 일치한다. 두 번째 단계는 군사-농업 사회에서 전사 엘리트 계층이 농부나 성직자 등 다른 사회계층을 배제하고 폭력을 독점하는 것이다. 독점의 첫 번째 단계가 정신적 신념에 뿌리를 두었다면 두 번째 단계는 무기의 독점 소유에 의해 강화됐다. 세 번째는 비교적 자율적인 전사 계층이 점차 더 큰 조직으로 대체되는 단계다. 폭력은 지금 우리가 국가라 부르는 기관이 독점하게 됐다. 조직적 폭력의 전문가들은 모두 국가에 흡수되거나 제거됐다. 이 단계는 16세기 이후 북서부 유럽과 일본에서 각각 독립적으로 점차 빠르게 진행됐다. 폭력을 독점한 국가는 대외적으로는 다른 국가와의 전쟁에서, 대내적으로는 범법자 처벌과 고문, 강제적인 억압 등에서 폭력을 사용한다. 앞선 단계가 그랬듯 독점은 상대적인 것이었다. 간간이 터진 내전과 폭동, 온갖 폭행과 살인이 국가의 폭력 독점의 붕괴 가능성을 넌지시 보여주었으며, 실제로 일부 국가는 폭력에 대한 독점권을 상실했다.

여기에서는 개인적 살인과 국가적 폭력을 구분할 수 있게 된 때부터 지금까지 7세기에 걸친 유럽 내 살인의 역사를 살펴볼 것이다. 중세 후기는 폭력 독점의 두 번째 단계에서 세 번째 단계로 건너가던 시기였다. 살인 사건 발생 건수에 관한 가장 오래된 자료도 1300년경에 기록된 것이다. 이러한 증거는 연구의 중요한 기반이 됐지만 이 책은 살인 사건의 발생 빈도를 밝히는 것에 그치지 않을 것이다. 하나의 서술에서 다른 서술로 건너뛰지도 않을 것이다. 여기서는 사회과학적 관점에서 살인의 성격과 사건 발생 상황, 살인의 사회적 의미와 문화적 맥락 등을 살펴볼 것이다. 폭력의 표현 방식 등 부차적인 주제도 살펴보겠지만, 초점은 실제 일어난 살인 사건에 맞출 것이다.

▌살인의 장기적 감소

그래도 우선 시간에 따른 양의 변화를 살펴보자. 몇십 년 동안 수많은 역사가들이 철저한 실증 연구를 통해 몇 세기에 걸친 살인 사건 자료를 지역별로 수집했다. 물론 연구자들은 최근 시기에 대한 각국의 통계 자료를 이전에도 더 쉽게 얻을 수 있었지만, 이 새로운 기록 작업이 살인의 규모와 관련된 지식을 한층 향상시켰다. 정치학자 테드 로버트 거Ted Robert Gurr (1981)를 비롯한 일부 학자들이 이 자료들을 이용해 살인 사건의 장기 그래프를 그렸다. 현재까지는 범죄학자 매뉴얼 아이스너Manuel Eisner의 자료가 수량화 작업을 가장 포괄적으로 체계화하고 있다.

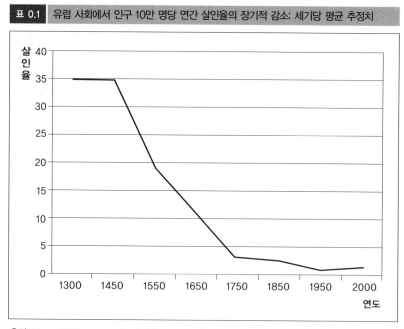

표 0.1   유럽 사회에서 인구 10만 명당 연간 살인율의 장기적 감소: 세기당 평균 추정치

출처: Eisner 2001 and 2003; Monkkonen 2006

표 0.1은 이른바 살인율을 보여준다. 지금까지는 이렇게 살인율homicide rate이라고 흔히 써왔지만 사실 '비ratio'라고 하는 것이 더 정확한 표현이다. 모든 범죄 연구에서 살인율은 사건 발생 지역의 전체 인구에 대한 살인 사건 발생 건수를 나타낸다. 이 수치는 일 년 단위로 측정한다. 과거의 살인율은 오랜 기간의 연평균치를 가리킨다. 일 년간의 수치만 산출하면 그것이 그 시대의 관점에서 정상적인지 예외적인 것인지 가늠할 수 없기 때문이다. 거주 인구는 보통 10만 명으로 잡는다. 만 명이나 100만 명당 비율로 계산할 수도 있지만 10만 명이 제일 흔하기 때문에 이 기준이 암묵적으로 널리 쓰인다. 이 책에서도 살인율이 단 한 숫자로 제시된다면 인구 10만 명당 연평균 살인 사건 발생 건수를 뜻하는 것이다.

중세의 자료는 상대적으로 부족하기 때문에 모든 자료를 합쳐서 한꺼번에 계산했다.[3] 표에는 중세 이후 살인율이 하락하는 추세가 뚜렷이 드러난다. 중세 유럽 도시에서 살인율은 몇십 건에 이르는 것이 보통이었으나 20세기 중반에 이르자 한 자리에서 맴돌았다. 물론 이처럼 고도로 집약적인 그래프에서는 지리적 차이나 일시적 변동 과정이 잘 드러나지 않는다. 이어지는 장에서는 중세 시기 살인의 주된 경향과 함께 질적 성격 변화를 알아볼 것이다. 살인율의 장기적 감소 추세는 1970년경 이후 뒤집어졌지만 최근의 살인율 증가폭은 중세 시대에 비하면 표 0.1에서도 알아보기 힘들 정도로 소폭에 그친다. 마지막 장에서는 이러한 현대 사회의 살인율 증가 현상에 대해 알아볼 것이다.

과연 자료가 확실한지 의심하는 독자도 있을 것이다. "암수"도 있지 않을까? 암수(dark number 또는 dark figure)는 범죄학의 기본 개념으로, 기록된 범죄와 실제로 발생한 모든 범죄의 수 차이를 말한다. 범죄 사건에 대한 양적 조사의 방법론적 문제도 암수에 영향을 미친다. 내가 자전거를 도난당한 뒤 이 사실을 경찰에 신고하지 않았다면 나는 암수를 늘린 셈이 된다.

이후 연말에 내가 범죄 사건 조사 대상으로 선별됐다는 전화를 받고 조사원에게 자전거 도난 사실을 알렸다면 도난당한 자전거는 통계치에 포함된다. 오늘날 범죄 피해 조사는 암수를 없애는 주된 방법으로 사용되고 있다. 당연한 이유로 이것을 살인에는 적용할 수 없지만 대안은 있다. 특별한 몇 가지 경우를 제외하면 살인은 주변의 이목을 끌기 마련이고, 최근의 경찰 수사 기록도 믿을 만해졌다. 폭력적 죽음 등의 원인을 밝힌 의학적 통계 자료는 평균적으로 100년 전부터 존재했다. 그중에는 중세 시대까지 이를 만큼 오래된 것도 있다. 행정기관들은 의심스러운 모든 시체에서 용의자가 있든 없든 폭력의 흔적을 찾도록 지시했다. 영국에서 '사체검안서coroner's records'라 불리는 검안서는 살인에 대한 장기 그래프의 바탕이 된다. 성공적으로 은폐된 시체들은 그래도 암수로 남겠지만, 그 수치는 무시해도 될 정도일 것이라고 학계는 추측한다. 상처를 치료하는 의료 기술의 발전은 20세기 이전까지는 살인율에 큰 영향을 미치지 않았다.[4]

양적 기록에 사법적 증거를 보충하면 단순한 살인 사건 이상의 정보를 도출할 수 있다. 성별은 살인에서 중요한 요소가 된다. 높은 살인율은 대개 남성 간의 싸움이 횡행한 결과로 나타난다. 이에 대해서는 앞으로 여러 장에서 피의 복수vendetta나 결투 등의 예를 들어가며 자세히 살펴볼 것이다. 한편 전체 살인율이 낮아지면서 총 살인 중 친밀한 관계의 살인 비율이 높아졌다. 영아 살해 사건은 주로 혼외정사에 대한 그 시대의 우려 정도와 관계가 있다. 영아 살해에 대해서는 대다수 학자들이 따로 그래프를 남겨두고 있다. 성별 다음으로 연령과 사회계층 역시 살인을 좀 더 넓은 맥락에서 이해하는 데 중요한 역할을 한다. 싸움의 당사자는 주로 남성이었으며 비교적 젊은 층이었다. 이것은 살인율의 장기적 하락과 관계없이 놀라울 만큼 지속적인 요인이었다. 사회적 계층화의 유형도 엘리트층의 온순화pacification 때문에 중요하다.[5] 중세 시대 상류층은 하류층에 비해 폭력적인 성향이 짙었지만 후대로 갈수록 평화로운 삶의 방식을 취하게 되면서 살인율도 낮아졌다. 인종 문제는 미국에서 벌어진 살인의 역사에서는 큰 비중을 차지했으나 유럽은 그렇지 않았다. 유대인과 기독교인 사이의 갈등을 제외하면 유럽에서 인종 간, 민족 간 차이는 20세기 후반에 이르기까지 살인의 성격에 별다른 영향을 미치지 않았다. 미국의 살인율은 언제나 유럽보다 높은 수준이었으며 유럽만큼 장기적으로 크게 하락하지도 않았다.[6]

살인율의 장기적 하락을 설명할 때 대다수의 학자들은 사회학자 노베르트 엘리아스Norbert Elias의 문명화 과정 이론을 즐겨 사용한다.[7] 이 이론에 익숙하지 않은 독자들을 위해 이를 살인이라는 주제에 맞춰 설명해보겠다. 그렇지만 문명화 과정 이론은 사회 전반의 발전을 다룬다는 사실을 염두에 두자. 엘리아스는 1939년 초기 출판물의 제목에 '문명'이라는 단어를 일부러 논쟁적인 의미로 사용했다. 당시 사람들이 문명화된 가치의 위기를 걱정할 때 엘리아스는 이렇게 자문했다. "그렇다면 이 문명을 구성하는 것은 무엇인가?" 질문에 답하기 위해 엘리아스는 중세 이후부터 각기 다양한 시기에 쓰인 에티켓에 관한 책을 살펴보았다. 그 결과 그는 이들 책이 소변을 보고 싶을 때는 어떻게 해야 하는가, 침을 뱉고 싶을 때는 어떻게 해야 하는가 등의 뜻밖의 문제들을 다루고 있음을 발견했다. 이들 책이 특히 자세히 다룬 것은 식사 예절이었다. 중세 시대에는 한 식탁에 앉은 사람들이 공용 접시에서 음식을 손으로 가져다 먹고 같은 컵을 사용했으며, 포크나 개인 접시는 16세기가 되어서야 사용했다. 점진적으로 식사 예절이 퍼져나가면서 사람들은 서로의 입과 손의 움직임에 민감해지기 시작했다. 이러한 관심이 이후 몸의 다른 기능으로까지 이어졌다. 그 증거로 엘리아스는 성문제와 신체적 폭행에 관한 행동 규범을 다룬 다른 자료를 들었다.

이로써 엘리아스는 문명이란 결코 고정적이지 않다는 것, 즉 문명은 복합적인 변화 과정을 수반한다는 중대한 결론을 내렸다. 6세기 동안 행동 규범은 더욱 엄격해졌고 개인에게 요구되는 자기통제도 더욱 엄중해졌다. 1900년경의 유럽인들은 자신들이 문명화됐다는 것에 자부심을 느꼈는데, 그들이 이런 특정한 행동 규범을 칭송한 것은 단지 그들이 19세기에 태어났기 때문이었다. 여러모로 빅토리아 시대는 내면의 정신적 억압이 절정에 달한 시기였지만, 대다수 학자들이 주장하듯 그 이후로 개인의 행동 통제는 더욱 안정되고 균형을 이루었으며 시간이 흐르면서 널리 퍼져나갔다. 현대 인류의 자기통제의 평균적 수준은 더욱 높아졌다. 충동과 감정에 대한 억제는 식사와 섹스, 갈등 등 느슨하게 연관된 삶의 여러 분야에 대한 억제로 이어졌다. 이를 잘 보여주는 사례로 17세기 예절 서적에 자주 언급되었다시피 식사할 때 칼을 입 안에 넣지 말라는 금기가 있다. 표면적으로 이 금기는 식사 예법의 하나로, 함께 식사하는 사람들이 그런 공격적인 행동을 보고 느낀 불안감을 나타낸다. 한편으로 이러한 예법은 칼이 위험한 무기라는 당대의 인식과 함께 예의 바른 사람이라면 식사할 때에는 위엄 있게 행동해야 하고 다툼이나 결투에 연루되지 않도록 주의해야 한다는 암묵적 의무를 나타낸다.

마지막으로 이러한 사회심리학적 변천 과정은 사회 전체의 변화와도 연관이 있으며 그중에서도 근대 국가의 발전과 밀접하게 연관된다. 가장 일반적인 차원에서 문명화 이론은 천연자원을 다루는 방식의 변화, 사람 간 조직의 변화, 개인의 감정과 행동 양식의 변화가 서로 면밀히 연계되어 있다고 단정한다. 이 세 가지 변화는 특히 통제의 수준에서 서로 이어진다. 한 분야에 대한 통제가 감소하거나 증가하면 다른 두 분야에 대한 통제 역시 감소하거나 증가한다. 유럽에서는 지난 6세기 동안 평균적으로 자기통제의 양과 지속성이 증가했는데 이 현상은 사회 통합의 고조, 각 분야의 기능 분화와 함께 일어났다. 행동 통제의 변화에서는 공격적인 충동과 감정의 변화가 중요한 위치를 차지했다. 개인의 폭력성은 경제적 분화와 도시

화뿐 아니라 국가기관의 온순화와 폭력 독점이 진행되면서 감소했다. 반면 국가 간 갈등에 따른 폭력의 위험은 뚜렷하게 높아졌다. 사회집단 간의 힘의 차이 역시 문명화 이론의 중요한 한 요소다. 기득권층에게는 행동 통제 채택과 '문명화'에 대한 자부심이 아웃사이더에게 없는 권력의 원천이다.

이 문명화 이론에 모든 학자들이 동조한 것은 아니다. 일부 역사가는 이 모든 이론적 설명이 과연 타당한 것인지 의심했다. 그중 몇몇 사회학자는 뒤르켐으로 돌아가서 개인주의와 집단의 결속력 약화에 대한 그의 이론을 지지했다. 뒤르켐의 이론은 대가족의 유대 관계가 약해지면서 복수극이 사라지는 부차적 과정을 잘 설명한다. 이 지점에서 엘리아스와 뒤르켐의 관점은 하나로 묶일 수 있다.

살인의 양적 감소를 말할 때에는 살인의 양상 변화를 염두에 두어야 한다. 살해와 폭행의 성격은 서로 연관이 있으나 엄연히 다른 두 축을 중심으로 헤아려볼 수 있다.[8] 그중 하나는 충동적 폭력에서 계획적 폭력으로 나아가는 축이다. 이 축은 주로 가해자의 정신적 아비투스habitus(피에르 부르디외가 명명한 것으로, 특정한 사회 환경과 계급에 따라 내면화된 습성, 성향 체계를 가리킨다_옮긴이)와 관련된 것으로, 행동의 즉흥성이나 통제성의 정도를 가늠한다. 또 다른 축은 의례적 폭력에서 도구적 폭력으로 나아가면서 공격적 대립의 사회적·문화적 의미를 나타낸다. 의례적 성격이 짙은 폭력일수록 가해자는 폭력 자체만을 위해 폭력을 행사하며, 도구적 성격이 짙은 폭력일수록 가해자는 폭력 자체만이 아니라 다른 무언가를 획득하기 위한 수단으로 폭력을 행사한다. 강도 사건이 도구적 폭력의 대표적인 사례이긴 하지만, 사실 역사적으로 보면 강도 역시 의례적 폭력을 행사했다. 그런 면에서 인간의 행위는 언제나 두 축의 양극단 사이 어디쯤에 놓여 있지만 꼭 중간에 있는 것은 아니다. 원칙적으로 모든 폭력 사건은 각 축의 어느 한 지점에 자리한다. 이들 축은 서로 교차하면서 구분되는 네 칸을 만들 수 있다. 한 가지 폭력이 도구적이면서 동시에 충동적일 수 있는 것이다. 두 축이 평행으로 나타날 수도 있다. 이 경우는 폭력의 일반적인 성격이 시간의 흐름에 따라 의례적 폭력 쪽에서 도구적 폭력 쪽으로, 충동적 폭력 쪽에서 계획적 폭력 쪽으로 이동한다는 추정을 넌지시 드러낸다. 이때 계획적 살인의 증가는 자기통제의 증가를 반영하며 정신의 문명화와 관련이 있다고 할 수 있다. 하지만 오늘날 살인자의 행위는 인류 대다수가 중시하는 문명화의 기준에 반하고 있다.

의례가 실제 행위에 영향을 미친다는 사실은 강조할 필요가 있다. 당대의 연구자들은 심각한 싸움이 아닌 유희적인 행위를 가리켜 의례적 폭력이라 말하기도 한다. 하지만 모방적인 공격과 유희는 상징적 폭력이라 불러야 한다. 일례로 마르디 그라Mardi Gras(사순절이 시작되기 전날 참회의 화요일_옮긴이) 축제 막바지에는 마을 주민들이 축제용 왕 인형을 참수하는데, 실제로 인형은 죽을 수가 없으니 이는 상징적인 살해다. 이처럼 상징적 행동은 대개 의례이기도 하지만, 그렇다고 모든 의례가 상징적인 것은 아니다. 의례는 현실의 영역에서 적용되기도 한다. 칼싸움을 벌이는 이들이 주로 상대의 얼굴을 겨냥하는 것은 얼굴의 의례적인 상징성 때문이다. 의례는 또한 잔인하고 모멸적일 수 있으며, 모든 역사학자들이 동의하는 바는 아니나 의례적 폭력과 충동적 폭력이 완벽히 어울릴 수도 있다.

▌명예의 결정적 역할

폭력의 장기적인 성격 변화를 조사할 때 가장 중요한 것은 명예의 성격 변화다. 명예는 유럽의 거의 모든 살인 사건과 관련이 있다. 뿐만 아니라 명예는 성별에 따라 큰 차이를 보인다. 남성에게 명예로운 일이 여성에게는 불명예스러운 일일 수 있다. 여성과 남성의 힘의 차이가 감소하고 여성과 남성의 명예가 하나로 수렴되기 시작한 것은 최근의 일이다. 과거든 현재든 수많은 사회에서 여성과 남성의 명예는 그들의 각기 다른 사회적 역할만큼이나 확연히 달랐다. 우리가 다루는 문화 복합체에서 여성의 명예는 첫째로 순결, 둘째로 수동성과 침묵에 기반을 두고 있다. 여성에게 수동적인 역할이 요구됐다는 것은, 여성이 자신의 명예를 스스로 지키기 힘들었다는 뜻이다. 가부장제 사회에서 남성에게 중요한 명예 중 하나는 여성의 명예를 지키는 것이었다. 남성은 여성의 명예를 실추시킨 다른 남성에게 공격과 보복을 가함으로써 여성의 명예를 지켰다. 남성이 보호하는 여성은 대체로 아내나 딸, 어머니, 그 밖의 식구였다. 반면 남성은 다른 남성으로부터 명예를 침범당하면 스스로 폭력을 행사하여 대응할 수 있었다. 남성에게는 자신의 명예와 이를 보호하는 일이 사실상 같은 문제였다. 남성의 명예는 육체적 용기와 용맹, 폭력적인 성향에 달려 있었다. 말이나 행동으로 받은 모욕은 곧 명예에 대한 공격이었으며, 실추된 명예를 회복하는 유일한 길은 상대를 공격하는 것이었다. 토지 이용권 등에 대한 갈등도 남성의 명예에 영향을 미쳤다. 무수한 살인 사건이 이런 갈등에서 비롯됐다.

명예에 대한 강박에 처음으로 체계적인 관심을 보인 이들은 줄리안 피트-리버스Julian Pitt-Rivers와 피에르 부르디외Pierre Bourdieu 등의 인류학자들이다. 그들은 명예에 대한 강박이 1950년대와 1960년대에도 지중해 양편의 나라에 생생히 남아 있다는 사실을 발견했다. 부르디외는 이 사실을 자본의 여러 형태에 대한 이론에 접목시켰다. 그는 명예가 경제적 득실의 논리를 따르지 않으며 대신 사람들이 높이 평가하는 상징적 자본을 구축한다고 주장했다.[9] 인류사학자 안톤 블록Anton Blok은 전통적인 남성의 명예와 신체의 관계를 강조하면서 모든 신체 부위는 제각기 상징적인 의미를 띤다고 주장했다. 수많은 언어에서 남성의 얼굴은 그의 명예를 상징하며, 남성의 고환은 그의 진정한 남성성을 나타낸다. 명예와 신체의 관계는 동물의 몸으로 이어졌고, 사람들은 특히 숫양과 숫염소의 행동을 즐겨 대조했다. 시골 사람은 경험으로 알듯이 숫염소는 자신의 암컷이 다른 수컷과 교미하는 것을 허용하는 반면, 숫양은 자신의 암컷에게 접근하려는 상대와 끝없이 싸움을 벌인다. 민속 신앙에 부정적인 상징으로 등장하는 뿔은—바람난 아내를 둔 남자나 악마의 뿔—모두 염소의 뿔을 가리켰고, 명예로운 남자는 숫양처럼 다른 남성과 겨루며 자신의 아내를 지배했다.[10] 이러한 관점은 근대 초기 영국의 유명한 시에도 드러난다. 이 시에서는 아내를 지배하는 남성만이 양고기를 먹을 수 있다고 선언한다. 나약한 남성은 연인이 불쾌해할 것이라는 두려움 때문에 양고기를 거절하며, 바람난 아내를 둔 남성은 양고기를 삼키지도 못한다는 것이다.[11] 피의 복수에서는 신체의 상징성이 피라는 형태로 나타난다. 선혈이 낭자한 보복에는 한 사람의 목숨보다 피가 더 중요했기 때문에 복수자는 살인자 본인이 아니라 그의 혈족에게 대신 복수를 하기도 했다.[12] 실제로 중세와 초기 근대 유럽 사회에서는 명예가 신체와 결부되어 인식됐기 때문에 대다수 역사학자들이 남성의 명예와 남성의 폭력 사이에서 밀접한 연관성을 찾아냈다.

명예에 대한 이론도 각양각색이다. 진화심리학자 달리와 윌슨Daly and Wilson(1988)은 전통적인 남성의 명예와 이에 수반하는 폭력성이 사회 전반에 널리 퍼진 것은 명예와 폭력성이 하나의 성격으로 진화하면서 번식에 유리하게 작용했기 때문이라고 주장한 반면, 대다수의 다른 학자들은 이 현상을 문화적으로 설명하려 했다. 사회학자 프랭크 헨더슨 스튜어트Frank Henderson Stewart(1994)는 명예를 존경받을 권리로 개념화해야 한다고 주장했다. 그는 명예를 수직적 차원과 수평적 차원으로 나누며 중요한 이론을 첨가했다. 과거의 폭력에 대한 연구에서는 흔히 수평적 명예를 주시했다. 장인 두 명이 술집에서 술을 마시고 있는데 그중 한 사람이 상대를 비열한 놈이라 불렀다. 모욕을 받은 당사자는 칼을 들고 위협적인 제스처를 취하면서 자신이 받은 모욕을 되갚으려 한다. 그런데 이 남자가 이런 상황에서는 언제나 폭력을 휘두르려 한다는 사실이 이미 잘 알려져 있는 데다 그에게 감히 대적할 사람도 나타나지 않는다면 남자는 상당히 명예롭다는 이야기를 듣게 된다. 이처럼 수평적 명예는 남성의 동료들 사이에서 나온다. 수평적 명예는 한 사람이 얻으면 한 사람은 잃는 제로섬 게임과 같다. 반면 수직적 명예는 지위나 서열에서 기인한다. 사회적 계층이 낮은 사람은 수직적 명예를 얻을 수 없다. 수직적 명예는 폭력과도 밀접히 연관된다. 예를 들어, 계층의 경계를 뛰어넘어서 정식 결투를 청하는 것은 부당하다고 간주됐다. 결투에 뛰어드는 상류층은 자신의 폭력은 정당하다 여기면서 공예가나 농부의 싸움에도 명예가 관여할 수 있다는 사실은 인정하지 않았다.

폭력 이론과 마찬가지로 명예 이론 역시 설득력을 높이려면 역사적 시각을 갖춰야 한다. 무수한 살인이 명예와 관련되어 있는데 살인율이 갈수록 낮아졌다면 명예심 역시 낮아진 것인가? 사실 명예심은 감소하는 것이 아니라 변화하는 것이다. 블록은 이에 대해 언급하면서 비교문화학자 조지 펜윅 존스George Fenwick Jones의 주장을 인용했다. 존스는 독일 문학을 연구하던 중 명예가 18세기 중반을 기점으로 외적인 것에서 내적인 것으로 이동했으며, 19세기 말에 이르면서 내적인 명예가 이상적인 것으로 널리 받아들여졌다고 말한다. 처음에 명예는 존중과 경의, 위신, 지위 또는 우월함 등을 나타냈지만 시간이 흐르면서 훌륭한 행동이나 개인의 성실함, 옳고 그름에 대한 분별력 등을 나타내게 됐다. 존스는 이와 유사한 변화가 다른 유럽 국가에서도 일어났다고 주장한다.[13] 여기에서는 두 명예를 대립적인 것으로 놓거나, 과거의 유형만을 명예라 부르며 새로운 것은 미덕이나 위엄으로 바꿔 부르지 않고, 다만 명예가 점진적으로 변화하는 과정을 강조하는 편이 더 사리에 맞을 것이다. 몇 세기 동안 특히 남성의 명예는 그간 밀접히 결부되어 있던 신체와 점점 멀어지고, 내면의 미덕과 서서히 결부됐다. 그 결과 모욕이나 도전을 받았을 때 체면을 세우기 위해 폭력을 행사할 필요가 크게 줄어들었다. 폭력을 쓰지 않으면서 동시에 명예를 얻을 수 있게 된 것이다. 이러한 변화를 '명예의 내면화the spiritualization of honor'라고 부른다.[14]

　명예의 내면화 과정은 특정한 시기에 속한 것이 아니라 사회의 유형에 따라 진행됐다. 고대에서도 명예의 내면화 과정이 목격된다. 로마 사회에서 '명예honor'라는 단어는 주로 수직적 명예를 의미했는데, 이는 로마어로 사무실이 오노레스honores라는 사실에서도 명백히 드러난다. 명예의 내면화 과정은 남성성을 일컫는 단어인 비르투스virtus에서 나타난다. 초기 공화제에서 비르투스는 실제로 남성의 전통적인 명예를 뜻하며 신체와 결부되어 있었고, 특히 군사적 용맹을 발휘해 쟁취하는 것이었다. 그러던 것이 후기 공화제와 로마제국에 이르면서 비르투스는 절제와 냉철함, 정절의 뜻을 내포하며 현대의 '미덕virtue'이라는 의미를 얻게 됐다.[15] 명예의 내면화 과정을 역행하는 움직임도 이후 유럽사에서 목격됐다. 19세기 부르주아 계층 사이에서 결투가 부활한 것이다. 최근에는 신체와 결부된 전통적인 남성의 명예가 도시 지역에서 다시 모습을 드러냈다. 이에 대해서는 마지막 장에서 다루도록 하겠다.

　신체와 결부된 명예는 국가 제도가 불안정하거나 경제가 미분화된 사회에서 강하게 나타나고, 명예의 내면화 과정에 역행하는 움직임은 대부분 국가기관이 주도하는 온순화가 일시적으로 소강상태일 때 발생한다. 여기서 우리는 다시 엘리아스의 이론과 만난다. 엘리아스는 수치심에 대해서는 상세히 다루었지만 명예는 좀처럼 언급하지 않았다. 그럼에도 명예에 대한 관점은 문명화 이론과 쉽게 통합될 수 있다. 작업가설로서 우리는 국가기관의 폭력 독점과 경제 분화가 최저 수준일 때 살인율은 최고점에 이르며, 전통적인 남성의 명예 역시 어느 때보다 강해진다고 말할 수 있다. 이러한 상황은 중세 유럽 사회에 만연해 있었다. 남성은 자기 자신과 부양가족, 재산을 보호하기 위해 자신의 능력에 의존해야 했고, 이 사실에 자부심을 느꼈다. 이후 국가와 경제 기관이 발전하자 명예의 내면화가 시작되면서 개인적 폭력 사건이 감소했다. 이러한 발전의 세세하고 구체적인 메커니즘은 가족의 변화, 대중문화 계몽 운동 등과 함께 이어지는 장에서 실증적 증거를 들어가며 살펴보겠다.[16]

▌책의 개괄

각 장에서는 주제와 관련된 내용을 연대순으로 살펴볼 것이다. 여기서 다룰 지리적 범위는 대략 냉전 시대 '철의 장막'의 서쪽에 자리한 국가에 한한다. 이 방대한 지역 중에 영국과 프랑스, 독일, 저지국(네덜란드, 벨기에 등 북해 연안 국가)과 이탈리아를 중심에 둘 것이지만 살인의 주된 경향은 유럽 전역을 배경으로 한다. 자료 통합 작업은 대부분 다른 학자들의 노고에 힘입었다. 내 연구는 암스테르담 기록 보관소의 도움을 받았으며, 덕분에 역사 문헌에서는 제기하지 않은 질문들에 더욱 세세한 증거와 답을 도출할 수 있었다. 폭력과 명예의 발전사를 이해하는 데 민중 결투는 중요한 열쇠가 되지만 이 사실은 지금까지 역사기록학에서 무시돼왔다. 따라서 매번 지리적 범주와 주제의 범주 사이에서 균형을 유지할 필요가 있다.

각 장은 각기 다른 주제에 초점을 맞추고 있다. 1장에서는 중세 시대의 살인, 그중에서도 복수극을 중심으로 살펴볼 것이다. 살인에 대한 사법계의 판결과 관련된 모든 사실은 2장에서 살인의 점진적 불법화를 이야기하며 다룰 것이다. 기간은 중세 후반부터 근대 초기에 이를 것이다. 3장에서는 근대 초기 유럽 사회의 남성 간 결투를 볼 것이며, 정식 결투와 민중 결투의 공존에서 드러나는 사회 분화를 중점적으로 파헤칠 것이다. 4장에서는 여성 간, 친밀한 관계 간의 살인을 알아볼 것이다. 중세의 상황을 알아본 뒤 17세기에서 19세기 중반에 이르기까지 이러한 살인이 뚜렷이 증가하는 과정을 따라가볼 것이다. 살인을 광기의 증상으로 바라보게 된 현상은 5장에서 살펴볼 것이다. 살인과 광기는 영아 살해와 주로 관련돼 있다. 영아 살해는 초반에 강력히 탄압받았지만 이후 불행한 환경의 결과로 인식됐으며 20세기에는 그리 중요치 않은 문제가 됐다. 1800년대 이후 일어난 살인의 주변화는 6장에서 다룰 것이다. 여기에서는 결투의 부활과 더불어 치정 살인, 연쇄 살인, 암흑가의 등장을 함께 살펴볼 것이다. 7장에서는 몇 세기에 걸친 흐름을 역행하면서 살인 사건이 증가하게 된 최근의 현상에 초점을 맞출 것이다. 이러한 동향은 일시적인가, 아니면 꾸준히 지속될 것인가?

각 장에서는 실제 폭력 사건이 몇 가지씩 소개된다. 여기서 사건 당사자의 이름을 밝히는 주된 이유는 '누가 누구인지' 쉽게 가늠하기 위해서다. 그러려면 특히 남녀가 연관된 사건에서는 더더욱 성보다 이름을 밝혀야 한다. 근대 초기의 하층민들은 대다수가 성이 없었으며 아버지의 이름을 따랐다. 19세기를 연구하는 역사가들은 당사자의 성과 이름을 모두 공개하고 나면 당사자의 성만을 언급하곤 했다. 이러면 독자들이 지루해진다. 나는 사건 속 인물들을 성이 아닌 이름으로 부르고자 한다. 여기에 체계가 있는 것은 아니다. 가독성을 높이려는 것이지 멋 부리려고 하는 것이 아니다. 또한 사건 주인공을 이름으로 만나면 역사적 인물 본인의 경험을 더 가까이에서 느낄 수 있을 것이다.

1장

로미오 몬테규의 살인

: 중세 유럽의 부질없는 목숨

줄리엣 캐풀릿과 로미오 몬테규는 그들을 유일하게 인정해주는 사제 앞에서 좋을 때나 궂을 때나 서로에게 진실할 것을 비밀리에 맹세한다. 얼마 뒤 젊은 신랑은 일가친척과 함께 마을을 걸어가던 도중 가문의 원수를 만난다. 티볼트가 로미오에게 욕설을 퍼붓는다. 사랑의 힘이 로미오의 즉각적인 복수심을 멈춰 세우지만 그의 친구 머큐쇼가 칼을 꺼내 든다. 로미오는 베로나의 영주가 이 도시의 평화를 원한다고 외치며 싸움을 말리려 했으나 이미 늦었다. 머큐쇼가 심각한 부상을 입는다. 로미오는 자신의 비겁함을 한탄한다.

> 오, 사랑하는 줄리엣
> 그대의 아름다움이 나를 나약하게 만들고
> 내 마음의 용맹한 강철을 녹이는군요.[1]

그리고 얼마 뒤 로미오는 머큐쇼의 죽음을 전해 듣는다. 티볼트가 돌아올 무렵, 남성성을 되찾은 로미오는 친구를 죽인 원수에게 결투를 청한다. 둘 중 하나는 죽어야 한다. 이번에는 티볼트가 살아남지 못한다. 은신처로 달아난 로미오는 마을을 영원히 떠나기 전, 한밤중을 틈타 사랑하는 신부와 달콤한 시간을 나눈다. 지저귀는 종달새가 아침을 알리자 로미오는 줄리엣에게 작별을 고한다. "나는 살기 위해 떠나야 해요, 머물면 죽어요."

두 사람의 비밀 결혼을 까맣게 모르는 캐퓰릿가에서는 줄리엣을 패리스라는 젊은 귀족과 혼인시킬 준비를 한다. 줄리엣이 사제에게 도움을 청한다. 자신이 이미 로미오와 줄리엣의 혼인 서약을 맡았다는 사실을 밝히지도 못하고 중혼식을 주재해야 한다는 사실이 두려운 사제는 계획을 세운다. 그는 줄리엣을 이틀 동안 죽은 것처럼 보이게 해줄 신비로운 물약을 가지고 있었다. 줄리엣은 캐퓰릿가의 지하 납골당에 묻혀 입관은 하지 않고 아름다운 옷을 입은 채 누워 있다. 운명이 닥쳤다. 사제는 로미오에게 모두 자신이 꾸민 일이니 잠든 줄리엣을 데리고 도망칠 것을 알리러 만토바로 사람을 보내지만, 심부름꾼은 전염병이 돈다는 소문에 가지 못한다. 로미오는 자신의 사랑이 갑작스레 죽었다는 사실을 다른 이에게 전해 듣는다. 만토바에서 구한 독약을 품고 로미오는 황급히 베로나로 돌아간다. 문을 부수고 들어간 납골당 안, 희미한 불빛 사이로 줄리엣의 모습이 어른거린다.

오, 나의 사랑! 내 부인이여!
꿈같이 달콤한 그대의 숨결을 앗아간 죽음도
그대의 아름다움 앞에서는 아무 힘이 없구나…

그리고 로미오는 독약을 삼킨다.

내 사랑을 위해! 오, 과연 진정한 약제상이로다!

약효가 참 빠르다—이렇게 입을 맞추며 나는 죽는다.

바로 뒤, 줄리엣은 긴 잠에서 깨어나 곁에 죽어 있는 남편을 본다.

이게 무엇이에요? 내 사랑의 손에 쥐어진 이 병은?
독약이 당신의 목숨을 앗아갔어요?
오 무심한 사람! 이걸 다 마셔버리다니, 단 한 방울도
나를 위해 남겨두지 않고?—그대의 입술에 입 맞추겠어요.
어쩌면 그대의 입술에 아직 독약이 남아 있을지도 모르니

로미오의 입술에 남은 약으로는 소용이 없다. 경비원이 다가오는 소리가 들리자 줄리엣은 재빨리 로미오의 단검을 쥐고 자신을 찌른다. 숨을 거둔 두 사람 앞에 주요 인물들이 모인다. 슬픔으로 하나가 된 캐퓰릿가와 몬테규가는 화해한다. 영주가 끝을 맺는다. "줄리엣과 로미오의 이야기만큼 비통한 것은 결코 없을 것이오."

14세기 초 이탈리아 북부 베로나라는 마을에서 일어났다고 알려진 이 사건은 영국 작가 윌리엄 셰익스피어(1564~1616)의 손에서 새로 태어났다. 이는 분명 평범한 역사는 아니다. 현대 학자들의 평가가 어떻든 세대를 거듭하며 이어진 찬사는 로미오와 줄리엣의 사랑을 옹호하게 만들었다. 이 나이 어린 연인은 16세기 이후부터 낭만주의 시대를 거쳐 오늘날에 이르기까지 무수한 관중들을 사로잡았다. 이들의 이야기는 배우와 감독, 작가들의 손에서 몇 번씩 재해석됐고, 세대가 바뀔 때마다 새롭게 변신했다. 50여 년 전에 뮤지컬과 영화로 만들어진 〈웨스트 사이드 스토리〉가 잘 알려진 현대판 재해석 작품이다. 로미오와 줄리엣은 끊임없이 새로운 가면을 쓰고 나타났다. 어느 역사가가 이 극이 14세기의 베로나를, 혹은 중세 말의

이탈리아를 제대로 묘사하지 못했다고 지적한들 무의미한 일일 것이다. 여기서 이 전설적인 연인을 새삼 소개한 것은, 이들의 짧은 사랑을 비극적인 파멸로 몰고간 것이 가문 간의 원한이었기 때문이다. 바로 이 부분을 통해 우리는 이야기의 허구성에 관계없이 이탈리아와 다른 곳에 실제로 일어난 사건과 상황을 만날 수 있다.[2]

　이 이야기가 한 사회에서 다른 사회로 옮겨간 것이라는 사실은 단연 돋보인다. 이야기의 출처를 생각하면 더욱 그렇다. 셰익스피어는 1590년대 초반에 이 극을 집필했다. 영국에도 이러한 전설이 이미 존재할 법한 시기였다. 프랑스나 스페인 작가들처럼 영국의 셰익스피어도 루이지 다 포르토 Luigi da Porto(1485~1529)의 소설에서 이야기를 빌려왔다.[3] 비첸차의 귀족인 다 포르토는 줄리에타와 로메오의 비극적인 사랑의 무대를 바르톨로메오 델라 스칼라가 통치하던 시절(1301~1304)의 베로나로 잡았다. 단테의 『신곡』에 등장하는 모호한 구절을 바탕으로 다 포르토는 베로나의 두 가문 몬테키가와 카풀레티가가 오랜 원수지간이었다고 추측했다.[4] 작가는 이 주제에 대해 몇 번씩 공들여 재작업했지만 이야기를 직접 지어낸 것은 아니었다. 문학사가들이 그보다 앞선 버전을 발굴하지 못한다면 원작은 마수치오 살레르니타노Masuccio Salernitano가 1450년대에 쓴『일 노벨리노Il Novellino』일 것이다. 실명이 토마소 구아르다티인 마수치오(1410~1475)는 나폴리 아라곤 왕국의 궁중에서 일했다. 『일 노벨리노』는 단편집으로, 여기에 마리오토와 가노차의 은밀한 사랑을 다룬 한 이야기가 있다. 마수치오는 그들의 사랑이 "얼마 전"의 일이며, 무엇보다 시에나에서 벌어진 일이라고 밝혔다. 마리오토 미그나넬리는 "명문가의 자제"였고, 성은 알 수 없는 가노차는 존경받는 시민의 딸이었다. 이 둘의 비밀 결혼과 살인으로 인한 추방, 신비로운 물약, 두 연인의 죽음 모두 그곳에서 실제로 벌어진 일이었으며 다만 마리오토는 자살을 한 것이 아니라 법원 명령에 따라 참수됐다는 사실만이 달랐다.[5] 그런데 놀랍게도 마수치오가 쓴 시에나의 이야기에는 원수 가문이 없었다. 마리오토는 단순히 "다른 명망 높은 시민"과 말다툼 끝에 싸움을 하게 된 것이었으며, 상대는 막대에 머리를 맞아 목숨을 잃었다. 이는 틀림없이 명예를 건 살인이었을 뿐, 가문 간의 원한 때문이 아니었다.

로미오와 줄리엣의 원작인 시에나와 나폴리의 이야기는 우리에게 한 가지 주의를 준다. 중세 시대의 살인 사건이 모두 원한에서 비롯된 것은 아니라는 것이다. 당시에도 길거리 싸움이나 부부 싸움, 폭력 강도 사건 등 이후 시대에 발생한 사건이 존재했다. 그렇지만 이후 시기와 비교하면 피의 복수가 중세의 중요한 현상이었던 것은 사실이다. 중세 시대에 볼 수 있었던 그 밖의 심각한 폭행 사건은 근대 초기나 그 이후에도 변함없이 빈번히 등장했다. 16세기 중반까지 벌어진 폭력 사건 특유의 요소가 무엇인지 묻는다면 바로 어디에나 있던 복수극—원수 가문 간의 복수극, 경쟁 파벌 간의 복수극, 이웃 귀족과 그 신하들 간의 복수극, 적군 간의 복수극, 또는 내적인 유대는 긴밀하나 또 다른 이유로 대립하는 두 집단 간의 복수극—이라고 답할 수 있다. 저명한 프랑스 역사가는 이렇게 말했다. "피의 복수는 중세 사회 면면에, 특히 15세기에 이르기까지 마을 곳곳에 흔적을 남겼다."[6]

마수치오의 이야기에는 원수 가문이 빠졌지만 당시 시에나에서는 유혈이 낭자한 복수극이 벌어지고 있었다. 14세기 중반의 톨로메이가와 살림베니가는 원수지간이었고 말라볼티가의 피콜로미니가도 그러했다. 시에나 출신의 어느 저명한 역사가는 40년 전에 이런 말을 했다. "막강한 귀족 가문을 둘러싼 무수한 에피소드를 더 이야기하자면 뻔한 것들을 장황하게 늘어놓아야 할 것이다. 출판물 연대기 하나에도 그들의 살인과 폭행, 사소한 다툼 등의 이야기가 가득하다."[7] 이번 장에서 다루는 중세 시대는 14세기부터 16세기 중반에 이르는 때로, 개인 간 폭력과 국가의 폭력이 어느 정도

구분되던 시기다. 당시 국가기관은 이제 막 태동하는 중이었다. 국가기관에서는 폭력에 대해 규제 조치를 내렸지만 아직 초보적인 수준이었기에 누구든 손쉽게 피해갈 수 있었다.

▌살인과 중세 도시

복수극의 유행은 중세 시대의 살인율을 높이는 주된 요인이었다. 높은 살인율은 유럽에 폭력이 고질적이었다는 사실을 분명히 알려준다. 놀랍게도 가장 오래된 자료인 13세기 영국의 수치는 그렇게 낮은 것은 아니나 14세기, 15세기와 비교할 때 꽤 점잖은 편이었다. 역사가 제임스 기븐James Given은 순회 재판 기록(사법 관리의 방문 기록)에 사체검안서―미지의 범죄까지 포함한 자료―를 보충하여 13세기의 자료를 모았다. 그 결과 베드퍼드, 켄트, 노픽, 옥스퍼드, 워릭 주에서 3~4년 동안의 평균 살인율은 인구 추계를 바탕으로 하여 거주자 10만 명당 9에서 25건에 이르렀다. 런던과 브리스톨의 살인율은 각각 12건과 4건이었는데, 이들 도시의 수치는 단 2년 동안의 것이었다. 여기서 각 주와 소도시에 대한 조사는 영국 남부의 비교적 작은 중심 지역에 집중돼 있다는 사실을 염두에 두어야겠다. 기븐은 웨일스와 스코틀랜드가 복수극으로 악명이 높았지만 영국의 나머지 지역이 이곳보다 더욱 폭력적일 수도 있다고 인정했다.[8] 어느 쪽이 됐든 영국의 살인율은 14세기에 더 높아졌다. 1300년에서 1340년 사이 런던의 평균 살인율은 인구 10만 명당 42건에 이르렀다.[9] 같은 시기에 서리 지역은 그보다 낮은 12건을 기록했지만 헤드퍼드셔의 수치는 40건으로 런던과 비슷했다.[10] 흑사병이 돌기 바로 전 1340년대 옥스퍼드의 살인율은 110건이었다.[11] 14세기 중반과 16세기 중반의 영국 내 살인율은 알려져 있지 않다.

유럽 대륙의 살인율은 도시 지역이 압도적으로 높았다. 피렌체는 옥스퍼드와 맞먹는데 14세기 후반의 살인율이 인구 10만 명당 110건을 기록했다.[12] 이러한 극단적인 수치를 제외해도 특히 네덜란드와 독일에서 인구 10만 명당 50건 정도의 살인율은 드물지 않았다. 네덜란드 위트레히트의 15세기 전반 평균 살인율은 53건이었고, 15세기 중반 암스테르담의 평균 살인율은 47건이었다. 14세기 후반 독일 프라이부르크의 살인율은 60에서 90건 사이를 오르내렸다.[13] 마틴 쉬슬러Martin Schüssler는 여러 지역 신문을 모아 현재의 독일, 폴란드, 체코 지역의 14세기 살인율을 조사했다. 그 결과 독일 슈파이어 30건, 뉘른베르크 42건, 아우크스부르크 60건, 레겐스부르크 20건, 체코 올로모우츠 77건, 폴란드 레그니차 70건, 브로츨라프 27건, 크라코프 64건이 나왔다.[14] 스웨덴의 경우 스톡홀름은 1470년대와 1480년대에 38건, 아르보가라는 작은 마을은 1452년에서 1543년 사이 23건을 기록했다.[15] 일부 상해 피해자 자료는 얼마간 체계적으로 기록됐지만 '암수'는 여전히 남아 있었다. 독일 레겐스부르크의 매년 상해 사건 피해율은 인구 10만 명당 234건에 달했고(1324~1350년), 폴란드 크라코프에서는 175건(1361~1405년)에 이르렀다.[16] 레겐스부르크에 관한 또 다른 자료에는 1410년부터 1459년 사이에 수감 생활을 마치고 도시를 떠나기로 한 이들의 서약이 실려 있다. 그들 중 647명, 인구 10만 명을 기준으로 하면 매년 평균 108명이 폭행을 저지른 이들이었다.[17]

안타깝게도 영국 외의 국가에서는 시골 지방의 살인율에 대한 믿을 만한 자료가 없다. 이를 일부나마 만회하고자 나는 중세 후반기에 대한 최소 추정치를 계산해보았다. 이것은 마르얀 브롤릭Marjan Vrolijk이 살인 범행 이후에 제출된 통행 또는 사면을 위한 탄원서를 수집하여 추산한 자료를 바탕으로 했다. 해당 지역은 네덜란드 지방과 젤란드 주 등으로, 당시 대부분이 시골 지역이었다. 탄원서가 작성된 살인 사건의 발생률은 1531년에서 1535년 사이에 평균 15건, 1561년에서 1565년 사이에 16건이었다.[18] 이 수치는 탄원서가 없는 살인 사건을 배제한 것인 만큼 최소한의 숫자라고 할 수 있다. 하지만 살인자 대다수가 네덜란드 정부에 탄원서를 작성했다 하더라도 이 수치는 '시골은 평화롭고 도시는 폭력적'이라는 가설이 맞지 않다는 사실을 말해준다.

쉬슬러의 글을 비롯한 역사 문헌에는 이보다 낮은 수치도 있다. 이들 수치는 예외 없이 형사소송이나 그와 비슷한 법적 절차에서 나온 것이다. 즉 체포되어 재판을 받은 살인자들만 대상으로 했다는 뜻이다. 앞서 언급된 높은 살인율은 알려진 살인자를 대상으로 한 것인데, 대개 자동적으로 추방당하는 도망자나 합의를 통해 재판을 면한 범죄자도 포함한다. 일부 역사가들은 살인에 관한 수치는 그 출처가 무엇이든 모두 인정해야 한다고 주장하지만 이 주장은 받아들여질 수 없다. 알려지지 않은 수의 살인자가 재판을 면한 경우를 일일이 따져보면 실제 살인자의 수—재판을 받은 자의 수에 암수가 더해진—는 기소된 살인자의 수보다 낮을 리가 없으며 오히려 높을 것이기 때문이다. 앞서 언급한 높은 살인율도 살인자가 누군지 밝혀내지 못해 도시에서 추방할 수 없었던 경우는 제외한 것이다. 그러니 사실에 가까운 것은 높은 살인율이다. 재판 기록보다 믿을 만한 부검 기록은 유럽 대륙 일부에서 16세기 중반부터 찾아볼 수 있다. 여기서도 살인율은 10만 명당 20건을 넘지 않으며 일부 주변 지역을 제외하면 평균 살인율은 20건에 훨씬 못 미친다. 결론적으로 말하면 양적 수치가 명쾌히 말해주듯이 중세 유럽에서 개인 간 폭력은 이후 어느 시기와 비교해봐도 흔한 일이었다고 할 수 있다.

살인율뿐 아니라 중세 폭력에 대한 질적인 증거도 대부분 도시를 배경으로 한다. 그래서 도시 생활을 좀 더 세밀히 살펴볼 필요가 있다. 14세기와 15세기에 도시의 거주자는 누구였고 지배자는 누구였을까, 그곳에서는 싸움 외에 어떤 사건이 벌어졌을까?[19] 이들 도시는 몇 가지 측면에서 서로 달랐지만 궁극적으로 우리에게 더 중요한 것은 유사점이다. 도시 간 차이는 주로 도시의 규모와 경제적 기능에서 나타난다. 여러 증거에서 알 수 있듯이 경제나 인구 구조는 개인 간 폭력의 양이나 피의 복수의 잔인한 정도에는 크게 영향을 미치지 않았다. 1300년에서 1550년 사이에 살인율은 줄곧 높은 수치였으며 복수극도 몇 번씩 터졌다. 흑사병은 유대인이나 나환자에 대한 집단 폭력을 불러일으키기는 했지만 장기적으로는 폭력에 큰 영향을 끼치지 않았다.[20]

오래된 도시는 성이나 수도원 같은 기존의 구조물 주변에 세워졌다. 그곳에 시민들이 직접 세운 성당과 다양한 시장 광장이 새로운 지리적 표시가 됐다. 이탈리아 도시에서 명문가들이 지은 저택과 북부 유럽의 공공 건축물은 견고한 석조로 만들어졌지만 15세기경 대다수 일반 주택은 목재로 지어졌다. 언제 어디서나 화재의 위험이 도사리고 있었기에 주민들은 아마 복수극에 따른 폭력보다 화재를 더욱 두려워했을 것이다. 화재가 나면 사람들은 자발적으로 구역이나 거리를 중심으로 조직된 소방대에 참여했다. 대중목욕탕과 빵가게, 양조장에서는 필요시 우물을 개방해야 했다. 비좁은 골목도 화재 위험을 키우는 데 한몫했다. 파리 중심가의 폭은 5에서 8미터, 골목은 2에서 3미터에 불과했으며 길은 어디서나 고작해야 조약돌로 포장되어 있었다. 거리는 사회생활의 중요한 일부였다. 집 안에 틀어박혀 세공품을 주조하던 공예가들도 물품을 거래할 때면 문 밖으로 나왔다. 사고파는 일 다음으로 거리에서 흔한 것이 대화와 싸움이었다. 요즘 사람들은 거리에서 언쟁이 벌어지면 황급히 문을 닫아버리지만 우리보다 폭력에 더 익숙했던 중세 사람들은 싸움도 그저 생활의 일부로 보았다.

당시에는 식수 상태가 매우 의심스러웠기 때문에 마을 주민은 물론 재소자마저 갈증을 맥주로 풀었다. 맥주의 도수는 낮았다. 술을 마시다가 싸움에 휘말린 사람들은 그보다 도수가 높은 맥주나 와인을 마신 것이다. 폭력을 일상적 풍경으로 만드는 데는 가축 도살도 일조했을 것이다. 푸주한들은 살아 있는 소와 돼지를 거리로 끌고 나와 도살장으로 끌고 가서 도살한 뒤 그 자리에서 소고기와 돼지고기를 팔았다. 소비자들은 이 장면을 똑똑히 보고 자신이 사는 고기가 틀림없이 신선하다고 확신했을 것이다. 푸주한들은 가축의 피와 내장을 가까운 수로에 버리기도 했는데 머지않아 일부 도시에서는 이들에게 수로 대신 흐르는 개울이나 강가를 이용하라는 지침을 내리기 시작했다. 변소는 얼마 있지도 않았지만, 시장 광장 근처의 막다른 골목을 변소로 정해놓은 것이 전부였다. 마을 주민은 물론 무수한 여행객들이 공중변소를 사용했다. 길을 떠나는 사람 중에는 성지 순례자나 방랑자뿐 아니라 상인과 중개인도 섞여 있었다. 대부분이 남성이었다. 숙박업소와 여관은 여행객을 위한 곳이었으며, 그곳에 묵는 손님은 침실을 함께 써야 했다. 개중에 조금 더 대담한 사람은 사창가를 찾아가거나 독일인이 말하는 '여인의 집'에 머물렀다.

　모든 도시는 고도로 계층화되었으며 출신이 다양한 엘리트층의 지배를 받았다. 엘리트층 중에는 지주 귀족 출신도 더러 있는 반면 평범한 상인 출신도 있었다. 상인 출신조차도 자신이 덕망 높은 가문임을 주장했고, 지배 집단은 어디서든 자신의 무기고를 애지중지하며 마상 시합(토너먼트)을 벌였다. 도시 정부직에는 영토를 소유한 봉건 영주도 상당한 영향력을 발휘하기는 했지만, 주로 엘리트층이 그 자리를 독점했다. 여러 도시는 주변 지방에 대한 통제권을 어느 정도 쥐고 있었다. 이러한 통제 형태가 가장 정교하게 드러난 곳이 이탈리아로, 대다수 도시가 콘타도contado라 불리는 주변 지역을 완전히 장악하고 있었다. 엘리트층의 지배 원칙은 중세 후기에 민중 봉기와 폭동을 만나면서 심하게 흔들렸지만 무너지지는 않았다. '민중the people'은 진정 가난한 자를 뜻하는 말이 결코 아니었다. 이탈리아 중부와 북부 도시의 유력자를 포함한 오래된 엘리트층은 13세기 후반에 공격을 받지만 새로운 지도층 역시 부유한 상인이었다. 14세기에는 북부 유럽 도시의 길드 조합원들이 보통은 유혈 폭동으로 얻은 성과물로서 시의회 의석과 기타 관직을 점유할 권한을 획득했다. 이런 상황은 15세기 초까지 계속되었다. 도시 정부직에 대한 이들의 요구는 받아들여졌으나 폭동의 전리품은 사실상 와인상 등 비교적 부유한 상인 길드에게 돌아갔다. 성공한 길드나 평민popolo 가문은 기존의 엘리트층에 견줄 만한 배타적 집단을 새로 형성했으며 정부의 '민중성'에 상관없이 관직을 위한 가문 간의 치열한 경쟁은 하나의 관례가 됐다. 이탈리아 도시에서는 한 가문이 권력을 장악하면 그중의 지도자가 군주라 할 수 있는 시뇨레signore로 활동했다. 이들 도시 지주는 유력자 출신이면서 또한 '평민popolano'이기도 했다.

중세 도시의 모습은 상류층에 유리한 쪽으로 편향되어 있는데 여기에는 그럴만한 이유가 있었다. 중세 엘리트층은 나머지 계층과 마찬가지로 폭행과 살인에 심하게, 때로는 깊숙이 관여하고 있었다. 정확히 말하자면 유럽에서 개인 간 폭력의 역사는 상류층에서 시작됐다고 해도 과언이 아니다. 도시가 형성되기 전에 세속 엘리트층 남성은 전사였으며 그들의 이웃은 무기 하나 없는 농부와 평화를 사랑하는 성직자뿐이었다. 영주는 서로 싸움을 벌인 농노들에 벌금을 부과했지만 농노의 싸움은 대부분 사소한 것이었다. 엘리트층에게 폭력은 생활의 일부였다. 도시가 들어서서 굴지의 상인 부호층이 귀족 계층과 혼인 또는 결합하면 대개는 금세 귀족의 생활방식을 받아들였다. 중세의 상인 부호층과 귀족층 모두 폭력을 자신의 특권으로 여겼다.

■ 엘리트층의 폭력

양적인 사법 자료는 상류층의 과도한 폭력성을 오직 일부만 알려준다.

가령 13세기 영국에서 살인자에게서 몰수한 재산 기록을 보면 살인자의 압도적 다수가 형편이 변변치 않았다는 사실을 알 수 있다.[21] 레겐스부르크 상해 책자에 실린 범죄자의 직업은 재단사가 지나치게 많다는 것을 제외하면 도시 주민의 한 단면을 보여준다.[22] 다른 지역의 수치에서는 상류층의 폭력 연루 사실이 조금 더 나타난다. 14세기 베니스에서는 귀족이 살인 사건의 가해자로 지목되는 비율이 평균에 그쳤지만 이들이 폭행이나 강간, 모욕 등의 사건에서 가해자로 지목되는 비율은 지나치게 높았다.[23] 15세기 중반 독일 콘스탄츠에서는 무기 사용죄로 처벌을 받은 시민 대다수가 고액 납세자였다. 이후 30년 사이에 콘스탄츠 의회는 의원 19명을 비롯해 관리와 급사 여러 명에게 폭행죄로 벌금을 부과했다.[24] 1400년경 피렌체에는 또 다른 유형이 만연했다. 폭행을 저지른 시민 대다수가 상류층이나 빈곤층으로 극명히 나뉜 것이다. 법의 포위망은 가난한 사람이 더 피하기 힘들었을 테니 실제로는 상류층 출신 범죄자가 더 많았다고 할 수 있다.[25] 이러한 실상은 다른 지역에서도 마찬가지였을 것이다.[26] 엘리트층의 폭력이 상당 부분 기록으로 남겨지지 않았다면 현존하는 통계 자료의 가치는 제한적일 수밖에 없다.

　귀족과 상인 부호층은 폭력의 희생자가 가난한 평민일 경우 처벌을 면할 가능성이 컸다. 피의 복수는 중세 시대의 한 특징이었지만 평민들은 대부분 정당한 이유 없이 폭력의 표적이 됐다. 상류층은 자기 기분을 상하게 한 하위 계층을 해하는 것이 자신의 마땅한 특권이라 여겼다. 위계적인 일상 폭력은 무수히 이어졌지만 대부분이 신고 없이 지나갔다. 설령 사건이 심각해진다 해도 가해자는 거의 처벌을 받지 않았다. 한 귀족이 길을 가는데 농부가 그 앞을 가로막았다. 그러면 귀족이 칼을 빼들고 농부의 팔을 잘라버릴 수도 있었다. 한 장인이 술집에서 어느 돈 많은 상인의 맥주 잔을 쓰러뜨렸다. 그러면 그 자신이 상인의 손에 쓰러질지도 몰랐다. 혹은 상인의 하인이 신분이 낮은 이 버릇없는 장인을 구타할 수도 있었다. 귀족은 술집 주인 등 서비스 제공자가 자신에게 계산을 요구하면 열에 아홉은 화를 냈다. 위대한 귀족들은 자신에게 방해가 되거나 자신의 눈에 거슬리는 따위의 평민의 행위를 버릇없는 행동으로 받아들였다. 귀족으로서는 이런 해석이 자명했다는 사실만 보아도 중세 시대에 거대한 힘의 불평등이 만연했음을 여실히 알수 있다. 16세기 초반 플랑드르의 법정 서기 필립스 빌란트Filips Wielant에 따르면, 신사는 자신의 뺨을 때리려는 평민에게 칼을 휘둘러도 괜찮았다. 이때는 상대를 살해해도 정당방위로 인정되는데, 신사는 "악한"이 저지르는 "그런 수치스런 행위를 참아서는 안 되기" 때문이었다.[27]

일상적인 폭행은 영국과 독일, 이탈리아에서 널리 입증됐다.[28] 이탈리아 유력자의 자제들은 콘타도 밖으로 나가 "심심풀이로" 농부에게 폭력을 행사했다. 이러한 행위가 법정 기록에까지 남았다면 귀족이 오랜 기간에 걸쳐 유독 잔인한 행위를 저질렀기 때문이었다. 흔히 귀족들은 고위 공직자들과 인맥을 충분히 쌓아놓았기 때문에 그 어떤 법적 처벌도 면할 수 있었다. 영국 행정관이나 장관들은 모두 후원 또는 인척 관계를 통해 대지주에 예속되어 있었기 때문에 지주는 물론 지주와 관계된 사람들에게 적대적으로 처신하는 것을 주저했다. 이들 공직자는 사적인 문제를 해결하기 위해 자신의 공적 권한을 행사하기도 했다.[29] 유럽 전역에는 난잡한 판사들도 많았다. 이들은 음주와 도박, 싸움에다 협박을 일삼는가 하면 재소자를 석방해주는 조건으로 그의 젊은 아내를 범하게 해준다는 약속을 받아내기도 했다.[30] 부유한 상인들도 판사들에게 뇌물을 먹이기가 쉽다는 것을 알았다. 고위직 관계자가 이러한 부정 행위를 막는 일은 극히 드물었다. 이탈리아 귀족들은 도시 호위병이나 법원 사환들이 임무 수행을 위해 자신에게 접근하면 노여움을 못 참고 충동적으로 폭력을 휘둘렀다. 이런 일로 귀족이 실제 재판에 서면 이들은 벌금형을 받을 뿐이었지만 같은 이유로 재판에 선

평민은 그보다 무거운 처벌을 받았다.[31]

상류층이 평민에게 가하는 일상적인 폭력은 기득권층과 아웃사이더의 관계에 대한 엘리아스의 이론과 완벽히 맞아떨어진다.[32] 두 집단의 불평등한 관계는 전반적인 '문명화' 수준에 관계없이 실제로 모든 사회에서 관찰됐다. 다른 집단에 과잉 권력을 행사하는 집단의 일원은 하위 계층보다 자신이 선천적으로 '우월하다'고 생각한다. 기득권 집단은 자신을 일류 인간으로 보면서 아웃사이더의 온전한 인간성을 인정하려 하지 않는다. 비교적 평화로운 사회의 기득권층은 자신의 문명화된 매너에 자부심을 느끼면서 아웃사이더는 더럽고 성적으로 문란하며 공격적이라고 낙인찍는다. 아웃사이더 계층은 접촉 기피 등으로 인해 사회에서 배제된다. 명예와 용기를 중시하는 사회에서 아웃사이더는 말 그대로 밀려날 수 있었다. 자신의 용맹함과 자신이 보유한 무기에 자부심을 느끼는 기득권층은 열등 계층에게 일방적으로 폭력을 행사할 때만큼은 그들과의 신체 접촉을 불결하게 여기지 않았다. 아웃사이더는 귀족의 앞길을 막아섰다는 이유로, 어떻게든 귀족의 흥을 깨버렸다는 이유로 구타당하고 상처를 입으면서 자신의 열등한 신분을 감내해야 했다.

엘리트층 기득권자의 권위가 도전을 받으면 균형이 바뀔 수 있었다. 이탈리아 코뮌(중세 시대 기초 행정 단위)에 등장한 '민중의 정부'가 그 모호한 예다. 중세 연구가들은 귀족의 폭력을 억제하려 했던 정부의 시도가 효과를 거두지 못했다고 주장한다. 앞서 밝혔듯이 평민popolo의 지도층인 신엘리트층의 주된 관심사는 자신에게 해가 되는 유력자층의 독단적인 행동을 억제하는 것이었다. 복수극에 대한 신엘리트층의 태도는 기존의 엘리트층과 다르지 않았다. 중세학자 안드레아 조르지Andrea Zorzi는 13세기와 14세기 피렌체에서 발생한 복수극 중 66건이 상인 부호층 가문과 관련되어 있다고 밝혔다. 그중 28건은 평민 가정이 관련되어 있었고, 양쪽이 '민중' 계층에 속한 경우는 11건이었다. 유서 깊은 유력자층인 마넬리가와, 양모상에서 시작한 부유한 상인 가문인 벨루티가 사이에 피의 복수가 벌어졌다. 벨루티가가 1295년에 반 유력자 법령의 초안 작성에 참여한 가운데 이 법령이 공포되기 며칠 전에 리포 마넬리가 살해된 것이다.[33]

이 살인 사건은 역사기록학계에서 유명하다. 겉으로만 보면 벨루티가는 28년 전의 살인에 대해 복수를 한 것이었다. 벨루티가의 자손인 도나토가 당시의 사건을 떠올리며 1360년대에 글을 남겼다. 이 글에는 도나토의 아버지와 사촌 몇 명, 이웃의 피후견인 몇 명이 1267년에 기노 벨루티를 죽인 마넬로 마넬리에게 1295년에 복수했다고 기록됐다. 회고록을 남길 당시 도나토는 여러 직책을 맡고 있었는데 그중 하나는 판사직이었다. 도나토는 선조들의 이러한 복수 행위를 혈통과 이웃에 대한 사랑이라며 칭송했다. 이를 두고 복수극과 가문의 의무에 대해 각기 다른 해석이 등장했다. 역사가 존 라르너John Larner는 살인 후 보복까지 오랜 시간이 걸린 데다 당시의 복수극이 후대에까지 회상된 것을 보면 인척 간에 서로 의지해야 한다는 의식이 오랫동안 지속됐다는 사실을 알 수 있다고 말한다. 함께 살해에 나선 가족은 언제나 같이했다고 라르너는 결론지었다.[34] 반면 역사가 트레버 딘Trevor Dean은, 도나토가 1295년의 살인 사건을 반목으로 인한 복수로 해석했지만 실상은 그렇지 않았다고 주장한다. 도나토의 사촌들이 피의 복수에 앞장선 가족들을 비난했다는 것이다.[35]

복수 집단은 가문보다 범위가 작을 수도, 클 수도 있었다. 도나토는 사촌들과 사이가 좋지 않았는데도 리포 마넬리를 살해한 것이 혈육과 이웃에 대한 사랑 때문이었다고 말했다. 『로미오와 줄리엣』에서처럼 복수극에는 하인과 피후견인도 관여했다. 보복자의 범위가 넓다는 것은 잠재적인 희생자의 범위도 넓다는 뜻이다. 살해에 대한 복수는 살해자 본인은 물론 살해자의 친척이나 식구에게 가해질 수도 있었다. 인구통계학적 현실로 보면 피의 복수에 적극 개입하는 집단의 범위는 제한되어 있었다. 모든 사회에서 폭력은 청소년과 청년들의 전유물이었다. 살해당한 피해자의 아버지는 살아 있다 해도 원수를 갚기에는 너무 늙은 나이였다. 특히 이탈리아 상류층의 경우 피해자의 아들은 너무 어렸는데, 이곳 남성들이 30대 중반에야 결혼하는 관례 때문이었다. 원수를 갚았다는 이야기에 유독 피해자의 형제가 다수 등장하는 것도 이 때문이었다.[36] 결혼한 뒤 살해당한 피해자에게 살아 있는 형제가 없고, 피해자의 사촌이나 조카들도 보복에 나서기를 꺼려하면 보복의 시기는 피해자의 아들이 자랄 때까지 늦춰질 수밖에 없었다. 실제로 다른 선택의 여지가 없는 아들로서는 아버지의 원수를 갚는 것이 가문의 지도자로 인정받게 되는 성인식이나 다름없었다.

　복수극 집단의 구성원이 모호하다는 사실은 살인의 역사를 논할 때 크게 문제가 되지 않는다. 피의 복수에 가담하는 이들은 지역과 시기에 따라 달랐다. 복수에 가담하는 이들은 모두 희생자와 연관이 있었지만 그들끼리는 별 관계가 없을 때도 있었고 서로 핏줄이 전혀 섞이지 않은 사이일 때도 있었다. 복수극은 공식적인 법이 아닌 사회적 관습의 영역에 속했기 때문에 참여에 관한 뚜렷한 규칙이 없었다. 씨족clan이나 종족lineage의 정확한 용례에 대한 질문은 가족 역사학자들의 몫으로 남겨두자. 폭력의 역사에서 나타난 결정적인 사실은 복수심이 집단의 내부 결속을 다지는 데 일조했다는 것이다. 집단의 결속력이 강할수록 이 결속력은 자연스럽게 생겨난 것이 아니었다. 외부인에 대한 방어나 보복에 적극적 혹은 잠재적으로 가담하면서 긴밀히 연결된 집단은 내부 갈등이 생기지 않도록 신경 써야 했다. 중세와 초기 근대의 비혈연 집단에서는 내부 분쟁을 금지하고, 부득이하게 싸움이 벌어졌을 경우 중재를 받는다는 규율을 받아들였다. 길드, 친선 조직, 한자동맹 같은 상인 동맹을 포함한 영리기업 등이 이런 규율을 지켰다. 이탈리아의 씨족 집단도 이 규율을 따랐다. 이곳에서는 단결된 가족 집단을 콘조르테리아consorteria 혹은 알베르고albergo라고 불렀다. 이탈리아의 콘조르테리아는 독일이나 프랑스, 이베리아반도의 친족 집단과 마찬가지로, 적에 대한 방어 수단이자 권력의 상징으로서 마을 안에 요새처럼 생긴 성채나 탑을 세웠다.[37]

이탈리아의 피의 복수에 대한 증거는 대부분 피렌체에서 나왔는데, 이 지역이 역사가들의 관심을 집중적으로 받았기 때문일 것이다. 피의 복수는 다른 도시와 지역에서도 비슷한 수준으로 일어났다. 1490년대에 밀라노에서 벌어진 한 복수극으로 도시 전체가 뒤흔들렸다. 문제의 복수극을 벌인 카이미가와 카스틸리오니가는 모두 스포르차 가문과 가까이 지내는 사이였다. 당대의 자료에 따르면 이 복수극으로 양측 모두 심각한 부상을 입었으며 살인도 몇 건 벌어졌다고 한다. 대공(그 당시 밀라노의 상황에서 적합한 표현이다.)은 두 가문 사이에 평화를 구축하기 위해 매우 신경 써야 했다.[38]

베니스는 14세기 초 이후로 복수극과 멀어졌다. 1320년에 베니스의 집권층은 부르주아 출신이었지만 공식적으로 귀족으로 규정됐다. 이들도 마찬가지로 폭력적이었으나 코뮌은 이들의 서로에 대한 복수를 금지하는 데 상당히 성공했다. 법원 기록에 남은 유일한 피의 복수 사건은 사소한 것으로, 대부분은 두 이웃 간의 복수 같은 하층민 집단에서 일어난 것이었다. 그런데 흥미롭게도 현대식 청부 살인에 대한 최초의 기록이 베니스 귀족층에서 나왔다. 1355년에 상류층 은행가 차니노 소란초가 자신의 사업 경쟁자인 세멜리노 다 모스토를 제거하기 위해 조선공 한 명을 고용했다. 암살범은 대가로 100두카토에 은둔 생활비까지 받기로 했지만, 숨어 지내던 트레비소에서 잡히고 말았다. 이 일로 소란초는 베니스에서 달아나야 했다.[39] 유사한 사건이 1400년경 베니스에서 몇 번 더 일어났다. 그러나 이것만으로는 청부 살인이 나타나면서 복수극이 사라졌다고 단정하기 어렵다. 1396년에 피의 복수가 상습적으로 일어나는 피렌체에서 청부 살인이 일어

나기도 한 것이다.[40]

이탈리아 도시국가에서 마르세유 마을까지는 큰 변화가 없었다. 베니스에서 스페인 카탈로니아에 이르는 지중해 지역은 문화적·경제적으로 한 단위를 이루었다. 정치적으로 마르세유는 프랑스 왕국에 속해 있었지만 이곳에 머무르는 프랑스인은 행정관과 예비판사, 보좌관 몇 명이 전부였다. 그들의 실권은 가정과 이웃 정도에 미쳤다. 14세기 중반에 도시 전역이 두 경쟁 파벌로 나뉘면서 한쪽은 비보트와 마르탱 가문, 다른 한쪽은 드 제루살렘 가문의 휘하에 놓이게 됐다. 시의회를 비롯한 정부 요직도 이 세 가문의 자손들이 장악했다. 이후 그보다 계층이 낮은 가문과 기타 결속 집단이 두 파벌 중 한쪽과 동맹을 맺으면서 도시 폭력의 상당수가 두 집단의 적대 관계 때문에 발생했다. 1356년에 비보트 파벌에 속한 한 살인자가 자신의 안전을 위해 행정관과 보좌관에게 자수하여 체포됐다. 드 제루살렘가 사람들이 살인자를 데려가려 몸싸움을 벌이자 부행정관 피에르 기베르가 칼을 뽑으며 이렇게 말했다. "내 눈에 흙이 들어가기 전에는 못 데려가오." 기베르가 이런 용기를 보인 것은 판사라는 직책 때문이 아니라 그가 비보트 파벌과 연계되어 있었기 때문이다. 이후 기베르는 드 제루살렘가 사람을 죽인 혐의로 고소됐다. 이처럼 당시에는 왕가의 관리들마저 지역 복수극에 가담했다. 프랑스 국왕은 조금도 두려워하지 않고서 사람들은 백주대낮에 시장 근처에서 폭력을 일삼으며 공개적으로 복수극을 벌였다. 1403년 어느 날, 시장에서 돌아오던 조앙 아리에트는 북적이는 카이사리 거리에서 잠복해 있던 적과 동행 두 명에게 습격당하여 무수한 사람들이 지켜보는 가운데 그 자리에서 살해됐다.[41]

프랑스 랑그도크 북부에서도 복수극은 흔히 벌어졌지만 14세기 중반 이후부터는 어떤 한 보복이 상대의 또 다른 보복으로 이어지는 일이 드물었다. 중세학자 고바르Gauvard는 이러한 현상에 대해 대부분의 복수극은 비교적 빨리 끝나야 한다는 사회적 규율이 형성됐기 때문이라고 설명한다. 양 적대 가문의 여성들이 남성들에게 화해를 촉구하고, 화해가 이루어지면 그 자리에서 음식과 술을 마련해 축배를 드는 등 중재자 역할을 한 것도 큰 도움이 됐다. 날로 커지는 프랑스 정부의 영향력도 변화에 일조했다. 보복 자들은 법망을 피하기 위해 도망치는 일이 많아졌다. 이런 상황에서도 피의 복수극이 일어나긴 했지만 한두 세대 이상 지속되지 못했다.[42]

마르세유와 마찬가지로 저지국의 자료에는 복수를 공개적으로 자행하는 현실에 대한 우려가 그대로 드러난다. 네덜란드와 젤란드에서는 복수극이 주로 주일날 교회 앞에서 주민 모두가 지켜보는 가운데 벌어졌다. 특히 복수극은 교회 앞에 성직자와 행정관, 평신도들이 길게 늘어서는 성례식의 날에 자주 벌어졌다. 1495년 성례식의 날, 보세미어에서 세 남자가 행렬을 뚫고 나와 마을의 집행관을 칼로 찔러 죽였다. 자신의 친척을 살해한 것에 대한 보복이었다.[43] 이 사건으로 복수극에서는 수적으로 정정당당한 대결이 미덕이 아니었다는 사실을 확인할 수 있다. 당시에는 복수의 경우 한 사람에게 장정 네다섯이 한꺼번에 달려드는 것도 명예로운 일로 여겼다. 1449년에 네덜란드 위트레히트 출신의 일가친척이 네덜란드 국경을 넘었다. 서자 한 명이 싸움에서 상처를 입었기에 상대에게 보복하기 위해서 함께 건너온 것이었다. 그들은 농장에서 일하고 있던 원수의 동생을 발견하자마자 공격했다. 비슷한 사건이 1498년에 젤란드 마을에서도 벌어졌다. 홀링크 코넬리스를 뒤쫓던 두 형제와 그들의 두 사촌 중 한 명이 홀링크의 창에 찔려 죽고, 홀링크는 달아났다. 남은 셋이 홀링크의 노쇠한 아버지의 집으로 찾아갔다. 그들은 문을 박차고 들어가 노인을 침대에서 끌어낸 뒤 칼로 17번이나 찌르고는 곤봉으로 머리를 가격해 죽였다.[44] 복수극에서는 여성도 무사하지 못했다. 1533년, 네덜란드 라인스뷔르흐 출신의 세 형제가 그중 한 명의 아들을 죽인 남자의 집으로 향했다. 그들은 살해자가 이미

도망갔다는 사실을 알고도 창문을 깨고 집안으로 들어가 그의 어머니를 구타했다.[45]

영국 역시 베니스만큼은 아니었지만 피의 복수의 위험이 비교적 적은 편이었다. 영국 해협 주변에서는 유럽 대륙보다는 다소 온건한 형태의 복수극이 계속됐다.[46] 영국 귀족은 프랑스 귀족이나 이탈리아 유력자층과는 달리 실제 싸움을 하인이나 가신이 대신하게 했다. 이미 13세기에 이런 관습이 굳어졌다.[47] 토지나 유흥, 호불호의 문제 등 갈등의 원인이 무엇이든 하인이 주인의 감시견 노릇을 했다. 드물게 귀족 자신이 복수극에 가담할 때에도 귀족은 상대방 본인이 아닌 그의 가신을 공격했다. 런던에서 두 당파 간의 결투에서는 각 편의 젊은 귀족 몇 명이 싸움에 적극 가담하기도 했다. 이 일로 적어도 두 번의 살인이 발생했다. 하나는 1228년에 일어났고, 뒤이은 복수가 1243년에 벌어졌다. 두 번째 살인 사건의 희생자는 당파의 지도자 본인이었다.[48] 영국 상류층의 또 다른 폭력이 기록으로 남은 것은 15세기에 접어든 뒤였다. 1446년에 한 지주가 색다른 유언을 남겼다. 자신의 재산을 미망인이 된 누이가 아니라 서자들에게 나누어주겠다고 한 것이다. 지주가 죽자, 지주의 사생아들과 그들의 상류층 후견인들이 한편이 되고, 누이의 죽은 남편의 가족들이 한편이 되어 충돌했다. 충돌 과정에서 누이 편의 네 사람이 상대편 한 명을 살해하는 일이 벌어졌다.[49] 9년 뒤, 상류층 가문이 이끄는, 데번셔의 두 당파 사이에 복수극이 일어나 한쪽 파에 속한 법정 변호사가 살해되는 사건이 발생했다. 살해자들은 변호사에게 먹을 것을 요구한 뒤 집안의 귀중품을 쓸어 담고는 변호사를 검과 단도로 난도질해 죽였다.[50] 15세기에 일어난 이 두 사건 모두 실제 폭력을 주도한 자는 유력자층의 가신들이었다.

매복 공격이나 불공평한 싸움 형태의 피의 복수 이야기는 온갖 사소한 충돌이 포함된 전체 폭력 사건의 일부에 불과하다. 다수의 가해자와 이들에 의한 피해를 나타낸 양적 자료가 이를 증명한다. 14세기 체코 올로모우츠에서 일어난 246건의 살인 사건 중 가해자가 한 명인 경우는 195건, 두 명인 경우는 25건이었고, 세 명 이상인 경우는 26건이었다. 보고된 상해 사건 67건 중 가해자가 한 명인 경우는 49건에 이르렀다. 올로모우츠의 폭력 사건에서 집단 희생이 발생한 경우는 더 드물었다. 살해 사건에서는 외따로 발견된 시신이 223구, 집단으로 발견된 시신이 10구에 불과했으며, 상해 사건에서는 개인 피해자가 51명, 집단 피해 사례는 여섯 건이었다.[51] 1431년과 1462년 사이 네덜란드 암스테르담의 살인 사건 희생자 42명 중 가해자 두 명에게 당한 이는 6명, 세 명에게 당한 이는 2명에 그쳤다.[52] 15세기 말 파리에서 벌어진 결투 중에는 4분의 3이 일대일 싸움이었지만 보통 가벼운 주먹다짐에 그쳤다.[53] 흥미롭게도 살인 사건 기록에서 집단 폭력의 비중이 제일 높게 나온 곳은 13세기의 영국이었다. 살인자의 60퍼센트가 한 명 이상의 적극적인 공범자를 두었으며, 전체 살인 사건 중 피해자가 한 명 이상인 경우는 35퍼센트였다.[54]

수적으로 불공평한 복수극은 전체 폭력 중 소수에 그쳤을 뿐만 아니라 개인적 공격을 포함한 복수 그 자체는 결코 무조건적인 반응이 아니었다. 피렌체의 상인 부호층은 경제적으로 경쟁하거나 선거 유세 같은 평화적인 방법으로 복수극을 이어가기도 했다.[55] 어디에서든 복수극은 종료될 수 있었고, 화해로써 미연에 방지될 수도 있었다. 한 번의 살인사건이나 복수극 이후에 맺는 화해 방식은 점차 체계를 이루었다.(자세한 내용은 2장에서 살펴볼 것이다.) 트레버 딘은 당시 복수가 실현되기 위해서는 세 가지 조건이 충족되어야 했다고 강조한다. 바로 갈등의 확산, 원한을 품은 제3자나 친인척의 선동, 그리고 평화를 주장하는 세력을 극복하는 것이다.[56] 트레버 딘은 그중 세 번째 조건의 영향력이 특히 강했다고 지적하며 관련 연구자는 피의 복수가 미연에 저지된 사건 역시 살펴봐야 한다고 경고했다.

1405년에 악명을 떨친 한 사건에서는 복수를 계속할 것인가 화해를 할 것인가를 두고 부자 간에 격렬한 충돌이 벌어졌다.[57] 피렌체 명문가의 자제인 레미지오 란프레디니는 페라라에서 여행을 마치고 돌아오는 길에 란프레디니가의 원수인 지아코모 파스칠로차를 만났다. 뜻밖에도 지아코모가 먼저 악수를 청하자 레미지오는 칼을 빼내 상대를 위협했다. 지아코모는 자신이 레미지오의 아버지인 란프레디노 란프레디니와 이미 화해했다며 자초지종을 이야기했다. 그들은 증인이 보는 앞에서 함께 술을 나눠 마시며 화해를 확증하기까지 했는데 란프레디노가 가족을 설득해야 하니 10일간 화해 사실을 알리지 말 것을 요구했다는 것이다. 이 우연한 만남으로 그간의 합의는 뒤엎어졌다. 레미지오는 화해 사실에 분개했고 그의 어머니역시 아들의 편을 들며 결국은 하느님께서 마땅한 피의 복수를 내려주실 것이라고 아들을 위로했다. 화가 풀리지 않은 아들은 아버지를 가문의 명예를 모독한 수치스런 반역자라며 비난했다. 갈등은 레미지오가 베니스로 떠난 뒤 자신의 성을 벨리니로 바꾸면서 일단락됐다. 두 가문이 원수가 된 원인은 알 수 없으나 지아코모가 레미지오를 개인적으로 공격했으리라는 추측만 전해지고 있다.

이 사건은 각기 다른 각도에서 바라볼 수 있다. 우선 다른 많은 사회들에서처럼 가족 전체와 관련된 문제를 결정할 때에는 아들이 아버지의 권위에 도전할 수 있었다는 사실을 알 수 있다. 또한 아버지가 10일간의 비밀 유지기간을 요구한 부분에서 드러나듯이 이러한 분쟁은 아버지의 권위가 미약할 때 터지기 쉬웠다. 살인의 역사라는 측면에서 볼 때 이 사건은 양가적이다. 아버지 란프레디노의 입장에서 이 사건은 트레버 딘이 주장했듯 피의복수가 미연에 방지된 한 예가 된다. 반면 벨리니로 성을 바꾼 아들 레미지오와 그 어머니의 입장에서 보면 남자든 여자든 명예를 지키기 위해서는 쉽게 화해할 것이 아니라 복수를 계속해야 한다는 사실을 알 수 있다. 이 두 입장을 결합하면 결속 집단 내부의 갈등이 미래를 불확실하게 만들 수 있다는 결론이 나온다. 두 집단의 일원이 모두 한마음일 때는 평화가 유지될 가능성이 최대한으로 커지며, 복수가 계속될 가능성 역시 최대한으로 커진다. 한 가문 사람은 같이 죽이고 같이 뭉친다는 금언에 이제 한 가문은 같이 화해하여 살아남는다는 내용도 포함되어야 한다. 하지만 같이 죽이고 같이 뭉치는 경우가 빈번했던 중세는 이후 시대보다 복수가 흔하고 살인율도 높았다.

피의 복수에 관한 자료가 도시에 편중된 것은 우리가 살펴보기 시작한 시점이 1300년경이기 때문이기도 하다. 1300년경이면 귀족 간 복수극의 절정기가 이미 지나고 난 뒤였다. 여기서 신성로마제국은 예외였다. 14세기와 15세기에 제국의 대부분 지역은 기초적인 수준의 중앙집권 체제도 미비한 상태였으며, 시골 지방의 복수극에 대한 방대한 자료도 이들 지역에서 나온 것이었다. 당시 독일인들은 복수극이라는 단어Fehde를 넓은 의미로 사용했다. 대부분의 복수극은 사실 이웃한 귀족 두 사람 간의 사소한 싸움이었다.[58] 이러한 싸움이 도시까지 파고든 것은 강도 귀족과 다를 바 없는 봉건 기사들이 도시를 상대로 복수극을 벌였기 때문이다. 쾰른에서는 도시에서 복수극을 벌인 사람들을 주동자와 인척, 조력자까지 일일이 구분하여 기록하기도 했다. 1384년부터 1400년 사이의 기록을 보면 주동자 177명이 도시 내에서 총 232건의 복수극을 이끌었다고 한다. 쾰른 시는 '화해 자금'을 베풀어 당사자들이 피의 복수를 단념하도록 권장했는데 이런 조치에 대해서는 다른 집단도 대체로 흡족해했다. 프랑크푸르트암마인에서는 장에 가는 상인을 약탈하는 기사들에게 전면전을 선포했다. 기사들의 약탈 사건은 1381년에서 1425년 사이에 229건이 일어났다.[59] 피의 복수가 살인까지 이어질 때도 있었지만 그보다 흔한 것은 폭행과 상해였다. 특히 도심의 복수극을 신고해야 하는 급사들이 폭행의 희생양이 되곤 했는

데 그중 괴팅겐에서 온 한 급사는 바지를 빼앗겼지만 무사히 돌아왔다는 사실만으로 감격스러워했다.[60]

제국에서 복수극이라는 단어는 분명 '남용'됐다. 역사가 에드워드 뮈어 Edward Muir가 분석한 프리울리의 사건은 시골에서 벌어진 전형적인 복수극의 좋은 예다. 피의 복수는 비교적 낙후된 지역에서 15세기 내내 횡행했다. 1511년에 피의 숙청으로 절정에 달한 갈등은 완전히 해결되지 못하다가 1568년에 베니스에서 평화 조약을 시행한 뒤로 잠잠해졌다. 각 당파끼리 싸움을 벌였는데 당파의 일원은 쉼 없이 바뀐 반면 당파의 핵심은 지역 내에 성을 보유한 소수 귀족 가문의 자제가 꾸준히 자리를 지켰다. 갈등의 원인은 주로 물 문제나 목장에 대한 집단의 권리 등 일상적인 문제였다. 도심의 복수극과 마찬가지로 공정함은 미덕이 아니었다. 원수 집단의 적은 사냥 잔치의 먹잇감처럼 무자비하게 난도질당했다. 지주의 피후견인이나 하인들은 주인의 충견을 자처했는데, 실제로 누군가의 개가 상처를 입어서 싸움이 시작되는 일도 많았다. 당시의 기록을 살펴보면 이러한 동물은 사람과 마찬가지로 천성이 사나운 것은 아니지만 가끔씩 발광할 때가 있었다고 한다. 사람 간의 싸움에서 매복 공격은 흔히 벌어졌다. 한때 강력했던 파벌의 우두머리 자리에서 추방된 안토니오 사보르난은 1512년 오스트리아 필라흐에서 살해당했다. 당시 그는 주변에 숨어 있던 장정 열 명이 달려드는 바람에 구석으로 내몰렸고, 최대의 맞수에게 마지막 일격을 받았다. 이후 그의 뇌가 큰 개의 식사거리가 됐다는 소문이 돌았다.[61] 매복 공격은 1560년대까지 계속됐다.

▌복수극과 도시 통치

복수극과 통치는 어울리지 않아 보인다. 지금도 시에나 코무날레 궁전

의 9인 정부 회의실을 장식하고 있는 암브로조 로렌체티Ambrogio Lorenzetti
의 유명한 프레스코화가 이를 시사한다. 좋은 정부 아래에서는 노동자들이
집을 짓고 상인들이 제품을 판매하고 여인들이 거리에서 춤을 추며, 여행
객에게도 도시의 지배를 받는 콘타도는 안전한 곳이다. 나쁜 정부를 그린
훼손된 프레스코화에는 강도와 살인, 강간이 날뛰고 정의는 발이 묶인 상
태로 묘사된다.[62] 여기서 살인은 피의 복수를 가리키는 것일까? 그렇든 그
렇지 않든 피의 복수는 공격에 대한 자명한 반응이었다. 피의 복수로 권위
를 잃은 지방이나 도시 정부에서는 피의 복수가 없는 세상을 상상하기 힘
들었다. 앞서 도나토 벨루티가 자신의 조상이 저지른 살인을 복수의 일환
으로 본 것이 잘못됐다고 믿는 학자들도 공통된 하나의 결론을 내린다. 도
나토 역시 자신의 가문을 위해 복수극을 용인했다는 것이다. 의회와 판사,
시장 모두 명예를 위해 살인을 저지른 사람에게는 상당한 관용을 베풀었
다. 다름 아닌 그들 자신이 이런 살인에 적극 가담했기 때문이다.

어디에서든 복수극이 국가의 용인을 얻기 위해서는 특정한 조건에 부합
해야 했다. 조건은 벨기에 겐트 지방 등 저지국 도처에서 문서화됐다. 겐트
에서는 한 집단이 다른 집단에게 문서를 통해 공식적으로 복수를 선언하
고, 살인 사건이 발생한 뒤에 화해 절차를 밟는다면 유혈 복수를 법으로 용
인했다.[63] 저지국의 살인자들은 희생자의 시체 위에 무기와 동전 몇 닢을
남겨두는 등의 부차적인 의식을 수행하여 살인이 합법적인 복수였다는 사
실을 알렸다. 스위스 도시에서는 실제 자행되던 피의 복수를 공식 규율 없
이 허용했다. 다만 1448년에 취리히 의회에서 복수자를 가까운 친족으로
제한하는 일이 있었다.[64] 이 같은 규율은 알프스 지역에서도 두루 적용됐
다. 1325년에 발의된 뒤 1356년과 1415년에 거듭 발의된 피렌체의 포데스
타(최고 행정관) 법령에서는 판사와 법 집행자들이 합법적인 피의 복수에 가
담한 자를 고소하지 못하게 했다. 피의 복수는 다음의 조건에 부합할 때 합

법적이었다. 우선 최초의 공격이 명확하고, 복수가 합당해야 하며, 원수가 사망했을 경우에 한하여 원수의 자녀에게 복수할 수 있었다. 복수에 참여하는 자는 당사자와 사촌지간을 넘어서는 안 됐다. 피렌체의 공증인 필리포 체피는 피의 복수를 위한 준비는 시민의 의무이며, 법적 고소에 뒤이어 행정관이 내리는 조치는 가해자를 불리하게 만든다고 규정했다.[65] 트레버딘은 이탈리아 도시 중 피렌체만큼 관대한 곳도 없다고 주장했지만 실제로 복수극은 어디에서나 널리 용인됐다.[66] 코뮌에서는 복수극의 횟수와 지속 기간을 제한하는 데 신경 썼을 뿐 이를 원천적으로 금하지는 않았다.[67] 로마냐에서는 최초 공격자 본인 외에 그 누구에게든 복수를 가하는 일을 금지했다.[68] 역사가 윌리엄 보우스키William Bowsky는 이렇게 결론 내렸다. "피의 복수를 제한하거나 통제할 수는 있어도 제거할 수는 없었다."[69] 이 사실은 군주국에도 적용됐다. 1360년의 카탈로니아 국왕 칙령에서는 다음과 같은 규율이 선포됐다. "복수를 하려는 자는 복수 계획을 적은 서신을 상대편에 보내 10일 동안 기다린 다음 살해자 또는 가해자 본인에 한해 복수를 수행한다."[70] 13세기 후반 이후의 프랑스 법령에서는 복수에 가담할 수 있는 친족 집단의 규모를 제한했지만 이는 실제 현실을 반영하기보다 왕가와 도시 정부의 바람을 표현한 것에 불과했다.[71]

복수극과 통치의 뒤얽힌 관계는 장기간에 걸친 피의 복수로 겐트 지방의 전 지배 계층이 분열된 사건에서 극명히 드러난다. 유혈 사태는 1294년에서 1296년 사이에 집중됐고 1306년에 이르러서야 막을 내렸다. 1282년에 명예를 위해 벌어진 한 살인이 이미 짙어져 있던 적대감을 폭발시킨 것이 발단이었다. 사건의 희생자 아르널프 파펜춘은 자신이 사제의 서자라고 강하게 주장하면서 상인 부호층의 여인 두 명을 유혹해냈다. 아르널프는 우선 엘리자베스 보를루트와 약혼했지만 이내 그녀를 떠나 어여쁜 아네킨 드 브루네를 맞아들였다. 그러자 엘리자베스의 두 오빠가 상류층 청년 여덟 명을 대동하여 교회 묘지에 몸을 숨긴 아르널프를 찾아 살해했다. 이후 최고 행정관이자 두 복수자의 할아버지인 제렐름 보를루트의 주도로 모든 지도층 가문 간에 공식적인 평화가 이뤄짐으로써 그 이상의 폭력은 일어나지 않았다. 화해의 일환으로 아네킨의 오빠 얀은 자신의 누이가 이미 약혼한 남자와 언약하는 잘못을 저질렀다는 사실을 인정해야 했다. 4년 뒤 제렐름이 사망하자 힘의 균형이 깨졌다. 의원의 과반수가 제렐름의 후임으로 그의 아들이 아닌 원수 가문의 자손을 택한 것이다. 후임 지명자의 본거지는 쉘트 강 너머에 있었다. 새로 임명된 최고 행정관은 바로 얀 드 브루네의 사촌이었다. 그리고 8년이 지난 어느 날, 얀 드 브루네와 두 명의 복수자 중 하나인 얀 보를루트 사이에 갈등이 불거졌다.

8월의 어느 화창한 오후, 성모승천대축일 전날이었다. 직물 회관에서 일을 보고 난 보를루트가 방직공 몇 사람과 담소를 나누고 있는데 브루네가 아내와 함께 나타났다. 원수를 도발할 절호의 기회라는 생각에 브루네는 얼굴에 미소를 머금고 보를루트에게 물었다. "아버지가 행정관이 되지 못했다고 지금 방직공 따위와 노닥거리고 있는 건가?" 보를루트: "당신네 브루네가 사람들은 행정관이라며 거들먹거리는 불쌍한 졸부지만 우리 가문은 이 도시에서도 아주 유서가 깊은 가문이지." 드 브루네: "자네가 직물 회관에나 얼굴을 비추는 것도 요 몇 년 사이 일이 시원치 않아서 그러는 거 아닌가." 어느 정도 맞는 말이었기에 보를루트는 더욱 격분했다. "말조심하는 게 좋을걸. 우리 명예로운 보를루트 가문은 조롱을 참지 못하거든." 이 말에 더욱 자극받은 브루네는 물러서지 않았다. "당신네는 누이를 수녀원에 숨겨버려야 했지. 그 서자 자식에게 퇴짜를 맞은 뒤로는 이제 아무도 거들떠보지 않으니 말이야." 화가 끝까지 치민 보를루트가 말 위에 앉은 채로 원수의 뺨을 내리쳤다. 브루네가 맞서 싸우려 하자 그의 부인이 말리고 나섰다. 더군다나 상대편에는 하인 장정 넷이 버티고 있었다. 뺨을 때린 행위에는 많은 의미가 담겨 있었다. 물론 드 브루네를 모욕한 것이기는 했지만 순수하게 물리적 폭력으로 보면 대수롭지 않은 일이기도 했다. 그러나 이번 폭행으로 보를루트는 1282년의 평화 조약을 깨버린 장본인으로 낙인찍힐 수 있었다. 드 브루네의 부인은 남편에게 일단 자리를 피하고 이후 법원의 판결을 기다려보자고 설득했다. 브루네가 자리를 피하자 그 상황을 지켜보던 많은 장인들이 브루네를 겁쟁이라며 비웃었다. 광장에 모인 장인들은 보를루트를 시민의 친구라 칭송하며 밤새도록 그의 승리를 축하했다. 그로부터 두 달이 넘도록 아무 일도 벌어지지 않다가 10월 18일, 드 브루네의 사촌이 주재한 겐트 법정에서 보를루트에게 100파운드의 벌금형에 더해 어떤 법적 근거도 없이 10년간의 유배형을 내렸다. 다음 날 저녁, 보를루트가 이끄는 큰 무리가 쉘트 강을 건너 최고 행정관의 자택을 에워쌌다. 그들은 행정관은 해치지 못하고 법원 집행관인 그의 사촌을 살해했다. 복수극이 시작됐다. 상당한 규모의 두 가문 집단이 대립했다. 그들은 원한을 품고 결투에 임했으며 각 동맹 집단에 플랑드르 백작과 프랑스 왕을 대하는 정부 직책들도 가담하여 역할을 다했다. 1296년 1월까지 양측의 희생자는 13명에 이르렀다. 귀족 5명과 하인 2명이 죽었고 6명이 중상을 입었다. 가문 연맹끼리의 갈등은 14세기가 시작되면서 정쟁으로 번졌다. 1306년에 복수극을 재개하려 한 한쪽 편의 계획을 당국에서 대대적인 중재 방침을 내리고서야 좌절시킬 수 있었다.[72]

정치계나 사법계 공직자들이 주동한 사적인 복수극은 플랑드르 북쪽 지방에서 많이 나타났다. 15세기에 접어든 이후에도 도시 행정관들은 보복과 피의 복수, 민사재판 등에 피해자로서는 물론 가해자로서 연루됐다. 1365년에서 1404년 사이에는 네덜란드 하를렘의 검찰과 그 친족들이 다른 지배층 가문과의 유혈 복수극에 휘말렸다. 이 갈등은 두 번째 갈등으로 이어지면서 네덜란드 백작의 신하까지 끌어들였다. 1392년에 네덜란드 헤이 그에서 한 여인이 살해당한 일로 두 귀족 당파 간에 피의 복수극이 벌어져서 1414년까지 계속됐다.[73] 네덜란드와 벨기에 브라반트의 국경에 있는 휘스든에서는 유난히 짧은 복수극이 벌어졌다. 도시의 검찰과 전직 행정관이 각각 친족을 거느리고 맞대결했다. 최초의 싸움에서 중재, 평화 파기, 이후 치명적인 대립으로 이어진 이 모든 갈등이 1463년 12월의 어느 일요일 하루 만에 벌어졌다. 그날 늦은 밤, 양측 일가 모두 중상을 입은 가운데 전직 행정관이 검찰을 칼로 찔러 살해하는 것으로 복수극은 일단락됐다.[74]

이들 증거 중 젠트 지방의 피의 복수가 무엇보다 중요한 것은 그 풍부한 기록 때문이다. 중세 역사가 블록만스Blockmans는 이 사건의 '근대적'인 맥락을 강조했다. 예컨대 플랑드르와 잉글랜드 간의 경제적 경쟁으로 보를루트 가문이 몇십 년간 직물 산업에서 고전을 면치 못했다는 점이 그렇다. 사람들의 정치적 지위와 개인적 싸움의 뒤얽힌 관계도 뚜렷하고, 귀족과 장인의 구조적 갈등 역시 명백히 드러난다. 이러한 기존의 갈등이 각지에서 벌어진 복수극에 일조했다. 여기서 정치적·사회적 갈등과 경제적 경쟁은 '근대적'이라 부를 수 있겠지만 폭력에 대한 당시의 태도가 19세기의 태도와 분명 다르다는 사실을 무시해서는 안 된다. 살인에 대한 공공연한 용인은 중세 문화의 일부이며 중세 사회를 이후 사회와 구별 짓는 결정적인 요인이다. 결혼 언약을 파기하는 것이 범죄가 아님에도 파기한 당사자가 살해당할 수 있다는 사실을 도시 귀족층 대다수가 암묵적으로 받아들였다는 점에서도 이 사실은 뚜렷이 드러난다. 당시에는 법원의 판결과 이를 지키려는 법 집행관의 노력에 저항하기 위해 사적인 살인을 저지르기도 했다. 살인은 모두 귀족의 소행이었지만 직물 회관 광장에서 축하 잔치를 벌인 것으로 미루어볼 때 평민들도 이러한 가치 체계를 이해하고 공유했다는 사실을 분명히 알 수 있다. 당시에는 경제적·정치적 갈등이 으뜸이었으며 폭력은 그 결과로 일어났다는 판단은 잘못된 것이다. 보를루트와 드 브루네의 대립은 처음에는 개인적 적대감과 가문의 명예를 두고 일어난 것이지만, 그 결과로 보를루트가 평민 진영에서 인정받게 됐다고 생각할 수 있다.

당파 간의 적대 관계는 1360년부터 1440년 사이에 플랑드르와 이탈리아, 센 강 유역에서 일어난 도시 대반란에 실로 중요한 영향을 미쳤다. 이번에는 이탈리아 코뮌의 평민 운동에 비해 하층민의 활약이 두드러졌지만, 웬만한 경우에는 극빈층을 찾아보기 힘들었다. 반란의 주동자는 기품 있는 상류층으로, 피렌체 치옴피의 난(1378년 피렌체에서 일어난 하층 노동자의 폭동_옮긴이)을 이끈 이들은 파리의 에티엔 마르셀과 겐트의 아르테벨드, 살베스트로 드 메디치였다. 치옴피 '혁명'은 도시 정부에서 배제된 당파가 피의 복수를 이어나감으로써 추방된 일원을 대신해 복수를 하겠다는 갈망에서 비롯되어 상당한 정도로 번져나갔다. 비슷한 상황이 1390년대 독일 북부의 슈트랄준트에서 벌어졌다.[75] 1370년대에 벨기에 류벤에서는 애초에 복수극으로 얽혀 있던 두 가문이 이후 각각 귀족층의 지도자와 유명한 당파로 거듭났다.[76] 가문 간의 경쟁과 정치적 투쟁의 관계는 독일과 스위스의 여러 도시에서 볼 수 있다. 네덜란드에서도 14세기 중반 이후 벌어진 회켄과 카벨자우웬 사이의 당파 간 갈등으로 상류층이 갈라지고 도시가 나뉘었다.[77]

여기서 다시 한 번 겐트 지방이 모범적인 예가 된다. 유명한 평민 지도자층인 아버지와 아들 반 아르테벨드의 삶과 직업은 당대의 거대한 사회적 대립의 한복판에 있었으며 이들을 이어주는 끈은 폭력으로 점철된 강력한 가족 의식이었다.[78] 제이콥과 그의 아들 필립은 몇 년 동안 원한을 품으면서 복수를 할 적기를 기다렸다. 1338년 초에 우두머리로 뽑힌 제이콥은 60에서 80명에 이르는 경호원을 거느리며 그들에게 자신이 신호를 보내면 수상한 적은 누구든 살해할 것을 명령했다. 제이콥은 1338년 8월, 플랑드르 백작의 지지자인 원수 풀크 우텐 로젠을 백작이 보는 앞에서 직접 살해함으로써 본보기를 보였다. 이후 1345년 3월에 제이콥은 강제로 퇴위당하고 경호원 무리도 빼앗긴 뒤 같은 해 7월에 암살됐다. 이 사건에서는 개인적인 원한이 큰 비중을 차지했다. 제이콥의 암살범들은 그의 정치적 적수였지만 가문의 명예를 걸고 복수함으로써 복수자 자신과 친족들이 제이콥에게 받은 모욕을 씻어 없애려 한 것이었다. 이번에는 제이콥의 아들들이 복수극을 벌여 아버지와 가문의 원수 몇 명을 살해했는데, 여기서는 정치적인 면이 거의 눈에 띠지 않았다. 1382년 1월, 심각한 경제적·정치적 위기 상황 속에서 예상을 뒤엎고 필립 반 아르테벨드가 우두머리로 선출됐다. 이로써 제이콥 아르테벨드와 적대 관계에 있던 각계의 저명인사들이 겐트 지방으로 달아났다. 뒤에 남은 이들은 필립의 사주로 살해됐다. 아르테벨드 가문의 마지막 남성이었던 필립은 같은 해 11월, 프랑스와의 전투에서 전사했다. 이후 1384년에 부르고뉴 공작이 플랑드르 백작에 오르면서 전세는 다시 한 번 뒤집어졌다.

▌의례와 남성성, 그리고 충동

피의 복수와 상류층의 폭력을 혼동해서는 안 된다. 첫째, 복수극의 사회적 바탕은 15세기 네덜란드에서 그랬듯 광범위했다. 네덜란드에서는 선원 하나 없이 돌아오는 선장도 복수의 대상이 될 수 있었다. 익사 사고의 책임이 모두 선장에게 돌아갔기 때문이다.[79] 둘째, 상류층은 물론 평민도 복수라는 동기 없이 폭력을 행사할 수 있었다. 귀족이나 상인 부호층은 폭력을 재미 삼아 일삼기도 했지만 평민은 보통 노동 같은 일상적인 문제 때문에 다툼을 벌였다. 이는 14세기 영국의 마을에서는 모심기나 추수 기간에 살인이 더 자주 발생했다는 사실만 봐도 알 수 있다.[80] 셋째, 거의 모든 폭력은 상당히 의례적이었다. 의례는 특히 피의 복수와 관련해 자주 거론됐지만 일상적인 폭력에서도 중요한 부분을 차지했다.

신체 공격에서 의례의 역할은 모든 중세 관련 연구 문헌에서 강조된다. 스위스 취리히에서 돌이나 주먹, 칼을 이용한 평범한 싸움을 벌일 당시 당사자들이 노리는 것은 상대의 머리, 특히 얼굴이었다. 얼굴은 그 사람 전체와 그의 명성을 상징했다. 흔히 싸움이 시작되는 원인은 모욕이었다. 남성에게는 무엇보다 '거짓말쟁이'나 '위증자', 그다음으로 '도둑놈'이나 '악한'이라는 욕설이 큰 모욕이었고, 여성에게는 역시 '창녀'라고 불리는 것이 최대의 모욕이었다. 취리히에 거주하는 유대교도와 기독교도들도 이런 욕설을 들었다.[81] 저지국과 프랑스에서도 이와 비슷한 모욕이 폭력의 주된 원인이었다. 여성으로서는 갖가지 부정적인 형용사와 함께 창녀나 '사제의 첩'으로 불리는 것이 큰 모욕이었다. 남성에 대한 모욕적인 발언으로는 '도둑놈' '반역자' '오쟁이 진 남자' '사생아' 등이 있었고, 이름 뒤에 지소사 (작은 것을 의미하는 접미사_옮긴이)를 붙여 상대를 폄하하는 것도 참지 못할 굴욕이었다. '오쟁이 진 남자'나 '사생아'는 성적인 결함을 뜻하긴 했지만 엄밀히 말해 이는 모욕을 당한 남자 자신의 결함은 아니었다. '창녀의 자식'은 그중 가장 심한 모욕이었는데 두 사람의 명예를 더럽히고 핏줄의 뿌리까지 의심하는 발언이었기 때문이다. 귀족의 사생아는 비교적 높은 지위를 누렸기에 사생아라 불려도 크게 상처받지 않았다. 남자의 모자를 벗기거나 치는 것도 모욕이라 여겨졌다. 종종 이 때문에 결투가 벌어지기도 했다. 고바르는 중세 시대 남성들이 성기를 상징하는 뾰족한 모자를 자주 썼다는 사실을 유의 깊게 바라본다. 남성의 모자를 함부로 건드리는 것은 그의 남성성을 조롱하는 행위였다. 이는 남성들이 교회 안에서 모자를 벗어야 하는 이유이기도 하다. 반면 여성의 모자는 순결을 상징했기 때문에 여성들은 교회 안에서도 모자를 쓰고 있어야 했다.[82] 얼굴과 머리는 중세 유럽 전역의 의례적인 싸움에서 주된 표적이 됐다. 근대 초기의 모욕과 의례적 폭력에 대한 방대한 증거는 3장에서 살펴보겠다.

의례와 명예는 밀접하게 연결되어 있었다. 의례가 전하는 메시지는 언제나 개인의 명예와 이어졌다. 가해자나 피해자의 명성은 위태로울 수 있었고 의례가 전하는 메시지는 집단뿐만 아니라 개인의 명예와 연계될 수 있었다. 개인의 명예를 공격하여 만족감을 얻기 위해 가해자가 꼭 폭력을 쓸 필요는 없었다. 도시나 시골이나 거의 모든 지역의 사법 당국에서는 모욕과 언어폭력을 가하는 이들에게 벌금을 부과했다. 그렇기 때문에 공격을 당한 쪽은 명예를 되찾고자 법원으로 갈 수도 있었다. 이와 관련해 슈스터 Schuster는 '명예honor'와 '명예심sense of honor'을 구분했다. 그는 중세 시대 행정관들이 모욕을 처벌함으로써 명예를 보호했지만 명예심은 인정하려 하지 않았기 때문에 명예가 짓밟힌 것에 폭력적으로 대응한 사람에게는 똑같이 처벌을 내렸다고 주장한다. 공격적인 사람일수록 자신의 평판을 대단히 신경 썼다. "명예심뿐만 아니라 명예심에 따른 행동은 폭력에 대한 규제가 감소할수록 증가했다."[83] 하지만 명예를 위한 폭력에 비교적 가벼운 처벌을 내리고 복수극을 용인하던 당대의 분위기를 감안하면 행정관이 시민들의 명예심을 인정하지 않았다는 주장은 분명 한계가 있다.

폭력은 남성들의 세계에서 이루어졌다. 이는 피의 복수와 관련된 이야기에서 명백히 드러나며 어느 시기, 어느 장소에서든 마찬가지였다. 다만 폭력의 희생자는 조금 달랐다. 중세 시대의 경우에는 몇 안 되는 양적 자료만 봐도 충분히 알 수 있다. 13세기 영국의 검안서와 순회 재판 기록을 보면 살해자의 90퍼센트 이상, 희생자의 80퍼센트 이상이 남성이었다.[84] 희생자 정보만 나온 14세기의 검안서를 보면 노샘프턴셔는 94퍼센트, 옥스퍼드는 96.5퍼센트, 런던은 90퍼센트가 남성이었다.[85] 피렌체에서는 세 시기(1344~1345년, 1374~1375년, 1455~1466년) 동안 폭행 사건으로 고소된 남성의 비율이 각각 93퍼센트, 88퍼센트, 97.5퍼센트였다.[86] 14세기와 15세기 프랑스의 사면장을 분석한 고바르의 방대한 자료에서는 남성의 비율이 압도적으로 높게 나타났다. 총 살인자 중 99퍼센트, 희생자 중 97퍼센트가 남성이었다.[87] 16세기 전반 프랑스 피카르디의 사면장에서는 남성이 살인자 중 99.4퍼센트, 희생자 중 96.5퍼센트를 차지했다.[88]

남성성에 대한 모욕이 살인을 부른 사건이 1535년 9월 독일 아우크스부르크의 귀족 사회에서 일어났다. 상류층의 폭력은 중세가 끝날 무렵에도 계속됐던 것이다. 살해자의 형제가 피해자의 아버지와 6년 전에 맺은 동업 관계를 파기했기에 사건의 배후에 가문 간의 갈등이 도사리고 있었음을 짐작할 수 있다. 시작은 남성 귀족들이 드나들던 술집, 헤렌슈투베에서였다. 그날 밤 그들 무리는 들떠 있었다. 뒤늦게 들어온 제레미아스 엠이 집에서 아내에게 쫓겨났다는 말로 분위기를 돋웠다. 이 농담에 균형을 맞추려 그랬는지 엠은 그 자리에 있던 한 명인 호아킴 허워트의 남성성에 시비를 걸었다. 이후 엠이 허워트에게 어떤 물건을 내보였는지에 대해서는 목격자마다 다르게 기억했지만, 그것이 남근 모양이었다는 사실에는 모두 동의했다. 엠: "자네 물건은 도통 쓸모가 없어. 서지를 않으니 말이야." 불능을 암시하는 이 말에 상대는 고전적인 방법으로 응수했다. "그럼 어디 자네 부인한테 실험해볼까, 틀림없이 좋아할걸." 엠의 부인은 푸주한의 딸이었다. 따라서 허워트의 말에는 엠의 부인이 미모 외엔 볼 것이 없는 싸구려 창녀라는 뜻이 담겨 있었다. 몇 번의 욕설이 오간 뒤 허워트가 엠에게 밖에 나가 다른 사람이나 놀리라고 말하자, 엠은 자리를 떴다. 엠이 집으로 가지 않았음을 감지한 동료들이 허워트를 붙잡으려 했으나 허워트 역시 그곳을 떠났다. 밖에서 재회한 두 남자는 검을 꺼내 들었고, 결국 허워트가 엠의 검에 찔려 사망했다. 살인자는 마을에서 달아났지만 오래지 않아 돌아왔고, 의원 몇 명의 중재로 피해자의 부인과 합의한 끝에 500길더를 건네는 것으로 사건을 마무리 지었다.[89]

폭력과 남성성의 관계는 중세 이후에도 비교적 변함없이 유지됐지만 폭력에 동원된 무기는 중세 시대의 삶과 기술을 반영했다. 13세기 영국에서는 살인 사건 희생자의 30퍼센트가 칼에 찔려 사망했고 나머지는 막대나 돌, 농기구에 맞아 사망했다. 14세기에는 칼에 찔려 사망한 희생자가 42퍼센트였고 뾰족한 도구에 찔린 비율은 다 해서 73퍼센트였다.(나머지는 뭉툭한 물체에 맞아 사망한 것이었다.)[90] 14세기 후반에 취리히에서 벌어진 남성 간의 싸움에는 검이 주로 사용됐으나 도끼나 망치, 미늘창(창과 도끼를 결합한 무기_옮긴이), 검, 창 등도 역시 사용됐다.[91] 폴란드 크라코프 교외에 위치한 카지미에쉬의 기록에 따르면 날카로운 무기는 특히 살인과 치명적이지 않은 상해 사건에 주로 사용됐다. 전체 사건 중 458건에서 칼이, 122건에서 검이 사용됐으며 다른 무기가 쓰인 경우는 11건에 그쳤다.[92] 이 수치들은 모두 다양한 신고와 기소 방침의 영향을 받은 것이지만 많은 남성들이 칼 같은 날카로운 무기를 소지하고 다녔으며 이를 언제든 싸움에서 사용할 준비가 되어 있었다는 것은 틀림없는 사실이었다. 칼은 물론 음식을 썰 때도 쓰였다. 군사 무기는 군대가 해산될 때 들고 나와 보유하고 있는 경우가 많았다. 저녁이 되면 파리 시가는 검을 비롯해 단검과 창, 긴 창 등 온갖 종류의 무기를 들고 다니는 남자들로 가득했다. 이러한 무기 소지는 모두 불법이었다.[93] 15세기 이탈리아 도시에서는 정기적으로 무기 소지를 금하는 공표를 내렸지만 예외적인 사항이 워낙 많아서 효과는 미미했다.[94] 저지국의 도시에서는 너무 얇거나 긴 칼을 가려내는 공식적인 측정 기준을 마련하기도 했다. 한때 소지가 금지됐던 물품들을 모아 정리한 글라우드먼Glaude-man의 목록에는 살인이 가능한 물건이 모두 포함되어 있었다.[95]

술집은 중세 시대 폭력의 주 무대였으며, 이후에도 그러했다. 소도시에도 술집은 많았다. 도박장은 일부 금지된 지역을 제외하고는 도시의 공식적인 수입원이었다.[96] 이런 곳에서 벌어진 싸움에 대해 재판 기록은 알려주는 것이 없지만, 전해지는 여러 이야기로 이를 보충할 수 있다. 영국의 지방 법원은 술집의 영업시간 연장, 사제나 도제를 상대로 한 주류 판매, 비공식적 매춘 행위 등을 주시했지만 싸움은 크게 제재하지 않았다.[97] 많은 증거가 나온 1519년의 노리치 여관 사건은 주사위 게임의 승자를 두고 장인 다섯 명 간에 갈등이 벌어지면서 시작됐다. 이 일로 단검에 찔린 피해자는 쓰러지면서 이렇게 외쳤다. "맹세코 난 살해당하는 거야."[98] 파리 법정에는 술집 폭력 사건이 주기적으로 올라왔지만 프랑스 사면장을 보면 살인의 배경으로 거리나 교차로가 더 자주 등장했다는 사실을 알 수 있다.[99] 16세기 전반에 기록된 네덜란드 사면장에는 술집 역시 폭력적 갈등의 주요 배경이었다고 나타난다.

현대 범죄의 역사를 파헤친 학자들은 중세 폭력 대다수가 충동이나 "걷잡을 수 없는 분노"에서 터져나왔다는 사실에 별다른 의구심을 품지 않았다.[101] 1990년대의 자료를 종합한 한 연구에서는 마찬가지로 상류층의 피의 복수를 제외하고는 중세의 폭력이 대부분 우연한 만남에서 즉흥적으로 벌어졌다고 결론 내렸다.[102] 이렇게 절대적 확신을 담은 주장은 의심해보아야 한다. 충동은 언제나 정도의 문제이기 때문이다. 어느 사회에서든 인간의 행동은 사전 교육에 따라 달라진다. 격분하여 난폭해지려면 갑자기 알게 된 이유가 있어야 한다. 친근한 분위기와 적대적인 분위기도 가릴 줄 알아야 한다. 가령 경쟁 파벌의 일원이 방 안에 들어올 때면 언제든 적대적 상황이 벌어질 수 있다. 여기서 실질적인 문제는 중세 사람들의 행동이 현대인의 행동보다 더 충동적이었는지의 여부다. 일부 역사가들은 중세의 폭력 발생 빈도가 더 높았음은 부인할 수 없지만 중세의 폭력이 더 즉흥적이었다고는 할 수 없다고 주장한다. 이들의 주장에는 의례와 충동이 공존할 수 없다는 전제가 깔려 있다. 이들은 대부분의 중세 폭력이 의례성을 띠고 있기 때문에 폭력이 절제됐다고 주장한다. 하지만 의례에는 사람들이 이미 알고 있는 정해진 절차가 있기 때문에 자기통제나 계산이 필요 없다. 의례와 충동은 공존 가능하다.[103] 이는 역사학자 대니얼 스메일Daniel Smail의 설득력 있는 어구에서와 같다. "자국어 분류를 따르면 사랑과 증오는 옷과 같다. 의미는 풍부하고 남들이 모두 볼 수 있도록 몸 위에 걸치며 쉽게 바뀐다."[104]

의례는 메시지를 전달한다. 메시지의 종류도 가지각색인데 개중에는 희생자에게 굴욕을 주는 것도 있다. 베니스 귀족 사회처럼 의례와 명예를 고려하는 것은 경우에 따라 상황을 완화시키기도 하고 악화시키기도 한다. 귀족이 하층민을 공격할 때에는 대부분 치명상 없이 끝나지만 귀족이 동료 귀족을 공격할 때에는 희생자가 목숨을 잃는 경우가 많다. 역사가 루지에로Ruggiero가 설명하듯이 귀족층은 자신이 나머지 계층보다 훨씬 우월하기 때문에 하층민을 살해하는 행위는 상대를 지나치게 "예우"하는 것이라고 여겼다. "따귀는 경멸을 표현하지만 살인은 동등함을 나타낸다."[105] 따라서 명예와 의례의 복잡한 관계는 동료 귀족 앞에서는 사태를 악화시키는 효과를, 다른 계층 앞에서는 사태를 완화시키는 효과를 낸다. 이 책의 서론에서 언급한 축을 적용해보면 충동을 지배하는 것은 의례가 아니라 계획이다. 잠복 공격으로 인한 살인은 어느 정도 계획적인 측면을 보여주며, 더군다나 복수가 오랜 후로 미뤄진 경우라면 충동의 정도는 그리 높을 수가 없다. 마르세유와 별반 다를 것 없이 이탈리아 도시에서도 복수자는 흔히 복수의 계기가 된 최초의 살인이 벌어진 날에 맞춰, 당시의 살인 장소나 그 근처에서 복수를 행했다.[106] 복수자가 계획대로 일을 거행할 수 있으려면 상대는 그날 그 장소에 나타나야 한다. 이 경우 상대는 자신의 도발적인 대항심을 표현하기 위해 나타나는 셈이 된다.

폭력이 자발적인 취미로 자행될 때는 계획성의 정도가 낮다. 오락적인 폭력을 즐기는 사람이 있듯이 폭력은 오락 안에도 있었다. 많은 이들이 중세 하면 마상 시합을 떠올리지만 마상 시합의 역사는 이번 장의 주제에서 많이 벗어난다. 시간이 흐르자 마상 시합은 세 가지 변종을 낳았는데 하나는 라틴어로 하스틸루디움hastiludium이라 불리는 경기로 11세기 이후부터 나타났다. 두 팀의 기사단이 서로 맞붙는 이 경기에서는 두 팀이 각각 상대팀을 향해 말을 타고 전속력으로 달려가 긴 창으로 상대편을 말 위에서 떨어뜨린다. 때로 실제 적군들이 각 팀에 배치되어서 시합 중간의 타임아웃 때에도 느슨한 형태의 포위 공격을 벌이기도 했고, 각 팀이 단순히 지역 간 경쟁 상대일 때도 있었다. 시합 중에 목숨을 잃는 선수도 많았다. 이것이 실제 전투를 위한 연습이기도 했으며, 십자군 전쟁을 위한 훈련도 된다는 사실을 알고 나면 성직자들도 경기에 대한 의구심을 거두었다. 13세기에 주로 나타난 두 번째 종류의 마상 시합은 프랑스어로 주트joute, 이후 쥬스트joust라 불린 것으로 유럽 전역에서 이루어졌다. 하스틸루디움과 달리 주트에서는 두 명이 경기에 나섰다. 여기에서는 상대편을 향해 달릴 때 관중석의 귀부인들을 한껏 의식하며 우아한 자태로 달리는 것이 관건이었다. 사상자 수는 전보다 줄었는데, 주로 끝이 무딘 무기를 사용하게 된 것이 이유였다. 마상 시합은 귀족만의 오락거리로 남지 않았으며 독일 북부와 플랑드르 도시 등에서도 벌어졌다.[107]

중세 말기에 이르자 마상 시합은 난폭성이 줄어들어 연극적인 공연으로 탈바꿈했다. 그 당시에도 참가자가 시합에서 목숨을 잃는 경우가 있었는데 1559년에 프랑스의 앙리 2세 역시 시합 도중 숨을 거두었다.[108] 16세기와 17세기에 왕족이나 공작의 경기장에서는 앞선 두 경기와는 근본적으로 다른 세 번째 종류의 마상 시합이 널리 행해졌다. 선수들은 더 이상 상대편을 향해 창을 겨냥하지 않았다. 말 위에는 그대로 앉아 있었지만 그들의 임무는 작은 고리를 뚫거나 무어족, 투르크족 등을 표현한 나무 형상을 찌르는 것이었다. 신체 공격은 단순한 시늉에 불과했다. 시합에서 민첩성이 필요했기에 여전히 훌륭한 군사 훈련의 방편이 되면서도 중세 시대의 다른 마상 시합에 비해 비폭력적이었다. 1680년과 1730년 사이에는 고리 뚫기 경기에 여인들도 참가했으며, 이들은 말 대신 주로 마차를 탔다.[109] 마상 시합이 침착해진 것은 살인의 불법화와 직접적인 연관은 없지만(이에 대해서는 2장에서 살펴볼 것이다.) 이 둘은 문명화와 국가 형성의 전반적인 과정에 속해 있었다.

　마상 시합이 상류층의 전유물이었다면 민속 축구folk football는 민중의 오락이었다. 이 경기에서도 부상자는 물론 가끔씩 사망자도 나왔다.[110] 영국과 프랑스 정부는 축구를 달가워하지 않았다. 축구 때문에 사람들이 나라를 지키는 데 더 효과적인 활동인 활쏘기를 등한시한다는 이유에서였다. 14세기 시에나에서는 청년들이 참가하는 푸냐pugna와 보카타boccata를 볼 수 있었다. 이 시합은 주먹다짐이나 목재 무기를 이용한 모의 전투로 시작하여 강도가 점점 세지기도 했다. 어느새 참가자들은 서로 돌을 던지는가 하면 나무 막대 대신 장대나 칼, 창으로 바꿔 들었다. 싸움이 총력전으로 치달으면 젊은이들은 이 도시의 세 지역 간에 존재하는 전통적인 경쟁 집단으로 파를 갈라섰다. 전투 시합은 시청의 창가에서 내다보이는 들판에서 주로 벌어졌다. 행정관들은 이러다 정권에 탄압받은 적들까지 경기에 합세하여 왕궁을 공격하지나 않을까 노심초사했다.[111] 이 같은 폭력적인 경기가 새로운 갈등을 낳을 수도 있었던 것이다. 프랑스의 사면장을 보면 전체 살인 사건 중 경기장에서 일어난 경우는 3.5퍼센트였다.[112]

▌쫓겨난 자들

　폭력에 대한 중세의 태도에는 간단한 원칙이 깔려 있었다. 점잖은 사람들은 싸움은 해도 훔치지는 않는다는 것이다. 절도는 불명예스러운 짓이었고, 부를 쌓기 위해 동료에게 자행하는 폭력 역시 불명예스러운 것이었다.

여기에도 예외가 있었으니, 유력층이 복수극이나 갈등 도중에 타인의 재산을 강탈하는 경우였다. 지역 내에서 이웃의 재산을 가로채기 위해 폭력을 쓴 사람은 그 사회의 존경받는 일원이 될 수 없었다. 상대를 뒤에서 공격하거나 한밤중에 공격하는 등의 은밀한 폭력 역시 경멸을 받았다. 엄밀히 말해 강도질은 아니지만 행위가 강도와 흡사하기 때문이다. 중세 법정에서는 계획성이 아닌 은밀함을 기준으로 살인과 과실치사를 구별했다. 살인을 한밤중에 경고도 없이 벌였거나 이후 시체를 숨겼거나, 아니면 임신한 여성을 해치는 등 유난히 악랄한 범죄자도 살인죄로 기소되어 처형당했다.[113] 당시 사람들은 살인자가 겁도 없이 살인 현장으로 돌아와 시체를 바라보면 시체의 상처에서 다시 피가 흘러 나와 이 교활한 살인자의 정체를 폭로한다고 믿었다. 이런 믿음은 1513년에 스위스 루체른의 디볼드 쉴링가 연대기에 삽화로 묘사됐다.[114]

법적인 의미에서 살인은 파렴치한 행위였지만 공개적으로 벌이는 싸움은 부상자가 나온다 해도 명예로운 것이었다. 독일과 스위스의 여러 도시에서는 두 번째 것을 "명예롭거나 흔한 살인"이라고 공식적으로 칭했다. 1377년에 취리히의 정육 회관에서 한 푸주한이 동료를 찔러 죽인 사건이 벌어졌다. 희생자의 형제는 가해자를 살인죄로 고소하려 했지만 행정관은 이 사건이 애초에 피해자가 가해자의 가족을 불한당 패거리라 불러서 발생한 것이니 명예로운 싸움이라고 판결 내렸다.[115] 1375년에는 살인을 교묘하게 숨기려 한 사건이 있었다. 영국 링컨셔 들판에서 한 기사의 시체가 발견됐다. 옷을 말끔히 차려입은 시체에는 박차와 벨트가 그대로 있어서 강도 습격을 당한 것처럼 보였다. 조사 결과 희생자와 같은 집안의 사람들이 희생자의 아내 그리고 아내의 정부와 공모하여 피해자를 죽인 뒤 시체를 밖에다 버렸다는 사실이 밝혀졌다. 이 사건과 함께 1464년 노팅엄셔에서 벌어진 치정극에서조차 살해자는 사면되거나 가벼운 처벌을 받고 풀려났다.[116]

자살은 분명 명예의 영역에서 벗어나 있었다. 자살한 이의 가족은 고인이 사망한 진정한 이유를 숨기려 했다. 재산 몰수를 피하려고 사실을 숨기는 경우도 있었기 때문에 조사 담당자는 촉각을 곤두세우고 숨겨진 사실을 찾아내라는 지침을 받았다. 자살 행위 자체도 그렇지만 자살 뒤에 으레 따라오는 시체에 대한 모멸적인 대우에 깊은 수치심을 느껴서 사실을 숨기는 가정도 있었다. 자살한 이의 시체를 노출하거나 수치스럽게 매장하는 식의 처벌은 근대 초기까지 이어졌다. 교회 작가들은 자살의 지극히 비기독교적인 성격을 집중적으로 다루었다. 사람들이 자살이라는 최악의 죄를 짓도록 유혹하는 것은 언제나 악마이며, 자살은 본질적으로 용서받기가 불가능한 행위였다. 실제로 개인의 구원에 대한 의심과 함께 그보다 일상적인 불행이 가장 흔히 알려진 자살의 이유였다. 고인이 정신이상을 보였다는 것이 인정받은 몇 안 되는 경우에만 사망자 가족의 명예가 다소나마 지켜졌다.[117] 스스로 목숨을 끊은 사람들은 시간이 한참 흘러 명예의 의미가 바뀌고 난 뒤에야 짓밟힌 명예를 되찾을 수 있었다. 중세의 믿을 만한 기록에 남겨진 자살률은 살인율에 비해 극히 낮았다. 최근 영국과 프랑스에서 세밀히 추정해본 결과 타인에 대한 폭력성이 높을수록 자신에 대한 폭력성은 낮다는 사실이 밝혀졌다. 살인 대 자살의 비는 보통 21대 1 정도였다.[118]

자살률 다음으로 타인을 향한 도구적 폭력과 관련하여 영국에서 양적 자료가 발견됐다. 기븐이 13세기 각 지역의 노상강도에 의한 살인율을 합산해본 결과 자치주의 살인율은 인구 10만 명당 2건 정도였고 런던과 브리스톨 등 대도시의 살인율은 대수롭지 않은 수준이었다. 전체 살인 사건의 10퍼센트가 노상강도나 도둑의 소행이었다.[119] 14세기 영국의 시골 지역 두 곳에서는 전체 살인 중 최소한 25에서 30퍼센트 정도가 강도나 절도와 관련된 반면, 런던에서 강도나 절도 관련 살인 사건은 전체의 5퍼센트에 불과했다.[120] 노상강도는 종종 악랄한 폭력을 일삼았는데 보물을 어디에 숨겼는지 알아내기 위해 피해자를 고문하는가 하면 피해자를 온갖 무기로 난도질해 살해하기도 했다.[121] 15세기 이스트앵글리아의 강도들은 주로 값싼 칼이나 농기구를 사용했다.[122] 전해지는 이야기로 보건대 이들은 영웅 로빈 후드가 아니라 악명 높은 코터렐이나 폴빌 갱단이었다. 이들 갱단은 사면장이나 군대 입대로 매수해야 할 만큼 골칫거리였으며 심지어 지역 행정권을 줘서 매수하는 경우도 있었다.[123] 유럽 전역에서 심각한 폭력을 동반한 강도 사건은 시골 지방에서 주로 일어났다. 스위스 프리부르의 여러 소도시에서도 달아난 살인자 중 상당수가 강도라는 기록이 나왔지만 이들의 근거지는 대부분 도시 변두리 지역이었다.[124]

엄밀히 말해 추방자는 아니지만 학생과 젊은 학자들도 사회 주변부에서 가끔씩 시끄럽고 때로는 폭력적인 삶을 살았다. 유명한 시인 프랑수아 비용François Villon도 그중 하나였다. 학생 시절에 그는 길거리 싸움에서 성직자를 살해했고 파리 나바르 대학의 강도 사건에 가담하기도 했다. 비용은 몇 번씩 유죄 선고와 사면을 받은 끝에 몇 년간 프랑스 일대를 방랑해야 했다.[125] 그 동료들은 비용만큼 악명을 떨치지는 못했지만 파리와 그 밖에 지역에서 시민이나 경찰을 상대로 대규모 싸움을 일상처럼 벌였다. 학생들은 1462년에 스페인 카스티야 지방의 살라망카에서 터진 파벌 간 갈등에도 열성적으로 참여했다.[126] 학생 이외에도 상당수의 주변 인구가 런던과 파리 일대에 살았다. 거지의 폭력성과 게으름, 성적 욕망은 그들이 실제 그렇기도 했지만 당시의 고정관념이 낳은 것이기도 했다.[127] 파리 당국은 비열한 폭력이든 단순한 소란이든 난잡한 광경은 모두 도시 외곽으로 몰아냈다. 파리 외곽은 도시의 관할권 내에 있기는 했으나 상징적인 경계 지역이었다. "학생들은 자신의 연인을 그곳으로 데려갔고, 술꾼들은 목이 터져라 노래를 불렀다. 이웃들은 틈만 나면 싸웠고 강간범들은 희생자를 성곽으로 끌고 갔다."[128]

매춘부가 폭력에 노출되는 것도 보편적인 현상이었다. 15세기 파리의 매춘부들은 구타와 위협, 납치, 강간에 시달렸다. 때로는 남성 둘 이상이 매춘부 한 명을 폭행하기도 했으며 경찰이 매춘부를 폭행한 혐의로 체포되기도 했다. 남성들이 한밤중에 여성의 숙소로 쳐들어가는 일도 있었다. 매춘부의 도움이나 사주를 받은 남성이 사창가에서 다른 남성을 공격하기도 했고 매춘부들끼리 폭력을 가하기도 했다. 중세 후기에 독일, 프랑스, 스페인 일대에서 포주가 여성에서 남성으로 바뀐 것도 폭력을 방지하기 위한 일환이었다고 설명할 수 있다. 무기는 사창가 입구에서 반납해야 했는데도 고객들은 여전히 매춘부을 학대하거나 다른 고객과 싸움을 벌였다. 독일에서는 "여성들의 주인"이 그 자신과 재산 관리인의 신변 보호를 위해 합법적으로 칼을 소지할 수 있었지만 타당한 이유 없이 고객에게 칼을 휘두를 수는 없었다.[129]

폭력적인 사람들의 특정한 범주가 추방자로 몰려 사회 주변부로 밀려남에 따라 이들이 폭력에 희생될 가능성은 더욱 높아졌다. 이는 나환자나 유대인 등 소수자 집단에 대한 공격이 계속됐다는 사실에서도 명백히 드러난다. 이베리아반도에서는 에스파냐의 국토회복운동인 레콩키스타 이후로 이슬람교도가 소수자 집단에 포함됐다. 소수자에 대한 폭력은 여러 면에서 피의 복수 같은 명예로운 싸움과 반대됐다. 복수극은 동등한 집단끼리의 싸움이었다. 육체적 힘까지 동등할 필요는 없었지만 가문이나 당파 간의 사회적 지위는 얼추 동등했다. 그에 비해 소수자 집단은 사회적 지위가 낮았다. 이들 중 경제적으로는 주변인이 아닌 사람도 다수자로부터 명예를 인정받지 못했다. 스페인 아라곤 왕국에서 이슬람교도와 유대교도는 피의 복수에 가담할 권리를 공식적으로 인정받지 못했다. 복수극에서 개인이 속한 집단이 더 큰지 더 작은지는 당시 가담한 정파에 따라 달라졌지만, 소수자 집단은 언제나 소수자에 머물렀다. 소수자에 대한 폭력은 대부분 집단적이었다. 기독교도 한 명이 유대교도나 이슬람교도 여러 명과 싸울 때조차 사회적 맥락에서는 후자를 상징적으로 열등한 쪽에 세웠다. 보복의 위험은 언제나 도사리고 있었다. 갈등의 주된 원인은 음식이었다. 세 종교는 어떤 음식을 어떻게 먹는가에 대한 규율이 제각기 달랐다. 그들은 상대편이 먹는 고기를 먹으려 하지 않았으며 구입하는 정육점이나 푸주한도 따로 두었다. 종교가 다른 남녀의 결합은 폭력을 야기하는 또 다른 원인이었다. 종파를 초월한 섹스는 모든 이에게 금지됐지만, 특히 비기독교도가 불결하다는 고정관념적인 이미지가 두드러지게 나타났다. 비기독교도는 왕이나 영주, 도시 내 통치자들에게 그간 누리던 특별 보호를 요청할 수 있었다.[130]

매년 부활절 전 목요일이면 기독교도가 유대교도를 의례적으로 공격했다. 이 관습은 이베리아반도와 이탈리아, 프랑스 남부에서 행해졌다. 라인란트와 그 밖의 지역에서는 십자군 전쟁 이후로 유대인 학살이 간간이 벌어졌지만 이베리아반도에서는 흑사병이 퍼지기 전까지만 해도 소수자에 대한 폭력이 그리 치명적이지 않았다. 흑사병이 사라진 뒤에도 떠도는 광신도들의 선동 연설로 인해 유대인 탄압이 계속되는 경우가 많았다. 1411년에는 빈센트 페리어라는 설교자가 스페인의 톨레도와 살라망카, 프랑스 페르피냥에서 군중을 이끌고 유대교 회당으로 몰려가 유대인들을 쫓아낸 뒤 그곳을 교회로 개조했다.[131]

▌사회적 변화?

일부 역사가들은 피의 복수나 상류층의 폭력이 일반적으로 중세 시대 말미에 이르러 감소했다고 본다. 한 피렌체 전문가는 메디치가와 스트로치가 일원들의 폭력이 14세기보다 15세기에 빈도가 줄고 치명성 역시 약화됐다고 한다.[132] 최근 연구는 이것이 피렌체 당국이 흑사병 창궐 이후로 폭력 억제에 적극 나선 덕분이라고 여기고 있다.[133] 프랑스에서도 15세기에 접어들면서 사적인 복수가 감소했는데 법원의 통제 범위가 확대되고 여론에서 평화의 중요성이 날로 강조된 것이 그 원인이었다.[134] 대니얼 스메일은 여기에 또 한 가지 중요한 요인을 더했다. 그는 제한적인 범위에서 국가권력이 강화된 것은 역설적으로 복수에 대한 지속적인 갈망에 따른 것이라고 주장했다. 국가 형성 과정은 단순히 위에서 밑으로의 변화가 아니었다. 군주와 의회, 법원은 영향력을 넓히고자 했지만 여기에는 사회 하층 구조의 요구가 중요하게 작용했다. 영향력 확대를 요구한 개인과 집단은 전략적인 이유에서 공개적 비난과 소송을 통해 적을 더욱 쉽게 물리칠 수 있으리라 생각했다. 적대적 감정이 계속해서 중요한 역할을 맡았지만 보복은 사법적 조치의 힘을 빌리게 된 것이다. 이런 식으로 사회 밑바닥의 구조적 갈등은 국가 권력이 소폭이나마 강화되는 데 영향을 미쳤다.[135]

더불어 가족 간 유대의 정도와 범위 역시 달라졌다는 사실을 염두에 두어야겠다. 반목과 복수에는 다양한 사회집단이 참여했지만 여전히 무엇보다 중요한 것은 혈연이었다. 개인주의적 사고방식이 점차 고개를 들면서 개인이 애착을 느끼는 친족의 범위도 좁아졌다. 여기서 다시 한 번 줄리엣에게 개인주의라는 급진적인 해결책을 내린 셰익스피어의 이야기를 들어보자.

줄리엣: 오 로미오, 로미오! 어째서 당신은 로미오인가요?

당신의 아버지를 부정하고 당신의 이름을 거부하세요.

아니면, 그리하시지 않겠다면, 나에게 사랑을 맹세해주세요

그럼 나는 캐퓰릿이라는 이름을 버리겠어요.

로미오: 〔옆에서〕 더 들어볼까, 아니면 말을 걸까?

줄리엣: 나의 원수는 그대의 이름일 뿐—

그대는 몬테규가 아니라 그대 자신일 뿐이에요.

몬테규가 무엇인가요? 그것은 손도 아니고 발도 아니에요.

팔도, 얼굴도, 사람의 그 어떤 부분도 아니에요.

오, 다른 이름이 되어주세요!

도대체 이름이 무엇인가요? 우리가 장미라 부르는 것도

어떤 이름으로 바꿔 부르든 여전히 달콤한 향기가 나지 않나요.

혈족 관계에 대한 철저한 거부는 이 극이 상연되던 당대의 사람들에게는 불가능한 일이었다. 핵가족이 더 큰 관심을 받게 된 것은, 16세기 후반에 종교개혁과 반종교개혁으로 유럽 일부 지역에 더 강력하고 안정적인 국가기관이 들어서면서부터였다. 폭력이 자행되던 현실과 그에 대한 태도는 16세기 중반 이전까지 지극히 미미하게 변화했다. 당시 살인율은 14세기와 15세기에 내면의 공격성을 통제하는 평균적인 수준이 크게 높아지지 않았음을 알려준다. 행동 통제 수준 역시 크게 달라지지 않았는데 이는 이후 1530년에 에라스무스가 편찬한 예절 책에 힘입어 새로이 높아졌다. 치명적이지만 명예로운 싸움에 대한 대중의 태도는 더욱 더디게 변했다. 다만 한 가지 변화만이 16세기 중반 이전부터 눈에 띄기 시작했다. 바로 살인의 불법화였다.

2장

화해의 키스

: 묵인부터 불법화까지

1295년 6월 24일, 벨루티가의 복수자들은 리포 마넬리를 살해하고 즉시 피렌체를 떠났다. 그들은 추방 명령이 뒤따르리라는 사실을 알았지만 곧 돈을 써서 다시 마을로 들어올 수 있으리라는 것도 알고 있었다. 하지만 이번만큼은 행정관들이 그 이상을 요구했다. 저명한 두 가문이 합의에 이를 것을 바라며 협상에 나선 것이다. 첫 번째 협상은 실패했다. 이후 살해자들이 벌금을 낸 뒤 피렌체로 돌아오면서 화해의 장이 마련됐다. 7월 17일, 복수자를 포함해 마넬리와 벨루티 문중의 일원들이 산 피에트로 스케라지오 교회에 모여 서로의 입에 키스하며 더 이상의 복수극은 벌이지 않을 것을 약속했다. 도시 정부의 압력을 받아 진행된 것이었지만 개인적인 평화 협정이 유지될지 여부는 당사자들의 의지에 달려 있었다. 마넬리가는 자신들이 더 우월하다며 벨루티가를 여전히 멸시했지만 평화는 지켜졌다.[1]

키스는 고대로부터 숭엄하다고 여겨져온 의례적 제스처다. 히브리인과 그리스인, 로마인 사이에서 키스는 주로 혈연관계의 애정과 평화를 나타냈으며 고대 게르만인에게도 유사한 의미를 띠었으리라 생각된다. 초기 기독교도는 그들이 모두 형제자매임을 증명하기 위해 키스를 나눴다. 후기 로마제국에서는 키스 의식이 후원식의 영역으로까지 뻗어나가, 이후 중세 봉신들의 봉건적 의례에도 쓰이게 됐다. 존경의 표시로 손을 잡고 입술에 키스하는 의식은 봉신이 지주에게 충성을 다하겠다는 의미이자 지주 역시 자신의 봉신을 보호하고 존중하겠다는 의미를 나타냈다. 키스가 언제부터 화해를 암시하게 됐는지는 정확하지 않지만 키스가 화해를 의미한다는 관념은 기독교의 힘이 강해지면서 더욱 강조됐다. 교부들이 평화의 키스를 장려하면서 키스는 가톨릭 예배식의 중요한 요소가 됐다.[2] 고해성사가 끝난 뒤 사제가 모든 교구 주민들에게 키스를 하면 이는 주민들 간에 화해가 이루어졌다는 뜻이었다. 따라서 살인이 벌어진 뒤의 화해 의식에서 키스가 중요한 위치를 차지한 것은 당연하다. 네덜란드어를 쓰는 사람들에게는 이 의미가 더욱 자명해진다. 네덜란드어로 화해를 나타내는 옛 단어 zoen가 키스라는 단어와 동의어가 된 것이다.

▌화해 의식

살인의 불법화는 화해 의식과 함께 시작됐다. 14세기 말부터 17세기 중반까지 살인의 묵인에서 불법화에 이르는 전 과정에 대한 체계적인 설명이나 분석은 아직 나오지 않았다. 그럼에도 이 과정은 살인과 개인 간 폭력의 전반적인 역사에서 중요한 부분을 차지한다.

이번 장의 제목에 키스를 끌어들이긴 했지만 단순히 키스를 화해와 동일시할 수는 없다. 의례적인 키스는 화해의 영역 너머까지 뻗어나갔으며, 화해 의식에는 단순히 입술로 하는 맹세보다 더 의례적인 요소가 포함됐기 때문이다. 중세 말미에 접어들자 키스는 여러 지방의 화해 의식에서 자취를 감추었다. 키스와 화해를 동일어로 본 네덜란드도 예외는 아니었다.[3] 의식의 내용은 변하기 마련이니 의식의 특정 요소의 기원을 따라가보는 것은 무의미할 것이다. 그보다는 의식의 레퍼토리는 시작도 끝도 없다고 생각하는 것이 더 유익할 것이다. 개인적인 화해는 사회 통제의 중요한 도구였기에 정교한 국가 구조가 부재한 사회에서는 화해에 대한 개인적인 규율이 언제나 더욱 오랜 전통으로 이어졌다. 마찬가지로 개인적인 화해 의식은 사회의 다른 영역이나 외래문화의 영향을 받을 수도 있었다. 중세 유럽이라는 맥락에서 볼 때 그러한 의식의 주된 원천은 당연히 가톨릭교와 봉건주의였다.

살해에 대한 화해라는 것에도 비슷한 논리가 적용된다. 신의 휴전(기사들 사이의 사소한 싸움을 금지하는 성직자 운동)이나 게르만의 속죄 보상금 지불 절차까지 올라가봐도 이러한 행위에는 설명이 필요 없다. 의식과 관습, 법을 설명한다는 것은 이들을 당시 사회의 맥락에서 두고 본다는 뜻이다. 화해에서 꼭 필요한 요소는 권위자의 중재나 압력이 없는 사적 성격이다. 자발적인 합의에는 기본적으로 두 가지 유형이 있다. 하나는 한 번의 살인 사건 이후 복수를—그리고 피의 복수가 시작될 가능성을—막는 것이고, 다른 하나는 한 번의 살인 이후 각 집단에서 한 명 이상의 일원이 상대편에 살해당한 뒤에 복수극을 끝내기 위한 것이다. 복수극의 규모가 점차 줄어들면서 화해의 첫 번째 유형이 수적으로 많아졌다. 피의 복수와 개인적 합의는 동전의 양면과 같다. 동전 전체는 국가 권력과 사법 제도의 상대적 부재를 가리킨다. 어디든 안정적인 국가 구조가 부재한 사회에서는 복수극과 개인적 합의를 모두 목격할 수 있었다. 동전의 양면이라 함은 복수와 화해 사이에 반비례 상관관계가 성립하지 않는다는 뜻이다. 일부 학자들은 국가가 부재한 사회에서는 빈번한 소란과 비공식적 합의가 자주 일어나기에 살인 사건도 많지 않다고 생각한다. 하지만 이러한 사회는 예외적인 경우

다.[4] 중세 유럽은 화해가 만연했음에도 불구하고 이후 시기보다 살인율이
더 높았다.

초창기의 사례를 보면 살인이 일어났을 때 화해하는 관습이 중세 이전
에도 있었으며, 화해는 문헌에서처럼 들쭉날쭉 나타난 것이 아니라 널리
퍼져 있다는 사실을 알 수 있다. 1134년 3월, 프랑스 오를레앙의 부주교보
副主教補를 살해한 자 중 하나가 자신의 죄를 뉘우치려 했다. 그는 공범자와
봉신, 친족 등 240명을 모아 희생자 친척들의 입술과 손에 경의를 표했다.[5]
비슷한 의식이 1162년에 스페인 갈리시아에서 거행됐다. 귀족 간 복수극
도중 후안 아리아스의 아들이 오베쿠오 문중의 세 명을 살해했다. 이에 아
리아스와 오베쿠오 가문이 모두 가까이하던 소브라도 사원의 수도사들이
중재에 나섰다. 화해는 성모승천대축일에 수도원 안에서 거행했다. 화해의
날에 원수 가문이 함께 모여 악수를 하고 평화와 안전의 키스를 나누었다.
화해 의식은 이탈리아 소도시와 신성로마제국 전역에서도 흔히 벌어졌다.
피렌체의 기록보관소에는 살해, 명예를 위한 결투, 그 밖의 갈등에 뒤이어
행해진 개인적인 화해 협약과 관련된 자료가 보관되어 있는데 시기는 12세
기 말부터 14세기 말 사이였다.[6] 독일의 오랜 관습 중에는 우르페데Urfehde
혹은 운페데Unfehde(휴전)가 있었는데 복수극에 가담한 두 집단이 더 이상
적대감을 품지 않겠다고 엄중히 선언하는 일이었다.

화해의 증거와 관련된 한 가지 의문은 정치권력이나 사법 권력이 개입
했는지 여부다. 한 번의 살해나 복수극 뒤에 벌어지는 평화 협상은 개인의
선의에 달린 것이었지만 지주와 행정관들이 함께 기뻐하며 협상이 끝까지
이어지도록 적극 장려하는 일도 흔히 있었다. 권력 집단이 화해 의식에 적
극 간섭할수록 그 의식이 기록될 가능성은 더욱 컸다. 우리가 얻는 정보 중
에서 물론 자발적인 동의는 있었겠지만 전적으로 개인의 의지에 따른 화해
는 극히 드물다고 할 수 있다. 권력 집단의 개입은 중세 말에 이르기까지

쭉 증가했기 때문에 관련 증거 역시 대부분이 이 시기에 기록된 것이다. 믿을 만한 증거는 저지국에서 가장 풍부하게 나왔다. 화해 의식에 관한 정보와, 화해 의식이 살인의 불법화에 기여한 바에 대한 정보는 지금의 네덜란드와 벨기에, 프랑스 북부와 독일 서부의 일부 지역에 집중됐다. 이에 대해 간략하게 다룬 에드워드 뮈어의 『초기 근대 유럽의 의식Ritual in Early Modern Europe』은 증거가 되는 상황을 잘 보여준다.[7] 그럼 우선 저지국을 살펴보고 뒤이어 유럽 내 다른 지역에서는 화해와 평화 협상이 어떻게 이루어졌는지 알아보자.

가장 공들인 형태의 의식은 3일 동안 이어졌다. 세부 사항을 몇 가지로 분류하는 것은 조금 임의적일 수도 있지만 이를 네 가지 기본 단계로 구분해보면 얼마간 도움이 될 것이다. 그 네 단계는 보상금 지급, 살해자의 후회에 초점을 맞춘 의식, 두 집단의 화해에 초점을 맞춘 의식, 그리고 종교적 절차다.[8] 확실히 이 중 두 단계는 복수극이 오랫동안 지속된 경우보다는 살인 사건이 단 한 번 벌어진 경우에 더 적합해 보인다. 양쪽 집단의 희생자 수가 서로 같다면 지급해야 할 보상금은 상쇄되고, 용서를 구하는 가해자 집단이나 용서를 베푸는 피해자 집단을 뚜렷이 구분할 수도 없어진다. 그렇다고 이런 유형의 화해 의식이 복수극에 적합하지 않다고 단정 짓는 것은 성급한 일이다. 벨기에 겐트의 법규에는 피의 복수가 합법적이려면 복수극 도중 벌어진 살인 사건 하나하나에 대해 화해 절차를 밟아야 한다고 규정되어 있다. 결국 화해 의식의 모든 단계에는 화해의 가장 중요한 성격, 즉 화해는 한 집안의 일이라는 사실이 담겨 있다. 화해는 결코 개인의 일이 아니었다. 화해는 언제나 집단의 문제였다.

보상금은 언뜻 보면 일상적인 문제인 것 같지만 그 지급 절차는 의식에 없어서는 안 될 일부분이었다. 지급되는 보상금으로는 세 가지가 있었다. 화해에 앞서 지급하는 돈은 두 적대 집단을 한자리에 모은 제3자나 중재자에게 돌아갔다. 화해 의식 당일에 살해자가 희생자의 가장 가까운 친척에게 보상금 전액을 건네면, 이를 받은 친척은 그 돈을 몇 명이 됐든 희생자의 다른 상속자들과 나눠 가져야 했다. 세 번째 날에는 자리에 참석한 다른 친족들이 남은 돈 혹은 친족금을 받는데, 희생자와 촌수가 멀어질수록 적은 돈을 받았다. 문헌에는 상당수의 금액이 다양한 통화 형태로 언급됐지만 이를 구체적으로 당시 상품의 가격에 맞춰보기는 힘들다. 다만 1550년의 핀란드에서는 '피의 돈'이 암소 여섯 마리 가격이었다고 한다.[9] 이것만 봐도 보상금 지급이 살해자와 그의 친족들에게 상당한 부담이 됐으리라고 확신할 수 있다. 때로 희생자가 사건이 일어난 즉시 사망한 것이 아니거나 단순한 폭행 사건일 경우에는 보상금에 의료비용까지 포함됐다. 물론 피해자가 폭행 당시에 반격을 한 경우도 있었을 것이다. 겐트에서는 가해자 측에서 살해자나 그의 일원 하나가 부상을 당했을 경우 피해자 측에 지불해야 할 보상금에서 부상에 대한 치료비용을 제하는 것이 관습이었다.[10] 다양한 액수를 건네는 의식을 살펴보면 수많은 사회에서 선물을 중시했다는 인류학자들의 연구 결과가 떠오른다. 지불하는 돈은 보상금으로서 일종의 빚이라 할 수 있지만, 이를 전달하는 의식은 두 가문 사이에 상호 존중이라는 새로운 유대감이 형성됐음을 상징했다.

비금전적인 의식은 두 가문 사람들이 한자리에 대거 모이는 화해 의식 당일에 집중됐다. 이날은 흔히 기독교 축일에 맞춰졌다. 가해자 측은 희생자의 친족들에게 용서를 구해야 했다. 여기서 필수적인 광경은 살해자와 그 친족들이 상대편 앞에 두 손을 포갠 채로 한 번, 두 번, 혹은 세 번 무릎을 꿇는 것이었다. 나머지 절차는 지역마다 달랐다. 어떤 지역에서는 참회하는 집단이 교회에 먼저 들어서고, 용서하는 집단은 중재자에게서 돈을 건네받기 전까지 밖에서 기다렸다. 반대로 참회하는 집단이 나중에 들어가는 지역도 있었는데, 의례상 겉옷을 벗어야 했기 때문이다. 참회하는 집단의 옷차림은 언제나 간소했다. 그들은 모자와 신발은 벗고 회색이나 하얀색 또는 검은색의 모직이나 리넨 조끼만 걸쳤다. 의식에서는 상대편 앞에 엎드리는 가장 중요한 절차에 뒤이어 경의를 표하는 행동이 이어졌다. 살해자와 그의 친척 몇 명이 희생자와 가장 가까운 친척들의 손을 잡는다. 죄지은 집단이 굴복함에 따라 상대편은 복수를 삼갈 것을 맹세한다. 이 약속은 우르페데라는 서약의 형태나 단순한 용서의 신호로 이루어질 수 있었다. 각각의 의식은 순서대로 거행됐는데, 우선 두 집단의 중심 대표자들이, 그다음은 나머지 일원들이 참여하는 식이었다.

원래 평화 의식의 중심은 키스였다. 특히 입술에 키스하는 것은 당사자들의 완벽한 평등을 나타냈다. 키스를 하면 두 사람의 몸이 완벽히 대칭이 되기에 키스를 하는 사람과 받는 사람을 구별할 수 없다. 1568년에 프리울리에서 분쟁 중이던 두 베니스 문중도 이러한 방식으로 평화 협정을 맺었다.[11] 네덜란드에서는 살해자와 희생자의 가장 가까운 친척, 즉 집안의 공식적인 우두머리가 키스를 나누었다. 이 우두머리는 '입 화해자mondzoener'라 불렸으며, 키스를 나누고 보상금의 상당수를 지불하는 날은 '입 화해mondzoen'의 날로 알려졌다. 한편 '입'이라는 단어는 친족 집단 전체의 대변인 역할을 맡은 가장 가까운 친척을 가리키기도 했다. 15세기에 이르러 '입 화해자'는 의식의 절차와 상관없이 희생자의 대표를 가리키는 말이 됐다. 희생자와 가까운 친척이 없으면 먼 친척이 그 임무를 맡았는데 1459년 겐트의 합의가 그러했다. 당시 기록에는 미키엘의 아들 얀 머커트가, 살해된 호리스 머커트에 대한 입 화해자로서 권한을 부여받았음을 한 달 내에 증명해야 한다고 적혀 있다.[12]

오늘날 키스는 저지국에서와 마찬가지로 화해 의식에서 대부분 사라졌다. 키스는 조금 더 평등한 의식에 어울리는 것이라 할 수 있다. 의식에서 키스가 사라졌다는 것은 불평등한 의식이 점차 퍼졌다는 사실을, 즉 한쪽이 명백히 죄를 지은 집단처럼 행동하게 됐다는 사실을 뜻한다. 실제로 불평등한 형태의 키스가 브뤼셀 근처 알스트에서 나타났다. 1437년, 빌럼 싱켈이 마르텐 호리스에게 살해된 뒤의 일이었다. 권위자 몇 명이 주재하는 가운데 수녀원에서 거행된 화해 의식에서 마르텐과 그의 아버지, 마르텐의 형제가 빌럼의 형제의 볼에 각각 키스했다.[13] 그렇다고 화해 의식에서 키스가 사라진 사실을 너무 강조해서는 안 될 것이다. 악수 같은 화해의 다른 제스처가 남아서 키스 대신에 행해지기도 했으니 말이다. 악수 등의 제스처 역시 두 집단의 동등함을 나타냈다. 의식이 끝난 뒤 두 집단이 함께 식사를 하거나 술을 마시는 것은 중세 말미에 더욱 흔해졌으며, 중세가 끝날 때까지 화해 의식의 한 단계로 남았다.

평화 협상의 종교적 절차는 사회적 계층을 반영했다. 희생자를 위해 거행된 미사 횟수가 고인의 생전 지위를 말해주었다. 미사가 500번 열리는 것은 드문 일이 아니었으며 일부 화해 협상에서는 미사가 1000번 이상 열렸다는 기록도 있다. 중요한 희생자의 경우에는 예배당을 세우고 때로는 전담 사제도 두면서 그 영혼을 달래었다. 그보다 일반적이며 누구에게든 가능한 것은 희생자를 사후 수도원에 입회시키는 것이었다. 살해자가 수도자들에게 일정액을 지불하면 수도원에서는 살해된 사람의 이름을 사망한 형제 명단에 올리고 기일에 맞춰 망자의 혼을 위해 기도를 드렸다. 대부분의 의식은 가난한 사람이나 탁발 수도사들에게 자선품을 보내는 것으로 마무리됐다. 저지국 일대에서는 화해 협상 시 가해자에게 순례의 의무를 지웠다. 이는 법원에서 각종 범죄자에게 내리는 형벌이기도 했다. 종교적 분위기는 교회나 수도원 등 의식이 열리는 장소에 따라 한층 고양됐다. 1389년에서 1472년까지 네덜란드에서는 25건의 화해 의식이 각 지역의 교회에서 열렸다고 보고됐다.[14]

그렇게 보면 복수가 다분히 세속적인 관습이었던 것과 상반되게 화해는 종교적 의무로 여겨졌다는 생각이 들지 모른다. 이런 견해는 너무 단순한 것이다. 당시에는 누구나 사후 세계를 믿었으며, 미사나 성지 순례를 희생자의 친족들에게 전하는 보상금의 유용한 보완 행위라 여겼다. 용서를 베푸는 친족들은 이것이 고인의 영혼을 기리는 구체적인 보상이라고 생각했다. 희생자의 종교적 구원을 돕는다는 목적은 살해 현장이나 희생자의 무덤에 기념비를 세우는 것에서도 드러났다. 호리스 머커트를 살해한 두 남성은 살해가 벌어진 집 안의 벽에 십자가상과 성모 마리아, 성 요한의 그림을 반드시 걸어놓아야 했다. 1475년에 벨기에 앤트워프에서 열린 한 화해 의식은 살해 사건이 일어난 지 20년 뒤에, 그것도 살해자 본인 역시 이탈리아 롬바르디아에서 죽었다는 소문이 난 뒤에 행해졌다. 그럼에도 친족들은 고인의 영혼을 기리기 위해 이 의식을 올려야 마땅하다고 판단했다. 화해 협상은 종교적 절차를 중심으로 진행됐는데, 설령 살해자가 뜻밖에 롬바르디아에서 살아 돌아온다 해도 그는 곧장 발길을 돌려 로마로 순례를 떠나야 했다.

화해 의식에서 집단적 성격은 무엇보다 중요했다. 각 집단의 중심은 예외 없이 한 가족이었으며 그 밖의 사람들은 대부분 하인이나 의뢰인이었다. 화해 집단은 복수 집단과 동일했고 화해 집단에 가족 외에 연대 일원이 포함될 때도 있었다. 1429년에 열린 앤트워프 축제에서 독일 졸링겐의 거래상이 살해된 사건이 그 한 예다. 합의 조항 중에는 살해자의 아버지가 독일의 일반 상인들과 한자(북유럽 상인 조합)에 경의를 표하는 뜻에서 교회의 창유리 값을 지불하라는 부분이 있었다.[15] 보통 화해 의식에는 가족들이 참여했다. 살해자 측에서는 모든 친족들이 의식에 참여할 의향을 보였다. 협상이 결렬되면 그들 중 누구든 복수의 표적이 될 수 있었기 때문이다. 의식에 참여하려면 화해금을 일부 부담해야 했다. 친족 중에 자신이 부담해야 할 몫을 거부하는 이들보다는 오히려 이런 관습을 남용하여 친족에게 마땅한 몫 이상을 요구하는 살해자가 더 많았다. 살해자의 친족은 누구든 복수의 표적이 될 수 있었기 때문에 그들은 복수자가 될지도 모르는 상대편 사람들이 모두 자리에 참석하여 화해를 약속하길 바랐다. 따라서 당시에는 수백 명의 사람들이 역시 수백 명 앞에 엎드리는 광경을 심심치 않게 볼 수 있었다. 화해를 통해 두 가문 사이에는 충성이라 할 만한 특별한 유대가 형성됐다. 이 유대의 신성함은 그 어떤 새로운 적대감으로도 무너뜨릴 수 없었다. 화해의 사회적·문화적 맥락 전반의 핵심은 가문이었다. 단 한 명의 행동이 그가 속한 친족 집단 전체에 영향을 미칠 수 있었다.

개인적 화해에 관한 문서는 이탈리아와 이베리아, 프랑스 남부 지방에서 14세기부터 17세기 전반까지 널리 기록됐다. 화해의 당사자는 보통 공증인과 함께 합의 사실을 기록했다. 이들 공증 문서는 북유럽의 화해 규약과 달랐는데 여기에는 살해만이 아니라 이웃 간의 폭행이나 각종 갈등에 대한 다양한 합의까지 포함됐기 때문이다. 화해가 소수의 친척과 중재자만 참석한 조촐한 행사로 보이기도 한 이유가 여기서 설명된다. 화해의 원인이 살인이나 장기적인 갈등일 경우에는 교회나 수도원, 병원 등에서 사제가 증인으로 나선 가운데 친족 집단이 대거 참여했다. 의식에는 피해자 집단의 용서와 악수, 포옹이나 키스, 그리고 식사를 함께하는 절차가 포함됐다.[16] 공증 문서는 사업적인 성격을 띠었지만 문서에 감정이 드러나는 것이 제지되지는 않았다. 공증인이 화해 협상을 기록하는 것이 지극히 흔했던 시에나에서는 바르나 다 시에나라고 알려진 14세기 중반의 한 예술가가 〈세인트 캐서린의 신비로운 결혼〉이라는 그림을 남겼다. 복수극의 종결을 기념하여 그려진 이 작품에서는 과거의 적들이 성인에게 이끌려 무기를 버리고 서로를 끌어안는 장면이 아래편에 연출됐다.[17]

언뜻 보기에는 이른 시기에 개인적인 화해를 법적으로 금지하는 영국의 상황이 예외적인 것 같다. 영국에서는 폭력에 대한 태도가 진보적인 근대화의 조건이었던 것일까? 앞의 장에서 이미 보았듯 사실은 그렇지 않다. 영국 상류층이 유럽 대륙의 상류층보다 덜 폭력적이기는 했지만 영국인들은 하인과 충신들을 앞세워서 피의 복수를 이어나갔다. 런던 일대의 살인율은 13세기에는 그럭저럭 낮은 편이었지만 14세기에는 유럽 대륙의 살인율과 다르지 않았다. 화해와 관련해서도 비슷한 추이가 이어졌다. 앵글로색슨족 역시 복수극을 자행하거나 피의 복수를 치른 뒤에는 희생자에게 속죄금을 지불했는데 이후 12세기에 이르자 국가가 살해 사건을 통제했다. 속죄금 지불을 비롯한 개인적인 합의는 더 이상 허용되지 않았다. 그러나 역사가 토마스 그린Thomas Green은 이런 합의가 암암리에 계속되어 중세 시대 내내 지속됐다고 말한다.[18] 비공식적인 합의에서 속죄금은 얼마나 지불됐으며 의식은 어떻게 행해졌는지 등의 정보는 거의 없다.

화해 의식은 상당 부분 복수와 상호 보완적이라고 결론 내릴 수 있다. 기원만 보면 화해 의식도 역시 개인적이었다. 화해는 두 집단의 동의가 필요하기 때문에 복수보다 더 자발적이라고 할 수도 있다. 이론상으로는 복수가 계속되기 위해서도 두 집단의 의지가 모두 필요하겠지만 그중 한쪽이 복수를 개인적으로 행할 수도 있었다. 피의 복수에 가담하는 사람과 화해 의식에 참여하는 사람 역시 완벽히 대칭을 이루었다. 두 관습 모두 거의 가족으로 구성된 결속 집단을 중심으로 진행됐으며, 여기에 하인이나 피후견인, 이웃이 포함되기도 했다. 교회나 나중의 국가기관은 가문이나 문중에 대항 세력으로 맞서는 일이 많았기 때문에 이들 기관이 가문의 복수극을 막거나 평화 협상에 간섭하는 것은 당연한 일이었다. 피의 복수와 화해 사이에서 이보다 더 유사한 점을 끌어낸 학자들도 있다. 그들은 복수극이 사회를 통제하는 또 다른 제도에 불과하다고 생각한다. 결국 복수는 부당 행위에 대한 반작용으로 벌어지니, 복수에 대한 두려움 때문에 사람들이 섣불리 누군가를 공격하지 못하게 된다는 것이다. 이 주장이 문제가 되는 것은 복수극에서는 공격과 그에 대한 반응이 사실상 구분이 불가능하기 때문이다. 복수극에서는 대체로 공격이나 반응 모두 과실치사가 될 수 있었다. 더 중요한 사실은 복수가 언제나 과거의 어떤 사건에 대한 한쪽만의 일방적인 평가에 따라 정의된다는 것이다. 복수극에서는 한쪽 편에게 주체할 수 없는 분노를 불러일으키는 것이 다른 편에게는 복수라는 명예로운 행위가 된다. 따라서 사회 통제의 도구는 오히려 피의 복수가 아니라 화해였으며, 이것이 둘 사이의 주된 차이라고 보는 편이 합당하다.

복수와 화해는 폭력에 대한 사회의 태도를 생각할 때 다시 한 번 묶어볼 수 있다. 개인 간 폭력에서 복수에 대한 의지는 살해자의 죄가 화해로 씻길 수 있다는 생각과 함께 널리 묵인돼왔다. 당대 사람들은 명예로운 유혈 사태를 피할 수 없는 현실로 받아들였다. 지역 사회에서도 복수는 용인됐고, 명예로운 싸움 도중 살인을 저지른 자가 사회적으로 배척당하는 일도 없었다. 살해자가 화해를 하거나 벌금을 지불하고 나면 이웃 사이에서 아무 일도 없었던 것처럼 살아갔다. 상류층 살해자 역시 때가 되면 행정관이 되는 등 기존의 지위를 변함없이 지켰다.[19] 독일의 일부 연구는 폭력에 대한 사회적 태도의 문제점을 체계적으로 따져보았다. 그 결과 살인율은 중세 시대에 제일 높았지만 당시 마을 거주자들은 이런 고질적인 폭력을 크게 두려워하지 않았다는 사실이 밝혀졌다. 마을 사람들이 무엇보다 두려워한 것은 신의 처벌이었다. 그들은 마을을 떠나 여행하면 위험천만한 강도들이 기다리고 있을 것이라며 두려움에 떨었고, 이웃 사람이 자연사처럼 보이지만 이해할 수 없이 갑작스럽게 사망해도 불안해했다. 그러나 주민들 사이의 갈등은 아무리 치명적이어도 이웃의 단잠을 방해하지 않았다. 독일에서 안전에 대한 논의는 1500년에 이르러서야 고개를 들었다.[20] 프랑스인 역시 노상강도가 날뛰는 공공 도로나 숲은 안전하지 않다고 생각했다. 그들의 불안은 군사 행동과 관련됐거나 이에 뒤이어 발생하는 범죄에까지 확대됐다. 프랑스에서 15세기 중반에 범죄 관련 문헌이 등장했지만 여기서는 간음이나 유괴, 강간, 정치적 책략 등을 주로 다룰 뿐 살인 사건은 거의 다루지 않았다.[21] 중세 유럽에서 안전에 대한 논의가 부재했던 이유는 엘리아스의 이론으로 설명할 수 있다. 근대에 비해 중세 사람들은 그날 하루하루를 연명하기에 급급했기에 자신의 행위를 좀 더 긴 안목에서 바라볼 여유가 없었던 것이다.

▌화해, 기소, 사면

시 의회와 군주들도 수수방관하지는 않았다. 온순화를 달성하는 확실한 방법은 개인적인 반응의 두 유형 중 부당한 대우를 받은 쪽으로 균형을 기울이는 것이다. 유럽 전역에서 이제 막 태동한 국가기관과 법원은 화해와 평화를 권장하면서 복수를 억제하려 했다. 초기에 이들의 주된 수단은 세 번째 가능성, 즉 형사소송이 없을 것이라고 약속하는 것이었다. 상대에게 보상을 끝낸 살해자는 그 자신과 친척에게 가해질 보복을 면할 뿐 아니라 법정에 서는 일도 피할 수 있었다. 시에나의 행정관들은, 원수에게 복수하는 대신 화해할 준비가 되어 있다면 누구든 처벌을 면할 수 있다고 약속했다. 특히 그들은 공증인의 동의, 이른바 '평화의 문서'를 선호했다. 살해자는 희생자의 가족과, 폭행 가해자는 희생자 본인과 협상해야 했다. 피고가 이미 재판을 받고 있는 중에 이런 공증 문서를 제시하면 법원은 그 즉시 모든 법적 소송 절차를 중단했다. 평화의 문서는 또한 종교 축제 기간에 금지를 해제하거나 사면을 내릴 때 필요한 것이기도 했다.[22]

살해에 대한 반응의 세 번째 유형, 즉 형사소송은 14세기에 거의 모든 곳에서 볼 수 있었다. 비밀리에 살인을 저지른 범죄자나 난폭한 노상강도는 체포되면 처벌을 받았다. 이런 악명 높은 살인자들에게는 우선 가족 간의 강력한 유대감이 없었다. 반면 공정한 싸움 중에나 복수를 위해 살인을 저지른 명예로운 범죄자는 법원에 기소되어도 가벼운 처벌을 받았다. 유럽 도처의 사법 당국과 대중은 사법적 처벌과 관련하여 과실치사에는 벌금형이 적절하다는 데 동의했다. 가끔 법원에서 벌금형 대신 추방형을 내릴 경우에는 그전에 받은 벌금을 신속히 되돌려주었다.[23]

당국은 중재 조치로 두 집단 사이에 공식적 평화를 선언하기도 했다. 저지국에서는 평화 선언이 14세기에 제도화됐다. 심각한 폭력이 한 건 발생할 때마다 도시 정부에서 그 뒤 6주간을 평화 기간으로 지정했다. 6주 안에 일어난 보복 사건은 무엇이든 불법이 됐다. 강제 휴전에는 다양한 형태의 의식이 동반됐다. 마을의 종이 울리기도 했고, 법원에서 평화의 전령을 보내 희생자의 가족이 악수로서 이를 받아들이게 하기도 했다. 강제 휴전이 내키지 않는 친족들은 전령을 들어오지 못하게 막거나 교회 묘지로 달아남으로써 자신이 복수할 권리를 얻었다고 생각했다. 15세기에는 평화를 거부하거나 깨버린 사람들에게 벌금형이 내려졌으며 추방령이 떨어지기도 했다. 부르고뉴 영지의 군주도 이러한 방침을 강화했다. 1446년에 선량한 필립 공Philip the Good은 살해나 폭행 사건이 벌어지면 그 뒤 6주 동안을 네덜란드 전역의 의무 휴전 기간으로 지정했다.[24]

영국에서는 처음부터 사법부의 역할이 막강했지만 다시 말하건대 이처럼 눈에 띄게 이른 근대화의 신호에 속아서는 안 된다. 살해 사건에 대한 사법권이 모두 국왕에게 있었던 12세기에 사면을 받거나 정당방위가 인정되는 자들과 죄인은 뚜렷이 구별됐다. 정당방위에 대해서는 매우 엄격한 규율이 적용됐다. 싸움이 한창인 때에 저지른 살인을 포함하여 살인죄는 모두 사형을 내릴 수 있는 범죄가 됐다. 법에서는 명예라는 단어를 언급조차 하지 않았다. 이런 면은 근대의 제도와 비슷해 보인다. 하지만 명목상으로 사법권의 중앙집중화라는 큰 걸음을 내딛기 위해서는 대신 지역 사회에

혜택을 줘야 했다. 지역 주민들이 피고인의 유죄 여부를 결정할 수 있었으며, 1215년에 기독교에서 시죄법(물, 불 등으로 피고에게 시련을 가하여 죄를 판가름하는 중세의 재판법_옮긴이)을 금지한 뒤로 이 역할이 배심원에게 돌아갔다. 배심원 제도가 도입된 뒤로 살인에 대한 영국과 유럽 대륙의 태도 차이는 국왕의 법이 군림할 때보다 작아졌다. 각 사회의 배심원단이 은밀한 살인과 정당한 싸움 중에서 단순한 살인(유럽 대륙에 흔했던)을 구분하는 기준은 모두 같았다. 단순한 살해자는 대체로 무죄를 인정받거나 사면을 받았다. 배심원은 피고가 법을 어기지 않으려고 온갖 애를 다 썼다는 불확실한 근거를 들며 피고의 행위를 정당방위로 판단했다. 사실 이 피고들은 흔히 자신의 목숨이 위태롭다는 사실을 알아차리는 즉시 반격을 가했다. 14세기에 배심원단은 자신을 모욕했거나 자신의 수염을 잡아당겼다는 이유로 무기가 없는 상대를 칼로 찔러 죽인 행위도 정당방위로 보았다. 왕실 관리들은 이러한 관행을 알면서도 묵인해야 했다.[25]

유럽 대륙에서는 배심 제도가 크게 성공하지 못했다. 주민들을 살인에 대한 사법적 처벌에 익숙해지게 하는 한 가지 방법은 사법 절차를 피의 복수에 관한 설화에 맞추는 것이었다. 이런 식으로 법원은 복수하는 관습에 존경을 표하면서도 복수를 범죄 행위로 규정하겠다는 의도 역시 충족시켰다. 복수를 조장하는 의례는 유럽 각지에 알려졌다. 피렌체에서는 피로 얼룩진 시체가 무덤 속에서 복수를 부르짖도록 칼에 찔려 죽은 시체는 상처를 닦지 않고 관에 넣었다고 한다.[26] 14, 15세기에 네덜란드와 라인란트, 독일 북부에 전해 내려온 관습에서는 이러한 설화가 사법적 처벌과 연결됐다. 법원은 살인 사건 피해자의 친척들을 회유하여 법정에 고발하게 하고, 재판이 시작되는 날에 고인의 손을 가져오도록 했다. 원칙적으로는 피해자가 죽은 즉시 친척들이 그의 손을 절단해야 했다. 친족들이 이를 꺼려하거나 할 수 없는 상황에는 판사나 법 집행관이 대신 고인의 손을 잘랐다. 잘린 손은 세척하거나 소금물에 몇 시간 동안 담가놓은 뒤 왁스를 발라 보관했다. 법원에서 왁스에 인장을 찍기도 했다. 의례가 끝나면 피해자의 손은 법원 당국이 보관하거나 희생자의 친척이 맡아 보관한 뒤 재판 당일에 가져왔다. 재판이 끝나면 자른 손을 무덤 속의 시체에 다시 두는 의례가 이어졌다. 고인의 손을 절단하는 관습은 16세기 초에 폐지됐다. 1509년 네덜란드 라이덴의 법령은 이를 "비정상적이고 비도덕적이며 고인의 친족들에게는 매우 슬픈 관습"이라고 언급했다.[27]

사법적 처벌이 점차 빈번해졌다고 해서 저지국 내에 화해의 중요성이 낮아진 것은 아니었다. 도시와 지방의 통치자들은 오히려 화해 협상을 의무화하려 했다. 군주는 다소 자율적인 두 집단의 화해 협상에 중재의 형태로 개입했는데, 양 집단도 이를 정부의 조치로 여기지 않고 군주의 사회적 지위와 명성을 고려하여 받아들였다. 14세기 후반부터 중재는 적극적인 간섭으로 바뀌기 시작했다. 시의회와 법원이 살해자와 피해자 양쪽 가문에 화해를 강요하는 일이 늘어났다.[28] 독일 도시에서는 자발적인 화해가 계속되고 있었지만 화해만으로는 더 이상 형사소송을 막을 수 없었다. 1482년에 독일 뉘른베르크 의회는 과실치사를 저지른 사람에게 상대편과 합의를 보았는지와 관계없이 처벌을 내리는 법률을 제정했다.[29] 같은 시기에 스위스의 취리히에서는 명예로운 과실치사와 파렴치하거나 부당한 과실치사를 구분하기 시작했고, 부당한 과실치사에 대해서는 두 배의 벌금형을 내리거나 참수형에 처했다.[30] 강력한 군주들은 살인범을 형사소송하는 도시의 분위기에 힘을 실었다. 부르고뉴 왕조는 영토 전역에서 복수극을 사라지게 하는 일에 적극 나섰다. 15세기 후반에 이르자 희생자의 시체에 복수라는 의례적 표시가 있든 말든 보복 살인은 무조건 기소됐다. 복수자들은 엄중한 처벌을 받을지 모른다는 위험을 느끼면서도 보복 살인을 여전히 신성한 의무로 여겼다.[31] 합스부르크가는 선조의 정책을 이어받아 이를 스페인에서 그대로 시행했다. 1555년에 칠부법전(13세기에 에스파냐의 알폰소 10세가 편집하게 한 법전_옮긴이)을 재정비한 법학자 그레고리오 로페즈Gregorio Lopez가 기록하길, 화해에는 두 집단 전체의 약속이 없으면 지켜질 수 없는 개인적인 협상도 포함되는데 그럼에도 국가가 화해를 강요하고 감시했다고 한다.[32]

형사소송이 빈번해지고 엄격해지면서 복수극이 적극적으로 억제되자 화해 의식은 점점 더 검소해졌다. 이번에도 상세한 증거는 저지국에서 다수 나오는데, 이를 살펴보면 양쪽 가문에서 화해 의식에 참여하는 친족의 수가 크게 줄어들었음을 알 수 있다. 이전에는 가해자 집단이나 피해자 집단 모두 사촌지간까지 의식에 참여했지만 1500년에 이르면 의식에 참석하는 친족의 범위는 삼촌지간으로 제한됐다. 살인 사건에 관여하지 않은 친척은 합의금에 대한 부담도 지지 않을 수 있었다. 가해자 가족이 피해자 가족 앞에 엎드리고 기도하는 횟수와 미사의 수도 감소했으며, 순례 장소는 가까운 성지로 제한됐다. 복수를 돈으로 무마한다는 의미에서 전달되던 화해금은 희생자의 죽음으로 수입원을 잃은 미망인과 자녀들에게 보상금 명목으로 지급되는 일이 많아졌다. 17세기 초반까지는 화해 의식이 여전히 지속됐는데 양쪽 모두 가까운 친척 소수만 참석한 가운데 비교적 적은 액수의 보상금이 전달됐으며 용서를 구하고 베푸는 절차도 간소해졌다.[33]

사법적 조치에 직면한 살인자가 처벌을 피하는 두 가지 주된 방법은 피신과 사면이었다. 피신은 오래된 방법으로 살인자가 처벌을 아예 피하려 할 때 주로 쓰였다. 유럽 전역에서 교회나 교회 경내, 수도원 등의 성소는 모두 피신처로 여겨졌다. 16세기 중반까지 교회는 세속 통치자들의 일시적인 폭력 독점을 기정사실로 인정하지 않았다. 성소 다음으로 국경 주변의 일반 영토 역시 피신처로 인정받았다. 원칙적으로 도망자는 명예를 위해 살인한 사람으로 제한됐지만 이런 규정이 항상 지켜진 것은 아니다. 기소를 마음먹은 당국이 도망자를 굴복시키기 위해 늘 쓰던 방법은 피신처 주변에 저지선을 쳐놓고 도망자를 굶기는 것이었다. 때로 당국이 종교적 금기를 무시한 채 도망자를 체포하기도 했다. 지역 주민도 마땅한 이유가 있으면 도망자를 공격하여 붙잡을 수 있었다. 도망자 중에는 해당 지역의 규칙에 순순히 복종하지 않으면서 피신처를 근거지로 삼아 이웃이나 여행객에게 강도짓을 일삼는 이들도 있었다. 반면 대다수 살해자들에게 피신처는 협상을 시작하고 화해에 착수할 수 있는 안전한 안식처가 됐다. 16세기에 프로테스탄트나 가톨릭 국가 할 것 없이 전 유럽의 강력한 왕들은 망명자의 권리를 박탈하거나 엄격히 제한한다는 칙령을 발표했다. 하지만 무수한 종교적·세속적 피신처는 앙시앵레짐(프랑스혁명 이전의 구체제_옮긴이) 말미에 이르기까지 존속했다.[34]

사면은 처벌을 피하거나 재판을 중단하는 방편이었다. 군주는 법원의 지난 결정이나 향후 결정을 마음대로 기각해버리는 절대 권력을 행사했다. 피신은 채무자도 할 수 있었지만, 사면은 살인자나 반역자 등 범죄자만을 대상으로 했다. 수많은 지주나 지역 통치자가 죄인의 형을 곧잘 면제해주었다. 15세기가 되면 사면은 특히 영국과 프랑스 국왕, 부르고뉴 공작 등 강력한 세 군주가 제도적으로 행사하는 장치가 됐다.

중앙집중화된 법률 제도와 함께 고정 벌금이 영국에서 우세했다는 사실은 사면이 살인죄를 면제받는 주된 방편으로 기능했음을 의미한다. 초기에 살인에 대한 사면은 유럽 대륙의 화해를 연상시켰다. 사면을 내리는 조건에는 가해자가 유족과 화해한다는 내용이 있었고 때로는 가해자가 수도원에 들어가거나 성지 순례를 떠나야 한다고 조항에 명시되기도 했다.[35] 가해자는 언제나 왕실 재무부에 벌금을 지불해야 했는데, 이는 벌금형으로 사형을 대신한다는 뜻이었다. 부수입 올리기에 고무된 왕은 사람을 죽인 거지나 노상강도에게까지 관용의 손길을 베풀었다. 14세기 중반이 되자 의회 법규에서 파렴치한 살인자에 대한 왕의 사면권을 제한했다.[36] 튜더 왕조 시대에 사면 절차는 당시에는 없던 항소 절차의 대안이 됐다. 사면을 위해 왕실 관리들이 사건을 새로이 검토하며 살인의 경우 범죄자의 죄질을 평가했다. 당시에는 정당방위라는 비교적 관대한 개념이 여전히 만연해 있었던 터라 명예로운 살인은 대부분 면죄됐다. 튜더 왕조는 왕실의 권위를 행사하는 도구로 사면권을 발휘했다. 국왕의 자비를 과시하는 동시에 국왕 외에 그 어떤 지주도 사면권을 행사할 수 없음을 확고히 하는 것이었다. 말 그대로 "자비가 국가 형성의 도구가 됐다". 영국에서 사면은 살인죄보다 반역죄에 더 많이 적용됐다.[37]

프랑스와 부르고뉴 영토에서 사면은 살인에만 거의 독점적으로 인정됐다. 1400년에 이르러 프랑스 국왕 역시 평신도 지주와 기독교 지주가 행사하던 사면권의 대부분을 독점하게 됐다. 이에 부르고뉴 공작만이 자신의 사면권을 순순히 내주려 하지 않았다. 대다수가 신성로마제국에 속해 있던 부르고뉴의 영지는 점차 프랑스의 경쟁 왕국이 됐다. 연이어 집권한 군주들이 국왕 행세를 하면서 신하들에게 사면을 내렸고, 1482년에 이 지역의 지배권을 이어받은 합스부르크가 역시 부르고뉴 공국의 정책을 그대로 따랐다. 기본적으로 사면은 살인에 대한 사법부의 통제 강화에 따른 필연적인 결과였다. 군주는 죄인에게 이러한 전갈을 내렸다. "너는 내 법원에서 재판을 받아야 한다. 하지만 사면은 요구할 수 있다." 사면권 남용을 바로잡겠다는 약속에 따라 살인에 대한 사법적 기소는 더욱 쉬워졌다. 가해자들은 지방 법원을 불신한 나머지 재판 날을 가만히 기다리지 않았다. 그들은 도망을 간 뒤 재빨리 사면을 신청했다. 하지만 지방 법원에서 이 사건에 대해 이미 조치를 취하는 중이었다면 피고는 재판에 결석하게 되면서 자동적으로 추방당했다.

유럽 대륙에서 사면은, 재판 문서를 획득하기 어려운 실정 때문에 실제 사건에 대한 사면 신청자 자신의 장황한 이야기를 바탕으로 내려졌다. 사면의 기준이나 용납할 수 있는 살인의 개념은 영국과 비슷했다. 정신이 온전한 사면 신청자라면 완벽히 우발적인 범행이 아닌 한 자신이 당시 참을 수 없이 격분해 있었을 뿐이지 상대를 죽이려 한 것은 아니라고 설명할 것이다. 이러한 틀에 박힌 변명들 때문에 역사가 내털리 데이비스Natalie Davis는 사면 신청서가 "기록 보관소의 소설"이며 지어낸 이야기로 분류돼야 한다고 단정했다. 내털리는 프랑스 왕국의 사면 신청서가 법원에서 묵살될 수도 있었으며, 이들 중에 결국 사형 판결을 받게 되는 경우도 있었다고 언급했다.[38] 실제로 사면 신청서는 부르고뉴 영토는 물론이고 프랑스 전역에서 언제나 지방 법원의 승인을 받아야 했다. 16세기 초반 피카르디에서는 바야쥬(대법관 재판소)와 세네쇼제(지방 판관 관할구역)에서 승인을 맡았다.[39] 네덜란드에서는 주 법원이 그 역할을 맡았다.[40] 승인 절차는 다른 재판과 마찬가지로, 검사가 승인 기각을 요구할 수 있었으며 피해자의 친척도 사건에 대한 피고의 설명에 반박할 수 있었다. 빈번한 경우에 가해자는 군주가 자신을 믿어준다는 사실 말고는 더 내세울 카드가 없었다. 다행스러운 점은 피해자 쪽에서 가해자의 사형보다 재정적 보상에 더 관심이 있었다는 것이다. 이런 경우 승인 절차는 일종의 부활한 화해 의식으로, 또는 화해 의식이 없었던 경우라면 최초의 화해 의식으로 변모하여 가해자가 상대편에 엎드려 절을 하고 돈이 든 꾸러미나 장갑을 건네는 단계까지 이어졌다. 플랑드르와 네덜란드의 사면 신청과 이에 대한 승인 절차 기록을 비교해본 마르얀 브롤릭은 가해자의 이야기를 일부러 불신할 이유는 없다고 결론 내렸다.[41]

유럽 대륙에서도 사면권은 군주의 권력 강화에 쓰였다. 영국과 마찬가지로 유럽 대륙에서 사면권이 가장 남발된 시기는 중세 바로 이후였다. 프랑스 역사학자 로베르 뮈샹블레Robert Muchembled는 아르투아 지방에서

1470년부터 1660년 사이에 내려진 사면의 횟수를 5년간 평균치로 계산하여 그래프에 옮겼다. 최고점이 두 번 있었는데 하나는 1520년에서 1540년 사이였고 그보다 낮은 하나는 1590년대 말에서 1630년대 초 사이였다.[42] 유럽 내 다른 지역에 대해서는 이런 장기 그래프를 보기 힘들다. 사면 제도가 살인의 불법화 과정 전체에 미친 영향은, 사면 제도가 국가 형성 과정에 미친 영향보다 파악하기 어렵다. 이에 대해서는 두 단계로 생각해보는 것이 가장 현명할 것이다. 첫 번째 단계에서 사면 제도는 일종의 해결책으로서, 형사소송이 빈번해지자 이에 대한 불가피한 교정 절차로 여겨졌다. 사법적 간섭이 받아들여지기 위해서는 사면이라는 안전밸브가 필요했던 것이다. 두 번째 단계는 형사소송이 일반화되어 대중에게 널리 수용된 다음에 시작된다. 그때부터 사면은 더 이상 안전밸브가 아니라 예외적인 상황에 대한 보기 드문 자비로 쓰이게 됐다. 근대 사회에서 사면은 평범한 처벌이 아닌 가장 가혹한 처벌을 면한다는 뜻으로 쓰였다. 이렇게 보면 사면 때문에 살인의 불법화가 약해진 것은 아니라고 할 수 있다.

▌불법화: 마지막 단계

불법화 단계의 정점에 대한 기록은 드문드문 남아 있다. 유럽 대륙 중심부에서 살인은 1530년대에 불법화되기 시작하여 17세기 중반 무렵에 완벽히 불법화됐다. 완전한 불법화는 주로 '침묵에 의한 논증argument from silence(기록과 증거가 없다는 것을 논거로 삼는 증명 방식_옮긴이)'의 방식으로, 특히 개인적 화해에 관한 자료가 없어지고 정당방위에 대한 엄격한 기준이 등장한 것을 가지고 추론할 수 있다. 심문 재판 절차에 대한 법령은 살인의 불법화가 마지막 단계에 접어들 무렵에 제정됐다. 고소인이 없는 상태에서 진행되는 심문 절차에는 흉악 범죄 용의자를 심리하고 고문할 가능성이 뒤

따랐다. 과실치사 사건에 대해서도 이런 가능성이 커졌다. 프랑스 왕국의 1539년 법령에서는 살인에 대한 화해는 언급하지 않은 채 심문 절차를 최우선으로 내세웠다.

신성로마제국에서 1532년에 제정한 형법인 카롤리나 법전은 단연 기념비적이다. 카롤리나 법전에도 화해에 대한 언급은 없었지만 137조에서 법적 변호를 하지 못하는 살인자는 목숨을 잃는다고 밝히며 형사소송을 선호한다는 사실을 암시했다. 정당방위는 가장 흔한 변호 형태였다. 찰스 5세의 법에서 정의 내린 정당방위에 대한 광범위한 개념은 지금까지 받아들여지고 있다. 존 랭바인John Langbein이 번역한 140조의 내용은 이렇다. "누군가가 흉기 등으로 도전, 공격, 또는 구타할 때 위험에 처한 당사자가 자신의 신체나 목숨, 명예, 평판에 위험이나 해를 입지 않고는 빠져나갈 수 없다면 그는 합당한 대응으로 자신의 신체와 목숨을 구하며 이에 대해 그 어떤 형벌도 받지 아니한다."[43] 표현은 다소 모호하지만 여기에서는 피해자의 목숨에 대한 위협과 명예에 대한 위협을 표면상 동일한 것으로 취급했다. 도망이 불명예스럽다는 것을 감안하여 카롤리나 법전에서는 도망을 의무로 여기지 않았다. 당대 법률 저술가들도 이러한 해석이 사실임을 확증했다.[44] 이러한 제국 법의 영향력을 과대평가해서는 안 된다. 합스부르크가의 영토 밖에 존재하는 군주와 도시는 다분히 자율적이었으며 형사 법원역시 상당한 자유 재량권을 발휘했다. 그러던 것이 근대 초기에 접어들어범죄 문제를 다루는 신성로마제국 학술 변호사의 영향력이 높아졌고 카롤리나 법전이 권위 있는 법으로 받아들여졌다.

합스부르크 정권이 네덜란드 자치령에서 1544년에 발포한 법령에는 화해가 암암리에 언급됐다. 여기에서는 지역 검사들에게 언제나 전력을 다하여 살해자를 체포해 재판에 회부할 것을 지시했다. 더불어 사면과 관련한정확한 절차를 밟고 주 법원의 승인을 받을 것을 의무화하는 내용과 희생자의 친척에게 판결에 이의를 제기할 수 있는 기회를 부여하는 내용도 포함했다.[45] 이미 한층 간소해진 화해 의식은 그 이후부터 살해자가 용서를 빌겠다고 주장할 경우로만 제한됐다. 화해와 사면, 소송이 서로 뒤엉키며 화해의 역할은 몰라보게 뒤바뀌었다. 오랫동안 소송을 막는 역할을 해온 화해가 이제는 사면을 받기 위한 필수조건이 됐다. 화해는 더 이상 개인적이고 자발적인 것이 아니었으며, 사면이 흔히 행해지는 한 화해도 비교적 빈번하게 이루어졌다. 북부 지방의 봉기도 화해와 사면, 소송의 뒤얽힌 관계를 뿌리까지 바꾸지는 못했다. 새로운 네덜란드 공화국의 주 당국은 살인을 범죄로 취급하는 정책을 계속 이어나갔다.[46]

네덜란드 혁명으로 신교가 승리하자 칼뱅주의가 중심 교리로 등장했다. 개혁교회의 교회회의에서는 반세기가 넘도록 세속 정권보다 더욱 적극적으로 살인의 불법화에 힘썼다.[47] 칼뱅파는 당사자 간의 중재와 합의에 신경을 쏟으면서도 화해 의식은 꺼려했다. 교회에서 사제가 증인으로 선 화해 의식을 종종 봐온 개혁교회 신자들은 성직자의 주재 아래 이 의식이 계속되리라 기대했다. 그러나 교회회의에서는 살인에 대한 화해가 가톨릭적이라고 명시적으로 지적하지 않은 채 이를 맹렬히 비난했다. 그들은 설교자가 화해와 어떤 식으로든 관련되지 못하게 했고 신도들도 의식에 참여하지 못하게 했다. 사면이 함부로 자주 내려진다고 생각한 성직자들은 화해 의식에도 비슷한 견해를 내비추었다. 그들이 주장하기를, 화해 의식을 준비하는 주된 이유는 당국으로부터 사면을 받기 위해서인데, 살인은 사면이 아니라 처벌을 받아야 마땅하다는 것이었다. 화해 의식에 대한 비난은 1630년까지 교회회의 의전에서 줄기차게 제기됐다.

동시에 교회회의에서는 수차례에 걸쳐서 법원과 검사에게 그 어떤 살해자도 처벌을 면치 못하도록 신경 쓰라고 주의를 줬다. 가해자가 사면을 받을 가능성은 네덜란드 공화국이 세워질 당시, 즉 합스부르크가의 중앙집권화가 일시 중단되고 지방 법원이 면책 특권을 되찾을 무렵에 최고조에 이르렀다. 성직자들은 법원에서 아무 권리 없이 범죄자에게 사면을 내리거나 통행증을 내준다며 반발했다. 이러한 지방주의는 머지않아 주 단위로 새롭게 중앙집권화된 사법권에 자리를 내주어야 했다. 1620년대부터 교회회의는 모든 종류의 폭력을 더욱 엄중히 금한다는 선전문을 집중적으로 내걸며 1630년대와 1640년대에 걸핏하면 사면을 내린 오랑주 공Prince of Orange이나 의회를 향해 쉼 없이 불만을 토로했다. 1650년에 이르러서야 성직자들은 사면 절차가 엄격히 통제되고 있다는 당국의 주장을 받아들였다. 이로써 사면은 20년 전에 화해가 그랬듯이 교회회의의 주된 관심사에서 밀어졌다. 사면이나 화해의 절차는 더 이상 중요치 않게 됐다. 17세기 중반에 화해와 사면이 주변화했다는 것은 의회와 법원이 교회의 바람을 따랐다는 뜻이었다. 행정관들도 정당방위에 대한 규율을 더욱 엄격히 제정했으며 이는 1650년 이후 암스테르담 법원의 판결에서 증명됐다.

연이은 교회회의의 상세한 정보는 다른 유럽 국가에서는 찾아보기 힘들기 때문에 살인이 불법화하는 궤적을 재구성하기가 쉽지 않다. 그나마 자료가 드러나는 곳이 16세기의 이탈리아인데 이곳의 코뮌과 도시국가는 공국으로 변모하거나 이에 흡수됐다. 토스카나에서 평화 협정은 살인에 대해 사면을 받는 전제 조건이었다.[48] 베니스 공화국은 1568년에 프리울리에서 복수극을 종식시키고 1570년대에 브레시아와 베로나 등의 종속 도시에서 씨족의 우두머리들을 상대로 가택 연금을 실시하여 분출할 조짐을 보이던 복수극을 실행하지 못하게 했다.[49] 역사가 스튜어트 캐롤Stuart Carroll은 화해 의식이 프랑스 지방의 귀족 가문 사이에서 16세기와 17세기 초에, 특히 종교전쟁으로 어지럽던 시대에 자주 일어났다고 밝혔다. 의식의 형태는 저지국과 비슷하여, 속죄 의식과 평화의 키스, 보상금 전달 등의 절차가 이어졌다. 대부분의 의식은 사면 승인 절차와 관련된 것으로 보인다.[50] 화해와 사면이 굳게 연결됐다는 것은 정당방위의 기준이 점점 더 제한되어 머지않아 화해가 주변화된다는 뜻이었다.

신성로마제국의 사정도 다르지 않았다. 작센 지방에 기록된 화해 협정의 수는 1572년의 형법 수정 이후 눈에 띄게 줄었다.[51] 뷔르템베르크는 조금 달랐다. 1515년 칙령에서 화해와 사면을 한데 묶으며 화해를 순서상으로 우선시하지 않았다. 가해자는 진심으로 상대를 죽일 생각이 아니었다면 사면을 신청할 수 있었고, 공작이 사면을 내리면 재무부에 벌금을 낸 다음 희생자의 친족과 협상을 할 수 있었다. 16세기 중반에 나온 몇몇 자료를 보면 단순히 감정이 격해져서 과실치사를 저지른 사람은 사면을 받을 수 있었다고 한다. 1580년대까지는 지역 시장과 성직자, 위엄 있는 시민들이 살인에 관계된 두 집단의 평화 협정을 도왔다. 협정에는 희생자의 친척들이 상대에게 죄를 덮어씌우는 말이나 복수를 삼가겠다고 약속하는 조항과, 전달된 돈은 고인의 미망인을 위한 보상금으로만 쓰인다는 조항이 포함됐다.[52] 아일랜드 먼스터의 주교 관할지역에서는 사면이 특히 통행증 발급 절차와 관련됐다. 화해 협정은 당국에 대한 벌금 지급과 더불어 1610년대까지 기록으로 남겨졌다. 독일 뮌스터와 율리히, 클레베, 베르크 등지에 유효했던 1608년의 칙령에서는 살인에 대한 화해가 법원 밖에서 암암리에 자행되고 있다는 사실에 불만을 토로했다. 17세기 초반 뮌스터의 상황은 훨씬 복잡했다. 다양한 하급 법원에서 살인에 대한 소추를 방해했다. 지역 당국은 살인자를 체포하거나 인도할 것을 하급 법원에 수차례 지시했지만 어느 작은 마을에서는 이에 아랑곳하지 않고 이 지역이 서로마 제국의 샤를마뉴 대제로부터 권한을 부여받았다며 피신처를 자처했다. 행정관들은 자신들의 주장을 입증할 어떤 문서도 제출하지 못했으며, 이 주장은 1640년대에 폐기됐다.[53] 이들 지역에서 살인은 17세기 중반에 이르러야 완전히 불법화됐다.

마지막으로 스칸디나비아에서는 16세기와 17세기에 살인이 불법화했음을 역사가들이 입증했다. 중세 시대에 덴마크부터 아이슬란드에 이르는 지역에서 자행된 폭력은 유럽 나머지 지역과 흡사했다. 복수는 흔한 데다 널리 용인됐지만 화해와 금전적 보상으로 충분히 막을 수 있었다.[54] 16세기 무렵 핀란드의 대다수 지역을 장악하던 스웨덴 왕국에서 화해는 국가나 법원과 밀접하게 연계되어 있었다. 1550년경에는 살인에 대한 개인적 화해의 내용과 이에 대한 증거를 지역 배심원들이 검토했으며 금전적 보상의 일부는 왕에게 돌아갔다. 희생자 측에서는 고인의 미망인이 독자적인 역할을 맡았다. 1573년에 한 피해자의 미망인은 살해자의 피(사형 집행장에 흘려지는 피) 외에 그 어떤 합의도 원치 않는다고 선언했다. 이처럼 합의에 대한 거절은 곧 형사재판을 뜻했으며, 피고인이 사형에 처해질 수 있음을 암시했다. 화해 협정은 1620년대까지 스웨덴과 핀란드에서 자주 목격됐다. 이후 화해 관습은 살인에 대한 제도적 소추에 자리를 내주었다.[55]

▌불법화의 역설

불법화 과정은 비단 개인 간 폭력만이 아닌 다양한 행동 유형에 영향을 미친다. 더군다나 불법화 과정은 다면적이어서, 특정한 행위를 사법적 처벌에 적합한 대상으로 삼는 과정과 사회의 광범위한 집단이 이를 받아들이는 과정을 포함한다. 역사상 불법화는 그 반대 개념인 비불법화보다 선행한다. 어떤 행동에 범죄라는 꼬리표를 붙이려면 최소한의 사법 기구라도 존재해야 한다. 국가가 없는 사회에서 사람들은 악행에 시달리고 난처한 상황에 처하지만 그들이 시달린 악행은 모두 개개인이 바로잡아야 할 개인적인 고충에 지나지 않는다. 이러한 상황은 법원이 주로 중재 기관으로 나선 중세 시대 내내 도처에서 계속됐다. 시민들은 일상 한복판에서 벌어지는 싸움과 살인을 두려워하지도 않은 채 묵인했다. 당시 사람들은 이단이나 15세기 말에 나돈 마법 정도를 범죄로 받아들이면서, 이를 처벌하지 않으면 신이 사회 전체에 벌을 내릴지 모른다고 두려워했다. 16세기 이후 사법 제도가 등장하자 법원이 점차 주도권을 쥐게 됐다. 대부분의 범죄는 희생자의 권리를 침해할 뿐만 아니라 국가가 지키는 더 큰 공동체와 공공의 평화를 침해하는 행위로 재정의됐다. 일단 범죄라는 개념이 나타나면서 곧이어 구걸이나 밀수 등 종교와 관련이 없으며 희생자가 없는 행위로까지 확장됐다. 살해 역시 공공의 평화를 깨는 주범으로 여겨졌다.

범죄의 개념이 더 큰 집단에 대한 위법 행위로 받아들여지자 비불법화도 가능하게 됐다. 범죄의 범주 형성에 일조했던 종교적·도덕적 위법 행위는 사법적 처벌의 적절한 표적이라는 기존의 자리에서 처음으로 물러났다. 동시에 채집이나 밀렵 등 오랫동안 전통적인 권리로 받아들여지던 도용 행위가 점차 범죄로 기소됐다. 장기적인 불법화 과정은 결코 획일적으로 진행되지 않았다. 17세기 이후 불법화와 비불법화 과정은 각각 서로 다른 행동에 영향을 미치면서 나란히 일어났다. 법에서 어떤 행위가 범죄로 정의되고 이 사실이 널리 받아들여졌다고 해서 그 자체로 이 행위가 궁극적으로 처벌을 받는 것은 아니었다. 18세기의 법원에서는 채집 행위에 대해 사형 선고를 내린 적이 없었지만 과실치사에는 종종 그렇게 했다. 살인이 불법화하는 과정에는 복수극과 사적 화해의 소멸, 사면과 피신의 주변화, 과실이 있는 살해 사건 대부분에 대한 사형 선고 확대 등의 단계가 뒤따랐다. 중죄에 대한 사형 선고는 근대 초기 유럽 사회에 흔했다. 적절한 처벌에 대한 견해가 바뀌면서 일부 살해 사건에 다시 가벼운 형량이 내려지기도 했지만 중세 시대처럼 벌금형에 그치는 일은 별로 없었다. 오늘날에는 거의 모든 산업국가에서 사형이 폐지됐다. 극악무도한 살인자도 금고형을 받는다는 뜻이다. 그렇다고 살인의 불법화가 약해지거나, 다른 범죄 행각과 달리 좀체 수그러들지 않는 가중 폭행의 불법화가 약해진 것도 아니다.

살인의 불법화가 안고 있는 역설은 17세기 중반에(복수극은 일부 외곽 지역에서 계속되고 있었으니 유럽 중심부로 제한하자면) 비교적 뒤늦게 내려진 결론에서 나타난다. 당시 재산 침해 행위에 대한 사법적 소추와 강력한 처벌은 오랫동안 규율로 지켜졌으며 거지는 언제든 붙잡혀서 강제 노동에 동원됐다. 그럼 당국은 격분을 못 이긴 '우발적' 살인에 대해서는 왜 그렇게 오랫동안 관용을 베푼 것일까? 국가 형성 과정에는 위로부터의 사법부 통합과 범죄의 개념 확립이 포함됐으며, 국가는 폭력을 점차 독점하려 했다. 이로 볼 때 강한 국가의 통치자일수록 그 모든 사적 폭력을 즉시 자신의 통제 아래 두려 했으리라 짐작되지만 실은 그렇지가 않았다. 왜일까?

한 가지 간단하지만 중요한 답을 말하자면 장기적인 역사적 변천 과정을 그 어떤 개인이나 집단이 결코 미리 계획할 수가 없다는 것이다. 역사는 정해진 단계를 밟아 차례차례 진행되지 않는다. 물론 시간이 지나서 되돌아보면 결과적으로 온순화, 국가기관의 폭력 독점, 살인과 폭행에 대한 처벌 제도 등이 눈에 보이겠지만 이러한 결과가 사건의 '논리적인' 순서에 따라 일어나야 하는 이유 같은 것은 없다. 당대 사람들은 살인의 불법화를 포함해 당시 어떤 변화가 일어나고 있는지 인식하지 못했다. 그들이 하는 바로 그 행동이 변천 과정에 기여하고 있는데도 말이다. 오로지 현대 연구자들만이 후대 사람으로서 다 지나고 난 뒤에 사회과학적 시선으로 전체 과정을 조망할 수 있다. 장기적 변화는 언제나 다양한 면면을 보인다. 변화는 평범한 갑남을녀까지 포함해 세대를 이어온 수백만 명의 행동의 결과이다. 지배 체제 역시 체제의 양 끝에 자리한 집단의 행동이 서로 맞물리면서 점진적으로 확립된다. 국가 형성 과정은 상의하달식top-down이면서 동시에 하의상달식bottom-up이다. 단순히 현명한 통치자들이 자신의 권력을 확장할 새로운 기회를 간파하고는 이를 움켜쥔 것이 아니다. 중세 시대의 왕과 공작, 의회는 자신의 권위와 지배권을 타인에게 행사하는 데 아무 거리낌이 없었지만 그럼에도 타인의 복수할 권리까지 모조리 박탈하는 지배 체제를 그리지는 않았다. 아마 처음에는 몇몇 왕들이, 자신이 모든 가문과 결속집단 위에 군림하니, 그들 자신과 측근 참모들은 모든 이들의 명예로이 복수할 권리를 거부해도 된다고 믿었을지 모른다. 점차 이렇게 생각하는 통치자들이 늘어났다. 그때조차 이들은 사면권을 광범위하게 사용하며 여전히 살인을 다분히 무심하게 바라보았다. 사면 승인 절차가 존재하는데도 군주는 이런 전갈을 내렸다. "나는 신하들을 위해 일반적인 안전 조치를 내린다. 그러나 그들은 어떤 싸움으로 불행한 결과가 나왔다 해도 나의 법정에서 곤경에 빠질까 봐 두려워할 필요가 없다."

다른 각도에서 보면 살인 불법화의 시기에 대한 논리적 기준이 있을 수 있다. 국가 형성의 초기 단계에는 군사력과 과세에 대한 이중의 독점이 점차 확립됐다. 노베르트 엘리아스는 프랑스에 대해 기술하면서 이러한 이중독점을 한데 묶어 왕정 메커니즘의 형성 과정으로 보았다. 두 독점 현상은 각각의 독점에 대해 전제조건이 됐다. 즉 국왕은 든든한 군사력을 동원해 위협함으로써 세금을 거두어들일 수 있었고, 세금은 다시 군인의 보수로 사용될 수 있었다. 단 한 번의 살인이나 사소한 복수극은 결코 왕실의 독점에 위협이 되지 않았지만 사설 군대는 달랐다. 왕실 금고의 수입 규모는 또한 국가의 경제적 번영 수준에 달려 있었다. 강도나 절도, 약탈은 무역과 산업에 부정적인 영향을 미쳤고, 사지가 멀쩡한 거지는 국가의 재산을 흘려보내는 구멍으로 간주됐다. 법령과 조례는 경제적 상황보다 법적 기준과 주로 관련이 있었지만 경제적 문제도 얼마간의 영향력을 미쳤을 것이다. 이 모든 사실로 미루어볼 때 강력한 군주와 공화국 엘리트층의 최대 관심사는 사설 군대 제거, 심각한 재산 범죄에 대한 엄격한 단속이라고 할 수 있다. 개인 간 폭력을 물리치는 것은 그다음의 일이었다.

마지막으로 명예와 관련해 널리 퍼져 있던 개념이 재산 범죄보다 살인이 뒤늦게 불법화한 추이에 영향을 미쳤다. 절도는 원래부터 악명이 높았지만 대부분의 폭력 행위는—대체로 그렇듯 남성이 저질렀을 경우—명예의 영역 안에 머물렀다. 강도와 절도범, 도둑에 대한 범죄자 취급에는 특별한 반대가 없었다. 그들에 대한 처벌은 악한 자들을 악하게 다룬다는 의미를 담고 있었다. 일부 피해자는 빼앗긴 물건을 돌려받거나 도둑을 구타하는 처벌을 더 좋아했겠지만 절도 등의 범죄가 복수극이나 화해로 이어지는 일은 거의 없었다. 따라서 국가 형성 과정이 사법 제도 설립의 단계로 접어들자 형사처벌의 망을 모든 재산 범죄로 확대하는 것은 비교적 쉬웠다. 폭력의 경우는 달랐다. 상대에게 자극을 받아 살해를 저지른 자에게 신체적 처벌을 내리는 것은 명예로운 사람을 무자비하게 처벌하는 것으로 여겨졌다. 중세 시대에 폭력을 줄이는 주된 방법은 한 번의 살인이 그다음의 살인으로 이어지는 것을 막는 일이었다. 이에 당국은 개인적인 화해와 평화 협상을 적극 장려했다. 대중과 정부가 이런 식으로 살인을 묵인한 결과, 정도를 벗어난 살인을 제외하고는 살인이라는 범죄가 오랫동안 범죄의 중심부에서 벗어나는 예기치 않은 상황이 발생했다.

　살인에 대한 공식적 태도의 결정적 변화는 종교개혁과 반종교개혁 이후의 일이었다. 유럽의 경우 이런 태도의 변화가 살인에 대한 세속 당국의 완전한 기소에 얼마만큼 영향을 미쳤는지, 남성의 명예에 대한 전통적인 인식의 쇠퇴에는 얼마만큼 영향을 미쳤는지 조사해볼 여지가 있다. 이뿐만이 아니다. 종교개혁과 반종교개혁 모두 핵가족화를 촉진한 결과 살인 사건을 개인적으로 해결하는 경우가 감소하는 데 간접적이나마 중요한 역할을 했다. 마르틴 루터와 프로테스탄트 지도자들은 수도원과 수녀원을 폐쇄하고 모든 이들에게 결혼을 권장했다. 가톨릭교회에서는 성직자의 독신을 고수하면서 수도승 생활의 미덕을 계속 알렸지만, 성직자가 되려면 소명을 받아야 하며 소수만 소명을 받을 수 있다고 강조했다. 프로테스탄트나 가톨릭은 모두 부모와 자녀로 이루어진 가정, 아버지가 군림하되 어머니를 사랑과 존경으로 대하는 가정을 극찬했다. 귀족과 시 행정 담당자는 이러한 '소가부장제'야말로 그들 자신의 가부장적 규율을 떠받드는 기둥이라 선언하면서 이를 공고히 했다. 도덕주의 작가들은 결혼과 가부장제에 주로 관심을 쏟았지만 역시 핵가족화를 옹호하여 친족 간의 유대 약화에 일조했다.[56] 이전까지 복수와 화해 의식에는 친족 간 유대가 바탕이 됐는데, 핵가족이 새롭게 강조되면서 화해금은 희생자의 친족이 아닌 미망인에게 돌아가는 보상금으로 바뀌었다. 칼뱅파는 보상의 목적에 부합한다며 화해금의 용도 변화를 받아들였지만 이것만으로는 사법적 처벌을 막을 수 없었다. 마침내 화해가 불법화에 자리를 내주게 됐다.

현대 사회는 폭력에 민감하다. 사람을 고의로 죽이거나 신체를 끔찍하게 학대하는 것은 극악무도한 죄로 여겨진다. 살인의 불법화는 이러한 인식 변화의 시작점에 있다. 감성이 변하여 뿌리 내리기까지는 오랜 시간이 걸린다. 싸움을 명예로운 것으로 보고 싸움에 따른 치명적인 결과도 용납하던 과거의 흔적은 18세기까지 이어졌다. 근대 초기는 폭력에 대한 공식적인 태도와 일반 대중의 태도의 차이가 더욱 벌어지는 시기라고 특징지을 수 있다.

3장

검과 칼, 막대

: 남성 간 싸움의 사회적 분화

바르나르 바르나르세는 네덜란드 시장 니콜라스 비첸의 정원
사였다. 바르나르의 직업은 변변치 않았지만 그의 고용주는 암스테르담의
내로라하는 귀족이자 조선업자, 학자이며 러시아 표트르 대제의 고문이었
다. 그 덕에 바르나르 역시 평범한 노동자보다 지위가 높았다. 바르나르는
1704년에 벌어진 한 갈등으로 역사 문헌에 등장하게 됐다. 나이는 정확하
지 않으나 상대가 그의 나이를 실제보다 많게 본 것으로 추정된다. 상대는
사팔뜨기 하인Hein이라고도 불린 24세의 헨드릭 블록으로, 여러 일을 전
전한 뒤 캘리코 나염 회사에 다니고 있었다. 무엇이 그들의 적대감을 키웠
는지는 알 수 없지만 정원사가 주인의 재산을 보호하려 한 것으로 추정된
다. 중세 시대에는 세력가의 피후견인도 피의 복수에 적극 가담했는데 당
시에 바르나르는 소극적인 태도로 일관했다. 그해 5월 어느 날, 바르나르
는 성곽 밖에서 하릴없이 돌아다니고 있었다. 마침 사내 여섯과 지나가던
헨드릭이 갈매기 시체로 바르나르의 머리를 내리쳤는데 그 힘이 과했는지
바르나르가 도랑에 빠지고 말았다. 두 원수는 그해 9월에 위트레흐트 성문

에서 다시 만났다. 바르나르가 한 군인과 담소를 나누고 있을 때였다. 헨드릭은 그를 불한당에 좀도둑이라 부르면서 그가 시장의 비둘기를 훔쳐갔다고 비난하더니 주머니에서 칼을 찾았다. 일행도 헨드릭을 부추겼다. "네 칼로 저 늙은 개자식을 깊숙이 찔러." 이날 헨드릭은 바르나르에게 일요일에 아들과 함께 "퀴퀴한 방앗간"으로 나오라며 결투를 신청하는 것으로 만족했다. 그렇게 해서 두 명을 한꺼번에 해치울 생각이었다. 그러나 약속 당일, 바르나르는 나타나지 않았고, 둘은 10월 18일 토요일에 다시 한 번 마주쳤다. 바르나르는 "어린 딸"(이것으로 보아 바르나르가 그리 늙지 않았음을 짐작할 수 있다)과 함께 정육점에서 비를 피하고 있었다. 상대가 다시 한 번 결투를 신청했다. "내일 일요일에 퀴퀴한 방앗간에서 네놈 얼굴을 베어버리겠다, 이 늙은 불한당 같은 놈." 위협을 실감한 바르나르가 도전자를 견제하기 위해 막대를 움켜쥐었다. 상대는 칼을 꺼내 바르나르의 뺨과 옷을 베어버렸다. 사건은 법적 고소로 이어졌고 헨드릭이 11월 초에 체포됐다. 고문 끝에 헨드릭은 시장의 정원사를 괴롭히고 공격한 사실을 시인했을 뿐 아니라 이전에도 칼을 꺼내서 사람에게 해를 입힌 일이 일곱 번 더 있었음을 자백했다.[1]

칼에 대항해 막대를 사용한 것은 바르나르의 사회적 우위를 보여준다. 여기서 시대 전체를 대변하는 부분이나 폭력의 한 유형이라도 보여주는 부분은 없다. 피해자는 둘의 나이 차 때문에 소극적인 모습을 보인 것으로 짐작된다. 그가 마침내 취한 행동도 조금 섣부른 것이다. 암스테르담에서는 상대가 이미 칼을 꺼내 들었을 때에야 막대로 방어하는 것이 보통이었기 때문이다. 바르나르는 상대가 위험인물이라고 생각한 것이다. 헨드릭이 고문을 받은 뒤에 범행 사실을 시인했기 때문에 이 이야기는 불가피하게 바르나르의 입장에서 쓰였다는 사실을 유념하자. 이 사건은 살인으로 끝나지 않았지만 어떤 대결이든 한 명이라도 칼을 휘두른 경우에는 일이 잘못될 수 있었다. 이는 사회적 지위가 크게 차이는 없으나 어떻든 서로 다른 사람들 간의 대결이라는 점에서 의미가 있다. 시장의 정원사는 지위가 높은 이들의 평화로운 삶을 이상으로 삼는 점잖은 노동자였다. 그의 상대는 막노동꾼의 전형으로 안정된 일자리가 없는, 폭력이 일상인 사람이었다. 이 사건은 근대 초기 유럽의 남성 간 폭력에서 일어난 중대한 변화, 즉 태도와 행동의 사회적 분화를 보여준다.

근대 초기를 양적인 관점에서 접근해볼 수도 있다. 살인율이 급격히 감소한 첫 번째 흔적은 1600년을 앞둔 시기에 드러났다. 살인율이 하락하는 과정에 가속도가 붙으면서 유럽 일부 지역에서는 이후 2세기 동안 하락 속도가 더 빨라졌다. 주된 원인은 남성 간 싸움의 감소와 심각성의 약화에 있었다. 종합한 자료를 보면 중세 이후 살인 사건이 매 시기마다 발생 건수는 줄어들었지만 성격은 그대로라는 인상을 받을지도 모른다. 다행히 그게 다는 아니다. 위대한 피의 복수의 시대는 좀 더 개인적인 살인이 퍼져 있던 주변부를 제외하고 모두 막을 내렸다. 이제 더 양식화되고 고도로 규제된 싸움의 형태로 결투가 등장했다. 결투는 엘리트층 중에서 귀족과 군인이 주로 벌였으며, 상인과 지식인층도 간간이 벌였다. 신도들의 습관을 잠재 우려 한 기독교 도덕주의자들은 결투를 비난하고 나섰다. 결투는 그리 선풍적이지 않았기에 상류 및 중류층의 점진적인 온순화를 막지는 못했다. 평화를 추구하는 이들 중 태반은 타산적인 기업가나 지방 사유지 거주자, 세련된 궁정 신하들이었다. 18세기에 명예의 새로운 개념이 뚜렷해지자 명예는 더 이상 신체적인 용맹함이나 폭력적인 방어를 기본으로 삼지 않았다. 반면 하류층 남성은 여전히 명예의 전통적인 개념을 중시하면서 자신을 모욕하거나 방해하는 자에게 언제든 공격할 준비가 되어 있었다. 자신만의 결투 방식을 고수하여 칼 대신 검을 사용하고, 도전을 받는 즉시 이에 응하는 이들도 더러 있었다. 사회적 간극이 넓어지면서 사람들은 비교적 평화로운 삶을 추구하는 이들과 폭력적인 삶을 사는 이들로 갈라졌다.

이번 장에서는 중세 시대가 이어지는 1550년까지의 이야기를 살펴볼 것이다. 여기서는 남성 간의 싸움만 다룰 것이기에 가정 폭력이나 친밀한 관계의 폭력, 여성이 연루된 폭력에 관한 논의는 다음 장으로 미룰 것이다.

▌남아 있는 중세의 흔적

근대 초기가 시작될 무렵에 눈에 띄는 변화는 없었다. 1600년에 이르기 전 수십 년 동안 개인 간 폭력에서는 여러모로 중세 시대의 흔적이 이어졌다. 프랑스에서는 16세기 전반을 휩쓴 중앙집권화의 물결로 1539년에 범죄 조례가 제정됐고 16세기 후반에는 1572년에 악명을 떨친 성 바르톨로메오의 학살(성 바르톨로메오 축일에 시작된 파리의 프로테스탄트 대학살_옮긴이)을 비롯하여 내전과 종교 전쟁이 뒤따랐다. 불안한 분위기에 더해 귀족 간의 비정치적인 갈등이 부활하면서 복수극과 유사한 분쟁이 등장했다.[2] 개인 간 폭력은 국가기관이 제공할 수 있는 전반적인 안전 수준과 맞물리며 계속해서 일어났다. 프랑스가 내전을 치르는 사이 스페인과 영국은 더 강력한 중앙집권화 단계로 넘어갔고 덴마크와 스웨덴은 왕정 절대주의를 확립했다. 17세기 중반의 유럽 전역을 보면 1648년에 베스트팔렌 조약(독일 30년 전쟁을 끝내기 위해 체결된 평화조약_옮긴이)이 체결되면서 근대 국가가 과연 존속할지 반신반의하던 시기가 끝이 났다. 그 이후 유럽 서부와 중부, 북부의 거대한 핵심 지역은 중앙집권 국가의 지배에 놓였다. 뒤이어 군사 작전이 발생한 네덜란드 남부와 신성로마제국 일부 지역은 예외였다. 그러나 연방제를 지지하던 네덜란드 공화국 역시 극악한 범죄자를 추적하는 분위기에 동조했다.

그전까지 중세의 유산은 17세기 초에 이르도록 프랑스와 합스부르크 국왕 앞으로 무수히 전달되던 사면 청원서에서 엿볼 수 있었다. 사면 청원자는 여자 때문에, 술값 때문에, 돈거래 때문에 충돌이 있었다며 다들 비슷비슷한 이야기를 쏟아냈다.[3] 이에 관한 문헌 자료로는 피렌체의 유명한 예술가이자 자서전 작가인 벤베누토 첼리니Benvenuto Cellini가 1558년에서 1562년 사이에 쓴 회고록이 있다. 이 책에는 공격성과 직업상의 경쟁, 충동적인 행동 등이 격정적으로 뒤섞여 있다.[4] 이탈리아는 결투가 태동한 곳이었지만 엘리트층의 행동에는 복수극 시대의 습성이 남아 있었다. 이들은 모욕을 받거나 거짓말쟁이라는 말을 듣는 즉시 칼을 뽑아 들었으며, 공정한 싸움에 대한 규약을 어기기도 했다. 폭력 사건은 대부분 가문 간 갈등에서 비롯됐다. 토스카나 사건도 마찬가지였다. 토스카나 대공들은 상류층을 산토 스테파노의 기사단으로 결속시켜 평화를 도모하고자 했다. 그러던 1578년, 기사단의 일원이자 피스토야의 상류층 시민인 두 사람이 즉흥적인 칼싸움을 벌인 끝에 한 명이 코를 베였다. 당사자인 두 가문 사이의 평화 협정은 그해 말이 되도록 마무리되지 않았다. 복수극과 유사한 대결은 로마에서도 벌어졌다. 상류층 시민들은 상대를 공격하거나 살해하는 것을 돕는 이른바 시카리sicari를 고용했다. 1560년대에 교황령의 독보적인 유력자였던 아스카니오 델라 코르니아가 살인죄로 피렌체에서 추방당한 두 남자를 고용했다. 이들 암살자는 1618년에 브레시아 유력 가문의 자제들과 복수극을 벌였다. 영국에서도 가신들이 주인의 적을 기습하는 사건이 16세기 말까지 일어났으며 프랑스 오트 오베르뉴에서는 매복 공격이 일상적으로 벌어졌다.[5]

진정한 의미의 복수극은 유럽 일부 지역에서, 특히 지중해 변두리 지역에서 계속됐다. 산으로 둘러싸인 해안 지대나 코르시카 같은 섬 등지에서는 피의 복수가 근대 초기 혹은 그 이후까지 지속됐다.[6] 근대 국가의 형성 과정이 비교적 더딘 데다 국가기관이 주변부 지역에는 자리 잡기 힘들었기 때문이다. 17세기 초까지 스코틀랜드의 사정도 마찬가지였다. 문중은 비교적 자율적이었고, 왕실 법원은 각 당파 위에 군림하기보다 권력 경쟁에 직접 가담했다. 복수극은 대부분 지역적이었지만 일부는 궁정 사회까지 뻗어나갔다. 1587년에 악명 높은 사건이 하나 벌어졌다. 사건의 피해자가 된 월터 스튜어트 경은 국왕의 총애를 등에 업고 무분별하게 행동하고 있었다. 그는 제임스 5세의 서자인 5대 보스웰 백작과 언쟁을 벌이던 도중 "내 엉덩이에 키스나 하라"며 다분히 모욕적인 말을 내뱉었고 이에 백작이 머지않아 그렇게 하겠노라고 맹세했다. 어느 날 기회가 다가왔다. 블랙프라이어 술집에 있던 스튜어트가 백작의 눈에 띈 것이다. 보스웰이 상대의 뒤편으로 다가가 선언했다. "이제 당신 엉덩이에 키스해주지." 보스웰의 레이피어가 스튜어트의 엉덩이를 찌르고 들어가 배를 뚫고 나왔다. 스튜어트는 이 무시무시한 키스를 받고 숨을 거두었다.[7] 이 살인은 개인의 명예를 모욕한 것에 대한 복수였지만, 상대를 뒤에서 공격한 점은 피의 복수의 특징인 배신과 닮아 있었다. 살인 후 피해자의 시신을 훼손하는 것 역시 가문 간 피의 복수에서 흔히 있는 일이었다. 스코틀랜드에서는 연합 왕국이 세워진 뒤 1610년대에 접어들면서 복수극이 점차 줄어들었으나 북부의 상황은 크게 달라지지 않았다.

복수극보다 집요하게 남아 있는 것은 남성의 명예에 대한 전통적인 관념이었다. 이는 주변 지역뿐만 아니라 중앙집권 국가에서도 명맥을 이어갔다. 다시 한 번 1600년경을 중간 지점으로 보자면 당시에는 명예를 신체와 결부시키던 관점이 유럽의 엘리트층과 하층민의 관념을 완전히 지배하고 있었다. 이에 따라 남성은 자신을 괴롭힌 자나 원수, 도전자를 반드시 공격해야 했다. 유일한 변화는 배신에 대한 비난이 거세지면서 공정한 싸움의 가치가 높아진 것이었다. 갓 태동한 전제군주국의 귀족들은 튜더 시대의 영국에서처럼 독립적인 위치를 고수하려 했다. 머빈 제임스Mervyn James의 대표적인 분석에 따르면 귀족의 명예는 영국 상류층의 반체제적인 전통과 깊은 관련이 있었다. 그들의 명예는 "갈등이 폭력으로밖에 해결될 수 없는 개인적·정치적 상황의 반복"을 암시했다. 이러한 사고방식은 심각한 숙명론과 연결됐다. 명예에 따라야만 하는 남자는 예기치 않게 순식간에 행동을 취하여 그 자신을 파멸시키거나 목숨을 잃을 수도 있었다. 결국 운명이 인류 역사를 지배한 셈이다. 귀족으로서 명성을 쌓는 데 행동의 성패는 나중 문제였으며, 언제 어디서라도 행동할 준비가 되어 있다는 게 더 중요했다. 한 주인을 섬기는 것은 물론 명예로운 일이겠지만 주인을 바꿔야 할 때도 있었다.[8]

　신체와 결부된 명예 개념이 지위고하를 막론하고 하층민에게까지 널리 퍼졌다는 사실은 여러 증거가 제시해준다. 이러한 명예는 '가택 경멸house-scorning'이라 불리는 의식에서 중요한 역할을 차지했다. 단순히 보면 이 의식에서는 한 남자가 다른 남자의 집 앞에 서서 상대를 밖으로 불러낸다. 남자는 상대가 밖으로 나오든 말든 집 밖에 서 있다. 주인이 원치 않는 가택 침입은 부끄러운 일이라 여겨졌기 때문이다. 상대가 나타났다는 것은 그가 둘 사이에 갈등을 일으킨 모욕 등의 원인에 대해 복수하겠다는 의미로 받아들여졌다. 가택 경멸 의식은 15세기 말부터 17세기 초까지 로마제국 전역의 지방 조례에서 소작농의 관습으로 언급됐다. 그중에는 상대의 집을 찾아가는 사람이 무기를 소지했는지 여부를 구분해놓은 것도 있었다.[9] 독일에서 실제로 벌어진 가택 경멸 의식은 홀스타인의 해안 마을 빌스터의 기록 보관소에 남아 있었다. 의식은 대체로 남성이 남성을 상대로 하여 저녁이나 밤중에 거행됐다. 집을 찾아간 사람은 상대를 모욕하는 말로 그를 끌어내기도 하고, 아니면 그저 상대편 집의 문이나 창문을 두드리고 돌을 던졌다. 작은 마을의 모든 계층 남성들이 이 관습을 지켰다. 의식을 벌이는 원인은 다양했지만 이를 수행할 때에는 언제나 명예롭게 해야 했다. '경멸하는 자'는 밖에서 기다려야 했으나 상대의 집에 무단 침입해서 법정에 서는 사람도 매년 한 명 이상 나왔다.[10]

가택 경멸 의식은 16세기 말과 17세기 초에 로마 같은 대도시에서도 일어났다고 기록돼 있다. 이곳에서는 의식이 노동자층 사회에 집중적으로 일어났다. 가난한 사람들은 큰 건물 안에 구획을 나누어 모여 살았기 때문에 한 집과 다른 집의 경계를 정확히 구분 짓기가 어려웠다. 그럼에도 각 주민들은 자신의 카사casa(집)에 상징적인 가치를 부여했다. 의식을 행하는 사람은 일행 몇 명과 함께 상대의 집으로 향한 뒤, 집 앞에 당도하면 불쾌한 암시나 위협하는 말을 외치고는 집의 벽이나 창가에 돌을 던지거나 문을 쾅쾅 두드렸다. 집에 피나 잉크, 배설물 등을 묻히기도 했고 벽에 음란한 그림을 그리는 일도 더러 있었다. 교황령에서는 경멸하는 자가 주로 젊은 남성이었지만 그들의 표적은 대부분 여성이었다. 이때 해당 여성과 관련이 있는 남성이 그녀의 집을 지켜주는 것은 명예로운 일로 여겨졌다. 독일에서는 가택 경멸에 가장 좋은 때를 한밤중으로 보았다. 불법적이고 수치스러운 이 의식에서 당사자의 익명성을 보장할 수 있었기 때문이다.[11] 로마에서 가택 경멸 의식은 하층민이 널리 행했지만 코헨Cohens의 연구 결과는 교황령을 비롯한 이탈리아 전역에서 모든 사회계층이 전통적인 명예 규범을 공유했다고 설명하고 있다.[12]

온 사회계층이 전통적인 명예 규범을 공유하면서 여전히 상습적으로 폭력을 행사하고 있을 때 성직자 계층은 평화로운 생활을 주도하는 최초의 집단이었다. 중세 시대에 평범한 사제들은 종종 교구 주민들과 어울리면서 폭력적인 갈등에 가담하기도 했다. 종교개혁 이후 네덜란드 공화국에서 첫 두 세대 동안의 성직자들 중에는 싸움은 물론 살인에 연루되는 이들도 있었다. 주 단위 교회회의에서는 이들을 썩은 사과로 취급했다. 1620년대 이후 네덜란드 교회회의는 폭력 문제가 모두 해결됐음을 보여주려는 듯 폭력적인 성직자를 더 이상 언급하지 않았다. 프로테스탄트는 '중세적' 생활방식을 가톨릭의 유물로 취급했지만 가톨릭 개혁가 역시 성직자가 폭력적인 행동이나 기타 죄를 범하는 일이 없도록 단속했다. 반종교개혁으로 사제와 평신도 사회는 중세 시대보다 더욱 엄격히 분리됐다. 프로테스탄트 목사에 대한 규제는 네덜란드 공화국 밖에서도 일어났다. 그 뒤로 가톨릭과 프로테스탄트 교회의 성직자들은 "외따로 떨어진"의 집단이 됐다.[13] 네덜란드 남부에 주교가 방문한 기록을 보면 1630년대 이후로 교구 성직자들의 생활방식에 불만을 표하는 일이 몰라보게 줄었다는 사실을 알 수 있다. 그러나 이러한 불만은 그들의 폭력성이 아닌 금욕 생활이나 음주 습관 등에 대한 것이었다.[14] 성직자 사회의 온순화가 어디서나 같은 속도로 진행된 것은 아니었다. 오트 오베르뉴 산지의 성직자들은 17세기 중반에 이르도록 폭력에 가담했다.[15]

1600년경의 살인율은 중세와 비교적 비슷한 수준인 곳도 있었고 달라진 곳도 있었다. 다시 강조하면 우리는 살인자가 재판을 모면한 경우까지 포함된 수치만을 받아들여야 한다. 우리가 구한 자료에 따르면 이 시기에 단연 폭력적인 도시는 로마였다. 1560년부터 1585년 사이에 로마의 평균 살인율은 47.3건에 이르렀다.[16] 유럽의 다른 쪽 끝에 있는 스톡홀름에서는 1545년부터 1625년 사이의 살인율이 20에서 36건까지 오르내렸다.[17] 암스테르담에서는 16세기 중반까지의 살인율이 28건, 1560년부터 1590년까지는 23건이었다.[18] 뒤에 나온 암스테르담의 살인율은 같은 시기 로마의 살인율의 절반인 한편으로 15세기 중반에 기록된 암스테르담 자체 살인율의 절반이기도 했다. 그렇지만 다른 지역의 수치가 여전히 더 낮았다. 쾰른에서 1557년부터 1620년 사이 폭력으로 인한 살인을 헤아려본 결과 살인율이 10건에 그쳤다.[19] 1581년부터 1600년 사이 주교 관할지역인 뮌스터 남부의 살인율도 마찬가지였다.[20] 프랑스는 믿을 만한 양적 자료가 부재한 것으로 유명하지만 오트 오베르뉴 지역의 1587년부터 1664년까지의 살인율은 경찰대 기록에 온전히 남아 있다. 그에 따르면 살인율은 15건이었다.(인구 규모가 정확치 않기에 대략적인 추정치에 불과하다.)[21] 오베르뉴 전역은 유독 난폭한 지방으로 여겨졌기에 국왕이 1665년에서 1666년 사이에 특별 재판소인 그랑 쥐르 드오베르뉴를 세우기도 했다. 지금까지 가장 낮은 살인율을 보인 곳은 엘리자베스 시대의 영국으로 에섹스 지방은 7건, 켄트 지방은 5건 미만에 그쳤다.[22] 이들 수치를 봐도 14세기 이후 영국의 살인율이 급격히 줄어들었다는 사실을 알 수 있지만 중간 시기에 관한 자료가 소실되어서 이러한 감소가 언제부터 시작됐는지는 파악할 수 없다.

이탈리아의 경우에는 이발사 연합이라는 독특한 정보원을 이용해 신체적 상해 사건을 조사할 가능성이 있다고 하지만 아직까지는 연구가 거의 이뤄지지 않았다. 이탈리아에서는 도시의 이발사 겸 외과의사와 의사들이 폭력에 의한 상처를 치료할 경우 이 사실을 반드시 보고해야 했다. 따귀를 맞은 환자까지 보고해야 할 때도 있었다. 블라스텐브라이Blastenbrei가 1560년대와 1570년대 초반의 로마 기록을 바탕으로 관련 수치를 측정했다. 신체적 상해를 입은 사람은 매년 평균 1260명으로, 주민 1000명당 18명에 달하는 수치였다.[23] 매년 로마 전체 인구의 1.8퍼센트가 폭력으로 상처를 입고 의사를 찾았다는 얘기다. 상해 수치는 축제 기간에 절정에 이르렀으며, 여름에도 꽤 높은 수준이었다. 반면 폭행 기소 사건의 수치에서는 암수의 규모를 파악할 수 없기 때문에 별다른 사실을 알아내기 힘들다. 하지만 기록된 사건의 수가 상당하다면 실제 일어난 사건의 수 역시 최소한 그 정도 수준은 될 것이라 짐작할 수 있다. 1590년대에 아우크스부르크에서는 한 해에 900건 이상의 싸움에 벌금이 부과된 것으로 알려졌다.[24] 그렇게 보면 한 해 동안 거주자 1000명당 평균 30건 정도 싸움이 벌어졌다는 뜻이고, 그러면 폭행 사건 수치가 로마보다 더 높다고 할 수 있다. 이러한 폭력은 대부분 단순한 주먹다짐이었던 것으로 추정된다.

▌정식 결투의 등장

결투duel는 방금 알아본 사망과 상해 수치에 일부 기여했다. 일부이긴 해도 결투의 등장은 따로 살펴볼 가치가 있다. 결투는 16세기 중반 이전부터 시작됐으나 중세 시대의 유산은 아니다. 우선 결투는 피의 복수를 계승한다고 여겨졌으며 제1차 세계대전이 발발할 때까지 계속됐다. 1790년에 결투에 강한 적대감을 품고 있던 한 이름 모를 스코틀랜드인이 결투를 명확히 정의 내렸다. "결투는 그 어떤 공적 권위에도 속하지 않은 두 개인이 목숨을 걸고 하는 싸움이라고 생각한다. 여기서 한쪽은 자기 자신 혹은 소중한 사람이 상대에게 모욕을 당했다고 여겨 자신이 받았다고 생각한 모욕을 씻어내기 위해 상대에게 결투를 신청하는 것이다."[25]

글쓴이는 남자가 모욕당했다는 느낌을 어렴풋이 받아서는 안 된다고 주장하면서도 "여기다"나 "생각하다"라는 모호한 단어를 써서 자신의 의견을 스스로 배반했지만 나머지 설명에서는 중립을 지켰다. "그 어떤 공적 권위에도 속하지 않은"이란 부분은 결투를 중세 시대의 법적 다툼과 구분하고 있다. 하지만 이 정의는 정식formal 결투에서 중심이 되는 상세한 규율은 언급하지 않았다. 정식 결투의 규율에는 도전장을 보내는 절차가 포함되며, 도전장에는 최소한 하루 정도 여유를 둔 결투 날짜와 선택할 무기가 적혔다. 이로써 정식 결투는 다른 모든 일대일 싸움과 구별됐다. 이탈리아 사람들은 16세기 전반에 정식 결투를 고안해내면서 누가 어떻게 싸워야 하는가를 정했다. 결투는 16세기 후반에 이탈리아에서 스페인으로, 프랑스와 영국으로 퍼져나갔고 얼마 뒤 신성로마제국과 다른 나라에까지 뻗어나갔다. '정식 결투'는 '엘리트층의 결투'라고도 불렸으며 결투 당사자가 하층민 집단, 특히 군인일 경우에도 마찬가지였다. 정식 결투는 처음부터 귀족 계층에서 시작됐으며 시간이 흐른 뒤에도 계속해서 상류층 사회와 연계됐다. 결투에서는 사회적 계급이 중요한 요소였다. 결투 당사자인 두 사람은 계급이 거의 동등해야 했다. 한 사람이 자신보다 지위가 한참 낮은 사람에게 결투 신청을 받았다면 이에 대한 거절은 비겁한 것이 아니라 분별 있는 행동으로 여겨졌다. 반대로 사회적 계층으로든 군대 계급으로든 자신보다 윗사람에게 결투를 신청하는 것은 자기 지위를 스스로 높이는 주제넘은 행위로 간주됐다. 평민에게 도전장을 받거나 모욕을 받은 귀족이 남자 하인을 시켜 상대를 구타하는 일도 자주 있었다.[26]

결투는 중세 시대 폭력의 연장선상에 있다고 할 수 있다. 결투에서도 명예가 전부였다. 전통적인 남성의 명예 규범, 즉 명예는 신체와 결부되어 있으며 모욕을 받은 남성은 폭력적으로 대응해야 한다는 생각은, 피의 복수 시대처럼 결투의 세계에서도 중요했다. 하지만 결투는 중세 폭력의 범주에서 크게 이탈했다. 단어의 의미가 정확히 가리키듯, 결투는 일대일 싸움으로 양식화되어 규율로 정해졌다. 결투의 배경은 기존의 갈등이 될 수도 있지만 결투가 시작되려면 어떤 식으로든 받게 된 모욕이 즉각적인 원인으로 작용해야 했다. 피의 복수나 배반, 매복 공격, 폭행 등은 여러 사람이 한 사람에게, 젊은 사람이 늙은 사람에게 가하는 경우가 많았다. 이후 거짓말쟁이라는 말이나 반역자라는 비난이 가장 심각한 모욕이 됐으며, 이것이 상대에게 결투를 청하는 주된 원인이 됐다.

그렇기에 결투는 폭력의 중대한 혁신이라고 할 수 있다. 결투 신청에서 실제 싸움에 이르기까지 시간이 지체되면 감정은 절제됐다. 당사자는 명백한 충동에서 벗어나 계획적 폭력을 단행하게 됐다. 이런 양식화된 특징 때문에 16세기의 귀족들은 결투를 정중한 행동으로 보았다. 결투는 폭력적임에도 불구하고 이탈리아 시인 카스틸리오네가 『궁정인Costegiano』에서

지지했듯 새로운 궁정 문화가 됐다. 결투 문화는 공국과 공화국에서 시작돼 이탈리아 도시국가 너머까지 뻗어나가 이후 스페인과 프랑스, 영국과 다른 군주 국가에까지 퍼졌다. 결투와 새로운 궁정 문화의 확산은 크게 보면 같은 길을 따른 것이다. 귀족에 관심이 많은 작가와 귀족들은 결투 문화를 받아들이면서 결투와 '명예 문제'에 대해 자신들 나름의 이론을 세웠다. 1550년에 베니스에서 출판된 기롤라모 무치오Girolamo Muzio의 『결투Il Duello』를 필두로 결투를 다룬 책들이 물밀듯이 쏟아졌다. 저자들은 결투를 긍정적인 관습이라 극찬하면서 결투를 신청하기에 적합한 상황과 원인을 설명하고 싸움의 규칙을 나열했다. 유럽 7개국 언어로 번역·출판된 『결투』는 정식 결투의 탄생부터 소멸까지 운명을 같이했다.

곧이어 결투에 반대하는 서적도 등장했다. 결투가 확산된 시점은 유럽 전역에서 살인의 불법화가 한창 진행 중일 때였다. 귀족을 평범한 과실치사범과 같이 취급하기를 거부하던 국왕과 법원은 상류 사회에 평화를 정착시키려던 자신들의 시도에 결투가 훼방을 놓는다는 사실을 알아차렸다. 결투가 유럽의 일시적인 폭력 독점을 침해한 것이다. 정부 당국은 결투가 사라지기를 바랐으나, 양면적인 태도는 19세기에 이르기까지 계속되었다. 그 정도는 나라와 시기마다 달랐다. 결투의 적으로 널리 알려진 프랑스의 루이 14세는 궁정인들이 결투에 가담하는 것을 어떻게서든 막았다. 독일에서는 명예 문제에 상당히 관대한 태도를 보였으며 직접 결투를 신청하는 정치인도 간혹 있었다. 결투에 대한 이념적인 비판은 종교적 관점이든 세속적 관점이든 단호했다. 비판자들은 결투라는 폭력이 야만적이며, 기독교인이나 훌륭한 시민상과는 하등 어울리지 않는다고 생각했다. 제1차 세계대전이 터지기 직전까지 결투 옹호자들은 결투가 예절을 고취시킨다고 반박했다. 결투를 사전에 신청해야 하는 특성상 이것이 사회생활에서 예의를 지키도록 돕는다는 것이 이유였다. 결투 옹호자와 반대자는 모두 조국애를 앞세웠다. 옹호자들은 결투가 국가의 근본 가치를 내보이는 것이라고 생각한 반면 반대자들은 예외 없이 결투를 외래의 관습으로 여겼다.

에드워드 뮈어는 이탈리아, 특히 프리울리에 관해 글을 쓰면서 새로운 궁정 문화의 출현을 언급하며 복수극에서 결투로 깔끔하게 이야기를 이어나갔다. 1560년대의 밀라노 궁정은 이미 쇄신을 끝낸 상태였으며, 궁정을 자주 출입하던 프리울리의 귀족들은 자신의 지역에서 온갖 배신행위를 일삼으면서도 궁정의 결투 문화를 받아들였다. 그러던 1568년, 앙숙지간인 두 당파의 평화 체결로 전환점이 찾아왔다. 그에 앞서 각 당파의 우두머리격인 두 개인이 결투 도중 모두 사망하고 말았다. 뮈어에 따르면 "명예 문제"는 궁정인들의 본심을 무의식적으로 확인할 수 있는 방편이었다. 실제로 새로운 궁정 문화는 귀족들에게 가면을 쓴 채 본심을 숨기고 가장할 것을 요구했다. 그 결과 모든 이들이 거짓됨에 강박관념을 가지면서 "거짓말했다"는 것을 가장 심한 모욕으로 받아들이게 됐다. 사실이든 아니든 이런 모함은 모든 궁정인이 진실하다는 집단적 허구을 잠시나마 벗겨냈다. 어림짐작이 모욕의 한 방편이 되기도 했다. 한 남자가 다른 사람의 명예를 해칠 만한 발언을, 가령 그 사람의 아내가 바람을 피웠다는 말을 한다. 모욕을 당한 남성은 결투를 즉시 신청하는 대신 "거짓말이야"라고 대꾸한다. 그렇게 되면 거짓말쟁이로 몰린 사람이 직접 결투를 신청할 수밖에 없었다. 결투 신청을 받는 쪽에서는 규칙상 마음대로 무기를 선택할 수 있다는 이점이 있었다.[27]

귀족과 군인들이 결투에서 주로 쓰는 무기는 검이었다. 예전의 검은 무거웠지만 무기 전문가들이 이미 가벼운 검을 만들고 있었다. 스페인어로 에스파다 로페라espada ropera라 불리는 검은 이후 일부 유럽 국가에서 '레이피어'로 불렸다. 레이피어는 완력보다 기술이 필요한 무기였는데, 그러면서도 일반 검보다 치명적이었다. 순간적으로 한 번 찌르기만 해도 상대의 심장이나 중요한 장기를 꿰뚫을 수 있었다. 레이피어를 만든 사람들은 이 검이 빠르고 간편한 자기 방어 수단으로, 한밤중에 거리를 다닐 때나 지방을 여행할 때 긴요하다며 상류층에게 권장했다. 시간이 흘러 레이피어는 결투용으로 탁월한 무기가 됐다.[28] 많은 이들이 펜싱 교사로부터 공격에 대한 방어용이나 결투용으로 레이피어 다루는 법을 전수받았다. 레이피어와 펜싱은 1580년대 이후 영국에 널리 퍼졌다.[29] 당시 유럽 언어 중에는 결투용 검을 명확히 규정하지 않는 경우도 있었는데, 프랑스에서는 레이피어를 흔히 에페épée라고 불렀다.

결투의 양식과 감정 통제의 정도를 과장해서는 안 된다. 특히 초기의 실제 결투는 이론보다 덜 '문명화'되어 있었다. 우선 레이피어의 인기로도 보조 무기의 사용은 막을 수 없었다. 수많은 결투자들이 한 손에는 단도를, 다른 손에는 검을 들고 싸우는 데 익숙해져 있었다. 규정에 따라 가슴 부위에 쇠사슬 갑옷을 입고 결투해도 된다고 생각하는 이들도 있었다. 갑옷을 입으면 상대의 레이피어를 막기도 좋았고 직접 단도를 휘두르기도 좋았다. 17세기 중반의 스페인 사람들이 이런 식으로 결투에 참여했다.[30] 그보다 중요한 점은 '결투'라는 이름에서 드러나는 일대일 교전의 규칙이 언제나 지켜진 것은 아니라는 사실이다. 결투자마다 입회인이 두 명씩 참여했는데, 이들의 임무는 규칙을 엄수하면서 공정한 결투가 진행되도록 보장하는 것이었다. 이론상으로 입회인은 증인으로만 참석했으며, 명예가 회복됐다고 생각되면 당사자를 설득하여 결투를 중단시킬 수 있었다. 결투자로서는 치명적인 상처를 입을 경우 즉시 치료받을 수 있도록 의사를 대동하는 것이 현명했다. 그러나 17세기에 이르기까지 유럽 전역의 입회인들은 증인이 아닌 동맹자로서 결투에 곧잘 나섰다. 그들은 결투자가 위험에 빠졌다고 생각되면 적극 싸움에 개입했다. 결투 규칙도 서서히 이러한 현실을 반영하면서 각 결투자의 입회인은 무기 하나를 소지할 수 있으며, 상대가 규칙을 심각하게 위반하여 자신의 결투자를 위험에 빠뜨린 경우에 한해 입회인도 결투에 개입할 수 있다고 허용했다.[31] 이처럼 복수극 대신 결투가 들어섰지만 과거의 난폭한 성격은 아직 남아 있었다. 변화란 하루아침에 뒤바뀌는 것이 아니라 장기간에 걸쳐 서서히 바뀐다는 엘리아스의 이론과 궤를 같이하는 것이다.

사실 이탈리아 안에서 일어난 급격한 변화는 대부분 16세기에 국한되어 있었으며, 앞의 장에서 살펴보았듯이 복수극과 유사한 폭력은 결투와 함께 계속 명맥을 유지해나갔다. 정중한 싸움을 고안해낸 것은 이탈리아인이었지만 17세기와 18세기에 이탈리아 반도 안에서는 결투가 사라지다시피 했다. '난폭한' 싸움이 다시 득세한 것은 아니었다. 잔존하는 갈등의 일부는 결투를 말로 벌이는 평화로운 관습으로 선회했고 사람들은 서로를 비하하는 글을 주고받았다.[32] 그러는 사이 진정한 결투는 이탈리아 밖에서 지속됐다.

독자에게는 칼싸움 당사자의 이름이 주인공을 구분해주는 기능만 하겠지만 당시 이들 정식 결투자의 이름은 현대의 신문 사교란이라 할 만한 곳에 화려하게 등장했다. 1556년, 합스부르크왕가의 궁정인인 리하르트 드 메로데와 돈 로드리고 드 베나비데스 사이에 갈등이 벌어진 끝에 메로데가 베나비데스에게 브뤼셀 외곽에서 결투를 벌이자며 서면으로 결투를 신청해왔다. 그러나 이미 스페인으로 돌아가는 길이던 베나비데스는 도전장을 받아보지 못했다. 일 년 뒤, 메로데가 다시 한 번 도전장을 보내어 상대에게 이번에는 이탈리아로 올 것을 요청했다. 베나비데스는 이에 응한 뒤 무기를 선택하고, 무엇보다 쇠사슬 갑옷을 입자고 제안했다. 메로데는 이러한 스페인식 관습을 못마땅하게 여겼다. 단검 싸움이라면 베나비데스가 단연 유리하기 때문이었다. 이탈리아 귀족들이 한데 모여 지켜보는 가운데 당사자들은 갑옷 문제를 두고 한 시간이 넘도록 실랑이를 벌였다. 결국 메로데가 상대를 겁쟁이라 몰아붙이며 자신이 승자임을 선언했다.[33] 영국 귀족 사회에서는 결투 신청이 계속 이어졌다. 1613년에는 세상에 크게 회자된 결투가 벌어졌다. 도싯 백작의 형제인 에드워드 색빌이 국왕 고문의 아들인 킨로스의 브루스 경에 대적한 사건이었다. 친구였던 둘 사이에 우정이 적대감으로 돌변하는 일이 발생했다. 1월의 어느 날, 그들은 도버 해협에서 배를 타려고 했지만 날씨가 험악한 탓에 브루스만 영국에 남게 됐다. 5월이 되어 브루스는 펜싱 수업을 받기 위해 프랑스로 떠났다. 그 뒤 브루스가 결투를 신청하자 색빌이 이를 받아들였다. 그들은 플랑드르와 네덜란드 공화국의 국경 지대에서 결투를 벌인 끝에 둘 다 심각한 부상을 입었다. 며칠 뒤 브루스가 사망했다. 2년 뒤에는 에섹스 백작이 처남에게 그가 자신의 힘을 얕봤다면서 결투를 신청했다. 두 사람은 결투를 위해 플랑드르에 도착했지만 마지막 순간에 왕의 사절의 설득을 받아들여 결투를 단념했다.[34] 유럽 전역의 부르주아층 남성들은 귀족이나 군인들에 비해 결투를 좀처럼 벌이지 않았지만 17세기 스페인령 네덜란드의 말리네스 지방에서는 일부 상류층 시민도 종종 결투를 벌였다.[35]

국왕은 궁정인들에게 결투를 자제할 것을 완곡히 설득했다. 결투는 유럽의 신흥군주국을 중심으로 크게 번졌는데 그 발생 범위는 정치적으로 불안한 지역과 겹쳤다. 적어도 프랑스에서는 그러했다. 프랑스에서 결투는 헨리 4세가 왕위에 오르기 전에, 그리고 이후 프롱드의 난이 일어나던 중에 절정에 달했다. 결투가 잦았던 원인으로 여성의 명예를 둘러싼 문제가 단연 두드러졌으며 경쟁 파벌 간의 갈등은 두 번째 원인으로 밀려났다. 펜싱은 훨씬 더 널리 퍼졌다. 부르주아 남성들 역시 펜싱이 더 우아한 자기 방어 형태라며 이를 앞다투어 배우려 했다. 펜싱을 스포츠로 즐기는 이들도 있었다. 1628년, 펜싱의 대가 지라르 티보 다베르Girard Thibault d'Anvers는 찌르는 기술을, 결투에서 쓰이는 앙 리구어en rigueur와 가내 스포츠에서 쓰이는 앙 쿠르투아지en courtoisie로 구분했다.[36] 영국에서 팸플릿에 실린 결투는 1590년대에 20건에서 1610년대에 33건으로 증가했다. 실제 벌어진 결투는 이와 비교도 안 되게 많았는데, 제임스 1세 시대의 성실법원星室法院(일반 재판소에서 다룰 수 없는 형사 범죄를 처리하던 영국의 형사특별법원_옮긴이)에 오른 결투 사건은 결투 신청에 그친 경우를 포함하여 총 200건에 달했다.[37] 얼마 지나지 않아 결투 관습은 아일랜드로 넘어갔고, 이곳에서 가톨릭은 물론 프로테스탄트도 결투에 가담했다. 이후 윌리엄 3세가 즉위한 뒤, 가톨릭교도들은 명예를 지키기 위해 무기를 쓸 수 있는 집단에서 배제됐다. 법은 그래도 당국은 기존의 관습을 눈감아주었다. 이로써 아일랜드는 결투가 잦은 국가라는 평판을 얻게 됐다.[38]

신성로마제국에서 결투는 17세기 중반까지만 해도 크게 유행하지 않더니 한 번 받아들여진 뒤로 오랫동안 열렬한 관심을 받았다. 이곳에서는 결투에 대한 사회적 압력 역시 유독 강력했다. 모욕을 받고도 그리 심각한 것이 아니라며 결투를 신청하지 않는 남성은 겁쟁이라는 조롱을 받았다. 주변 친구들이 그가 받은 모욕을 연신 일깨우는 데도 끝까지 결투를 신청하지 않는다면 그는 결국 사회에서 매장당했다. 당시에는 결투에 뛰어들라는 압력이 워낙 강했기에 그리 크지 않은 계급 차이로는 결투를 모면할 수 없었다. 다른 지역에서는 상대의 사회적 지위가 열등하면 결투를 점잖게 피할 수 있었다. 결투는 또래 집단 안에서 벌어졌다. 신성로마제국에서는 사회적 지위가 불확실한 남성들이 상대편 집단에 받아들여지기 위해 고의로 결투를 벌이기도 했다. 갓 귀족에 오른 프랑크푸르트 가문의 자제, 요한 폰 클레텐베르크가 1707년에 한 일이 그러했다. 클레텐베르크는 고의로 어떤 행동을 하여 저명한 폰 슈톨부르크 가문의 자제가 경멸적인 말을 퍼붓지 않을 수 없게 만든 뒤, 모욕을 받은 즉시 상대에게 권총 결투를 신청했다. 총을 쏘고 난 슈톨부르크가 결투를 중단하자고 요청했지만 클레텐베르크는 레이피어로 계속 결투할 것을 고집했고 결국 상대를 살해했다. 피해자가 죽기 직전, 두 결투자는 악수를 하며 서로를 형제라 불렀다. 이로써 클레텐베르크는 엘리트층에 합류했다. 자신의 진정한 목적을 달성한 것이다.[39]

이번에는 네덜란드 공화국을 살펴보자. 이곳에서 정식 결투는 17세기 말부터 엘리트층의 귀족적 습관으로 받아들여졌음에도 쉽게 뿌리를 내리지 못했다. 폴커트 테딩 반 버크아우트는 후원인인 프랑스의 기즈 공작을 따라 로마로 건너간 귀족 가문의 자제였다. 그는 1628년에 다른 네덜란드인과 결투를 벌였는데 상대가 일주일 뒤에 사망하면서 항간을 떠들썩하게 했다. 로마의 의사들이 밝힌 피해자의 사인은 폭음으로 인한 설사병이었지만 버크아우트 가문은 자신들의 충격을 편지에 수차례 표현했다.[40] 암스테르담 법원의 기록에는 하층민의 칼싸움과 관련해서는 무수한 증거가 있는 반면 정식 결투에 대해서는 전해지는 것이 거의 없다. 결투 풍습에 대한 무관심과 함께 네덜란드의 엘리트층 역시 지위의 상징인 레이피어를 소지하고 다니는 일이 거의 없었다. 1668년의 암스테르담 조례에서는 현역 군인을 제외하고는 시민들이 낮 시간에 어떤 검도 소지하지 못하도록 금지령을 내리기도 했다. 이 조례는 암스테르담이 그만큼 안전한 곳이니 무기를 들고 다닌다 해서 이익이 되지 않음을 뚜렷이 알렸다.[41] 암스테르담의 법정 기록에 등장한 레이피어에 관한 언급은 대개 외국인이 관련돼 있다. 1713년에 코펜하겐 출신인 30세의 가발 제조업자가 법원의 심문을 받았다. 그가 늦은 밤 술집에서 자신을 내쫓으며 막대로 폭행한 문지기에게 레이피어를 겨눈 것이다. 판사들은 남자에게 가발 제조업자라는 직업에 필요한 것도 아닌데 왜 레이피어를 소지하고 다녔는지 자세히 물었다.[42] 다른 유럽 국가의 상황은 달랐다. 로마에서는 자신이 중요하다고 생각하는 사람은 누구나 검을 소지하고 다녔다. 독일 지방에서는 평범한 수공업자도 더 나아

보이고 싶은 마음에 법을 어겨서라도 레이피어를 차고 다녔다.

국왕이 여전히 양면적인 태도를 보이는 가운데 정식 결투는 교인들로부터 심각한 비난을 받았다. 트렌트 공회의(16세기 중반에 이탈리아 트렌트에서 열린 가톨릭 교회회의_옮긴이)에서는 가톨릭교도의 결투를 금지했으며, 결투의 근절을 반종교개혁의 과제로 삼았다. 이탈리아에서 결투에 반대하는 논문이 쏟아져 나왔고 얼마 뒤 스페인도 그 움직임을 따랐다. 이들 논문은 대부분 전통적인 귀족 간 남성의 명예마저 부정하거나 아니면 남성의 명예가 기독교적 도덕률에 비하면 부차적인 것이라 주장했다.[43] 가톨릭 이론가들은 복수가 하느님의 특권이라 하면서 결투를 피의 복수와 동일하게 취급했고, 더불어 결투를 교회에서 오랫동안 규탄해온 법정 공방과 같은 것으로 보았다.[44] 결투에 대한 반종교개혁의 비난은 이탈리아에서 파급효과가 제일 강했으며 프랑스에서 가장 약했다. 결투가 프로테스탄트 국가에 퍼진 것은 그 후의 일이었기 때문에 이에 대한 종교 개혁가들의 비난도 뒤늦게 시작됐다. 이때 프로테스탄트의 성직자와 도덕주의자 역시 결투에 대해 똑같이 엄격한 태도를 보였다. 1600년에 이르러 영국 목사들은 설교에서 멀리해야 할 악덕 중 하나로 결투를 언급했으며 결투에 반대하는 프랑스 서적이 영어로 번역 출판됐다. 비평가들은 결투를 음주나 스포츠, 흡연 같은 귀족의 악덕과 결부시켰다.[45] 결투가 그나마 덜 성행하던 네덜란드 공화국도 사정은 마찬가지였다. 가톨릭은 물론 프로테스탄트 국가에서는 구약성서에 나오는 다윗과 골리앗의 싸움이 과연 결투였는가를 두고 떠들썩한 공방을 벌였다. 결투 옹호자들은 결투가 맞다고 주장한 반면 도덕주의자들은 분개하면서 이를 극구 부정했다.[46]

세속 권력은 결투에 대해 적어도 법률에 한해서는 엄격한 태도를 보였다. 1557년, 스페인의 펠리페 2세는 통치 지역인 브라반트에 결투 금지령을 내리면서 이를 어기는 자는 치욕을 당하며 사형에 처해질 것이라 위협했다.[47] 프랑스에서는 결투가 절정에 치달을 시점부터 이를 억압하기 시작했다. 1599년의 파리 의회에서 결투를 대역죄의 하나로 보았고 그로부터 3년 뒤, 결투를 금하는 칙령을 발포했다. 1651년에는 프랑스의 소수 귀족층이 결투를 삼가는 단체를 세웠다. 그들은 트렌트 공회의의 명령을 엄숙히 받아들였다. 문화적 기류가 바뀌는 속도는 더뎠기에 루이 14세 치하에서조차 실제로 결투를 억압하는 정도는 미미했다. 루이 14세는 궁정인들을 설득하여 결투를 자제시켰고, 명예의 핵심을 주로 자신의 취향에 맞는 것으로 구성되도록 재정의했다. 귀족들은 군주에게 받은 호의와 재산, 지위 등을 포함한 복수의 '명예들honors'과, 본래부터 개인에게 타고나며 동료들의 평판에 따라 달라지는 단수의 '명예honor'를 구분했다.[48] 영국에서는 귀족의 명예를 국왕의 명예로 되돌리려는 시도를 제임스 1세 치하에서 사법장관 프랜시스 베이컨이 앞장서서 추진했다. 이에 대해 베이컨은 이런 말을 남겼다. "명예의 원천은 국왕이며 그의 일면이다. 국왕 앞에서 추방되는 것은 명예를 크게 잃는 길이다."[49] 영국에서는 전제주의가 실패하면서 상류층을 궁정으로 흡수하려는 시도가 좌절됐지만 궁정에 순응하기를 거부한 것은 프랑스 귀족도 마찬가지였다. 유럽 전역의 엘리트층이 결투를 포기하기까지는 명예가 내면화하는 18세기까지 기다려야 했다.

스칸디나비아 반도에서는 1660년대부터 1680년대까지 결투를 금지했다.[50] 네덜란드 의회에서는 결투를 명백한 범죄로 보려 하지 않았다. 각 주에서도 결투를 흔히 일반적인 싸움이나 폭행과 결부시킬 뿐, 범죄로 보지 않았다. 도덕주의자들과 신교 교회회의는 결투를 군대와 연관 지으면서 군대의 대장인 총독이 결투 금지법을 공표할 것을 재촉했다. 이러한 요구를 1682년에 윌리엄 3세가 받아들였다.[51] 신성로마제국 당국이 양면적인 태도를 보이자 신흥국인 프로이센 왕국 등 큰 공국 못지않게 작은 영토나 도시국가도 결투를 건성으로 억압했다. 군사적 전통이 강력한 프로이센에서

| 그림 3.1 | 악마가 관장하는 결투. from Gulden-Spiegel, Jacob Coenraeds Mayvogel, 1680. Reproduced with permission. © Leiden University Library

는 결투를 직접적으로 억압할 수 없었다. 신성로마제국 도처의 군주들은 귀족들에게 명예의 유일한 원천이 통치자라는 인식을 심는 데 실패했다. 그 덕에 궁정인이나 장교, 정부 관료, 귀족은 누구든 자신의 독립성을 상당 부분 지킬 수 있었다.[52]

신성로마제국 밖에서 귀족 간의 결투가 마지막으로 절정에 오른 것은 17세기 중반이었다. 그 무렵 유럽 전역에서는 엘리트층의 온순화가 확실히 진전을 보이고 있었다. 조상이 전사였던 귀족은 궁정인이 됐고, 지방 귀족도 자신의 사유지에서 조용히 지냈다. 상인들은 이제 자신의 남성성을 방어하기 위해 폭력을 쓸 필요가 없다는 사실을 알게 됐다. 아우구스부르크에서는 도시 귀족과 상인 부호층 사이에 단검을 꺼내 드는 폭력적인 충돌이 1610년대까지 고급 술집에서 빈번히 벌어졌다. 그 이후 도시 엘리트층은 좀 더 평화로워졌다.[53] 17세기 후반의 프랑스에서는 상류층이 가담한 폭력 충돌이 지방 소도시의 엘리트층에 국한되어 일어났다. 아쟁과 클레락 지역에서는 명문가 우두머리들의 만류에도 불구하고 젊은 자제들이 상대 무리와 싸움을 벌이기도 했다.[54] 반대로 네덜란드의 도시 귀족은 평화를 견고히 지켜나갔다. 스칸디나비아 반도의 역사가들은 17세기 초반 이후 상류층과 중류층이 개인 간 폭력에서 멀어졌다는 사실을 기록으로 입증해주고 있다.[55] 엘리트층의 평정에 대한 양적 증거는 여전히 드문드문 존재하지만 아이스너와 쿠니Cooney는 엘리트층의 살인율이 근대 초기부터 감소하기 시작했다고 주장한다.[56] 18세기 파리에서는 상점 주인 이상의 지위에 있는 사람들 중에 술집 싸움의 피해자가 단 12퍼센트에 불과했고, 이와 관련해 재판정에 피고로 선 이는 8퍼센트에 그쳤다.[57]

17세기 중반이 되자 상류층 사회에서 살인 사건을 목격하기란 결투를 제외하고는 놀라우리만큼 힘들어졌다. 두 번의 살인 사건이 서로 가까운 지역에서 멀지 않은 시기에 벌어졌다. 1638년에 프랑스 디종의 부르고뉴

의회 출신인 한 판사가 왕실 재정 법원의 전직 법원장인 사촌을 살해했다. 판사는 이전에 사촌의 아내와 불륜 관계를 맺은 적이 있었다. 그리고 11년 뒤, 부르고뉴의 소도시 본에서 왕실 검사 니콜라스 기요가 두 아들과 공모하여 자신의 매부와 그의 하녀를 살해했다는 상당한 정황 증거로 법원에 기소됐다. 기요의 매부인 피해자 남성은 인근 법정 관리 관할지구의 행정관이었으며 본 시의 시장을 지냈었다. 집안에서 피범벅이 된 채로 발견된 피해자 남성과 하녀는 당시 아직 숨이 붙어 있었지만 이미 말을 할 수 없는 상태였고 얼마 뒤 사망했다. 살인자들은 망치로 피해자들을 때린 뒤 피해자의 금고를 털어서 강도 사건으로 위장하려 한 것으로 보인다. 이 소도시의 주민들은 누구나 니콜라스 기요와 그의 가족이 한편을 맺고, 그리고 기요의 어머니와 누이, 매부가 다른 편을 맺고서 서로 갈등을 벌여왔다는 사실을 알고 있었다. 기요는 어머니가 아버지의 유산을 자신에게 불리한 쪽으로 처리했다고 비난해왔다. 이러한 갈등 와중에 누이가 죽으면서 피해자 남성이 홀아비로 남겨지게 된 것이었다. 앞서 1638년에 살인을 저지른 뒤 2년이 지나고서야 체포된 판사는 사회적 지위가 기요 쪽보다 높았다. 1638년의 살인자는 참수형을 당한 반면 기요는 교수형에 처해졌으며, 그의 두 아들은 찢겨 죽었다.[58] 두 사건 모두 전통적인 상류층의 폭력과는 사뭇 달랐다. 둘 모두 명예를 위한 것이 아니었고, 칼이나 그 밖에 명예로운 무기도 쓰지 않았다.

모든 장기적인 변화가 그렇듯이 엘리트층의 온순화로 살인이 아예 사라진 것은 아니었다. 역사에는 각 시기마다 특별한 사례가 더해지기 마련이다. 1760년에 자신의 집사를 살해한 죄로 런던 타이번에서 교수형에 처해진 악명 높은 페러스 경 사건이 대표적인 예다.[59] 그러나 17세기 중반부터는 법정 기록에서 상류층이나 중류층을 좀처럼 찾아볼 수 없게 됐다.

▌민중 결투

　어떤 결투든 주된 특징은 결투duel라는 단어에 담겨 있다. 즉 싸우는 사람은 단 둘이라는 뜻이다. 양편의 입회인이 가담했던 엘리트층의 초기 결투에서는 입회인의 수만큼은 동등하게 지켜졌다. 불공평한 싸움은 16세기 중반부터 점차 부당하고 불명예스러운 것으로 여겨졌다. 이러한 인식의 변화는 상류층 사회에 국한된 것이 아니었다. 정확히 말하면 양편의 입회인 수가 동등한 싸움을 정당하다고 보는 시각이 과연 상류층에서 나왔는지 역시 확실치 않다. 하류층의 싸움에서는 문서로 된 규칙이 없었기 때문에 이를 당시의 현실에서 추론하는 수밖에 없다. 상류층의 결투자는 결투 의례를 책을 통해 익힐 수 있었지만 민중 결투자는 뜻이 맞는 사람들 사이에서 직접 부딪히며 적절한 의례 절차를 익혀야 했다. 이 사실만 보아도 두 계층의 관습이 얼마나 달랐는지 알 수 있다.

　민중 결투popular duel가 정식 결투를 모방하면서 시작됐다고 볼 수도 있지만 양편 숫자의 동등함을 긍정적으로 여긴 것은 민중 결투가 먼저였다. 수적인 평등은 무수한 가택 경멸 사건의 기본이 되기도 했다. 경멸하는 자가 상대방에게 결투를 신청하면서 집 밖으로 나와 싸울 것을 요구했다는 점이 그렇다. 네덜란드 법정의 사면장에는 1545년에 일어난 한 살인 사건의 피해자가 무기가 없는 상대편에게 칼을 건넨 뒤에 결투를 신청했다는 기록이 남아 있다.[60] 1618년에 농업과 오락의 광경이 함께 묘사된 소책자가 하나 출판됐다. 여기에 유일하게 평화롭지 않은 그림이 실렸는데, 이는 누가 봐도 민중 결투 장면이었다. 술집 안에 있는 사람들과 행인 두 명이 지켜보는 가운데 두 농부가 술집 밖에서 칼싸움을 벌이는 모습이었다.[61] 민중 결투는 17세기와 18세기에 유럽 전역으로 퍼졌지만 그 정황과 규칙에 관한 증거는 어디보다 암스테르담에서 잘 드러났다. 그러니 먼저 암스테르

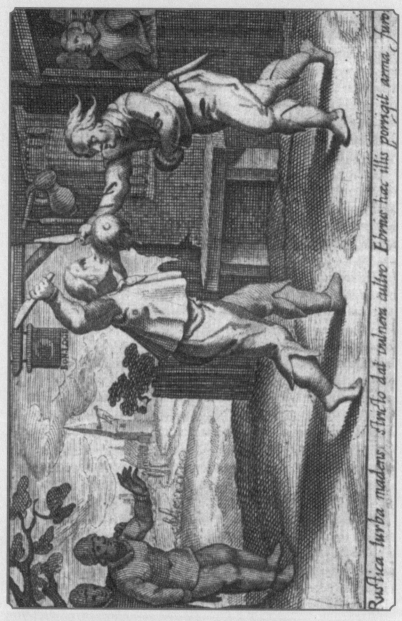

| 그림 3.2 | 유럽의 칼싸움을 묘사한 가장 오래된 삽화로 추정됨. Deliciae Batavicae에 수록. Jacobus Marcus, 1618. Reproduced with Permission. © Universiteitsbibliotheek Amsterdam (UvA) Bijzondere Collecties

담에 주목해보자. 유럽 나머지 지역의 증거는 이번 장 말미에서 볼 것이다.

암스테르담의 법정 기록에는 민중 결투의 유형이 비교적 일관된 모습으로 드러난다. 그중에는 검sword이 아닌 칼knife로 싸운 결투가 압도적이었다. 칼싸움knife fight은 여러 면에서 정식 결투와 닮아 있었다. 갈등의 내막이 뒤에 숨어 있을 때도 있었지만 보통은 바로 그 현장에서 충돌이 벌어진 것이었다. 여기서 적어도 한쪽은 자신의 명예가 침해당했다고 생각해야 했다. 갈등은 험악한 말이 오가는 의견 충돌이나 그저 갑작스런 모욕에서 시작됐다. 갈등이 싸움으로 이어지려면 한쪽에서 다른 쪽에게 결투를 신청해야 했다. 실내에서는 싸우지 않는다는 암묵적 규율에 따라 결투 신청은 상대를 거리로 불러내면서 시작됐다. 술집 안의 분노가 끓어오른 상황에서 "따라와, 밖으로 나와"라는 말을 잘못 알아들을 사람은 없었다. 거리에 나왔다고 싸움이 곧바로 시작되는 것은 아니었다. 당사자들은 우선 말싸움을 이어나갔다. 그러다가 서로 동의하에 조용한 뒷골목이나 뜰로 자리를 옮겼다. 12월의 어느 저녁, 술집에서 언성을 높이던 두 남자가 밖으로 나와 서로 칼을 꺼내 들었는데 밖이 칠흑처럼 어두웠다. "여기 등불 아래로 와라." 한쪽의 말에 상대는 순순히 따랐다.[62] 이처럼 결투는 서로의 동의로 시작됐다. 앞선 상황이 어떠했든 "물러서지 마sta vast"라는 소리가 들리면, 그 순간부터는 누구도 돌이킬 수 없었다. 그 자리에 있던 제3자가 증인 역할을 맡았다. 증인의 역할은 정식 결투에서 입회인의 역할과 비슷했지만 미리 준비된 것이 아니었다.

제3자가 싸움에 개입하길 거부하는 경우에, 민중 결투가 일대일 싸움이어야 한다는 규칙은 더욱 확실해졌다. 1690년 12월, 앤트워프 태생의 클라스 아브람스와 아브람 스미트가 결투를 벌이는 가운데 아브람 스미트의 친구인 프릭 스판야르트는 이 상황을 그저 지켜보고 있었다. 결투 도중 아브람의 칼이 부러지는 바람에 프릭이 자신의 칼을 친구에게 건네주기는 했다. 클라스는 아브람이 칼을 바꿀 동안 기다려준 것으로 보인다. 이마저 아브람에게는 도움이 되지 않았다. 결국 아브람은 클라스의 칼에 찔려 곧바로 실려 갔으나 그날 밤 늦게 숨을 거두었다.[63] 그런데 뜻밖에도 친구의 결투에 개입하지 않고 자신의 칼만 건네준 프릭 스판야르트가, 또 다른 재판 기록에서 유명한 보르베히터voorvechter, 지금 말로 '칼싸움꾼'으로 등장했다. 이 재판의 피고인 헤르마누스 드 브뤼인도 그에 못지않은 유명인이었다. 브뤼인의 여자 친구는 그들이 자주 가던 장소에서 브뤼인이 없는 사이 오가던 대화를 기억했다. 술집 주인이 말하길, 헤르마누스는 누구도 못 당하는 칼싸움꾼이며, 하르만 회데마커나 프릭 스판야르트보다 뛰어나다고 했다는 것이다.[64] 이 대화로 미루어볼 때 칼싸움과 그 싸움꾼들의 이름은 술집 손님들의 입에 심심치 않게 오르내렸으며, 많은 이들이 뛰어난 싸움꾼을 우러러 보았다는 사실을 알 수 있다. 사체검안서 담당 서기들도 살해당한 피해자 중에 뛰어난 싸움꾼으로 명성을 떨치던 사람 몇이 있었다고 알렸다.

제3자의 개입이 완전히 막힌 것은 아니었다. 여전히 싸움의 규칙만 지킨다면 두 가지 형태의 개입이 가능했다. 하나는 더 이상 싸울 수 없게 된 동료를 대신해 제3자가 싸움에 뛰어드는 것이다. 1698년 어느 날, 형제인 코엔라트와 안토니가 술집에 앉아 있는데 안토니의 원수가 들어왔다. 얼마 뒤 안토니와 원수가 밖으로 나가 대결을 벌였다. 대결 도중 안토니가 휘청거리며 쓰러지자 코엔라트는 자신이 형을 대신할 수 있겠다는 생각에 즉시 싸움에 개입했다. 이윽고 상대는 코엔라트의 칼에 배를 찔리고 이튿날 사망했다.[65] 개입의 두 번째 유형은 그보다 흔했다. 칼싸움에 대한 무수한 기록에 제3자가 싸움을 저지하기 위해 당사자들 사이에 나섰다는 언급이 있다. 이런 경우 흔히 당사자를 떨어뜨려놓기 위해서였다는 설명이 뒤따랐다. 시도가 성공하여 모든 이들이 만족했다는 기록도 있지만 도리어 얼마 뒤 갈등이 달아올라 새로운 싸움으로 번졌다는 기록도 있다. 더 자세한 증거를 얻을 수 있는 살인 사건에는 당연히 누군가가 개입해야 했다. 당사자를 떨어뜨려놓기 위한 개입에는 위험이 따랐다. 칼싸움 당사자들은 상대에게 온 신경을 쏟느라 다른 곳에 적절히 주의를 기울이지 못했다. 그 결과 제3자가 불시에 심각한 상처를 입기도 했다. 1721년의 사체검안서에는 라이덴 광장에서 죽은 한 남성이 전날 밤 칼싸움을 하던 두 사람을 떼어놓으려다 봉변을 당한 것이라고 적혀 있다. 결투 당사자들은 체포되지 않았다.[66]

그래서 동등한 싸움만이 명예롭게 여겨졌다고 결론 내릴 수 있다. 준비 단계에는 누구나 가담할 수 있었지만 일단 두 사람이 싸움을 시작하면 다른 이들은 물러났다. 여기서 다른 이들은 당사자 한편이나 양편 모두의 친구일 가능성이 컸다. 전통적인 명예 규범에 따르면 남성에게 명예는 목숨보다 값진 것이었다. 그러니 친구로서는 싸움에 개입하지 않는 것이 최선이었다. 두 명이 한 명을 상대하여 단순한 싸움을 악명 높은 소동으로 키우는 것은 최악의 선택이었다. 이 지점에서 민중 결투와 정식 결투가 하나로 수렴된다. 더군다나 두 결투 모두 배경이 야외였다. 민중 결투는 즉흥적이었기에 술집 안에서 갈등이 발생하면 당사자가 그 자리를 떠나도 상관없었다. 밖으로 나가자는 것이 결투 신청으로 받아들여지는 것은 그 때문이었다. 술집 안에서 칼을 꺼내 드는 것은 결투가 아니었다. 민중 결투와 정식 결투의 주된 차이는 민중 결투가 훨씬 더 직접적이라는 것이다. 민중 결투에도 정해진 의식은 있었으나 사람들은 한 번 갈등이 일어나면 그 즉시 해결을 보는 것에 익숙해져 있었다. 민중 결투자들은 도전장을 글로 써 보내지 않았다. 대다수가 문맹인 탓도 있었다. 암스테르담 법원 기록 보관소의 자료 중에 민중 결투이지만 즉석에서 해결을 보지 않은 경우가 단 한 건 있었다. 25세의 한 가발 제조업자가 영국인 남성에게 다음 날 마을 동쪽의 공원에서 결투할 것을 신청했다는 혐의로 기소됐다. 결투 신청의 증표로서 피고는 자신의 손수건을 둘로 찢어 한쪽을 상대에게 건넸다. 그런데 피고는 자신이 받은 혐의가 사실과는 정반대라고 주장했다. 증표를 요구하며 결투를 신청한 사람은 자신이 아닌 영국인이었다는 것이다. 다음 날 그들은 약속대로 만났지만 싸움을 벌이는 대신 의견차를 해소하고 함께 술을 마셨다고 한다. 여기서 어떤 무기가 쓰일 예정이었는지는 기록되지 않았다.[67]

대부분의 칼싸움은 한쪽에서 상대편이나 그에게 소중한 사람을 모욕한 결과로 시작됐다. 모욕에 대한 암스테르담의 자료는 유럽 전역에서 발견되는 자료와 유사하다. 화가 난 한 남성은 상대를 사기꾼이나 악당, 혹은 도둑놈이라 불렀다. 남성의 여자 친구를 창녀라 부르는 것도 마찬가지로 싸움을 일으킬 수 있었다. 개와 같은 동물 이름을 갖다 붙이는 모욕은 남녀 모두를 대상으로 했다. 젊은 사람은 꼬마나 "애송이"라 불리는 것을 모욕적이라 느꼈다. 한 남성은 자신을 안다고 우기는 상대에게 이렇게 응수했다. "그럼 내 엉덩이에 입 맞춰본 적 있겠군."[68] 이런 모욕은 민중 결투의 규칙을 무시한 공격을 부추겼다. 그 밖에 암스테르담 법정에서 다룬 폭행과 살인 사건은 도박 빚이나 속임수로 인한 의견 충돌에서 빚어진 것이었다.

간간이 피해자의 죽음을 둘러싼 특별한 의례 얘기도 나온다. 1681년 6월의 어느 수요일 저녁, 청년 넷이 그중 한 사람과 면식이 있는 15살짜리 소년을 데리고 밖으로 나왔다. 싸움은 소년을 안다는 청년이 그를 놀리면서 시작됐다. 몇 번의 입씨름 끝에 주먹이 오갔고, 소년과 그 상대인 사이먼이 칼을 꺼내 실력을 겨루게 됐다. "물러서지 마!" 사이먼이 말했다. "이제 너나 나 둘 중 하나는 얼굴을 베인다." 이윽고 사이먼이 소년의 칼에 찔리고 말았다. 사이먼은 가슴에 손을 갖다 대면서 "당했어"라고 외친 뒤 쓰러졌다. 소년이 말했다. "당신이 지은 죄를 생각하고 하느님께 용서를 비세요." 피해자는 더는 말을 하지 못하고 남은 사람들에게 둘러싸인 채 숨을 거두었다. 이후 살해자는 피해자의 주머니에서 손수건을 꺼내 상대의 가슴에 올려놓았다.[69]

성별은 다양한 측면에서 칼싸움 문화에 영향을 미쳤다. 결투자들이 고수하는 의례나 명예 규범은 남성 사회에 속해 있었다. 싸움을 통해 각 당사자들은 자신이 나약하지 않은 거친 남성이라는 자아상을 쌓아 올렸다. 민중 결투자들은 싸움에서 각자의 능력을 시험하는 것이 곧 남성성을 시험하는 것이라고 생각했다. 이러한 사실을 뒷받침하는 뚜렷한 자료는 흔치 않으니 여기서는 간접 증거로 만족해야겠다. 음악 홀에서 벌어진 싸움이 살인으로 번진 사건이 있었다. 홀 주인의 남동생이 남성 둘과 동행한 한 여성에게 춤을 청한 것이 발단이었다. 뒤이어 벌어진 소동으로 주인의 남동생이 칼에 찔려 사망했다. 살해자의 동료인 34세의 선원은 자신의 가명이 롤더lolder 데이비드가 아니라고 강하게 부인했다. 롤더라는 단어가 동성애 행위를 가리키는 말이었던 것이다. 흥미롭게도 두 동료에 대한 재판이 열린 1729년 여름은 동성애 처벌의 거대한 파도가 휩쓸고 지나가기 일 년 전이었다.[70]

이런 고상한 단어를 써도 좋다면, 기사도 정신이 민중 결투가 남성성 시험의 장이었다는 주장에 대한 또 다른 간접 증거가 될 수 있다. 꽤 많은 칼싸움은 한 남성이 다른 남성으로부터 여성을 보호하려는 것에서 시작됐다. 보호하는 남성은 여인의 남편이나 연인이 아닐 때도 있었다. 술집에서 화가 난 남성이 여성을 때리는 일은 흔했지만 그런 행위는 제지를 받곤 했다. 앞서 말한 클라스 아브람스와 아브람 스미트의 결투는 아브람의 처제, 제츠 때문에 시작된 것이었다. 우선 클라스와 제츠가 술집에서 만나 서로 언성을 높이게 됐다. 제츠가 자리를 뜨자 클라스는 그녀를 쫓아갔고 문 앞에서 다른 남자 손님들의 손에 저지당하지만 이내 다리 위에서 제츠를 따라

잡았다. 마침 근처에 있던 제츠의 형부 아브람이 그녀를 비호하고 나서면 서 일이 커졌다. 그 밖에 기사도 정신을 발휘하여 강도의 위험으로부터 여성을 구한 남성들도 있었다. 1715년 초여름 어느 날, 세 남성이 세 여성을 만났다. 그들의 이름은 별명으로만 알려졌다. 남성들이 여성들에게 근처 골목 위층의 술집에서 술 한 잔 할 것을 청했다. 모두 즐거운 시간을 보내고 난 뒤 술집을 나오는데 그중 한 여성이 만취한 나머지 교회 문턱에서 잠이 들었다. 그때 여성이 가슴 안쪽에 넣어둔 돈이 반쯤 비집어 나왔다. 남성 하나가 그 돈을 빼내 친구에게 건네자 같이 있던 나머지 한 남성이 격분해 소리쳤다. "개자식 같으니라고, 왜 저 여자 돈을 가로채지? 도둑질하지 마." 결국 여성을 옹호하던 사람과 도둑 사이에 칼싸움이 벌어졌고, 도둑은 5일 뒤 사망했다.[71] 일반적으로 남성의 기사도적인 행동은 절도보다 희롱이나 폭력 같은 상황에서 더 자주 일어났다.

자신을 옹호해주는 사람이 친구면 여성도 그를 부추겼다. 어느 행인이 한 남성과 걸어가던 두 여인을 창녀라고 부르자 여인 하나가 곁에 있던 남성에게 말했다. "툰, 본때를 보여줘." 이에 툰이 행인을 칼로 찔렀다.[72] 여성을 지키기 위한 싸움 중에는 평등하지 않은 결투도 왕왕 있었다. 몇 사람이 얽힌 사건일 때는 더욱 그러했다. 프란스는 남편과 헤어진 누이와 길을 나섰다. 함께 술을 마시고 춤을 추며 다른 남성들과 어울리던 그들은 한밤중이 다 되어 생선 장수를 마주쳤다. 장난기가 발동한 프란스가 생선 장수를 향해 자신의 누이에게 키스하고 싶다면 할 때마다 생선을 1파운드어치씩 달라고 말했다. 말장난이 싸움으로 번졌고 무기가 없던 생선 장수가 단검에 찔려 사망했다.[73] 결투 신청을 거절한 뒤에 불평등한 싸움을 벌이는 경우도 있었다. 필립 브레이크와 그의 친구가 술집에서 주사위 놀이를 하고 있었는데 게임에 서툰 필립이 맥주를 두 피처나 잃고 말았다. 그리고 싸움이 벌어졌다. 여주인이 필립을 세 번씩이나 저지하자 참다못한 필립이 그녀를 때려 쓰러뜨렸다. 그 뒤 칼을 꺼내 든 필립은 누구든 여주인을 보호하려는 남자들에게 결투를 신청하려 했다. 이에 술집에 있던 누구도 용감하게 나서지 못했다. 필립은 자신을 설득하는 다른 손님들의 말을 듣고 브랜디 네 잔을 걸친 뒤 그곳을 떠났다. 그는 그 누구도 자신의 결투 신청을 받아들이지 않았다는 사실에 실망한 나머지 다음 날 다시 술집을 찾았다. 그곳에서 여주인의 남편을 마주치자 필립은 상대의 가슴에 칼을 들이대고는 찌를 생각은 아니라고 하면서 얼굴을 베어버렸다. 피해자를 치료한 의사는 상처가 입가에서 코까지 나 있었으며 뼈가 드러날 정도로 깊이 파여 물줄기처럼 이어져 있었다고 진술했다.[74]

정식 결투와 마찬가지로 민중 결투에서도 당사자 두 명이 모두 부상을 입거나 모두 살해될 가능성은 언제나 있었다. 암스테르담의 사체검안서에는 당사자 두 명이 모두 숨진 사건이 세 건 기록됐다. 또한 사형 선고를 받은 살인자 중 대다수는 중상을 입은 상태였으며 한 명은 참수형을 당할 당시 의자에서 일어나지 못했다.

이제껏 살펴본 거의 모든 칼싸움의 결과가 치명적인 것은 증거 자료의 성격 때문이다. 상세한 증거는 대부분 살인 재판에서 나왔다. 조사 당국은 살해당한 시체를 발견하면 수사에 착수하여 간간이 범인 체포에 성공했다. 결투를 치른 두 남자가 서로 상처만 입힌 채 각자의 길을 떠났다면 결투 사실을 알게 되는 사람은 별로 없었다. 당사자 본인이 결투 사실을 알릴 일도 없었고 신문에서도 이를 다루지 않았다. 치명적이지 않은 민중 결투 사건은 시간이 흐른 뒤 피고가 재산 범죄나 다른 폭행 혐의로 기소됐을 때 재판에서 지나가듯이 알려질 뿐이었다. 이때 피고가 누군가에게 부상을 입힌 사실이 추가로 지목되기도 했다. 피고는 그런 일이 싸움 중에 벌어졌으며 자신도 상대의 칼에 찔렸다고 반박했다. 그러면 법정에서는 자동적으로 "싸움 중에"라며 덧붙였다. 때로는 피고가 상대의 뺨이나 코, 얼굴을 벴다는 사실이 정확히 언급되기도 했다. 더욱이 아주 유용한 정보는 아니지만, 법정 기록 중에는 칼을 겨눈 죄에 가벼운 처벌을 내린 사례도 꽤 많았다. 이때 피고는 흔히 싸움 중에 자신을 보호하기 위해 그런 것이며 누구에게도 부상을 입히지 않았다고 주장했다. 이들 사건은 결투로 이어진 것이 아니라고 생각될 수도 있다. 여러 증거 조각들을 모아보면 민중 결투는 칼싸움 기술 시험의 장이었으며 한쪽에서 상대를 찌르거나 분명한 이익을 얻게 되면 끝날 수 있는 싸움이었다고 결론 내릴 수 있다. 능숙한 싸움꾼은 대부분 상대의 얼굴을 벤 뒤 흡족한 마음으로 돌아갔으리라 유추할 수 있다. 본의 아니게 상대의 가슴이나 배를 찌르는 것은 미숙한 사람에게나 있을 법한 일이었으니, 이런 사건이 살인 재판의 압도적 다수를 차지한 것도 그 때문이라 여겨진다.

언쟁이나 모욕 없이 그저 자신의 솜씨를 시험해보고자 칼싸움을 벌이는 이들도 있었다. 그에 대한 증거는 드물긴 해도 뚜렷이 드러난다. 길가에 나온 세 청년 중 한 명이 자신의 칼을 땅에 내던지며 소리쳤다. "나랑 싸우고 싶은 사람은 이 칼을 드시오." 한 사람이 그의 칼을 주워 들었고 싸움이 시작됐다. 얼마 뒤 낯선 이가 결투에 끼어들어 두 당사자들을 떼어놓으려 하자, 손에 칼을 든 채 싸움을 보고 있던 스무 살의 모자 제조업자가 그를 찌르면서 사건은 법정에까지 오르게 됐다.[75] 칼을 인도나 돌 위에 대고 긁은 죄로 형을 선고 받은 사람도 있었다. 그 소리에 응하는 사람에게는 이것이 결투 신청으로 간주됐던 것이다. 거리에서 행인에게 상처를 입힌 죄로 기소된 한 남성은 이미 술집 안에서 자신의 뜻을 분명히 드러냈다. 그는 보란 듯이 자신의 칼을 탁자 위에 꽂아놓고는 소리쳤다. "누구든 자신 있으면 뽑아보시지!"[76]

칼싸움의 구체적인 방식은 거의 언급되지 않았다. 그중에서 실제 거론된 예가 하나 있었다. 술집으로 향하던 두 남성은 한쪽이 검은 코트를 술집에 벗어놓고 나서 결투를 하기로 합의를 했다. 그 남성은 그날 오전에 장례식에 다녀온 터였다.[77] 1618년에 한 소책자에 실린 삽화에는 풀을 베는 부엌칼이 칼싸움용 무기로 그려져 있는데, 우리로서는 이 그림이 얼마나 현실적인 것인지 알 수 없다. 나태하고 음란한 장면을 모아놓은 1633년의 한 책에서는 결투 당사자가 좀 더 얇은 칼을 치켜 든 모습이 그려져 있다.[78] 민중 결투자들은 언제나 칼날이 드러나도록 칼을 들고 다녔는데 다른 이의 칼질을 막으려면 그럴 필요가 있었다. 하지만 그러다가 손을 찔릴지 모르는 위험도 상당했다. 니콜라스 페터의 『레슬링 기술Art of Wrestling』(1674)에는—이에 대해서는 조금 뒤에 더 보자—무기가 없는 남성이 칼을 뽑아드는 남자를 기습 공격하는 장면이 묘사되어 있다. 이를 통해 당시 사람들은 상대가 칼로 대응하지 않는다 해도 칼날을 드러냈다는 사실을 알 수 있다. 우선 이 그림은 공격자가 칼집에서 칼을 어떻게 꺼내는지 보여준다.[79] 실제 현실에서 무수한 칼들은 알아보기 쉬웠다. 싸움 뒤에 사람이 죽으면 살해자는 자신의 무기를 수로나 후미진 골목에 던졌다. 이후 사건이 발각되어 법정에 불려가게 된 목격자들은 대체로 범인의 칼을 알아보았다. 사실 법정에서 실제로 각기 다른 칼을 나열하면서 비교해 보이는 일은 없었지만 말이다.

상당수의 민중 결투는 다분히 충동적이었다고 특징지을 수 있다. 1장에서의 논의가 여기에도 똑같이 적용된다. 결투자가 정해진 의례의 각본을 그대로 따랐다는 사실만으로는 그의 충동이 어느 정도였는지 가늠할 수 없다. 결투자는 몇 가지 각본을 머리에 이미 새겨 넣은 터였기에 잠시 멈춰서 이를 생각해볼 필요가 없었다. 또한 사전에 갈등이나 원한이 없었던 경우도 많았다. 싸움부터 한 뒤 나중에서야 적대감을 키우는 이들도 종종 있었다. 간혹 오래 지속된 원한이 법원에 기록되는 일이 있었다. 블랙 툰이라는 사람이 원수를 대면하기 위해 네덜란드 하를렘에서 바지선을 타고 텍셀 부두에 도착했다. 툰은 원수를 알아보고는 소리쳤다. "자, 내가 왔다!" 툰은 우선 상대의 머리를 친 뒤 "물러서지 마"라고 말했고, 이어 둘은 칼을 빼들었다. 무엇 때문에 둘 사이에 원한이 생겼는지는 기록되지 않았다.[80] 다른 대부분의 경우 장기간 지속된 갈등에 법원이 아무 기록을 남기지 않은 것은 증거가 없기 때문이라고 생각할 수 있다. 칼싸움이 다분히 즉흥적이었다는 의견은 많다. 여기서 근대 초기의 싸움이 중세의 폭력보다 덜 충동적이었는지를 밝히는 것은 의미가 없다. 장기적인 추세로 보면 싸움에 기대지 않고 갈등이나 불만을 다스리는 법을 차츰 익히는 집단이 드러났다.

민중 결투는 화해를 통해 적대 관계를 끝낼 수 있다는 점에서 피의 복수와 닮았다. 네덜란드 기록에는 아프드링켄afdrinken이라는 단어가 종종 등장하는데, 이는 말 그대로 원수들 사이에서 "갈등을 술로 씻어버린다"는 뜻이다. 갈등이 술집에서 시작됐다면 그들은 바로 그 장소에서 맥주나 와인을 마셨고, 때로 필요한 의학적 치료를 모두 끝낸 뒤에 마시기도 했다. 램버트와 프레드릭이 술집에서 한 매춘부를 두고 싸움을 벌였다. 첫 번째 싸움에서 프레드릭이 램버트의 팔을 칼로 찔렀다. 램버트는 술집 주인의 부축을 받고 의사를 찾아가 치료를 받은 뒤 술집으로 돌아와 공격자와 함께 술을 마시며 갈등을 씻어버렸다. 그러나 새벽 1시가 다 되어 둘 사이에 다시 적개심이 일었고 프레드릭이 램버트에게 밖으로 나오라고 말했다. 다시 벌어진 칼싸움에서 램버트가 프레드릭의 왼쪽 뺨을 그었다. 프레드릭이 칼을 떨어뜨리자 다시 주울 것을 허락한 다음 이번에는 배를 찔렀다. 프레드릭은 다음 날 사망했다.[81] 그들이 이전에 맺은 평화가 완벽하지 않았던 것이었다. 화해에 관한 증거 역시 대부분 살인 사건에서 나왔는데 여기서도 결국에는 당사자 중 한 명이 목숨을 잃었다. 술을 마시는 화해 의식이 얼마나 효과가 있었는지는 알 수 없지만 술을 통한 화해가 유럽 전역에 널리 퍼졌다는 사실은 분명히 알 수 있다. 독일에서는 말로만 모욕을 주고받던 사람들이 함께 술을 마시며 갈등을 해소하는 일이 종종 있었다. 앞서 암스테르담의 사건처럼 갈등이 새롭게 타올라 실제 폭력으로 번지는 경우도 있었다. 1643년에 아우구스부르크의 어느 술집에서 푸주한 세 명이 짐마차꾼을 모욕하는 일이 벌어졌다. 이에 짐마차꾼이 푸주한들의 테이블로 다가가 맥주를 사라고 제안했지만 거절당했다. 다시 모욕적인 언사가 오갔고 결국 푸주한이 짐마차꾼을 폭행하기에 이르렀다. 다음 날, 이들은 술집 주인이 함께한 가운데 술을 마시면서 화해했다. 주인은 이 사건이 당국의 귀에 들어갈 경우 자신이 대신 벌금을 내겠다는 데 동의하기도 했다.[82] 이로 보아 '술로 씻어버리는' 의식이 결투에만 국한된 것은 아니었다는 사실을 알 수 있다.

프랑크푸르트 당국은 화해보다 억압에 집중했다. 명예 문화를 인정하지 않던 암스테르담도 마찬가지였다. 행정관들은 정당방위였다는 일부 민중 결투자들의 항변을 받아들이지 않으면서 그들에게 상대가 칼을 내려놓을 때 현장에서 달아날 수도 있지 않았느냐고 반문했다. 평민들은 살인이 범죄가 됐는데도 칼싸움으로 인한 죽음을 여전히 사고사로 보았다. 그들은 운이 없는 가해자가 마을에서 도망갈 수 있도록 조언을 해주거나 행동으로, 때로는 돈으로 도와줄 준비가 되어 있었다. 분명 대중은 가해자를 용인했지만 점잖은 사람이나 무기도 없는 사람을 해친 자는 용서하지 않았다. 1674년 7월 어느 날, 여성을 구타하는 두 남자를 두 신사가 비난하면서 소동이 시작됐다. 두 남자는 상대편 중 한 명이 레이피어를 소지하고 있었는데도 자신들의 칼로 이들을 공격했다. 그들이 손에 피를 묻힌 채 술집으로 들어가자, 한 여성이 그들의 피를 술로 씻어주었다. 문제될 것이 아무것도 없다는 점을 강조하기 위해 여성은 좌중에게 두 남성이 서로 싸웠다고 둘러댔다.[83]

암스테르담의 칼싸움 문화는 특정한 사회 환경에서 벌어졌다고 할 수 있다. 이곳의 칼싸움에서는 성별이 확실히 나뉘었다. 여성의 유일한 역할은 싸움의 빌미를 제공하는 것이었다. 또한 결투 문화는 사춘기 청소년이 아닌 젊은이들과 관련되어 있었다. 살인 사건의 피고는 대부분 20대였다. 1650년부터 1750년 사이 암스테르담에서 부상이나 폭행 혐의로 기소된 남성 중에 20에서 29세가 40에서 60퍼센트를 차지했다. 이 시기의 모든 범죄 사건도 크게 다르지 않았으며 다만 폭행범보다 절도범의 평균 연령이 조금 낮았다. 청소년 비행이 대부분 폭행보다 절도에 치우쳐 있었기 때문이다. 20대 이하의 청소년이 단순 절도죄로 유죄를 선고받은 것은 40에서 50퍼센트를 차지한 반면 폭행죄로 유죄를 선고받은 경우는 10퍼센트 미만에 그쳤다.[84] 이러한 차이는 주로 기소에 대한 법원의 선호도 때문이었다. 십대에 대한 법원의 주된 관심사는 그들이 절도범과 패를 이루어 절도에 가담했는지 여부였다. 법원은 청소년들의 싸움이 빈번히 일어났는데도 이에 큰 관심을 두지 않았다. 당시에는 청소년 비행이라는 개념이 아직 세워지지 않았던 것이다.

청소년의 싸움은 시간이 지나 누군가가 체포된 뒤, 증인이나 동료 비행범이 당사자의 과거를 폭로할 때 정체가 드러났다. 그 예로 암스테르담에서 일명 '양모 뭉치'라 불리던 야콥 마누엘스의 찬란한 범죄사를 들 수 있다. 야콥은 스무 살이 되던 해인 1711년 3월에 단 한 번 체포되어 사소한 강탈과 소매치기, 가택침입 절도죄로 재판에 회부됐다. 그가 어렸을 때부터 칼싸움꾼이었다는 사실은 재소자들 몇몇도 이미 알고 있었다. 그들은 야콥이 5년 전부터 버터 시장을 어슬렁거리다가 근처 빈민구호소 아이들에게 상습적으로 싸움을 걸던 패거리에 있었다는 사실을 기억해냈다. 당시 15살이던 뭉치가 한 빈민구호소 아이의 엉덩이를 칼로 찌른 일도 있었다. 같은 시기에 역시 버터 시장에서 뭉치가 꼬마 피트와 칼을 들고 싸우다가 피트의 다리에 부상을 입힌 일도 있었다. 17살 때는 얀 딕과 싸우던 중 그의 얼굴을 벴고, 이에 딕이 복수심으로 휘두른 칼에 뭉치 역시 관자놀이를 베였다. 그리고 몇 달 뒤 다시 한 번 버터 시장에서 뭉치가 상대인 마인데르트에게 칼을 휘두르다가 과연 그답게도 실수로 죄 없는 한 소녀의 엉덩이를 찌르고 말았다. 이에 뭉치의 어머니가 소녀에게 치료비로 금화를 주었다. 판사들은 뭉치가 저지른 각종 범죄에 대해 머리 위에 칼을 매단 채 받는 채찍형과 래스프하우스(암스테르담의 감옥)에서 10년 형, 추방 12년 형을 내렸다. 래스프하우스에서는 보통 재소자의 형을 감량해주었기에, 뭉치는 출소하자마자 다시 범죄자의 길을 걸었다. 이후 1717년 4월, 사체검안서에서 담당 서기가 아리 코르넬리츠를 살해한 살인자로 양모 뭉치를 지목했다. 이 사건은 이듬해 뭉치의 친구가 재판에 회부되면서 다시 주목을 받았다. 두 목격자가 진술하기를 세 남자가 아리를 공격했다고 했지만 피고는 그 자리에 자신이 아닌 양모 뭉치와 다른 친구가 있었다고 주장했다. 그의 주장에 넘어간 것인지 판사들은 피고의 다른 범죄에 대해서만 유죄를 선고했다.[85] 뭉치는 27세가 된 이후로 범죄 기록에 등장하지 않았다. 그의 화려한 칼싸움 전력은 늦어도 15세부터 시작된 것이었다. 십대들의 싸움은 1700년경의 런던에서도 기록됐다.[86]

사회적 계층화는 성별과 연령 다음으로 살인의 중요한 요소다. 암스테르담에서 칼싸움을 하던 사람들이 주로 하류층이었다는 사실은 그리 놀라운 일이 아니다. 시법원의 심문 과정에서 형을 선고받은 사실상 모든 피고들이 하류층이었다. 게다가 대부분은 암흑가 가까이에 사는 유동 인구이거나 평판이 나쁜 도시 하류층이었다. 길드 일원 등 안정된 노동자층은 구금 없이 기소 재판을 받는 혜택을 받았다. 그들이 저지른 범죄 상당수는 폭행이었는데 대개는 사소한 폭력에 가담했을 뿐이었다.[87] 안정된 주민인 개혁교회 신도들은 1600년대 초반에 칼까지 휘두르는 폭력 행사로 비난을 받았으나 1630년대 이후로 그런 비난은 필요가 없어졌다.[88] 그러므로 1700

년경 민중 결투의 성행은 엘리트층과 '점잖은' 시민 사이에서 남성 간의 즉흥적이고 심각한 싸움이 용인되지 않게 되면서 나타난 한 단면이라 하겠다. 이러한 변화는 유럽 전역에서 일어났고 정식 결투에 대한 규제 역시 마찬가지의 과정을 거쳤다. 1700년에 이르자 정식 결투자들은 더 이상 레이피어와 단검을 함께 쓰지 않았다.

암스테르담에서 눈에 띄는 직종은 선원이었다. 거대 항구도시에 선원이 있는 것은 당연했다. 이들은 스페인의 세비야 등 유럽의 다른 항구도시에서도 폭력적인 하위문화를 주도하고 있었다.[89] 선원이든 아니든 암스테르담에서 칼싸움을 벌이는 이들은 대부분 절도와 강도 행각으로 수입을 충당했다. 살인 혐의로 재판을 받은 피고 중 상습범은 1650년에서 1700년 사이에 29.7퍼센트, 1700년에서 1750년 사이에 24.3퍼센트, 1750년에서 1810년 사이에 10.8퍼센트를 차지하면서 칼싸움이 유행에서 멀어지는 흐름과 더불어 줄어들었다. 무수한 상습범들이 재산 범죄를 저질렀다. 살인 외 폭력에 대한 재판에서는 사소한 재산 침해가 추가 혐의로 언급되는 일이 많았고, 반대로 노상강도나 절도죄로 교수형에 처해진 경우에는 상해죄가 추가로 덧붙여졌다.

칼싸움이 불명예와 이어진 것은 점잖은 남성들이 칼싸움에 뛰어들려 하지 않으면서부터였다. 이번 장은 이러한 사회적 분화의 모습을 제시하면서 시작했다. 때로 칼을 든 이는 엉뚱한 사람을, 이를테면 칼을 뽑아 드는 대신 막대로 방어하는 사람을 공격하려 했다. 방어자는 긴 막대를 이용해 칼에 찔리지 않을 만한 거리를 확보할 수 있었다. 방어자는 상대의 손에서 무기를 떨어뜨리거나 상대를 힘껏 내려쳐서 물러나게 하기 위해서 막대를 꺼내 들었다. 법정 기록을 보면 싸움에서 막대를 든 집단은 두 부류로 나뉘었다. 바로 산책 중이던 점잖은 시민과 공공장소의 직원이었다. 공공장소 직원은 우선 자신이 일하는 공간에서 평화를 지키고자 했다. 1699년 7월의 어느 날이었다. 술집에서 자신의 요구가 받아들여지지 않는 것에 분개한 남성이 칼을 꺼내 들고 위협하자 종업원이 즉시 소리쳤다. "막대 가져와!" 이에 종업원의 동생이 공격자의 머리를 내리쳤는데 정도가 지나쳤는지 막대가 부러지고 말았다.[90]

1736년 8월의 어느 토요일, 누군가가 막대로 무슨 일을 벌인 듯했다. '군인 빌럼'이라는 술집에서 서로 사촌인 두 다이아몬드 연마공과 두 여행객이 밤새 다투었다. 연마공 중 하나가 동인도회사 선원에게 밖으로 나오라며 싸움을 걸었다. 결투 신청자가 밖에서 기다리는 사이, 술집 여주인이 선원을 말리고 나섰다. 연마공은 다시 술집 안으로 들어와서 상대와 함께 술을 마시며 갈등을 풀었다. 그사이 술집 여주인은 잠자리에 들었는데 얼마 뒤, 또다시 싸움이 일어났다. 이번에도 여주인이 나서서 선원을 말려야 했지만 대신 여인의 남편 빌럼이 잠에서 깼다. 화가 난 선원이 빌럼에게 당신이 이 집 주인이냐고 물었다. 재미있게도 법정 진술에서 빌럼은 자신이 종업원 셋과 함께 막대를 들고 나가 연마공을 쫓아내려 했다고 말했지만, 두 이웃과 한 손님은 바이올린 연주자 한 명만이 밖으로 나가 칼을 든 연마공에 막대로 맞섰다고 증언했다. 바이올린 연주자는 배에 치명상을 입었다.[91] 빌럼은 이처럼 눈에 보이는 거짓 증언을 하면서까지 자신의 결단력과 남성성을 뽐내려 했다. 빌럼은 거짓 증언을 함으로써 자신이 바이올린 연주자가 혼자 죽게 하지 않았다고 애써 믿으며 양심의 가책을 줄일 수 있었다. 법원은 빌럼의 증언은 신경 쓰지 않고 이 사건을 민간인이 법 집행을 한 전형적인 사례로 보았다. 사실 막대는 야간 경비원이 흔히 들고 다니는 무기였다. 법정 기록에도 야간 경비원이 칼을 든 범죄자를 무장해제시키기 위해 막대를 썼다는 이야기가 등장한다.

막대를 든 사람이 칼을 든 사람에게 상처를 입히는 일도 있었다. 거리에서 공격을 받은 한 시민의 경우가 그러했다. 가족과 함께 걷고 있던 남자를 한 프랑스인이 칼로 위협했다. 남자가 자신을 악한이라 불렀다는 것이 이유였다. 남자는 들고 있던 지팡이로 프랑스인의 머리를 가격했고, 결국 프랑스인은 머리에 붕대를 둘러야 했다.[92] 반대로 막대를 든 시민이 살해를 당하는 일도 종종 있었다. 술집을 몇 군데 돌고 난 세르바스 반 데어 타스가 거리에서 마주친 세 남성에게 한마디 던졌다. 이에 세 남성은 응수하려 하지 않고 말했다. "이봐 꼬마 친구, 우린 당신과는 말 안 섞어." 그러자 세르바스가 칼을 꺼내 들고 두 남성을 공격했다. 한 명은 칼에 찔려 얼마 뒤 숨을 거두었고, 다른 한 명은 막대로 세르바스의 공격을 막았다.[93] 나머지 한 명은 자신의 집 문간이나 집 근처에서 공격을 받은 뒤 부리나케 안으로 들어가 막대를 찾았다. 막대와 칼의 대결에서는 언제든 두 대결자 모두 목숨을 잃을 수 있었다. 1705년 11월에 발견된 두 시체를 검사한 결과, 한 명이 상대를 칼로 찌르고, 칼에 찔린 사람이 상대를 막대로 내리쳐서 둘 모두 사망했다는 사실이 밝혀졌다.[94] 다시 말하지만, 방어에 실패한 사건의 자료가 수적으로 많은 것은 자료의 특성 때문이다. 막대를 쥔 사람이 칼을 빼든 사람을 물러나게 했다면 전자가 고소하지 않는 한 그 사건이 법정에 설 일은 없었다. 한 사람을 제외하고는 막대를 든 사람이 법정에 피고로 선 일도 없었다. 그는 친구가 손에 든 칼을 얀브로어janbroer(끝이 납으로 된 막대)로 내리친 죄로 벌금 15길더와 친구의 치료비를 지불하라는 판결을 받았다.[95] 1700년경의 암스테르담에서는 폭력적인 생활이 사회의 하류층에서 집중적으로 나타났지만 폭력은 아직 억제되지 않은 상태였다. 폭력은 여전히 횡행하여 점잖은 계층 사이에서도 간간이 드러났는데, 이들 계층은 신변과 재산을 보호하기 위해 자신만의 무기를 마련해야 했다. 칼을 든 사람은 평판이 안 좋은 하류층의 한 부분을 차지하고 있었던 반면 막대를 든 사람은 점잖은 계층이나 중하류층에 많았다.

1674년에 출판된 한 흥미로운 소책자에 남성 간 싸움의 사회적 분화가 자세히 드러났다. 이 책자를 만든 독일 헤센 출신의 니콜라스 페터Nicolaes Petter는 와인 무역상으로 암스테르담에 온 뒤 이곳에 레슬링 학교를 차렸다. 페터가 1672년에 48세의 나이로 세상을 떠나자 그의 수제자인 로버트 코어스Robbert Cors가 스승의 원고 출판을 맡았다. 이 소책자에 실린 70여 개의 삽화는 네덜란드 총독 윌리엄 3세가 후원한 이름 난 판화가 로메인 드 후게Romeyn de Hooghe의 작품이다. 후게 역시 페터의 학교에서 교육을 받은 것으로 추측된다. 삽화에서 레슬러는 명백히 중류층이나 상류층 사람들이다. 그들은 루이 14세 스타일의 가발을 쓰고 고급스러운 옷을 입고 있었다. 상대편의 옷차림 역시 단정했지만 속표지에는 이 책에서 가르치는 기술이 "폭행을 일삼으며 싸우기 좋아하는 사람이나 칼로 상대를 위협하고 해를 가하려는 사람들에 맞설 때 매우 유용하고 이롭다"고 전한다. 서문에는 "싸움을 갈망하는 악인"을 언급하고 있다. 실력 있는 맨손의 레슬러에게 칼을 빼앗기는 상대편은 허름한 옷에 하류층이 주로 쓰는 모자를 썼다. 칼 든 사람은 "막무가내이며 거리낄 것이 없는 악한이다. 그들의 끓어오르는 머리는 이성으로 제압되지 않는다". 레슬링은 칼을 든 상대에게 막대로 방어하는 것의 대안으로 권장됐다. 외국인에게는 책에서 알려주는 기술이 레이피어로 방어하는 것의 대안이 됐다. 페터의 책자는 같은 해 독일어로 번역·출판됐으며 1712년에는 프랑스에서도 출판됐다. 영국의 왕이 된 윌리엄 3세도 간접적으로나마 관련됐으니 이 책은 진정 국제적인 면모를 갖추고 있었다.[96]

칼싸움은 국제적인 여가 활동이기도 했던 것 같다. 이런 추측의 한 근거는 암스테르담의 법정 기록이다. 민중 결투에는 외국인 이주자들도 일상적으로 가담했다. 벨기에 왈롱에서 옷감 제조업을 하던 프랑스 릴 출신의 아버지와 네덜란드 라이덴 출신의 아들이 1682년의 살인 사건에 연루됐다. 아들이 아버지에게 도움을 요청하면서 이런 말을 남겼다. "아버지, 아버

| 그림 3.3 | 『레슬링 기술에 대한 지침서Klare Onderrichtinge der Voortreffelijcke Worstel-Konst』, Nicolaes Petter, 1674. Reproduced with permission. © National Library of the Netherlands

지, 사람을 죽였어요." 더불어 이들 부자는 각각 치명상은 없었던 칼싸움에 가담한 혐의를 받았다.[97] 칼싸움이 국제적 여가 활동이었다는 또 다른 근거는 19세기에 멀리 떨어진 이탈리아와 그리스, 핀란드에서도 칼싸움이 목격됐다는 사실이다. 이곳에서도 칼싸움이 근대 초기부터 벌어졌다는 추측은 합당해 보인다.

근대 초기의 폭력을 다룬 문헌 자료는 거의 없다. 자료를 종합해보면 정식 결투가 즉흥적인 검투sword fight로, 앞서 말한 칼싸움knife fight으로 이어졌으며, 결국 복싱으로 정착됐다는 사실을 알 수 있다. 복싱의 다양한 변종들은 주로 18세기의 파리와 영국 일대의 기록에 남아 있다. 특히 프랑스 파리에서는 주먹다짐이 단연 우세했는데 이는 구할 수 있는 증거의 특성 때문인 것으로 생각된다. 파리 역사가들은 경찰 기록 보관소의 방대한 자료를 주로 참고했다. 이에 따르면 파리 주민의 최하층을 이루는 10퍼센트의 다분히 유동적인 집단은 고소장을 제출하는 일이 결코 없었다고 한다. 브레난Brennan은 이들에게는 술집에 다닐 돈조차 없었고 그들 대다수가 훔친 돈으로 수입을 충당했다고 말한다. 최하층민은 그렇게 훔친 돈으로 술을 마시며 술집에서 칼을 들고 난동을 피우기도 했지만 기록에는 남지 않은 것으로 보인다. 파리 경찰 기록에 오른 이들은 암스테르담 법정의 피고보다 평균적으로 높은 계층에 있었다. 대다수는 맨주먹으로 민중 결투를 벌인 이들이었다. 무엇보다 중요한 점은 이곳에서 결투를 초래하는 주된 모욕이 남자의 경제적인 신용을 의심하는 내용이었다는 것이다. 주먹다짐이라면 어디에서든 그렇겠지만 술집이나 거리에서 싸움을 벌이는 이들 태반은 상대의 머리를 노렸다.[98]

영국에서는 민중 결투가 복싱 경기가 되기도 했다. 당시 복싱은 오락이 아닌 모욕이나 언쟁 때문에 벌어진 싸움이었다. 복싱 경기는 그리 치명적이지 않았으나 역시 예외는 있었다. 1659년 요크셔에서 두 남성이 언쟁을 벌인 끝에 한쪽에서 결투를 신청했다. 두 사람은 증인들이 보는 앞에서 싸움을 시작했다. 두 사람 모두 무기가 없었지만 한쪽이 부상을 입고 사망했다.[99] 여기에서도 싸움은 즉흥적으로 시작된 것이었다. 1720년대에 한 프랑스인은 런던의 하류층들이 주먹다짐으로 분쟁을 해결한다는 사실을 알게 됐다. 이들은 조용한 장소로 가서 상의를 벗고 악수를 나눈 뒤 싸움을 시작했다. 한 독일 여행객 역시 정당한 싸움의 규칙은 언제나 이런 식이라며 이 사실을 확인해주었다. 18세기의 2/4분기 동안 무기가 쓰이지 않았으나 한쪽이 사망했다는 이유로 가해자가 서레이의 지방 순회 재판소에 기소되는 몇 건의 사례가 있었다. 한 남성이 크리켓 경기가 부당하게 치러졌다며 상대에게 복싱 경기를 제안했다. 또 다른 두 남성은 술집에서 언성을 높이다가 이내 화해했으나 밤이 되어 다시 충돌했다. 뜰로 나간 그들이 돌아와 촛불을 찾자, 술집 주인이 등불을 들고 나가 싸움을 지켜보았다. 상대의 머리에 배를 받친 사내는 손수레에 실려 집으로 돌아간 뒤 며칠 만에 사망했다.[100] 이를 포함한 여러 사건이 말해주듯 유럽 전역에서는 술집에서 갈등이 벌어지면 밖으로 나가 해결하는 일이 흔했다.

유럽 일부 지역에서는 민중 결투의 여러 변종이 함께 벌어졌다. 아우구스부르크의 술집 손님들은 모욕을 받으면 상대에게 밖으로 나가 결투할 것을 청한 뒤 맨주먹이나 칼로 싸웠다. 1591년에는 도시 경비 요원 한 명이 다른 한 명을 개자식이라 불러서 검을 빼 든 싸움이 일어났다. 결국 처음 상대를 모욕한 사람이 부상을 입고 사망했다.[101] 이 사건은 정식 결투와 닮았지만 상황이 즉흥적이었다는 점에서 차이가 있었다. 17세기에서 18세기 초반에 스톡홀름에서 벌어진 살인 사건은 대부분 민중 결투에서 비롯됐는데 한쪽이 다른 쪽에게 결투를 신청하여 검이나 칼로 싸움을 벌인 것이었다.[102]

칼은 남부 유럽에서도 흔히 사용됐다. 스페인에서는 데사피오desafio라 불리는 민중 결투가 심심치 않게 벌어졌는데 이를 본 외국인 관광객들은 평범한 노동자들도 명예 문제에 예민하게 반응하여 명예를 칼을 써서 지키려 한다고 평했다.[103] 프랑스 파리 외곽에서는 민중 결투 당시 검이 자주 사용됐다. 프랑스인들은 즉흥적인 싸움을 정식 결투와 구분하여 랑콩트르 rencontres라고 불렀다. 1600년경에는 지방 귀족들이 벌이기도 했지만 그 이후로 랑콩트르는 진정 민중들의 것이 됐다. 랑그독 지방의 농부들은 대다수가 검을 다룰 줄 알았으며 모욕 등의 문제가 심각할 경우 결투가 죽음을 부를 수도 있다는 사실을 알았다. 공정한 싸움을 위해서는 사용하는 무기도 동등해야 했다. 검을 소지한 한 남성이 거리에서 무기가 없는 남성과 갈등을 빚게 되면 전자는 자신의 검으로 상대를 위협할 수는 있었지만 상대를 겨눌 때에는 오직 검의 평평한 부분이나 손잡이만 써야 했다.[104] 결투자를 저지하려는 개입 역시 기록에 남았다. 오베르뉴의 한 여인숙에서 밤이 깊도록 도박에 열중하는 두 손님을 놔둔 채 주인이 먼저 잠자리에 들었다. 이어 도박꾼들이 싸우는 소리에 잠을 깬 주인은 급히 뛰어가서 둘 사이에 끼어들었다가 허벅지의 중요한 동맥을 검에 찔리고 말았다. 주인이 쓰러져 죽어가자 싸움을 벌인 사람들은 주인에게 사과하고 서로 상대방이 그랬다며 책임을 떠넘기더니 그 자리에서 달아났다.[105]

▌공정한 싸움의 한계

남성 간의 싸움은 정식 결투나 민중 결투에 한정되지 않았다. 근대 초기의 모든 남성들이 언제나 일대일 싸움만 고수했다면 누구든 놀랄 것이다. 칼과 막대의 대결은 엄밀히 말해 결투가 아니었지만 여기서도 균형은 아슬아슬하게 지켜졌다. 결투 외에 남성 사이에서 자행되는 폭력이 불공평한지는 양편의 사람 수나 사용된 무기로 가늠할 수 있었다. 이러한 폭력에서는 역시 명예나 의례가 역할을 다할 때가 있었다. 한 남성이 자존심에 상처를 입거나 모욕받고 도발당한 나머지 무기가 없는 상대를 칼로 찔렀다면 이는 그 어떤 결투에도 해당되지 않았지만 공격자는 명예를 지킬 수 있었다. 모욕을 당한 사람으로서는 자신의 평판을 위해 상대에게 즉시 대응할 필요가 있었다. 이때 공격자가 동등한 싸움을 기다리려 하지 않은 것인지 아니면 처음부터 이 싸움을 대수롭지 않게 생각한 것인지는 알 수 없다.

민중 결투와 마찬가지로 한쪽의 일방적인 공격은 대부분 술집 분쟁에서 시작됐다. 공공장소는 폭력 연구에 등장한 근대 초기의 유럽 어디서든 뜨거운 분쟁 무대였다. 싸움은 영국, 프랑스, 독일의 술집에서 일어났으며, 대도시나 소도시, 마을을 가리지 않았다. 폭력은 미리 계획된 것이 아니었다. 치명적인 결과가 벌어졌다면 열에 아홉은 싸움이 감당할 수 없는 지경에 이르렀기 때문이었다. 만취객이 선술집에서 주인을 공격하는 경우도 있었다. 민중 결투는 주로 술에 취한 두 남성 사이의 언쟁에서 시작됐지만, 주인이 손님 접대를 하지 않으면 흔히 일방적으로 공격이 가해졌다. 여성이 술집을 운영하던 암스테르담에서는 기록된 피해자가 대부분 여성이었다. 파리의 술집 주인은 대다수가 남성이었다. 파리 술집에서 벌어진 소동의 3분의 2는 손님들 사이에서 일어났지만 나머지 3분의 1은 손님이 술집 주인이나 종업원을 공격한 것이었다. 독일에서는 술값도 안 내는 군인들이 손님 접대가 형편없다며 주인을 공격한다는 소문이 자자했다.[106] 주인을 폭행하는 사건에서는 피해자가 사망하는 일이 거의 없었기 때문에 법정에 오르는 사건 역시 살인이 아닌 폭행이 흔했다. 폭력의 이러한 비치명적인 성격은 의례와 충동으로 설명할 수 있다. 불만에 찬 손님이 무기도 없는 주인을 대면하는 것은 다만 자신의 분노를 터뜨리고 싶어서였다. 여기서 가해자가 분노를 표출하기 위해 피해자의 신체를 공격할 때 피해자는 제대로 방어를 하지 않기 때문에 얼굴이나 순간적으로 올린 팔에 상처를 입었다.

반면 결투에서는 두 결투자가 공격과 동시에 방어도 해야 했으니 중요한 부위가 예기치 않게 칼에 찔릴 확률이 더 컸다.

민중 결투에서는 의례적 절차가 폭력을 완화시키는 역할을 했지만 불공평한 대결에는 말 그대로 정당한 싸움의 규칙이 없었으며 이 대결의 의례에서는 대개 공격에 굴욕이 가미됐다. 굴욕적인 의례로 대표적인 경우는 상대의 엉덩이를 찌르는 것이었다. 암스테르담에서는 피해자 대다수가 여성이었기 때문에 얼마 되지 않는 남성 피해자가 이런 공격까지 당하게 되면 수치심은 배가됐다. 엉덩이를 찌르는 것은 오래전부터 널리 퍼진 관습으로 15세기에 이탈리아 볼로냐에서, 16세기에 네덜란드 젤란드에서도 기록된 바 있었다.[107] 상식적으로 남성에게만 가할 수 있었던 굴욕 의식은 남성이 소변을 볼 때 공격하는 것이었다. 1718년 12월 어느 날, 두 선원이 암스테르담의 동인도회사 본부에서 언쟁을 벌이던 중 한 명이 상대의 술잔을 내다 버렸다. 그리고 며칠 뒤 이른 아침, 모욕을 당한 사람이 상대가 동인도회사의 승선장 근처 나무에서 소변을 보고 있는 것을 발견하고는 보복을 단행했다. 가슴이 찔린 것으로 보아 피해자가 당시 뒤를 돌아보았던 것으로 추정된다. 피해자는 쓰러지면서 등을 한 번 더 찔렸다.[108] 이러한 의례적 폭력 역시 살인이 아닌 폭행으로 받아들여졌다.

누군가를 거리에서 괴롭히거나 굴욕을 준 사람은 모자를 빼앗겼다. 남자의 모자가 나타내는 상징적 가치는 이미 중세 시대부터 확실했다. 물론 끝이 뾰족한 모자는 한물간 유행이었지만, 이는 근대 초기 유럽에서도 이어졌다. 당시 남자의 모자에 손을 대는 것은 그의 남성성에 도전하는 것이라는 인식이 여전히 퍼져 있었다. 가볍게 놀리는 의미로 하는 것부터 심각한 공격으로 받아들여진 것까지, 남자의 모자를 건드리는 행위가 근대 초기 유럽의 폭력 연구 자료에 언급됐다. 18세기 파리에서는 적의 모자가 전리품처럼 전시됐다. 서로 다투던 두 푸주한 중 한 명이 상대의 모자를 낚아

채어 그 안에 소변을 보는 일도 있었다.[109] 언덕이 많은 독일 서부 아이펠 지역의 청년들은 서로의 모자를 뺏어다가 모자 주인이 술값을 내고 난 뒤에야 돌려주었다.[110] 영국에서는 남자의 모자를 쳐내는 것이 심각한 모욕이었다.[111] 암스테르담에서는 함부르크 출신의 선원 두 명이 밤새도록 거리를 배회하면서 행인들의 모자를 새것만 골라 잡아챈 뒤 낡은 모자와 바꿔치기했다. 이른 아침이 되어 모자를 돌려받으려는 선장에게 둘 중 하나가 칼을 뽑아들자, 주변에 있던 시민들이 선원을 제압했다.[112]

암스테르담이나 런던, 파리 등 인구가 많은 도시에서는 소도시나 마을에서 볼 수 없는 폭력이 어느 정도 눈에 띄었다. 도시의 이웃들은 공동체를 이루면서 그 일원에게 집단 정체성을 부여했지만 대도시 중심부는 전체로 보면 거대한 익명성을 부여하는 공간이기도 했다. 도시 사람은 전혀 모르는 이에게 공격을 당할 수도 있었는데, 이는 시골에서는 일어날 법하지 않은 일이었다. 물론 작은 마을에도 폭력은 있었다. 많은 학자들은 사람들이 서로 잘 알고 있다고 해서 갈등이 없는 것은 아니며, 서로 얼굴을 맞댄 공동체가 때로는 등을 돌린 집단이 되기도 한다고 강조했다. 1730년대의 뷔르템베르크에서 바로 그런 사건이 일어났다. 마을 목사 살인 사건이 벌어진 뒤 드로만가의 두 형제가 마을 주민들을 위협하고 겁을 주면서 침묵을 강요했다.[113] 난폭한 남자 몇이 물리적인 힘으로 마을 전체를 장악한다는 것은 대도시라면 당연히 있을 수 없으며 있다 해도 예외적인 일이었다. 그밖에 마을에서 벌어진 살인이나 폭행 사건은 다른 마을과 마찬가지로 모욕이나 자극을 받아서, 혹은 술이나 도박 때문에 빚어진 것이었다. 물론 마을 규모가 작을수록 이러한 사건의 발생 횟수도 적었다. 도시보다 시골에서 더 빈번히 벌어진 폭력 사건의 경우, 문헌 자료를 살펴보면 그 원인은 두 가지로 압축된다. 하나는 재산권이나 토지 이용을 둘러싼 갈등이고, 다른하나는 지역 주민과 군인 사이의 갈등이었다.

때로 치명적이기도 한 이 두 가지 갈등은 영국과 프랑스, 독일, 핀란드의 시골 지역에서 자주 벌어졌다.[114] 군인은 전쟁 시에 외국에서 또는 자신의 나라에서 복무했는데, 어디에 있든 지역 공동체로부터 이방인 취급을 받았다. 일부 국가에서는 민간 가정을 군인들의 숙소로 내주기도 했다. 군인과 지역 주민 사이의 폭력적인 갈등은 17세기에 네덜란드 남부 나뮈르의 시골 지역이나 스웨덴의 수도에서 수없이 터졌다.[115] 도시라고 이런 갈등이 없었던 것은 아니다. 도시와 시골 지역의 또 다른 차이는 가족 구조에서 비롯된다. 마을이나 소도시에서는 가까이 모여 사는 대가족 집단이 폭력적인 갈등의 원천이었다.[116] 심각한 폭력 사건이 마을이나 소도시보다 대도시에서 더 많이 발생했다고 추정할 이유는 없다. 연구 결과를 보면 시골에서는 칼이나 검 없이 맨손으로 벌이는 싸움이 많았으며 살인 사건은 드물었다. 이는 대상 지역의 인구 규모가 크지 않았기 때문에 놀랄 일이 아니다. 런던 검사와 파리 경찰, 암스테르담 법원이 심각한 폭행 사건에 주력한 것은 그러한 사건의 절대적인 수가 도시에 더 많았기 때문이다. 유럽 내에서도 나라마다 사법 제도와 기소 방침이 달라서 문헌에 언급된 폭력의 내용과 유형도 각기 달랐기 때문에 각각의 비율을 따지는 것은 무의미하다. 한 번 더 말하지만 거의 모든 남성 간 싸움의 일차적 원인은 명예였다. 이들 싸움이 재산권이나 여성 보호 등 다른 문제를 두고 벌어졌다 해도 역시 일차적 원인은 명예였다. 따라서 명예를 폭력의 개별적인 한 가지 이유로 꼽은 연구는 요점을 놓친 것이다.

도시는 물론 마을에서도 '기습' 살인은 예나 지금이나 악명이 높았다. 그중 청부 살인은 중세와 르네상스 시대의 이탈리아에서 이미 목격된 바 있었다. 근대 초기에 유럽에서 발생한 전체 폭력 살인 사건 중 청부 살인은 소수에 그쳤다. 1664년에 한 유대인에게 의뢰를 받은 살인 청부업자가 의뢰인이 제공한 총으로 다른 유대인을 쏴 죽인 사건이 발생했다. 암스테르담 법원에서는 이를 전례 없는 사건이라 기록했다.[117] 여기서 전례 없다는 것이 청부 살인인지 총격 살인인지는 확실치 않다. 또 다른 청부 살인업자는 댄스 교사에게서 자신의 이혼과 어떻게 해서 엮인 한 남자를 제거해달라는 의뢰를 받고 피해자를 술에 취하게 만든 다음 머리를 내리쳐서 죽였다.[118] 유럽 전역에서 은밀한 살인에 대한 수사 방법이 개선되면서 관련 증거가 서서히 증가했다. 근대 초기에 사람들은 여전히 마술적이고 초자연적인 현상을 믿었다. 증거 수집과 관련해 의술이 더욱 정교해진 것은 18세기 이후의 일이다.[119]

이처럼 청부 살인에 권총이 사용되기도 했는데, 다른 폭력 사건에는 어떤 무기들이 사용되었을까? 다시 말하건대 비율은 증거를 내놓는 해당 법원의 관심 범위가 넓은지 좁은지에 따라 달라진다. 중죄부터 경범죄까지 관심 범위가 넓은 자료라면 주먹다짐이나 각종 물체를 사용한 공격이 대다수를 차지한다. 가중 폭행과 살인 사건만 다룬 자료에서는 흉기를 사용한 비율이 높게 나타난다. 따라서 사체검안서가 살인율을 계산하는 데 가장 좋은 자료인 것처럼 사용된 무기의 추세를 살펴보는 데도 가장 믿을 만하다. 그중 우리가 살펴볼 수 있는 것은 시기가 긴 순으로 켄트와 제네바, 암스테르담, 파리의 자료다.

네 지역 중 유일하게 시골 지방인 영국 켄트는 총기 사용률이 제일 높았다. 1560년에서 1649년 사이에는 총기 사용률이 2퍼센트에 그쳤으나 이후 50년마다 8퍼센트에서 14퍼센트, 21퍼센트로 증가했고, 1800년에서 1850년 사이에는 15퍼센트로 떨어졌다. 이에 상응하여 날카로운 도구 사용률도 차츰 줄어들어 34퍼센트(1560~1599), 28퍼센트(1600~1649), 19퍼센트(1650~1699)까지 내려갔으며 이후 50년마다 각각 14, 13, 12퍼센트로 떨어졌다. 그 밖에 다른 살인 유형(뭉툭한 도구 사용, 구타와 발길질, 교살 혹은 질식사, 기타)은 시기마다 오르내렸지만 이들은 한데 묶으면 언제나 다수를 차지했다.[120] 날카로운 도구를 사용한 경우는 나머지 세 도시에서 특히 두드러졌다. 독일 제네바에서는 1530년대부터 1798년까지 피해자가 칼에 찔려 죽은 사건의 비율이 40에서 60퍼센트 사이를 오갔다. 이는 전체 살인율과는 관련이 없었다.[121] 암스테르담은 달랐다. 이곳에서 칼에 찔린 사건은 전체 살인율이 일시적으로 증가 추세를 보이던 1690년대에서 1720년대 중반까지 절정에 달했고(75퍼센트에서 83퍼센트), 살인율이 비교적 낮았던 1660년대와 1670년대에는 49퍼센트를, 그리고 살인율이 여전히 낮았던 1752년에서 1816년 사이에는 17퍼센트에서 29퍼센트를 왔다 갔다 했다.[122] 18세기 파리에서는 검의 사용이 자그마치 49퍼센트로 두드러졌다. 기록된 피해자의 압도적 다수는 가슴을 레이피어로 찔렸다. 파리에서 검으로 인한 사망이 지배적이었다는 것은 칼로 인한 사망은 0퍼센트에 가깝다는 뜻이었다. 그 외에 살인 사건의 다른 유형으로는 두개골 골절(28퍼센트), 교살(10퍼센트), 총기 사용(7퍼센트), 주먹다짐(6퍼센트), 독살(0.4퍼센트)이 있었다.[123]

한 가지 확실한 점은 유럽 일부 지역을 제외하면 총격의 시대가 아직 시작되지 않았다는 것이다. 적어도 도시에서는 살인 무기로 총보다는 칼과 검이 더 많이 쓰였다. 총기는 종교개혁 이후 영국에서 비교적 널리 사용됐다. 켄트 지역의 자료를 보면 18세기 중엽 이후부터 총기가 날카로운 도구보다 더 많이 쓰이긴 했지만 여전히 소수의 살인 사건에만 쓰일 뿐이었다. 기록된 총기 사건 중 대다수는 농부가 절도범을 쏜 것이었다.[124] 유럽 전역의 시골 거주자들은 보통 사냥총을 소지했다. 그들은 사냥총을 들고 밀렵을 나갔다가 이를 저지하는 집행 당국 요원들에게 몇 발 쏘기도 했다. 코르시카 같은 유럽 주변부에서는 총이 살인 무기로 흔히 쓰였다. 노상강도들도 권총을 일상적으로 소지했지만 이는 그저 피해자들을 겁주기 위한 장식용이었다. 사실 근대 초기의 권총은 장전 절차가 복잡하고 정확성이 형편

없었다. 총기의 비효율성은 암스테르담의 몇몇 사건에서 증명된다. 1654년 12월, 소란을 일으킨 두 남자 때문에 야간 경비원들이 술집에 불려왔다. 한 명이 총을 쏘았지만 아무도 맞지 않았다. 범인은 칼이 없어서 총을 들고 나왔다고 시인했다.[125] 1698년 어느 날 이유는 확실하지 않지만 하루에 폭행 사건이 세 번씩 일어났다. 사건의 가해자인 세 남자 무리가 권총을 사용했으나 별다른 효과가 없었다. 무리의 우두머리는 화약만 터지고 총알은 발사되지 않았다는 사실을 알아차리고 무기를 칼로 바꿨다. 세 번째 사건이 벌어진 뒤 여러 시민들에게 쫓기던 이들 셋은 다시 한 번 총을 쏘았지만 역시 불발에 그쳤고, 우두머리가 휘두르는 칼에 한 시민이 얼굴을 베이는 것으로 사건은 끝났다.[126]

　지금까지는 결투든 불공평한 대결이든 개인 간의 싸움에 초점을 맞추었다. 하지만 근대 초기 유럽에서 벌어진 남성 간의 폭력 중에는 집단 폭력도 많았다. 집단 싸움은 민중 문화를 다루는 역사기록학에서 인기 있는 주제다. 집단 폭력도 여러 측면에서 의례적이라 할 수 있는데, 우선 싸움을 벌이는 상황이 정해져 있기 때문이다. 싸움은 이웃한 두 마을 간에, 가까운 도시 내 두 이웃 집단 간에, 경쟁 길드 간에 벌어지거나 아니면 같은 장소 내의 유부남과 미혼남 간에 벌어졌다. 특히 같은 장소 내의 유부남과 미혼남 간의 싸움에서는 적대적인 두 집단의 사회적 계층이나 인구 밀도의 차이를 따질 필요가 없었다. 유럽 전역에서 이런 사건이 치명적일 경우는 드물었지만 역시 예외는 있었다. 프랑스 남부의 루시용에서는 18세기 내내 이웃한 두 마을 사이에서 갈등이 끊이지 않았다. 한쪽 지역의 젊은이들은 공격하기에 앞서 언덕 위의 요새에 올라가 적군을 주시했다. 생 로랑의 주민들은 자기 마을이 생 이폴리트보다 중요하다고 생각했다. 그리하여 1774년 5월 어느 저녁, 생 로랑의 청년들이 생 이폴리트로 몰려가 그곳의 5월제 기둥(서양에서 풍작과 번영을 기원하며 5월제에 꽃으로 장식하여 세운 기둥_

옮긴이)을 무너뜨렸다. 그들은 곧 생 이폴리트에서 쫓겨났지만 이내 장정을 100명가량 동원하여 날이 휜 군도와 총, 여타 무기로 무장하고서 다시 나타났다. 사상자는 없었다. 4년 뒤, 한 에스타젤 주민이 리브잘트를 방문해 고양이를 두고 벌어진 다툼에 끼어들어 리브잘트 사람들에게 뭇매를 맞았다. 뒤이어 벌어진 소동 끝에 에스타젤 사람은 칼에 찔려 사망했다. 리브잘트에서는 간혹 내부 폭력도 일어났으며 그 정도가 흉악할 때도 있었다.[127] 영토 싸움이 단계적 사건으로 번지기도 했다. 베니스 다리의 전투는 멀리서 온 관광객도 와서 지켜볼 만큼 유명했다. 여기서도 사상자가 발생했지만 이는 원칙이 아닌 예외에 해당했다.[128]

특유의 친근하고 오락적인 분위기 때문에 영역 싸움에서는 심각한 부상자가 나오지 않았지만 스스로 이름을 붙인 도시 갱들이 일으키는 새로운 현상과는 달랐다. 갱단의 이야기는 좀 더 큰 도시에서 들려왔다. 이러한 갱단의 하나인 1685년의 암스테르담 래버롯은 완전히 상상의 집단이었을지도 모르지만 치안 당국에서 이들을 심각하게 여긴 나머지 경고문을 내걸기도 했다.[129] 1712년의 런던 역시 비슷한 공포에 사로잡혔다. 런던의 갱단이 아메리카 원주민 부족의 이름을 따자, 이것이 일부 국가에 유행했다. 그해에 신문기자와 팸플릿 작가가 진정한 도덕적 공황moral panic(사회의 다수 집단이 특정 이슈나 집단을 사회를 위협하는 존재로 규정하고, 공포에 근거해 이들을 사회에서 배제하려는 현상_옮긴이)을 불러일으켰다. 이들은 모호크단이 상류층의 타락하고 위험천만한 청년들의 집단이며, 야만 부족의 이름을 따오는 악취미까지 있다고 주장했다. 모호크단이 행인들을 모두 검으로 베고 노파를 언덕에서 굴려 떨어뜨린다는 얘기도 있었다. 이 경우 법정 기록에는 갱단의 이름까지는 아니어도 폭력적인 청년 조직의 존재가 뚜렷이 밝혀졌다. 1712년 봄에 어떤 청소년들은 신문에 실린 방법을 그대로 따라 남녀 행인들을 폭행하여 부상을 입힌 뒤 체포됐다. 다른 두 사건에서는 상류층 출신

청년들이 다수 연루됐다. 한 집단은 경비원을 공격했고 다른 집단은 검으로 한 하인의 코를 베었다. 비공식 법 집행자라 할 수 있는 야간 경비원은 공격자보다 사회적 지위가 낮아서인지 모호크단의 주된 제물이 됐다. 더군다나 경비원이 그들보다 나이가 훨씬 많았기 때문에 이 대결은 세대 간 싸움이 되기도 했다. 당시 사람들 중에 청년기의 방탕함은 어느 정도 봐줄 수 있다면서 도덕적 공황에 동조하지 않으려는 이는 극히 소수에 불과했다.[130]

유대교인과 기독교인 간의 폭력은 틀림없는 현실이었다. 17세기 후반에 암스테르담의 유대교 공동체는 여전히 작은 규모이긴 했으나 점차 눈에 띄는 집단이 됐다. 1682년에는 유대교 회당 주변을 서성거리던 청소년 여덟 명이 길가에서 유대교도 남녀를 칼로 공격하고 젊은 남성에게 부상을 입히는 사건이 벌어졌다.[131] 이디시어를 쓰는 유대교 이주민들이 독일과 폴란드에서 변함없이 쏟아져 들어오자, 1700년 이후에는 유대인이 피해자에 머물지 않을 만큼 많아졌다. 그 뒤 유대교인과 기독교인 사이에서 싸움이 주기적으로 벌어졌다. 1716년 10월에 암스테르담 법원은 이 문제가 특별령을 내려야 할 정도로 심각한 지경이라 판단했다. 그러면서 스무젠smousen(유대인을 가리키던 속어_옮긴이)과 기독교 소년들이 툭하면 막대와 돌, 칼, 단검을 들고 한데 모여 싸운다는 사실을 언급했다. 이런 싸움으로 당사자들은 심각한 부상을 입고, 행인들도 다치는 데다 말들도 광폭하게 날뛰었다. 그래서 이러한 싸움 집단에 가담했다는 사실만으로도 누구든 채찍형을 받을 수 있었다. 싸움 현장에서 떠나라는 명령을 어긴 구경꾼들도 벌금형을 받았다. 법원은 이런 조치를 단지 "많은 소년은 물론 남성" 사이의 싸움만을 언급한, 1627년 칙령의 개정판이라 불렀다.[132]

법원이 소년들을 주시한 이유는 정당해 보였다. 유대인과 기독교인의 싸움에 뛰어든 이들 대다수가 10대였던 것이다. 14세의 아브람 이작스는 1718년 6월, 그의 패거리가 싸움에서 물러나 보트에 뛰어 오른 뒤에 도착한 순경들에게 체포됐다. 싸움을 지켜본 시민들은 아브람이 단검을 들고 싸움을 주도했다고 말했다.[133] 이름을 봐도 기독교도가 틀림없는 크리스티안 크리스티안츠는 1729년에 재판에 회부될 당시 22세였다. 어느 일요일 암스텔 강에서 체포된 그는 우연히 길을 가다가 기독교인과 유대교인의 싸움을 목격한 것이라고 주장했다. 어린 소년 둘이 칼을 든 유대인 둘에게 구타당하는 것을 보다 못해 자신이 칼을 들고 뛰어들었다는 것이다. 그러나 크리스티안은 그전 토요일에도 유대인과 단검을 들고 싸워서 기소된 바 있었고, 그전 해에는 유대인과 기독교인의 싸움에 가담하여 추방된 전과도 있었다.[134] 이 모든 대결에서는 의례적 요소가 분명히 드러났다. 대다수가 안식일이나 일요일에 벌어진 것이다. 여기서 종교적·민족적 차이는 분명 중요한 배경이 됐지만 두 집단 간의 원한에는 영토적인 이유도 있었다. 암스테르담의 유대인 공동체 태반은 도시 북동부에 살고 있었으며, 암스텔 강을 건너는 블루 다리가 '기독교인'과 '유대인' 영토의 국경 역할을 하고 있었다. 이 다리 위에서 숱한 싸움이 벌어졌다. 당시 칼이나 단검을 빼 들었던 이들은 체포되면 보통 채찍형을 받았는데 사실상 대다수는 싸울 때 뭉툭한 무기나 맨주먹을 쓴 것으로 보인다. 그 와중에 나온 사상자 둘은 모두 기독교인이었다. 1720년의 사상자는 고아 청소년, 1724년에는 영국인이었다. 첫 번째 사망자가 발생한 이후 법원에서 1716년 칙령을 새로이 발표했지만 두 사건의 가해자 모두 끝내 체포되지 않았다.[135]

종교적·민족적 단결 다음으로 직업적 결속도 폭력에 영향을 미쳤다. 이 경우에도 대결은 그다지 심각하지 않았다. 프랑크푸르트에서는 직업이 다른 직인들을 옷차림으로 분간할 수 있었다. 이들은 각 무리에 십수 명씩 모여 패싸움을 벌였는데 보통은 맨주먹만 썼다. 독일의 직인 조례에도 대개 "주먹 쓸 권리"가 포함됐다.[136] 1661년에 암스테르담에서는 한 무리의 직물공이 점심시간 중에 다른 이들에게 공격을 받았다. 공격자 중 하나인 구두 수선공이 이 소동으로 부상을 입고 사망했다. 목격자들은 "직물공이 그랬다"고 진술했지만 정확한 가해자는 결국 가려지지 않았다.[137] 1807년 8월 어느 날 암스테르담의 한 술집 밖에서 다시 한 번 민족의식이 연루된 칼싸움이 벌어졌다. 같은 배를 타던 포르투갈과 미국 선원들이 대적한 것이었다.[138]

노상강도 사이의 연대는 명백히 불법이었다. 무리가 살아남으려면 일원들은 단결하여 작업 계획을 일체 함구해야 했다. 도둑 패거리가 성공적으로 집단생활을 이어나가기 위해서는 더 강한 결속이 필요했다. 근대 초기 이후 유럽에서 많은 패거리들이 오래 살아남은 비결은 1970년대에 영국 역사학자 에릭 홉스봄Eric Hobsbawm과 네덜란드 인류학자 안톤 블록의 대담에서 주된 관심사였다. 이들은 한 패거리가 장기간 성공하려면 외부 지원을 기꺼이 받아들이는 길밖에 없다는 데 동의했다. 그럼 어디서 지원을 받는가? 홉스봄은 유럽 내외의 농촌 사회를 연구해보니 농부가 주된 지원자였다고 대답했다.[139] 그는 도둑 패거리를 계급투쟁의 틀에서 해석했다. 근대 이전의 강도들은 의식적인 혁명가는 아니었지만 기존의 권력 구조에 대항하는 원시적 반역자였다고 홉스봄은 주장했다. 농부 계층은 강도를 자신과 같은 부류로 보았다. 대중문학에서는 로빈 후드 같은 인물이 영웅으로 그려졌다. 자신의 노획물을 가난한 이들에게 나눠주는 이런 강도는 보기 힘들었는데도 농부들은 그들의 편을 들었다. 반대로 블록은 거대한 무리들이 언제나 개발도상국가의 버려진 지역에서 활동했다고 주장했다.[140] 강도 무리는 외딴 곳으로 물러나 있거나 국경 지대에 들끓었다. 농부는 사회적 약자에 머무른 반면 강도는 모피상이나 마약상 등 뜨내기 직업에 종사하면서 단 한 마을에 머무르는 일 없이 더 넓은 지역에 익숙해졌다. 이들은 근대 국가가 발전함에 따라 존폐 위기에 처한 지역 엘리트층의 지지를 한층 더 받게 됐다. 전통적인 강도 무리는 19세기에 이르러 중서부 유럽 지역에서 서서히 사라졌다. 프랑스에서는 나폴레옹이 정권을 장악하기 직전 격동의 혁명기에 최후의 성공적인 강도 무리가 있었다.[141]

홉스봄과 블록의 대담은 살인이라는 주제 너머까지 확장됐지만 이 역시 살인과 관계가 있다. 냉담하고 무자비해 보이는 강도일수록 낡은 방식으로 사회에 저항하는 원시적인 반역자와는 거리가 멀었다. 이 점은 밀수단과 강도단을 구분해보면 살펴볼 수 있다. 밀수단이 대중의 지지를 누릴 수 있었던 것은 그들이 생필품의 가격을 낮추었기 때문이다. 밀수단은 주로 그들을 쫓는 법 집행 관리들에게 폭력을 행사했다. 면세품인 밀이나 육류를 소도시로 들여오는 무리의 규모는 보통 그리 크지 않았다. 규모가 더 큰 밀수단은 주로 지방에서 활동했다. 그들은 영국과 스페인 등지의 해안 지역이나, 프랑스의 경우 자국 내의 관세 장벽을 따라 활동했다.[142] 반면 강도단은 폭력을 더 많이 사용했다. 물론 그들의 표적은 어느 정도 부유한 계층이었는데 이들이 계급투쟁의 적이라서가 아니라 일을 벌일 만한 가치가 있기 때문이었다. 외떨어진 농장은 주민들이 재산을 집 안에 둔다는 이유로, 교회는 헌금으로 들어온 금은보화가 가득하다는 이유로 역시 강도들의 주된 표적이 됐다. 이런 대규모 강도단은 중세 강도로부터 내려온 전통적인 폭력 수법을 그대로 따랐다. 그들은 농가에 침입하면 거주자들을 의자에 묶어놓고 촛불을 맨발에 갖다 대는 등의 고문을 해서 재산을 숨긴 곳을 알아냈다. 또 아무렇지 않게 피해자들에게 총을 겨누었으며, 인질들이 고문받는 모습을 지켜보며 축제를 벌이기도 했다.

당시 강도단의 활동 모습은 홉스봄보다 블록의 이론에 더 가까웠다. 사회 저항적 요소는 스페인의 모리스코단 같은 일부 강도단이 형성되는 데 한몫했다.[143] 강도단의 정식 일원이 아닌 공모자까지 민중의 지지를 받는 경우도 있었다. 하지만 대부분의 강도단은 누구의 지지도 받을 수 있는 상황이라면 자신의 목적에 걸맞은 권력자의 지지를 받으려 했다. 무수한 연구 결과가 말해주듯 강도단에서 농부 출신은 극소수였고 대다수는 퇴역 군인이나 비주류 집단 출신이었다. 일부 악명 높은 지도자들은 정치적 야망을 인정받기도 했으며 사후 유명한 영웅으로 기억되기도 했다. 프랑스의 망드랭과 카르투슈, 영국의 딕 터핀, 독일의 신더하네스가 대표적인 인물이다.[144] 일원이 50명 이상인 강도단의 활동이 왕성했던 지역은 지중해 지역과 프랑스 지방 전역, 영국 일부 지방과 신성로마제국 전역, 네덜란드 북부와 남부 사이의 국경 지대, 현재의 스웨덴 남부에 속해 있던 덴마크-스웨덴 국경 지대다.[145] 여기서는 여성의 참여도 제법 눈에 띄기 때문에 이번 장의 주제와 빗나가는 부분이 있다고 할 수 있다. 일부 강도단은 소규모 공동체를 이루어 남성과 여성, 아이들이 외딴 지역에서 함께 살기도 했다. 살인을 저지르는 것은 대부분 남성 강도였다.

조직적인 강도단 다음으로 강도나 절도에 뛰어드는 이들은 둘에서 다섯에 이르는 무리였다. 여기에는 여성도 활동을 지원하며 공모자로 가담했는데 이들은 단순히 약탈품을 파는 데 그치지 않았다. 이런 식의 범죄는 시골 지역에도 없지 않았지만 도시에서 유독 두드러졌다. 노상강도는 근대 초기 유럽의 대도시에 출몰하며 도시인들을 괴롭혔다. 범죄 행각은 모두 상당히 비슷한 구조를 보였는데 주로 여성 피해자를 힘으로 제압하여 지갑을 채가거나 칼로 상대를 위협하여 귀중품을 빼앗아가는 식이었다. 암스테르담에서 발생한 대부분의 강도 사건에서는 피해자가 아무런 저항도 하지 않았다. 이는 프랑스와 영국의 시골 지역과는 사뭇 다른 풍경이었다. 시골 농부들은 시장에 가는 길에 절도범을 만나면 그를 몇 시간이고 뒤쫓아가서 결국 물건을 돌려받기도 했다.[146] 때로는 이 필사의 추적이 강도를 죽음으로 몰고 가기도 했다. 도심에서 벌어지는 노상강도 사건은 노획물이 그리 값비싸지 않았기 때문에 크게 치명적이지는 않았다. 암스테르담 법원의 기록에도 살인으로 번진 강도 사건은 거의 없었다. 단 한 번, 1710년대에 함부르크 출신인 야코가 이끌던 악명 높은 강도단이 일제히 검거된 일이 예외였다. 이 강도단의 활동 무대는 도시와 지방을 가리지 않았다. 20명이 넘는 일원들이 도시에 근거지를 두고 지방에서 일을 벌였다.

암스테르담에서 벌어진 살인 사건은 대부분 재산 범죄가 아니었으며, 상해나 폭행 관련 재판이 살상이 뒤따르지 않은 강도 재판보다 훨씬 많았다. 비율로 따지면 1650년에서 1700년 사이에 상해 폭행 사건 대 강도 사건의 비율은 자그마치 14대 1이었고, 그다음 50년간은 4대 1을 조금 넘었다. 이는 폭력이 전반적으로 의례적인 축에서 도구적인 축으로 옮겨가는 추세를 그대로 나타낸다고 할 수 있다. 그러나 이러한 변화의 원인은 덜 심각한 폭행 사건에 대한 기소가 감소한 데 있었다. 공개 처형이 내려진 재판만 기준으로 하면 1700년에서 1750년 사이에는 상해 폭행 사건이 강도 사건보다 조금 많은 정도였고, 그에 앞서서 1650년부터 1700년까지는 두 사건의 횟수가 비슷했다.[147] 이번에는 폭력을 충동-계획의 축으로 살펴보자. 암스테르담에서 살인이 동반된 강도 사건 중에는 분명히 충동적인 경우도 있다. 그렇지만 이들은 거의 모두 여성이 가해자나 피해자로, 혹은 둘 모두에 연루되어 있기 때문에 이번 장의 주제에서 벗어난다. 남성이 남성에게 가한 충동적인 강도 살인 사건의 사례는 두 가지가 있다. 하나는 1660년 여름에 일어났다. 독일 엠덴에 이제 막 도착하여 운하 건설 현장에서 일을 찾고 있던 한 남자가 동료와 술을 마시던 중, 상대에게 6두가토가 있다는 사실을 알아차렸다. 그는 즉시 이 돈을 가로채기로 마음먹었다. 그가 날카로운 삽을 휘두르자 상대는 달아났지만 다시 한 번 남자의 가격을 받고 도랑으로 굴러 떨어져 익사했다.[148]

▌개인 간 폭력의 감소

방금 이야기했듯 17세기와 18세기 동안 폭력 사건의 총 발생량은 지역마다 시간차를 두고 대폭 줄어들었다. (영아 살인을 제외하고) 살인율이 높은 사회에서는 남성이 가해자이면서 피해자인 살인 사건의 수치가 압도적이다. 이에 대한 증거도 분명하기 때문에 그 통계에 대한 소상한 논의는 다음 장으로 미뤄두는 것이 좋겠다. 근대 초기에 살인율이 감소한 원인은 상당 부분 남성 간 싸움의 감소에 있었는데, 이와 관련된 종합적인 비율은 여기서 살펴보는 것이 적당하겠다.

암스테르담의 살인율은 16세기 말엽에 20건을 조금 웃돌더니 1667년에서 1679년 사이에는 3.1건으로 몰라보게 낮아졌다. 여기에는 보고되지 않은 사건이 상당수에 이르는 것으로 보인다. 반면 칼싸움이 절정에 달하던 시점에 살인율도 일시적으로 정점에 이르러 9.6건(1693~1709)과 8.7건(1710~1726)을 기록했다. 다시 한 번 자료의 공백기가 있고 이어서 살인율은 2.1건(1752~1767), 2.7건(1768~1783), 2.0건(1784~1799), 1.4건(1800~1816)으로 눈에 띄게 떨어졌다.[149] 표 3.4는 아이스너가 유럽 전체의 동향을 산출한 것이다. 스칸디나비아의 놀랍도록 낮은 수치는 1750년대 이후 전국으로 퍼진 의학 통계 자료를 바탕으로 한 것이다. 이 수치는 스웨덴 역사가들로부터 신뢰할 만하다는 평가를 받았다.[150] 1600년에서 1800년까지 살인율의 엄청난 감소는 그 시작과 끝 지점이 다를 뿐 모든 지역에서 두드러졌다. 이 두 세기 동안 유럽 인구가 눈에 띄게 증가한 것도 아니기 때문에 살인 사건의 절대 수치가 감소한 것이라고 할 수 있다.

개별적인 마을과 지역도 이 흐름에서 크게 벗어나지 않았다. 단 하나 예외는 제네바로, 그곳의 살인율은 18세기 후반에 다시 한 번 6.8건까지 올랐다.[151] 다섯 개 지역 외에 더블린은 1780년에서 1795년 사이에 8건이라

표 3.4 | 1600년부터 1800년까지 유럽 5개국의 인구 10만 명당 연평균 살인율

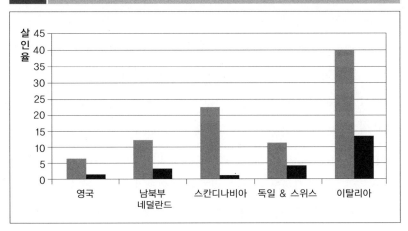

출처: Eisner 2001 and 2003

는 비교적 높은 살인율을 기록했다.[152] 마드리드의 살인율은 1650년부터 1720년까지 15건으로 최고치에 이르다가 18세기 후반에 5건으로 뚝 떨어졌다. 스페인 칸타브리아는 1660년부터 1830년까지 1.2건에서 1.8건 사이를 오르내리며 놀랍도록 낮은 살인율을 보였다.[153] 파리의 수치는 프랑스의 자료가 부족하다는 점을 감안할 때 아주 중요하다. 근대 초기 사체검안서에 대한 양적 조사를 마친 프랑스 학자들은 브리외스트와 드레비용, 세르나뿐이다. 이들은 1692년에서 1791년 사이 중 25년에 대한 파리 시체안치소의 기록을 조사했다. 이 시기에 폭력으로 사망한 이는 251명, 즉 연평균 10명에 이르렀다. 18세기에 유럽에서 두 번째로 큰 도시인 파리의 인구는 50만에서 60만 명 정도였으며 현장에서 바로 식별된 시체가 기록에 포함되지 않았다는 사실을 고려하면 전체 살인율을 2건으로 잡는 것이 적당하다.[154] 앞서 언급한 오트 오베르뉴의 살인율인 15건은 이와는 전혀 다른 종류이기에 비교가 불가능하지만 프랑스에서 나온 자료는 이것이 전부다. 이것들이 무엇을 의미하든 두 비율은 일반적인 유럽의 동향에서 크게

어긋나지 않는다.

살인이 아닌 폭력 사건은 좀처럼 확인하기 어렵다. 이를 알아볼 수 있는 유일한 자료인 기소율의 추이를 해석하기가 힘들기 때문이다. 가령 폭행 사건에 대한 기소율이 증가했다는 것은 해당 지역 주민들이 더욱 폭력적으로 변했거나 아니면 폭력을 더 민감하게 받아들여서 가해자에 대한 처벌이 강해졌다는 뜻이다. 가능한 모든 요인을 따진 최상의 추정치는 영국, 그중에서도 런던과 서레이, 서섹스 지방에서 나온다. 역사가 비티Beattie와 슈메이커Shoemaker는 사회적 관계에 평정이 찾아왔다고 주장한다. 종교개혁 이후로 폭행은 물론 살인이 감소했는데 감소폭은 18세기에 가장 컸다. 슈메이커는 이러한 동향을 명예와 남성성에 대한 개념의 변화와 연결 짓는다. 점차 모든 남성들이 폭력에 기대지 않고서도 남성으로 인정받을 수 있게 됐다는 것이다.[155]

일상생활에서 폭력이 줄어들자 명예에 대한 개념 역시 서서히 변했다. 명예와 외모 혹은 육체의 유대는 약해진 반면 명예와 도덕적 가치의 관계는 더욱 공고해졌다. 이러한 변화는 여성의 명예에도 일어났지만 무엇보다 남성의 자아상에 더 큰 영향을 미쳤다. 동료들 사이에서의 지위가 자기 자신이나 재산, 식솔 등을 지키는 강인함 또는 신체적 능력으로 결정된다고 생각하는 남성들이 점차 줄어들었다. 그러면서 탄탄한 경제력 같은 명예의 대안적인 근원이 주목을 받게 됐다. 절도는 언제나 그렇듯 파렴치한 짓이었으며 '도둑놈'은 대대로 이어져온 욕설이었다. 원래 도둑놈이라 불리는 이는 소외층 중에서도 최하층에 속하는 사람이었다. 17세기 이래로 상주 인구에 속한 사람은 경제 활동에서 신뢰도를 쌓아가는 것에 자부심을 느꼈다. 이에 따라 파산은 수치스러운 일이 됐다. 17세기에 디종에서는 탄탄한 경제력이 남성의 명예를 이루는 주된 원천이었으며 '도둑놈'이나 '파산자' '수령인' 같은 단어는 흔히 모욕적인 말로 쓰였다. '수령인'은 다른 장인에게서 달아난 직인을 받아주는 장인을 가리키는 말이기도 했다. 오래전부터 여성에게 적용되던 성적인 예의범절이 남성의 명예에까지 영향을 미치기도 했다.[156] 역사가 모르만Mohrmann은 16세기에서 19세기 중반까지 독일 빌스터 지역에서 벌어진 갈등을 연구한 결과, 이 시기 동안 명예의 주요 원천은 "진실과 정직, 규율과 흠 없는 혈통"이었으며 "반면 명예의 결정적인 요소였던 독실함이나 용기는 예전의 권위를 잃었다"고 말한다.[157]

예의는 점차 평화로운 사교 생활의 중심이 됐다. 품위 있는 궁정인의 이상 중에는 필요할 때 격식을 갖춘 결투에 기꺼이 가담하는 태도도 포함되어 있었다. 17세기 말엽부터 남성의 명예에 대한 전통적인 개념과 정반대되는 예의나 정중함이 중요시됐다. 1673년에 한 영국 작가는 예의의 세 가지 요소를 언급했다. "말이나 행동으로 상대를 모욕·경멸하거나 위협·경시하지 않는다. 타인에게 모욕이나 위협을 받지 않는다. 언제나 타인에게 호의와 친절을 베푼다." 여기서 두 번째 요소는 상대의 언행이 모욕이나 경멸로 해석될 여지가 있다 해도 이를 그대로 받아들여서는 안 된다는 뜻을 담고 있다. 진정 정중한 사람은 사사건건 자신의 '명예'를 고집하지 않으며, 일부 하찮은 언사는 무시할 수 있는 사람이었다. 이러한 태도는 18세기에 영국 엘리트층 사회를 비롯하여 프랑스와 이탈리아 등지까지 널리 퍼졌다. 결투를 제의하지 않는 것도 정중한 행위에 포함되면서 남성의 명예 관념이 육체적 용기에서 멀어지는 변화가 찾아왔다.[158]

기독교는 예전부터 전통적인 남성의 명예 규범을 공격해왔지만, 역설적이게도 그 공격의 강도가 약해지고 나서야 명예 규범이 점차 변화하기 시작했다. 18세기부터 일부 신학자와 종교 지향적 도덕주의자가 다른 목소리를 내기 시작했다. 그들보다 앞선 세대는 명예를 노골적으로 거부하면서 특히 결투를 비난했다. 이들의 태도가 워낙 완강했던 탓에 그 영향을 받은 것은 경건한 평신도뿐이었다. 나머지는 도덕주의자들의 경고를 무시했다.

이후 18세기 초반이 되어 몇몇 기독교 철학자들이 명예의 개념을 일부 회복시켰다. 그들은 여전히 육체적 폭력을 비난했지만 남성이 평화로운 방법으로 자신의 명예와 권리를 지키는 것은 용납하면서 명예의 내면화에 힘을 실었다.[159]

로버트 슈메이커는 런던의 모욕을 상세히 연구하면서 명예가 내면화하는 과정을 설명했다. 1700년 직전에 여러 단체를 중심으로 모욕이 잠시 증가하던 때가 있었는데 슈메이커는 이때를 폭력이 감소하기 시작한 시기와 연결 지었다. 이에 따라 일시적으로나마 점차 많은 남성들이 자신의 명예를 더럽힌 상대를 폭행하는 대신 같이 모욕하기 시작했다. 1720년대가 되자 폭력은 물론 모욕 사건이 감소하기 시작했다. 슈메이커는 이를 질적 증거와 양적 증거로 증명해 보였다. 모욕의 기능 역시 변하기 시작했다. 우선 모욕은 점차 개인적인 문제가 됐다. 전통적인 명예관에 따르면 다른 이의 명예를 해치고 싶은 사람은 이 사실을 되도록 많은 사람들이 알 수 있게 해야 했다. 이러한 효과를 보기 위해 모욕은 공개적으로 가해져야 했다. 18세기가 되자 모욕은 점차 거리가 아닌 한 사람의 집이나 가게 혹은 술집에서 가해졌다. 동시에 모욕적인 말의 사회적 힘이 감소했다. 과거에 사람들은 모욕 때문에 고객이나 친구를 잃을 수 있었다. 이는 증명할 것도 없는 사실이었다. 당시에는 모욕적인 말이 나왔다는 것만으로도 대상의 명성은 훼손되었으며, 주변 사람들과도 멀어졌다. 18세기에 이르자 누군가의 명성을 해치기 위해서는 명예를 훼손하는 말이 적어도 진실이어야 했다. 마침내 18세기 중반부터 모욕에 대한 불만은 모욕적인 말 자체가 아닌 모욕에 뒤따르는 위협이나 구타, 침을 뱉는 행위 등에 집중되기 시작했다. 18세기 말엽에 여성은 물론 남성의 명예는 개인적인 문제로서 공공의 논의에 부적합한 것으로 비춰졌고 힐난은 시골 지역의 낡은 관습이 됐다. 19세기 초반이 되자 시골 지역에서도 명예 훼손이 차츰 사라졌다. 사람들은 내면의 '진정

한' 자아를 통해 정체성이 결정되는 개인으로서 자기 자신을 바라보게 됐다.[160]

문학은 명예의 내면화를 이끈 또 다른 주요 원인이었다. 18세기 후반에 남성의 명예에 대한 새로운 개념이 대중문학은 물론 고급 문학에 등장했다. 1770년대 네덜란드의 변변치 않은 작가들은 겉보기엔 점잖은 시민이 알고 보니 남몰래 사창가를 찾아가거나 고객에게 바가지를 씌우는 사기꾼이라며 그 정체를 폭로하는 것을 즐겼다. 작가들은 글을 써서 서로를 맹렬히 공격하기도 했다. 한 작가는 언제나 자신의 재정적 이득을 위해 다른 작가들의 명성을 해친다며 "명예 도둑"이라 불렸다. 이들 작가가 중요시하는 명예로운 사람의 본보기는 정당한 방법으로 가정을 부양하는 흠 잡을 데 없는 남편이었다. 폭력을 행사하거나 폭력에 가담하는 능력으로 존경을 얻는 마초적인 남성상과는 달랐다.[161] 18세기 후반의 독일 소설가와 철학자는 명예를 내면의 미덕과 동일시하면서 평민이든 상류층이든 점잖은 남성은 모두 내면의 미덕을 품고 있다고 생각했다. 개인적인 명예를 무엇보다 중요시한 철학자 피히테는 이렇게 덧붙였다. "나는 이 명예가 내 자신의 행동에 대한 타인의 판단에서 비롯된다고 생각지 않는다. 오히려 명예는 내가 타인에 대해 내리는 판단에서 비롯된다."[162] 피히테는 자신의 명예를 온전히 자기 스스로 결정할 수 있다고 생각했지만 현대의 사회과학자들은 명예에 언제나 타인의 판단이 포함된다는 사실을 알고 있다. 그렇지만 그 판단의 기준은 점차 한 개인의 도덕적·문화적 성취에 의존하게 됐다.

문화운동으로서 계몽주의는 명예의 내면화 과정을 촉진시키면서 명예의 민주화에도 기여했다. 17세기에 명예가 오로지 군주의 것이라는 생각이 퍼지면서 명예와 신체의 관계는 약해졌으나 명예와 상류층의 밀접한 관계는 지속됐다. 몽테스키외는 백성들이 왕을 섬김으로써 명예욕을 해결할 수 있을 때 그 군주 국가가 가장 성대할 것이라고 주장했다. 18세기 후반의 작가들은 국왕에 복종하는 것보다 백성으로서 자신의 의무를 다하고 상공업에 정직하게 참여하는 것이 명예의 원천이라고 주장했다. 원칙적으로 모든 이들이 동등한 시민이라는 것이었다. 남성의 진정한 명예는 영혼에 있기 때문에 신체를 해침으로써 명예를 더럽히는 일은 있을 수 없었다. 더불어 명예를 더럽힌 사람에게 폭력을 행사한다고 명예가 회복되는 것도 아니었다. 여러 백과사전 역시 새로운 명예심을 옹호하면서 폭력을 거부하고 결투를 조롱했다.[163]

이처럼 명예의 내면화와 평화로운 생활방식의 확산이 서로 밀접히 연계되어 있다 해도, 명예의 내면화와 개인 간 폭력의 양적 감소를 명백히 연결시키는 증거는 다분히 간접적이다. 스웨덴에서 그러했듯 모욕이나 명예 훼손 사건, 법원이나 조정자의 갈등 역시 증가했다.[164] 이러한 변화는 평민만이 아니라 엘리트층에, 특히 그들의 정식 결투에 깊은 영향을 미쳤다. 같은 시기에 군주와 정부는 귀족을 위한 특별 명예 법원을 설립했다. 귀족층은 명예를 위하여 결투를 벌이는 대신 법정에서 자신의 갈등에 대해 판결을 받음으로써 잃어버린 명성을 되찾을 수 있게 됐다. 프랑스에서는 1651년부터 프랑스 육군 원수가 명예와 명성에 관련된 모든 갈등에 대한 특별 재판소 역할을 했다. 프랑스의 명예 법원은 공식적 결투 금지와 함께 등장했지만, 영국 의회는 1819년에야 결투 금지 법안을 채택했다.[165]

18세기에 엘리트층의 결투가 어디까지 퍼졌는지는 학자들 사이에서도 의견이 분분하다. 독일 귀족층 사이에서 결투가 계속 성행했다는 것은 의심의 여지가 없다. 아일랜드인도 여전히 열렬하게 결투를 벌였지만 결투로 사망하는 사람은 점차 줄어들었다. 1800년에 연합법이 제정되고, 뒤이어 아일랜드 의회가 폐지되고 난 후에야 갈등의 주된 원인이 사라졌고 이내 결투도 유행에서 벗어났다.[166] 프랑스에서는 1700년대 초와 1730년부터 1750년 사이에 기소율이 높아졌다. 브리외스트Brioist 등은 파리의 사체검안서에서 검에 찔려 사망한 피해자의 수가 상당수를 차지한 것으로 미루어 보아 기소율이 당시 현실을 반영했으며 귀족층을 포함한 무수한 남성들이 여전히 암암리에 결투를 벌였으리라고 추정했다.[167] 1712년에 영국에서 유명한 귀족 간의 결투가 벌어졌다. 해밀턴 공작과 모훈 경이 하이드 파크에서 결투를 벌인 끝에 둘 모두 사망한 것이다. 결투에 반대하는 움직임도 18세기 들어 격렬해졌다. 평화로운 사회적 관계가 강조되면서 점점 더 많은 이들이 결투는 예의범절과 공존할 수 없다고 주장하기 시작했다. 진정한 예의범절은 외면의 모습이나 옷차림, 과장된 정중함이나 타인의 의견이 아니라 내면의 자비에 바탕을 둔다고 사람들은 말했다.[168] 스위스 연방과 연합한 제네바 독립공화국에서는 1730년대 이후로 결투를 엄중히 단속했다. 결투에 가담한 자에게는 중죄인이라는 낙인을 찍었고 상대를 살해한 자에게는 마땅히 사형을 내렸다. 결투가 치명적이지 않았다면 당사자에게 치욕스러운 형벌을 가하여 그들이 그토록 구하고자 한 명예를 잃게 만들었다. 사건을 맡은 검사들은 결투가 사회계약이나 공화주의의 풍습과 반대되는 낡은 관습이라 여겼다.[169]

18세기에는 칼을 쓰던 민중 결투의 상황 역시 불명확했다. 한 가지 확실한 점은 민중 결투가 지속하거나 소멸한 시기가 지역마다 다르다는 것이다. 유럽 일부 지역에서는 민중 결투가 19세기까지 살아남아 널리 퍼져 있었다. 암스테르담에서는 민중 결투가 1690년에서 1720년 사이에 유난히 극성을 부렸는데 이 시기는 살인율이 일시적으로 증가한 시기, 선원이 대거 폭력에 가담한 시기, 그리고 뮤직홀이 전성기를 구가한 시기와 일치했다. 그 이후 일대일 칼싸움은 암스테르담의 기록에서 사라졌다. 거리나 술집에서 벌어지던 칼싸움 상당수가 자취를 감추었기 때문인 것으로 추정된다. 도망가는 살인자를 도와주었다는 기록 역시 사실상 사라졌다. 10년 또는 20년 뒤에는 칼에 대항해 막대를 든 시민에 대한 기록도 드물어졌다. 18

세기 후반에는 상대적으로 주변부에 속하던 아슈케나지 유대인(중부와 동부 유럽의 유대인_옮긴이)들만이 민중 결투를 벌인 것으로 보인다. 두 사내가 1768년에 절도한 물건을 두고 다툼을 벌여 한 사람이 사망한 사건이 발생했다. 살인자는 멀리 파리로 도망갔지만 6개월 뒤 당시 오스트리아령 네덜란드의 브루제에서 체포되어 본국으로 인도됐다. 이로써 중죄인의 체포에 대한 국제 사회의 협력이 증가했다는 사실을 알 수 있다.[170]

근대 초기를 통틀어 보아도 사람들이 남성 개인 간 폭력에 대해 공포를 느낀 흔적은 없다. 칼싸움은 당시의 시각 예술에도 좀처럼 등장하지 않았다. 값싼 인쇄물에서 주로 다루는 것은 가정 내 살인 사건이나 기타 놀랄 만한 환경에서 벌어진 살인 사건이었다. 폭력을 그리는 화가들의 관심은 전쟁의 공포, 탈영병이나 해산된 군인이 가하는 위협 등에 치우쳐 있었다.[171] 악명 높은 강도단은 신문이나 소책자 등에 주기적으로 실렸는데, 이들이 일으킨 사건의 대부분은 폭력이 아닌 절도였다. 대체로 근대 초기의 사람들은 신체적 상해를 입는 것보다 재산을 잃는 것을 더 두려워했다. 당시 범죄에 대한 두려움은 주로 재산 범죄에 대한 두려움이었다.

살인율이 크게 감소한 압도적인 원인은 남성의 폭력 감소였다. 이러한 현상 뒤에는 단 하나의 원인이 아닌 여러 상호 의존적인 발전 요소가 놓여 있는데, 이는 엘리아스의 이론과 통한다. 남성 간 싸움의 사회적 분화 과정에는 중대한 과도기가 있었다. 당시 모든 국가의 상류층들은 결투는 오직 신사에게 걸맞은 것이라고 믿었다. 그들은 칼싸움을 흔히 벌어지는 소동으로, 저급한 자들의 보잘것없는 취미 생활로 보면서 이를 결투로 인정하려 하지 않았다. 이러한 태도가 서민층에까지 흘러 내려갔다. 1700년에 이르자 암스테르담의 노동자 계층 중 점잖은 상위 계층마저 칼싸움을 기피하기 시작했고, 싸움이 불가피할 때에는 막대를 들어 방어하려 했다. 18세기에는 정식 결투 역시 상류층 사이에서 인기를 잃어갔는데 독일 지역이나 파리 일대의 상황은 덜했다. 결투를 비난하는 상류층과 중류층의 목소리는 더욱 높아졌다. 18세기에 엘리트층이 더욱 맹렬히 평화를 추구하자, 이러한 분위기가 다른 집단에까지 퍼졌다.

엘리트층의 온순화는 비폭력적인 생활방식을 전하는 문화적 본보기가 됐는데 상당 부분이 국가 형성 과정 덕분이었다. 귀족과 고위 관료는 왕궁 같은 국가의 중추에 묶이게 되면서 절제된 행동을 보여야 했다. 변화는 신생 군주국에서 시작되어 유럽의 국가 체제가 통합된 이후 가속화되어, 규모가 작고 중앙집권화가 미약한 지역까지 스며들었다. 도시화 역시 국가 형성과 함께 평화를 촉진하는 중요한 요소였다. 가령 네덜란드의 도시 상인 부호층은 봉기(네덜란드 독립전쟁)가 일어난 뒤부터, 즉 유럽 국가 체제가 통합되기 전부터 계속해서 비교적 평화로운 생활을 중시했다. 근대 초기에 전체 마을의 수가 증가하고 도시의 규모도 대부분 커졌다. 정확히 단정 지을 수는 없는 문제지만, 전보다 커진 복합 도시에서의 삶이 평화를 가져왔으며 칼싸움도 소도시의 가정 안에서만 벌어진 것 같다. 18세기 말엽에 들어서자 칼이 사용된 심각한 폭력은 유럽 남부를 제외하고는 시골 지역의 특색이 됐다.

그렇다고 도시화가 국가 형성 과정보다 더 중요한 요인이었다고 볼 근거는 없다. 영국에서는 켄트나 에섹스 등 시골 지역에서 살인이 감소하기 시작했다. 암스테르담의 경제 발전은 1540년대에 시작됐으며, 살인율은 1590년에 이르러 여전히 20건을 넘었지만 인구는 이미 6만 명에 달해 있었다. 프랑스에 대해서는 믿을 만한 자료가 부족한 탓에 관료주의적인 중앙집권화가 살인율 감소에 얼마만큼 영향을 미쳤는지는 도시 성장이 살인율 감소에 미친 영향력에 비해 평가하기가 힘들다. 도시화보다 중앙집권화가 눈에 띄었던 스칸디나비아에서는 1600년에서 1800년 사이에 살인율이 20분의

1로 감소하여 가장 급격한 감소 추세를 보였다. 마침내 명예의 내면화라는 문화적 요소가 남성의 폭력 감소와 얽히게 됐다. 두 과정은 둘 중 무엇이 우위라 할 것 없이 서로에게 힘을 실어주었다. 이로써 남성성의 새로운 모델이 만들어졌다. 1650년 무렵의 소년들은 거친 남성성을 배운 터라 싸울 때 으레 주먹이나 막대를 사용했지만 1750년경이 되자 이런 모습도 사라졌다.[172] 이처럼 남성 간 싸움의 감소는 사회 전체의 통합과 분화의 일부분이었으며, 사회 내에서 문화적·인구학적·정치적 발전은 상호 의존하며 진행됐다.

4장

여성의 살인과 폭력

에밀리 브레일은 제네바 시 서쪽의 인기 있는 휴양지 카르쥬에서 커피하우스를 운영하는 부모님과 살았다. 제네바 공화국에는 유명한 인물들이 다수 거쳐갔다. 장 칼뱅은 신정국가를 세우기 위해 그곳에 도착했고, 장 자크 루소는 책을 집필하기 위해 그곳을 떠났다. 그에 비하면 에밀리의 명성은 보통인 편이었다. 누구든 그녀를 '브레일 처녀'라고 불렀던 까닭에 에밀리의 이름이 알려진 것은 단 두 번뿐이었다. 그녀가 반갑지 않은 명성을 얻게 된 것은 1760년의 일이었다. 어느 일요일, 수습 의사가 포함된 젊은 남성 여섯이 카르쥬의 한 식당에서 저녁을 먹은 뒤 무리 지어 에밀리의 커피하우스를 찾으면서 그날의 사건이 마을 전체에 알려진 것이다. 손님들이 주인에게 딸은 잘 지내냐고 묻자, 주인은 딸이 아파서 누워 있다고 대답했다. 수습 의사가 자신이 봐주겠다며 호의를 보이자 어머니는 잠시 당혹스러운 기색을 보이더니 이내 그를 위층으로 안내했다. 의사는 에밀리가 남자와 결투를 벌이다가 팔에 상처를 입었다는 사실을 알게 됐다.

싸움은 11월 19일 수요일에 벌어진 것이었다. 정확히 무슨 일이 있었던 것일까? 목격자가 없으니 법원으로서는 용의자를 취조할 마땅한 방도가 없었다. 에밀리는 부상을 팔에 입어서 법정에 서는 데는 무리가 없었다. 증언은 수습 의사와 또 한 청년의 진술과 소문에 근거했다. 일요일에 에밀리 부모의 커피하우스를 찾은 그 두 일행이 법정에 서게 된 것은 분명 소문이 삽시간에 퍼졌기 때문이었다. 이 사건에 대해 어떤 이들은 에밀리가 상대에게 결투를 신청하여 성곽으로 불러낸 것이라 했고, 또 다른 이들은 두 사람이 그저 우연히 만난 것이라고 했다. 모든 증언에서 일치하는 사실이 하나 있었다. 상대 남성이 자신이 에밀리와 그녀의 친구 로잘리와 잤다며 누구에게든 자랑스레 떠벌리고 다녔다는 것이다. 이 거짓말을 듣고 에밀리가 상대에게 결투를 신청한 것이었다. 그녀는 은색 검을 소지하고 있었으며, 몇몇 증인들도 이미 본 바 있었다. 한 남자는 그 검이 자신의 것이며, 3주 전에 에밀리 아버지의 집에 놓고 온 것이라고 주장했다. 성곽에서 상대를 만난 에밀리는 우선 그의 따귀를 때렸다. 그러고는 검을 꺼내 들고 소리쳤다. "방어하세요. 그럼 이 에밀리가 누구인지 알게 될 거예요." 남자가 머뭇거리더니 결국 자신의 검을 꺼내 들었다. 상황을 그리 심각하게 여기지 않아서인지 남자는 부상을 입고 땅에 쓰러졌다. 에밀리가 상태를 살피기 위해 몸을 기울이는 순간, 남자는 에밀리의 팔을 찔러 심각한 부상을 입혔다. 비열한 행위에 몹시 분개한 에밀리는 상대의 몸을 검으로 찔렀다. 의사가 돌볼 것이라 생각하며 그녀는 현장을 떠나 로잘리가 미리 마련해놓은 마차를 타고 집으로 돌아갔다.

이 모든 일이 거짓일 수도 있었다. 상대 남자는 단 한 번도 모습을 드러내지 않았으며 그의 정체에 대한 진술도 서로 엇갈렸다. 프랑스인인 것만은 틀림없는 그 남자의 이름은 버네이나 벌린, 버렝저 등으로 추정되는가 하면 데샹으로 알려지기도 했다. 항간에선 그가 막 파리에서 온 사람이라고 했다. 검사 측 관리는 죽었든지 살았든지 그 남자를 찾아보려 필사적으로 애를 썼다. 수색이 계속되는 가운데 소문은 마을 전체로 퍼져나갔고 다들 남성이 죽었다고 확신했다. 관리가 조서에 언급된 모든 이름을 일일이 수소문하고 다닌 끝에 드디어 야콥 버렝저라는 스무 살의 제네바 시민을 찾아냈다. 간략히 진행된 증언에서 버렝저는 브레일이란 처자를 그 부모님의 커피하우스에서 딱 한 번 봤을 뿐이며, 이야기가 모두 꾸며진 것 같다고 말했다. 법원은 당분간 서류 일체를 덮어놓은 뒤 더 자세한 정보를 찾을 때까지 미결 상태로 둘 것을 선언했다.[1] 따라서 우리는 사건의 진실을 확인할 수가 없다. 하지만 에밀리 브레일이 이야기를 꾸며낸 것이든 그녀가 실제로 결투를 벌인 것이든 이는 이례적인 사건이었다. 대중 역시 이 사건에 매료되어 소문을 믿었다는 사실로 보면 에밀리 사건은 그들에게도 이례적인 일이었다.

왜 이처럼 독특한 이야기로 이번 장의 서두를 장식했을까? 답은 간단하다. 여성이나 친밀한 사람이 살인이나 폭행 사건의 피해자 또는 가해자로 등장한 사건은 평범하지 않다. 흔히 여성과 폭력을 주제로 한 학문적 담론은 여성의 피해를 중심으로 펼쳐졌다. 의심할 것 없이 통계 결과가 그렇기 때문이다. 그럼에도 일부 여성은 단순한 피해자에 그치지 않고 실제 싸움에 나섰다. 여성이 가정의 울타리 밖에서 폭력을 행사할 때 대부분은 다른 여성을 공격하는 것이었다. 그래서 에밀리 브레일의 사건이 더욱 이례적이다. 에밀리는 소수 중에서도 극소수에 속한다. 반면 그녀가 폭력을 행사한 계기는 다분히 전통적이었다. 에밀리는 오래전부터 여성의 가장 소중한 자산인 순결에 대한 명예를 지키려 한 것이었다. 여성이 결투를 벌였다는 이 자극적인 소문에 매료된 대중은 그녀를 하나의 개인이 아닌 누군가의 딸로 바라보았다. 무엇보다 "이 에밀리가 누구인지 알게 될 것"이라는 말에서 우리는 그녀의 경우를 남성의 폭력과 비교해보게 된다. 다시 말하지만 증인 중에 단 한 사람만이 그녀가 이 말을 했다고 주장했기 때문에 에밀리가 실제로 이 말을 했는지는 확신할 수 없다. 다만 여기에서는 당시 사람들의 사고방식이 여실히 드러난다. 세간에 돌던 이야기 중 하나는 남자가 두 여성과 잠자리를 같이했는데 그들의 이름이 에밀리와 로잘리라는 것이었다. 에밀리는 실제로 남자 앞에 섰을 때 두 이름을 언급한 뒤 이들을 아느냐고 물었고 남성은 "그렇다"고 대답했다. 이에 에밀리가 말했다. "내가 에밀리예요. 어디 날 알아보시지요." 과거에 '안다'는 말에는 '성적으로'라는 의미가 있었기에 여기에는 두 사람이 성관계를 가졌다는 뜻이 담겨 있었다. 그러니 에밀리가 은연중에 비친 말은 이러했다. "당신이 날 안다고 소문을 퍼뜨렸나 본데 그럼 이제부터 나를 제대로 알게 될 거예요." 에밀리의 반응은 우리가 앞에서 본 보스웰 백작의 반응과 매우 비슷하다. 그녀는 자신이 받은 모욕을 폭력을 통해 상징적으로 돌려준 것이다.

여성의 명예는 여성이 한 명 이상 연루된 거의 모든 폭력 사건에 영향을 미쳤는데 이것이 이번 장의 주제다. 언뜻 생각해보면 혼란스러울지도 모른다. 명예는 성별에 따라 큰 차이를 보였다. 남성의 명예는 내면화되기 전까지 신체적 용맹과 보호에 달려 있던 반면, 여성의 명예는 성생활과 밀접하게 관련되어 있었다. 여성이 좋은 평판을 얻으려면 첫째, 부적절한 소문이 없어야 했고 둘째, 마법에 대한 믿음이 널리 퍼져 있을 당시에는 마법과 관련된 그 어떤 소문도 없어야 했다. 반대로 남성의 경우 기혼이든 미혼이든 한 여성의 유혹을 받은 것은 평판을 깎기보다 높였으며, 한편으로 그 여성을 보호하고 있는 남성의 명예는 무참히 무너졌다. 특히 바람피운 아내를 둔 남편에게는 주변의 조롱 섞인 시선이 쏟아졌다. 명예의 원천이 뚜렷이 나뉘는 것은, 남자는 적극적이고 여자는 수동적이어야 한다는 등의 성적 역할이 분명히 나뉘는 것과 같은 이치다. 남성은 사람들 입에 자주 오르내릴 때 명예를 얻었고 여성은 그 반대일 때 명예를 얻었다. 여성은 수동성을 요구받았으며 폭력을 멀리해야 한다는 사회적 기대에 부응해야 했다. 갈등은 남녀가 서로 연관될 때, 특히 남성과 여성의 명예가 부딪칠 때 자주 빚어졌고, 이것이 폭력으로 이어졌다. 이렇듯 뒤얽힌 관계에서 비롯된 사건은 18세기에 일어난 전체 살인이나 폭행 사건에 비하면 소수에 불과했지만 이를 살펴보면 살인이나 폭행 범죄의 사회적 맥락을 이해하는 데 도움이 될 것이다.

수적으로 우세한 것은 남성 간의 싸움이며, 그중 대다수가 가문 간의 싸움이었다. 따라서 그 외의 사건들은 하나로 묶어 바라보는 편이 좋다. 이중 핵가족 안에서 벌어진 사건에는 남성 간의 폭력도 약간 포함됐다.

▮폭력적인 여성

에밀리 브레일은 특별한 경우다. 가끔 남성의 결투 규칙과 유사한 여성의 싸움이 나타나는데 이에 관한 자료는 모두 신빙성이 없다. 파리의 1665년 사건 연감에는 5월 25일, "이름이 알려지지 않은 두 여인이 파리에서 3마일 떨어진 곳에서 권총으로 결투를 벌인 끝에 한 명이 숨졌다"고 기록되어 있다.[2] 암스테르담 감옥의 두 여성 재소자는 석방이 되면 목숨을 걸고 싸우겠다고 맹세하면서 그 증표로 앞의 장에 나온 이들과 같이 손수건을 찢어 하나씩 나눠 가졌다.[3] 1636년에 후세페 데 리베라가 두 여인의 결투 장면을 그렸다. 당시 사람들은 이것이 80년 전에 나폴리에서 벌어진 싸움이라고 믿었다.[4]

유럽의 살인과 폭행 관련 기록에는 언제나 여성 가해자가 포함돼 있었다. 가해자가 여성인 경우는 지금까지도 소수에 그치고 있기 때문에 이와 관련한 추세를 찾아보는 것은 부질없는 일이다. 그러나 전체 범죄에서 여성이 관여한 비율을 따지는 것은 또 다른 문제다. 여성이 폭력에 관여한 비율은 시기에 따라 상당한 차이를 보이기 때문이다. 17세기에 전체 범죄 중 여성의 범죄는 30에서 40퍼센트에 달했으며 이보다 높을 때도 있었다. 수치는 1700년대에 얼마간 떨어지더니 1800년 이후까지 내리막길을 달렸고, 20세기 초반에는 10퍼센트를 나타냈다.[5] 반면 여성이 심각한 폭력에 관여한 비율은 그리 변하지 않았다. 아이스너는 중세부터 20세기에 이르기까지 살인과 폭행, 강도 사건을 통틀어 가해자가 여성인 경우는 평균 5에서 12퍼센트에 이른다고 결론 내렸다. 여기서 대략적인 상한선은 15퍼센트였다.[6] 한 가지 그럴듯한 가설은 여성 폭력의 수준은 남성과 여성 사이의 권력의 균형에 좌우된다는 것이다. 남녀의 권력의 균형은 몇 세기 동안 한쪽으로 치우쳐 있다가 최근 들어 조금 변화했다.

코를 베는 것은 심각하면서 동시에 여성에게 전형적인 얼마 안 되는 폭력 중 하나였다. 이는 유부녀가 남편의 내연녀에게 복수하는 관례적인 방식이었다. 엄밀히 말해 여기서 가해자 자신의 순결은 관계가 없지만 그럼에도 이 행위에는 가해자가 자신의 성적 명예를 적극적으로 방어한다는 뜻이 담겨 있었다. 상대를 파렴치한 사람으로 만듦으로써 공격자 자신은 정직한 아내가 되는 셈이다. 여기서 눈여겨볼 점은 가해자가 간음한 남편이 아닌 상대 여성을 비난했다는 것이다. '코를 베는' 사건에서는 피해자의 코에 상처만 낸 경우가 있는가 하면 실제로 코를 완전히 베어버린 경우도 있었기에 '코를 벤다'는 말은 전체 사건 결과를 평균할 때 일컫는 것이다. 피해자가 유부녀일 때도 있었다. 1486년에 독일 뉘른베르크 근처 슈바바흐의 주화 제조자가 뉘른베르크 시민의 부인과 바람이 났다는 소문이 퍼졌다. 의회에서 이 불륜 커플의 만남을 막았지만 이들은 보란 듯이 도시 한복판에서 계속 만났다. 그 후 10월 3일, 주화 제조자의 아내가 슈바바흐에서 뉘른베르크로 건너왔고, 골목길에서 상대 여성을 기다린 끝에 그녀에게 칼을 휘둘렀다. 부인은 상대의 코를 베어버리지는 못했다. 의회에서 가해자와 남편을 함께 체포했지만 이들은 슈바바흐 후작의 중재로 얼마 뒤 풀려

| 그림 4.1 | 이자벨라 데 카라치와 디암브라 데 포티넬라의 결투. Jusepe de Ribera, 1636.
reproduced in permission. ⓒ Museo Nacional del Prado

났다. 행정관은 간통한 남성에게 뉘른베르크 접근 금지령을 내렸다. 남성이 체포된 것이 간통죄 때문인지 부인의 복수 때문인지는 분명치 않다. 이것 말고도 여성이 남편의 암묵적인 동의 아래 일을 저지른 경우는 틀림없이 존재했다. 이러한 사건은 남편이 외도를 이미 끝냈거나 끝내고 싶을 때 벌어졌다. 1506년에 뉘른베르크에서 일어난 또 다른 사건이 그러했다. 하녀를 임신시킨 한 남자가 10길더를 주고 하녀를 쫓아내자는 데 동의했다. 남자는 아내와 남자 친척을 이끌고 하녀를 찾아가 돈을 건넨 뒤 하녀에게 달려들었다. 두 남자가 하녀를 붙들고 있는 사이 아내가 하녀의 코를 베어버렸다.[7]

코를 벤 사건 중 기록에 남은 것은 대부분 1500년경의 독일 남부 지방과 스위스에서 나왔지만, 코를 베는 관습은 지리상으로나 시기상으로 더 널리 퍼져 있었다. 15세기에 파리에서 잔느 알비츠라는 한 여성이 남편의 내연녀를 공격했다. 알비츠는 가지치기용 칼을 들고 숨어 있다가 상대에게 달려들어 코를 베어버렸다.[8] 17세기 초반에 런던의 몇몇 여인들이 남편의 내연녀에게 코를 베어버리겠다고 협박했으나 결국 얼굴에 가벼운 상처만 남겼다. 이러한 상처는 '창녀 표시'라 불렸다. 코에 상처를 내는 것이 남편의 내연녀에게 부인이 가하는 복수였다는 사실은 영국의 오래된 시에도 등장한다.[9] 17세기에 이르자 코를 베는 것이 여성만의 복수라는 인식이 점차 무뎌졌다. 이즈음에 남성이 자신의 아내를 창녀라 부르며 코를 베겠다고 위협한 사건이 몇 번 기록됐다.[10] 코를 베는 일이 실제로는 그리 많이 행해지지 않았는데 멀리까지 퍼진 것을 보면 이 복수 형태가 많은 여성들에게 받아들여졌다는 사실을 알 수 있다. 또한 이 관습은 여성은 명예를 지키기 위해 폭력을 쓸 수 없다는 규율에도 예외가 있었음을 증명해준다. 마지막으로 여성의 명예 역시 본래 신체와 결부됐음을 알 수 있다. 코는 남성과 여성 모두에게 성적 의미가 있었기에 상징적으로 매우 중요했다. 남성의 코는 성기를 상징하는 것으로, 당시 코의 크기가 성기의 크기를 나타낸다는 인식이 팽배했다. 따라서 남성의 코를 베는 행위는 거세를 나타냈다. 반면 상처가 심하게 난 여성의 코는 추해 보이기 때문에 성적 매력이 떨어진다는 인식이 강했다.

복수의 대상이 다른 여성이었다는 것은 우연이 아니다. 물론 여성이 남성을 공격한 경우도 있었지만 대부분이 집 안이나 집 근처에서 벌어진 것이었으며, 가정의 영역 밖에서 벌어진 경우는 흔치 않았다. 유럽 각지를 대상으로 한 여러 연구 결과, 여성은 폭력을 행사할 때 남성보다 다른 여성을 곧장 겨냥했다고 한다.[11] 예외를 살펴보고 넘어가자. 쾰른에서의 일이었다. 한 연대장이 불만이 가득 찬 병사들과 한밤중에 갈등을 벌이게 됐다. 이에 연대장의 아내가 남편을 거들려 하자 병사들이 말했다. "남자들 일에 끼어들려면 대접도 남자들처럼 받아야 합니다." 부인이라고 봐주지 않겠다는 뜻이었다.[12] 유일하게 남성을 칼로 해친 죄로 재판을 받은 암스테르담의 한 여성은 우연히 그 남성을 살해하게 됐다. 그녀가 한밤중에 거리에서 다른 여인을 칼로 찌르려는데 마침 지나가던 청년이 끼어들었다. 청년은 여성의 손에서 칼을 빼앗으려다가 칼에 찔리고 말았다. 가해자는 놀란 나머지 한밤중에 칼을 든 채 거리를 헤매고 다녔다.[13] 실제로 일부 학자들이 믿는 바처럼 여성도 남성 못지않게 공격적이었지만 이들이 심각한 폭력 사건의 재판 기록에 잘 등장하지 않은 것은 당국에서 여성의 칼 사용을 엄격히 금지했기 때문이다.

여성이 여성에게 가하는 폭력은 여성이 남성에게 가하는 폭력보다 통계상으로 흔했지만 별볼일없는 것으로 치부되거나 진부한 웃음거리로 그려졌다. 여성 간의 폭력은 근대 초기의 대중 서적이나 연극에서도 변함없이 풍자거리가 됐다. 남성들은 서로 달려들어 할퀴고 머리채를 잡아당기고 집기들을 내던지는 여성들의 모습을 보며 재미있어 했다. 17세기까지는

| 그림 4.2 | 로마 여성들의 다툼. Bartolomeo Pinelli, 1809

아내를 구타하는 것도 우스운 일로 여겨졌다.[14] 여성 간의 폭력을 폄하하는 태도는 문학작품에 국한되지 않았다. 18세기 파리의 한 경찰관은 이런 말을 남겼다. "여자들 싸움에 관심 있는 사람이 어디 있겠어요." [15]

그럼에도 여성의 폭력과 남성의 폭력에는 한 가지 중요한 공통점이 있었다. 바로 명예였다. 기록에 남은 여성 간의 싸움에서는 그 계기가 공격자의 명예를 보호하기 위함이라는 말이 자주 등장했다. 암스테르담에서 기소된 살인 사건의 원인도 그러했다. 가해자인 성인 여성은 상대에게 모욕을 받고 공격을 하게 됐다. 배경은 반+가정적인 공간이었다. 피해자 마리아 보르만은 하숙집의 위층 방에 살고 있었고 가해자 야네티 페이질라와 그녀의 열네 살 난 딸도 같은 집에 머물고 있었다. 이런 곳에 사는 사람들은 친족이 아니어도 일상의 많은 부분을 공유하고 있었다. 야네티는 열이 난다며 딸에게 맥주를 갖다달라고 부탁했다. 심부름을 하고 돌아가는 딸에게 집주인이 나서서 어디를 그리 오래 있다 오냐고 나무라자 야네티의 딸이 막말로 대꾸했다. 이에 마리아가 계단에서 끼어들었다. "어른한테 그게 무슨 말버릇이야?" 그새 다 나았는지 야네티는 이웃 하숙인의 훈계에 고마워하기는커녕 앙칼지게 쏘아붙였다. "무슨 상관이죠? 당신이 참견할 바 아니에요!" 뒤이어 두 사람 사이에 온갖 욕설이 오갔다. 결국 마리아는 야네티에게 다가가 그녀의 머리채를 잡아당기면서 그녀를 유부남의 창녀라고 불렀다. 이는 엄청난 모욕이었다. 매춘부 사이에서도 유부남을 고객으로 받아들인 동료는 멸시를 받았다. 이에 야네티도 같은 말로 응수했다. 마리아가 그녀를 치려 하자 야네티는 빵과 소시지를 자르던 칼을 뽑아 들어 마리아의 가슴을 찔렀다. 쓰러진 마리아는 얼마 뒤 숨을 거두었다.[16]

물질적인 이득을 위해 사람을 죽인 여성도 있었다. 암스테르담 법정의 피고인석에 오른 여성 중 최소한 5명은 충동적으로 절도하거나 재정 문제를 즉시 해결하려다가 살인을 저지른 것이었다. 피해자는 모두 여성이었다. 이들 사건은 도구적이면서도 매우 충동적인 폭력의 범주에 속한다. 이 범주에는 남성 간의 폭력보다 여성 간의 폭력이 더 많았지만 암스테르담에서 얻을 수 있는 자료가 얼마 안 되기 때문에 확실한 결론은 내리기가 힘들다. 이러한 사건을 명시한 유럽 문헌 역시 드문 실정이다.

명예나 물질적인 이득을 위해 여성이 치명적인 폭력을 행사한 사례는 소수에 그친다. 그러나 여성은 칼을 쓰면 안 된다는 강한 사회적 금기에도 불구하고 음식을 준비하려면 일상적으로 칼을 써야 했다. 이 때문에 부엌칼을 무기로 쓰는 일이 가끔 벌어졌다. 대도시 중심가에서는 많은 여성들이 술집을 찾았다. 여성이 폭력을 삼가거나 폭력을 행사하게 된 것은 모두 보고 배운 결과라고 할 수 있다. 대다수 여성은 수동적이어야 한다는 문화적 편견에 순응하여 실제로 공격하거나 방어할 상황이 오면 주로 동성을 겨냥했다. 이처럼 수동적인 여성은 겉으로 드러난 것보다 적었을지 모른다. 법정에 선 여성 피고나 증인들은 자신이 적극적으로 행동한 것을 인정하려 하지 않았기 때문이다. 한편 폭력에 어느 정도 익숙해진 소수의 여성 중에는 유럽 대도시 출신이 많았다. 그들은 하류층 남성들과 자주 어울리면서 공격적인 성향을 자연스레 익혔다. 이러한 공격성은 남자들에게 정식으로 배운 것이 아니라 따라하며 익혔을 것으로 생각된다. 폭력적인 매춘부나 포주도 마찬가지였다. 파리와 암스테르담에는 유독 여성 포주가 많았다. 이들은 대부분 매춘부들을 폭행에서 보호하거나 돈을 안 내려는 고객을 설득하기 위해 험악한 남성들을 데려다 부리는 강인한 여인들이었다. 두 도시의 시민들은 매춘부가 체포되지 않고 달아나도록 적극 협조했다. 1785년에 파리에서 한 남성이 여성 몇 명을 데려가려는 경비 요원을 공격하여 여성들에게 달아날 틈을 마련해주었다. 이에 남성은 포주라는 오인을 받고 경찰에 붙잡혔으나, 이번에는 그가 다른 무리의 도움을 받고 풀려났다.[17]

▌낯선 사람과 친밀한 사람의 여성 폭력

매춘 관련 폭력은 여성의 공격과 여성의 희생 사이의 간격을 메운다. 온갖 보호 장치를 동원했음에도 매춘부들은 중세 시대처럼 폭력에 시달렸다. 대부분이 일상적인 폭력이었으며 로마처럼 가택 경멸일 때도 있었다. 가택 경멸의 표적에는 특별한 고객을 거부한 매춘부도 포함됐다. 로마 남성들은 환영받는 손님이 되는 것을 매춘부와 개인적 관계를 맺는 것이라 여겼기 때문에, 가택 경멸의 공격자는 자신이 매춘부에게 버림받았다고 느꼈다.[18] 그 밖에도 표적이 된 여성이 실제 매춘부가 아님에도 모욕의 차원에서, 혹은 공격이 성적인 것임을 강조하는 뜻에서 매춘부라 불리는 경우도 있었다. 17세기 영국에서는 가택 경멸 당시 공격자들이 창문을 깨부수고 유부녀까지 희생시킬 때도 있었다. 더한 경우 제인 민슐 사건처럼 피해자가 과부일 때도 있었다. 토머스 카우델이 한밤중에 문을 두 개씩 부수고 그녀의 집으로 쳐들어갔다. 제인은 덧옷 하나 간신히 걸쳐 입고서 뒷문을 통해 이웃집으로 피신했다. 토머스는 겁에 잔뜩 질린 아이들은 내버려둔 채 제인은 창녀다, 그 여자를 파멸시키겠다는 말을 되풀이했다.[19]

제인은 그나마 자신의 집 안에서 이런 일을 당했지만 사창가나 거리, 술집에서 이러한 폭력에 시달린 여성들도 있었다. 친밀한 사람의 공격이라 해도 배경은 집 안에 한정되지 않았다. 여성이 여성에게 가하는 폭력은 이미 살펴보았으니 여기에서는 여성이 남자 친구나 지인, 낯선 사람에게 당하는 살인과 폭행에 대해 알아보자. 피해자가 여성인 사건의 양적 연구에서는 가해자를 친밀한 이와 낯선 이로 구분하지 않는다. 사체검안서에서도 가해자에 대한 충분한 정보를 얻기 힘들다. 그러나 피해자의 성별을 수량화하기에는 사체검안서가 가장 믿을 만하다. 여기에서도 아이스너의 자료에서 가장 종합적인 정보를 얻을 수 있다. 아이스너는 여성 피해자의 비율이 13세기에서 16세기 사이에 7퍼센트였고 17세기에는 13퍼센트, 18세기에는 27퍼센트에 이르렀다고 결론 내렸다.[20] 여성 피해자 비율의 증가는 가정 내 살인 사건 비율의 증가와 관련이 있다. 근대 초기 제네바에서는 살인 사건의 여성 피해자가 10퍼센트도 안 됐다.[21] 17세기 말에서 18세기에 기록된 암스테르담의 사체검안서에서는 여성 피해자가 5분의 1 정도였다. 또 하나 중요한 점은 전체 살인율이 증가할 때 오히려 여성 피해자의 비율이 크게 떨어졌다는 것이다. 1690년대에서 1720년대까지 칼싸움이 절정에 이르던 때에 살인율은 9건이었으며 그중 피해자가 여성인 경우는 13퍼센트에 불과했다. 반면 살인율이 낮았던 1660년대와 1670년대에 여성 피해자의 비율은 22퍼센트에 달했고, 총 살인율이 더욱 떨어졌던 1752년에서 1816년 사이에 여성 피해자의 비율은 33퍼센트까지 치솟았다. 이때 총 살인율은 아동 및 청소년 피해자의 비율과 반비례 상관관계에 있었으며 칼에 찔린 사망자의 비율과는 정비례 상관관계에 있었다.[22]

살인 통계치에는 심각한 폭력만 포함된다. 남성이 자신의 부인이나 다른 여성에게 가하는 일상적인 폭력은 남성이 남성에게 가하는 폭력 못지않게 빈번히 벌어졌을 테지만 이런 사건이 기소되는 경우는 드물었다. 남성이 여성에 가하는 폭력은 그에 대한 규율이 없었기에 더욱더 무자비하고 냉혹했다. 18세기에 런던에서 남성이 여성을 폭행한 사건은 대부분 일방적이었다.[23] 반면 남성이 아내나 연인에게 가하는 폭력보다는 남성이 아는 여성이나 낯선 여성에게 가하는 폭력이 덜 치명적이었다. 이 사실은 두 폭력이 암스테르담의 살인 재판에 등장한 횟수로 알아볼 수 있다. 면식이 없는 남성이 여성에게 폭력을 가하는 일은 큰 도시에서 자주 일어났는데, 도시는 익명성이 두드러지는 데다 홀로 사는 여성도 꽤 많았기 때문이다. 소도시나 마을에서라면 남성은 한 번 생각할 것도 두 번, 세 번 생각하기 마련이었다. 여성의 남편이나 아버지, 다른 남자 친척들이 당시 현장에는 없다 해도 머지않아 그 소식을 듣게 될 것이기 때문이다. 또한 앞의 장에서 보았듯이 그런 상황에서는 낯선 사람도 여성을 보호하려 했다.

남성이 여성에게 가하는 폭력에는 정해진 규율도 없었지만 정당한 싸움의 조건이나 '술로 갈등을 씻어버린다'는 등의 의례도 없었다. 그나마 볼 수 있는 의례적인 요소는 굴욕을 주는 방식이다. 엉덩이 찌르기를 즐기는 네덜란드인 중에 피해자는 간혹 남성도 있었지만 대다수가 여성이었다. 이 모멸적인 행동은 친밀한 관계인지 아닌지를 가리지 않았다. 하류층 남성들은 자신의 아내나 연인뿐만 아니라 아는 여성에게도 이런 폭력을 가했다. 엉덩이 찌르기는 수치스럽기는 하지만 엉덩이 부위에 중요한 동맥이 없는 까닭에 그리 치명적이지 않았다. 암스테르담 법원 기록에는 여성의 엉덩이를 찌른 사건이 주기적으로 기록됐는데 대부분은 소상한 언급 없이 추가 혐의라고 기록되어 있었다. 하지만 유례없이 치밀하게 계획된 복수 사건은 여성의 신체에서 엉덩이가 상징하는 의미를 적나라하게 드러냈다. 밝혀지지 않은 이유로 두 남성이 한 여성의 집에 침입하여 그녀를 공격했다. 한 사람이 여성을 내리눌렀고 다른 남성이 그녀의 오른쪽 엉덩이를 두 번, 왼쪽 엉덩이를 두 번, 그리고 허리 바로 위쪽을 한 번 찔렀다.[24] 더 위험한 결과를 가져오는 의례적 폭행으로는 임신한 여성의 배를 발로 차는 경우도 있었다. 이는 상징적인 낙태 행위였지만 상징이 현실이 될 위험이 컸다. 이러한 폭행은 프랑스와 영국에서 보고된 바 있다. 한 파리인은 자신이 존경하는 여인에게 당신은 누군가에게 배를 차일 여성이 아니라고 말하기도 했다.[25]

가끔 여성은 남성이 폭행당할 때와 비슷한 상황에서 폭행을 당하기도 한다. 일례로 한 출옥자는 법정에서 자신에게 불리한 증언을 한 여인에게 복수를 했다. 여성이 직업 때문에, 특히 술집 주인이라는 이유로 봉변을 당하는 경우는 더 많았다. 손님 접대를 안 해줬다고, 혹은 돈을 내라고 했다며 취객이 술집 여주인에게 행패를 부리는 것이다. 경우에 따라 이런 사건의 피해자는 에밀리 브레일의 어머니처럼 남편과 함께 공공장소에서 일하는 유부녀일 때도 있었다. 예의 바른 손님이라면 여주인의 남편에게 화를 쏟아붓겠지만 많은 남성들은 자신을 부당하게 대우한 부인에게 직접 화풀이를 했다. 당시 부인의 남편은 그 자리에 없어서 돕지 못했을 것이다. 그밖에 폭행에 시달린 여주인들은 미혼이거나 과부였다. 남성들이 주변에 있었다 해도 상황이 손쓸 수 없이 번질 때가 있었다. 오트 오베르뉴의 어느 술집에서 여주인 앤 귀옹이 버나드 드 콘쿠앙에게 계산을 요구했다. 여주인의 태도가 무례하다고 여긴 콘쿠앙은 욕설을 내뱉으면서 돈은 이미 내지 않았느냐, 자신을 내버려두지 않으면 죽여버리겠다며 협박했다. 그가 위협을 실행에 옮기려 하기 전에 일부 남자 손님들이 그를 밖으로 내쫓았다. 콘쿠앙은 계속해서 욕설을 내지르며 검을 뽑아 든 채 술집으로 돌아왔지만 이내 다시 쫓겨나자 옆에 서 있던 하녀에게 분노를 터뜨렸다. 콘쿠앙은 검의 평평한 면으로 때릴 생각이었는데 하녀가 검을 막으려고 팔을 들어올리는 바람에 그 팔을 자르고 말았다.[26]

남성과 마찬가지로 여성 역시 돈을 노린 폭력에 당했다. 처음부터 평판이 안 좋았던 강도들은 남녀를 가리지 않고 무자비하게 공격했다. 노상강도 역시 여성을 손쉬운 먹잇감으로 보았다. 여성은 칼로 위협만 해도 가진 재산을 순순히 다 내놓았기 때문이다. 모든 상황이 그렇듯 여기에도 예외가 있었다. 1월 어느 날 저녁, 친구 둘과 밖으로 나온 얀 키저의 눈에 거리를 지나가는 여성 셋이 들어왔다. 그중 한 명이 레인코트를 겨드랑이 밑에 낀 채 걸어가고 있었다. 친구들이 얀을 부추겼다. "저 레인코트는 공짜야." 얀은 여인의 뒤쪽으로 접근하여 코트의 끝자락을 잡아 쥐었으나 여인이 코트를 놓으려 하지 않았다. 코트를 손에 넣겠다는 일념으로 얀은 여인을 끌고 세 집을 지나쳤지만 그녀는 여전히 코트를 붙잡고 있었다. 참다못한 얀

이 칼을 꺼내 들었다. 여인은 겹겹이 껴입은 옷과 밀짚모자 덕분에 몸에는 가벼운 상처만 입었으나 얼굴이 깊이 베였다.[27]

여성의 모자나 머리 장식을 벗기는 행동은 신체에는 별다른 해가 되지 않았지만 명예와 불명예라는 상징적인 틀에서는 상당한 의미가 있었다. 언어학자 제임스 파르James Farr가 지칭한 '모자 벗기기uncoiffing'는 유럽 전역에서 보고됐다. 이 행동은 남성과 여성 모두에게 불명예를 의미했다. 남성의 모자는 용맹함과 힘의 상징이었으므로 이를 빼앗기는 것은 당사자에게 수치스러운 일이었다. 여성의 모자는 순결을 상징했기 때문에 모자가 벗겨진다는 것은 여성이 부정不貞하다는 것을 나타냈다. 가해자는 여성의 모자를 빼앗음으로써 피해자가 예전부터 음란했다는 사실을 알리거나 혹은 실제로 정숙한 여인을 음란한 여인으로 보이게 했다. 어느 쪽이든 피해자 여성은 명예에 상처를 입었다. 부르고뉴에서는 여인이 가해자인 사건도 흔히 있었다. 이들은 모자를 빼앗아가면서 피해자에게 욕설을 퍼붓거나 상대의 머리 장식을 진흙탕에 빠뜨렸다. 귀족의 내연녀라는 의심을 받고 있던 한 유부녀는 당당하게 보닛을 쓴 모습을 내보이며 거리를 지나가기도 했다.[28] 독일 북부의 빌스터 지방에서는 남성은 물론 여성도 남의 모자를 벗겨냈다. 한 남성은 자신이 여자를 때린 것은 사실이지만 결코 그녀의 모자는 벗기지 않았다고 주장했다.[29] 암스테르담의 한 사건에서도 가해자는 남성이었다. 그가 함께 술을 마시던 여인을 강간하려 하자 여인이 떠나갈 듯이 소리를 질렀다. 이에 남자는 칼로 여인의 모자를 끌렀다. 그는 여인과 잤다는 증거로 그 모자를 술집 주인에게 보여주려 했지만 그전에 체포되고 말았다.[30]

강간과 성폭행의 피해자는 오로지 여성이었다. 동성 간 성폭행에 대해서는 역사적인 증거가 미미한 탓이다. 여러 세대에 걸쳐서 강간은 재산이나 도덕, 폭력의 세 가지 관점에서 인식되었다. 강간이 폭력이라는 견해는 비교적 최근에 나온 것이다. 오래전부터 강간은 재산 범죄로 간주됐다. 강간의 피해자는 여성이 아니라 여성의 보호자인 그녀의 남편이나 아버지, 혹은 다른 남자 친척이었다. 이는 여성의 주체성을 인정하지 않으려는 지극히 가부장적인 논리였다. 성폭행은 여성의 보호자가 여성을 제대로 간수하지 못한 탓에 발생하는 것이기 때문에 보호자의 명예가 훼손되는 사건이었다. 강간범이 보호자의 상징적 재산을 앗아감으로써 그의 경제적 재산에까지 피해를 입히는 셈이었다. 여성이 자진하여 남성을 유혹한 것으로 비춰졌다 해도 마찬가지였다. 여성에 대한 보호와 여성에 대한 통제는 동전의 양면과 같았기 때문이다. 게다가 여성에게는 스스로 지켜야 할 명예가 없었다. 그들에게는 오직 남편이나 아버지에게서 이어받은 지위만 있을 뿐이었다. 유럽에서 이런 상황은 중세 후반부터 바뀌기 시작했다. 여성도 자신의 명예에 대해 부분적으로나마 책임을 지게 됐다. 즉 무엇보다 여성이 자신의 성적 명예를 스스로 지키게 된 것이다. 그러나 강간이 경제적 손실이라는 인식은 여전히 팽배했다. 특히 젊은 여성이 성폭행을 당해 성적 순결을 빼앗겼다면 결혼 시장에서 그녀의 가치는 급격히 추락했다. 강간에 대한 도덕적 견해는 종교개혁 이후 나왔다. 강간은 모든 형태의 혼외정사를 비난하는 문명사회의 공격을 받게 됐다. 도덕주의자들은 강간을 금지된 성관계라 생각할 뿐, 강간이 폭행이라는 것은 부차적인 문제로 여겼다. 강간을 재산 침해로 보거나 도덕적 문제로 보는 견해는 근대 초기 내내 공존했다.[31]

이처럼 피해자를 무시한 채 강간을 바라보는 태도는 20세기에 접어든 이후에도 계속되면서 당시 기소되어 널리 알려진 사건에도 영향을 미쳤다. 강간범과 그의 증인은 이렇게 피해자를 비난하는 분위기에 편승하여, 피해자 여성이 강간을 유도했다거나 최소한 즐기기는 했다고 주장했다. 근대 초기에는 피해자가 강간으로 임신을 하면 성폭행 혐의가 적용되지 않는다는 믿음이 팽배했다. 그런 와중에 1776년, 의사인 요한 고틀리프 발터가 이러한 믿음에 반기를 들면서 도덕적 순결과 육체적 순결을 구분했다. 강간을 당한 뒤에 여성의 처녀막은 손상됐을지라도 여성의 도덕적 순결은 그대로 남아 있다고 주장한 것이다. 발터는 여성의 명예를 내면화하는 큰 걸음을 내디뎠지만, 그의 주장이 뿌리내리기까지는 더 오랜 시간이 필요했다.[32] 유럽 전역의 자료에서 발견되다시피, 강간범은 피해자 여성이 처녀가 아닌 줄 알았다거나 아닌 줄 알았다고 추측했다면 자신이 면죄될 수 있다고 여겼다. 특히 돈을 위해서든 아니든 성관계를 가벼이 해온 여성은 마음대로 범해도 된다고 생각했다. 프랑스의 유리 판매업자 자크 루이 메네트라도 그런 부류였다. 그는 친구와 함께 숲 속을 거닐던 중 이제 막 성관계를 맺으려는 젊은 연인을 목격했다. 젊은 남자가 땅에 꽂아 둔 칼을 메네트라의 친구가 낚아챘고, 이어 두 친구는 여인을 번갈아 범했다. 한 사람이 여인을 범하는 동안 다른 한 사람은 여인의 남자 친구를 낚아챈 칼로 위협했다. 이후 메네트라는 피해자 여성도 과히 불쾌해하지 않았다면서 이 사건을 비열한 농담거리로 삼았다. 어쨌든 그는 여인이 누구하고든 성관계할 준비가 돼 있었다고 생각한 것이다.[33]

프랑스 판사들도 상당수가 메네트라와 같은 태도를 취했다. 근대 초기 내내 강간 사건에 대한 기소율은 낮은 수준에 머물렀고 이에 대한 엄중한 처벌은 더더욱 드물었다. 법원이 엄중한 처벌을 내리는 경우는 정상참작의 여지가 없는 상황이거나 가중죄가 적용될 때였다. 예컨대 1606년에는 한 귀족의 딸을 강간하고 시종에게 부상을 입힌 뒤 딸을 목 졸라 죽인 군인 세 명이 사형에 처해졌다. 프로방스 의회에서는 유부녀를 강간한 남성에게 강제 간통 혐의와 함께 피해자의 남편에게 심각한 모욕을 가한 죄를 물었다.[34] 1664년에 오베르뉴에서 벌어진 한 사건은 용의자가 탈옥하여 달아난 것만으로 확실한 결론이 났다. 이 사건의 가해자와 피해자는 지방 유지의 가정에서 하인으로 있으면서 서로 알고 지내던 사이였다. 피해자 여성의 진술에 따르면 가해자 남성은 피해자를 강요하여 억지로 성관계를 맺었으며, 비밀만 지킨다면 결혼해줄 것을 약속했다고 한다. 피해자 여성은 자신이 임신했다고 주장했지만 산파는 임신의 어떤 징후도 찾지 못했다. 용의자 남성은 모든 사실을 부인했다. 명예를 둘러싼 고소와 맞고소가 몇 차례 이어졌다. 남성은 피해자 여성이 매춘부로 일한 과거도 있는 데다 출신도 미천한 데 반해 자신은 뼈대 있는 가문의 후손이라고 주장했다. 이에 여성은 남성과 자신의 고향이 가까우며 자신은 귀족 가문에서 매우 중요한 일을 맡았고, 언제나 떳떳한 일만 해왔다고 반박했다. 피해자 여성은 용의자가 하인 중에서도 가장 천한 위치에 있었다며 그의 명예를 공격했다. 이후 용의자가 달아난 뒤에야 피해자의 임신 사실이 확인됐다. 적어도 이곳 판사들은 임신 사실을 그녀가 성관계에 응했다는 표시로 받아들이지 않았다. 결국 피해자에게는 용의자에게서 몰수한 재산 중 60리브르가 보상금으로 지급됐고 용의자에 대해 검거령이 내려졌다.[35]

영국의 기소 제도에서 강간범에게 유죄 판결을 내리기란 힘든 일이었다. 사람들의 믿음을 얻으려면 여성은 자신이 폭행을 당하고 의식을 잃었다거나 그 당시 달아나려고 극구 애를 썼지만 소용없었다는 사실을 강조해야 했다. 런던의 여성, 특히 하녀들은 강간당했음을 배심원들에게 설득하기가 힘들었다.[36] 하녀는 어디서나 약자였다. 1649년에 스페인 망가네세스에서 종교재판정의 관리 가브리엘 템프라노가 연루된 한 사건이 터졌다. 가브리엘은 자신의 조카인 18살의 로렌차 로자나를 자신의 집으로 데려와 하녀로 삼았다. 그러자 마을에서 삼촌이 조카에게 성적 시중까지 들게 한다는 소문이 나돌기 시작했다. 이웃들은 의심을 품은 아내가 남편의 어린 조카를 점점 더 쌀쌀맞게 대한다는 사실도 알고 있었다. 가브리엘 부부는 소문이 더 퍼지는 것을 막기 위해 이제 스무 살이 된 조카를 근처 가축을 키우던 건물로 내쫓았다. 로렌차는 어느 날 마구간에서 죽은 채 발견됐다. 자살한 것으로 결론이 나자 또 다른 소문이 퍼졌다. 누군가는 질투에 눈이 먼 숙모가 적개심을 못 이겨 조카를 자살로 몰은 것이라 했고, 또 다른 이들은 죽은 조카가 삼촌과의 정사를 수치스러워한 나머지 목숨을 끊은 것이라고도 했다. 조카가 자살하기 전에 가브리엘이 아내를 살해하려 했다고 말하는 사람도 있었다. 사건은 미결 상태로 남았지만 가브리엘의 강간 혐의는 단 한 번도 수사 대상에 오르지 않았다.[37]

아주 어린 소녀에 대한 성범죄의 경우에는 법원도 좀 더 적극적인 모습을 보였다. 이런 사건에서는 신분이 변변치 않은 피해자 측도 폭행범을 기소하면 보상을 받을 수 있었다. 하지만 이런 범죄에서 무엇보다 중요한 점은 소녀의 처녀성이 빼앗겼다는 사실이었다. 피렌체의 행정관들은 1487년에 이런 사건을 다뤘다. 방직공인 지오반니 프란시스치는 열 살 남짓한 가난한 소녀 지네브라 안젤리를 자신의 집에 데려와 함께 살면서 다른 남성들이 그녀를 항문 강간까지 하도록 했다. 법정은 프란시스치에게 채찍형과 징역 10년형을 내렸고, 소녀의 지참금으로 산타 마리아 누오바 성당에 100 리라를 맡겨둘 것을 명령했다. 소녀는 개종한 여성을 위한 수녀원에 보내졌다.[38] 1700년에는 로테르담에 있는 신교에서 운영하는 아동 구빈원의 한 관리자가 그곳에 맡겨진 소녀 다섯 명을 강간한 사건이 발생했다. 그는 1698년부터 총 12명을 강간한 혐의를 받았는데 이것도 피해자들의 증언으로만 확인된 것이었다. 그러나 가해자는 자신이 성폭행범이라 생각하지 않은 듯했다. 그는 아내에게 강간이 아닌 간통을 범한 것에 대해 용서를 구했다. 결국 가해자는 사형 선고를 받았다.[39]

강간 사건의 피해자가 성인 여성인 경우에는 처벌에 무성의한 태도가 근대 초기를 넘어서까지 계속됐다. 19세기 초반의 영국에서는 강간 사건이 법정에 서는 일이 드물었으며 대다수 사건이 재판 없이 합의로 해결됐다. 많은 여성들이 가해자 앞에서 증언해야 하는 상황을 피하려고 고소를 포기했다. 당시 벨기에에서도 재판 없이 합의를 보는 일이 흔했다. 사건을 담당한 행정관을 비롯한 남성들은 여전히 여성이 먼저 남성을 자극한 것이라고 믿고 있었다.[40] 유럽 전역에서 부부 강간은 기소된 예가 없었지만 예외적으로 근친상간은 간간이 재판에 회부됐다. 부부 강간은 20세기가 끝날 무렵에야 범죄로 인식되기 시작했다. 영국에서는 부부 강간에 대한 면책권이 1991년에 폐지됐다.[41]

▌독살의 수수께끼

독살은 가정 가까이에서 벌어졌다. 가해자는 보통 독이 든 음식이나 음료수를 주방에서 만든 뒤 집 밖에서 피해자에게 건넸을 것이다. 이런 범죄는 몇 가지 이유에서 특별하다. 우선 가해자 중에는 남성을 해하려는 남성도 있었지만, 그렇다고 이에 대해 두 장에 걸쳐서 논의하는 것은 바람직하지 않을 것이다. 둘째, 독살은 명백히 폭행이라 할 만한 점이 없는데도 살인이라는 주제에 틀림없이 속한다. 폭행이 없다는 점에서 무엇보다 여성이 이 범죄를 많이 저지를 것이라는 고정관념도 생겼다. 남성이 상대를 살해할 때 무기를 쓴다면 여성은 독극물을 이용할 것이라고 생각한 것이다. 이러한 고정관념의 기원은 고대 로마까지 거슬러 올라간다. 산업화 이전의 유럽 사람들은 독살을 유해한 마법과 같은 것으로 보았다. 둘 다 비밀리에 행해지면서 똑같이 신비로워 보였기 때문이다.

중세학자 프랑크 콜라르Franck Collard의 중세 시대에 관한 자료를 보면 전체 독살 사건 중 여성이 단독범인 경우는 단 18퍼센트였고 여성이 남성과 공모한 경우는 7퍼센트였다. 콜라르는 이 자료를 두 가지로 해석할 수 있다고 언급했다. 우선 음독 살인범 중에 여성은 분명 소수였지만 이는 전체 살인범 중 여성의 비율과 비교하면 꽤 높은 수치라는 것이다. 더 중요한 점은 이 자료에서 나온 또 다른 결론이다. 중세 시대 음독 살인 사건의 피해자 중 4분의 3이 상류층 출신이라는 것이다. 상류층 사회에서 음독 살인은 원수나 경쟁자를 제거하는 방법으로 즐겨 쓰였다. 이것으로 다른 모든 통계치도 설명이 된다. 음독 살인은 보통 피해자와 지위가 같은 상류층이 의뢰하여 그들의 하인이 실행에 옮겼다. 귀족과 최상류층은 집안과 부엌에 여성은 물론 남성 하인을 두었다. 음독 살인에서는 여성 피해자도 11퍼센트에 달하며 기소된 사건 중에 피해자가 여성인 경우는 20퍼센트에 이르러, 중세 시대 살인 사건의 여성 비율과 비교했을 때 높은 수치를 기록했다. 이는 음독 살인 사건에서 군주나 백작이 부인과 함께 타살되는 경우가 많았다는 것으로 설명된다. 결국 모든 통계 자료는 법원에서 다뤘거나 사건 기록자가 보고한 사건을 바탕으로 한다. 따라서 수치에는 상류층에 대한 사건 기록자의 편향도 반영됐을 것이다.[42]

사체검안서와 사인 통계 자료를 보면 독살은 언제나 모든 살인 사건 중 지극히 소수에 그쳤다. 18세기 암스테르담에서 검시 결과 사인이 독살로 밝혀진 경우는 3년에 단 한 건 정도였다.[43] 일부 역사가들은 수치가 이 정도라면 실제 일어난 사건이 기록에서 다수 빠진 것이라고 생각했다. 시체에서 베인 흔적이나 멍이 발견되면 당연히 의사가 확인을 한 데 반해 고인의 죽음에 아무런 의혹이 없는 경우, 시체는 곧장 땅속에 묻혔다. 따라서 얼마나 될지 알 수 없는 음독 살인이 자연사로 기록되기도 했고, 실제로 의학적 검진이 있었다 해도 의사들이 자연사인지 아닌지를 정확히 가려내지는 못했다고 할 수 있다. 이런 상황은 20세기 중반까지 만연했다. 과거 유럽에서는 의문사에 대한 소문이 금방 퍼져나갔다. 특히 누가 봐도 건강했던 사람이 심한 구토 끝에 숨을 거두었다면 의혹은 더 짙어졌다. 때로는 의혹이 풀리지 않은 채 묻히기도 했다. 그렇다면 독살이 실제보다 적게 기록됐다는 주장이 맞는 것일까? 독살의 암수는 알 수 없지만 중세 이후로 충동적인 싸움이 감소했다는 사실은 확실하게 말할 수 있다. 더불어 과거에 평범한 가정에서는 대개 여성들이 요리를 했다는 사실 역시 확실하다. 만약 이들 요리하던 여성 중 상당수가 식솔이나 손님들을 독살했다는 사실이 미래의 연구에서 밝혀진다면 살해에 대한 표준 이론은 수정되어야 할 것이다. 그렇게 되면 수세기 동안 여성도 남성 못지않게 살인에 가담했으며, 1750년에서 1950년 사이에 여성이 오히려 남성보다 살인을 더 많이 저지르다가 수사법이 개선되기 무섭게 범죄에서 일시에 손을 놓았다는 결론을 내려야 한다. 이는 가능성 없는 이야기다. 독살은 명백히 계획적인 일이다. 남성이 남성에게 가하는 살인 사건에서는 복수극을 제외하고는 계획을 치밀하게 세우는 경우가 없었다. 남자들 사이에서 계획적으로 살인할 의도를 품은 이들이 드물었는데 여성 중에 그런 사람이 많다고 볼 이유가 있을까?

각종 독약은 이미 중세 시대부터 알려졌다. 모든 독약이 널리 사용된 것은 아니며, 이른바 쥐약이라 불리는 비소와 가루로 된 파리약이 도시와 시골을 막론하고 모든 가정에서 쓰였다. 일부 역사가들은 불행에 시달리다 못한 아내가 남편을 쥐와 함께 제거한 것이라고 하지만 당시 음독 살인을 둘러싼 소문에는 재혼 이야기가 심심치 않게 나돌았다. 특히 이런 소문은 남성과 여성 각각의 배우자가 얼마 안 되는 시간차를 두고 사망한 뒤, 살아남은 당사자끼리 결혼을 하게 될 때 더욱 퍼져나갔다. 켄트의 행정관 윌리엄 램바드가 1580년대에 맡은 사건 역시 이런 부류였다. 1583년 2월 23일, 램바드는 동료와 함께 세븐오크스의 주민 몇 명을 심문한 사실을 일기에 적었다. 파르넬 부인이 두 번째 남편인 토머스 헤이워드와 함께 그녀의 전 남편을 독살했다는 의혹이 퍼진 것이다. 그리고 5일 뒤, 램바드는 두 동료와 함께 세븐오크스의 또 다른 사람들을 심문하게 된다. 이번에는 헤이워드의 전 부인이 독살됐다는 의혹 때문이었다.[44]

음독 살인에 대한 수사에는 일반적인 지식과 법률적 추론, 의학 기술이 총동원됐다. 수세기 동안 음독 살인 수사는 불가피하게 일반적인 지식을 바탕으로 진행됐는데, 이는 의사의 검진비가 비싼 데다 의사가 임종을 앞둔 사람이나 병이 든 이들을 일일이 찾아가 볼 수는 없었기 때문이다. 18세기 독일에서는 복통이나 두통, 현기증, 신열, 구토 등의 증상에 가정 내 불화나 이웃 사이의 갈등이 겹쳐 있으면 이를 독살의 증거로 보았다. 의문사가 발생하면 마을 사람들은 사망자가 먹다 남은 음식을 닭이나 개에게 먹여보았다. 피고의 변호인 측은 음독 살인 재판에서는 가해자에게 악의가 있었음이 분명히 드러났을 경우에 한해 고문을 허용해야 한다고 주장하기도 했다.[45] 고문으로 진상을 밝힐 수 있다는 확신은 18세기 계몽주의 시대에 접어들면서 줄어들었다. 1772년의 한 논문에서 네덜란드인 변호사 요한 야콥 반 하셀트는 따로 한 문단을 할애하여 "음독 살해라는 소문이 나도는" 모든 의문사 사체를 검시해야 한다고 주장했다.[46] 부검은 근대 초기에 프랑스와 영국에서 일반적으로 실시됐다. 19세기 유럽 전역에서 수사법이 점차 개선됐고 독약 판매에 대한 규제 역시 강화됐다.[47]

범죄 재판에 대한 판례 연구 결과를 보면 독살이 전형적인 여성 범죄라는 사실이 확실해질 때가 있고 그렇지 않을 때가 있다. 통계 자료는 기소 정책에 따라, 각 지역이나 마을에서 행해지는 수사 방법에 따라 달라졌다. 근대 초기 영국에서는 독살이 여성 범죄라는 고정관념이 대중문학은 물론 법정에도 영향을 미쳤다. 영국 체셔에서 독살 사건의 피고 중 남성은 3분의 1 남짓뿐이었는데, 전체 살인 사건에 비하면 상당히 낮은 수치였다. 부인이 병에 걸렸거나 출산 중이면 남편 자신이 집안일을 잠시 맡아야 했기에 남성에게도 독살을 할 수 있는 절호의 기회는 얼마든지 찾아왔다. 17세기 전반에 영국에서 나온 범죄 소책자들은 하나같이 남편을 독살한 아내의 이야기에 관심을 모았지만 17세기 후반에 이르러서는 음독 살인을 남녀 누구나 저지를 수 있는 범죄로 받아들였다. 반면 영국의 일부 남편들은 아내를 독살했다는 혐의를 받았을 때 기존의 고정관념을 자신에게 이로운 방향으로 이용했다. 자신이 그런 독약을 무슨 수로 만들겠냐고 주장하면서 그들은 무죄 선고를 받거나 처음부터 재판을 면했다. 하녀에게 누명을 씌우려는 사람도 있었다.[48] 17세기 영국에서 첫 번째 연쇄살인이라 불린 사건이 몇 가지 터졌다. 범인 중에는 남녀가 모두 포함되어 있었으며 그들 대다수가 독약을 사용했다. 1671년에는 한 남성이 비소를 써서 자신의 아내와 장인, 그 밖에 식구 다섯을 비롯해 하인 한 명을 살해했다.[49] 네덜란드 브리엘에서도 비슷한 사건이 알려졌다. 한 여성이 성인 일곱 명과 아동 여덟 명을 독살한 것이다.

　독일의 여러 연구에서는 음독 살인이 주로 여성의 범죄라는 가정이 사실임이 밝혀졌다. 독일 남부의 소도시에서 미수에 그쳤거나 성공한 독살 사건의 가해자가 대부분 부인이었다. 살해 동기는 풀 수 없는 부부 갈등이나 정부와 결혼하고픈 욕망이었다. 부부 갈등으로 인한 살인은 대부분 결혼 후 얼마 되지 않았을 때 벌어졌다. 당사자들은 중매로 만나서 서로 제대로 알지도 못한 채 결혼한 것이었다. 독살을 시도한 혐의로 법정에 선 한 여성은 그저 남편을 쇠약하게 하려 했을 뿐이라고 털어놓았다. 18세기에 독일 뷔르템베르크에서는 남성이 부엌에서 독약을 만들다가 발각되기도 했다. 같은 시기에 슐레스비히홀슈타인에서는 음독 살인이 비교적 꾸준히 벌어졌는데 이때 법정에 오른 용의자 대다수 역시 부인이었다. 시골 지역의 여성들은 서른이 가깝도록 집안일을 하면서 결혼 시장에 나설 기회를 점차 잃어갔다. 이들 중 몇몇은 여생을 풍족하게 살아보겠다는 마음에 나이가 많은 홀아비와 안면만 익힌 뒤 서둘러 시집을 가기도 했다. 그러다가 자신의 선택이 틀렸다는 사실을 깨닫고 뒤늦게 후회하는 이들도 있었다. 남편에게 학대를 받았거나 남의 자식을 키우는 일이 감당 못 할 짐으로 느

꺼졌던 것이다.[50]

음독 살인의 가해자와 피해자, 살인 동기에 관한 근대 초기의 추세는 1800년 이후에도 이어졌다. 독살범은 남성 또는 여성이었는데 여성 독살범의 비율은 전체 살인범의 비율과 비교할 때 매우 높은 수준이었다. 1750년부터 1914년까지 영국에서 벌어진 음독 살인의 피해자 중 25퍼센트는 배우자였고 20퍼센트는 친부모나 계부모, 혹은 배우자의 부모였다. 프랑스에서 일어난 부모 살인 사건 중에 독약을 쓴 경우는 11퍼센트에 그쳤다. 음독 살인이 이처럼 낮은 수치에 머물렀는데도 프랑스 농부들은 비소를 '상속의 가루'라 불렀으며 영국인들도 비소를 비슷하게 평했다.[51] 벨기에에서는 독살범 대부분이 친지를 제거하려는 빈곤층이었고, 그중 반을 조금 넘은 수가 여성이었다.[52] 19세기에 비소를 사용한 온갖 살인이 다시 한 번 성행했다. 이번에 주된 살인 동기는 재정적 이득이었다. 네덜란드와 영국의 독살범은 피해자의 장례 보험이나 생명 보험에서 돈을 얻어냈다. 1880년대 네덜란드 라이덴에 착한 미에라 불리는 한 여성이 살고 있었다. 당시에는 모든 사망에 대하여 의사가 사망 증명서를 발급해야 했지만 빈곤층에서는 이런 규정이 거의 적용되지 않았다. 미에가 착하다는 별명을 얻게 된 것은 그녀가 이웃들에게 정성을 다하기 때문이었다. 특히 미에는 이웃들을 위해 장례 보험을 들어주는가 하면 보험금을 대신 내주기도 했다. 그 후 이웃들이 죽으면 누구도 의혹을 품지 않았고 보험금은 모두 미에에게 돌아갔다. 한 집에서 식구 세 명이 동시에 사망했을 때 비로소 미에의 정체가 드러났다.[53]

▌가정 폭력

우선 용어부터 정리하고 넘어가겠다. 가정 폭력은 예나 지금이나 흔히 쓰는 말이다. 여기에서는 앞의 '낯선 사람과 친밀한 사람의 여성 폭행' 부분과 마찬가지로, 범죄가 벌어진 장소보다는 피해자와 가해자의 관계가 가정 폭력을 나누는 기준이 된다. 결론부터 말하자면 가정 폭력은 가해자가 가족 외에 잘 알고 있는 사람을 폭행하는 경우도 포함한다. 그렇다면 친밀한 관계는 어디까지를 말하는 것일까? 살인을 다룬 역사적 문헌에서는 친밀한 관계가 가족 관계와 완벽히 맞아떨어지지 않는데도 종종 이를 가족 관계와 혼동하여 썼다. 개개의 사건에서는 그 관계를 우리 나름대로 판단을 할 수도 있겠지만 통계적 연구에는 이런 혼동이 상당한 영향을 미치게 된다. 일부 학자들이 수량화하는 자료는 친밀한 사이에서의 살인보다 가족 간의 살인이다. 그런데 한 사람이 핵가족 범위 밖에 있는 친척과 맺는 관계는 그 끈끈한 정도로 볼 때 친구나 이웃과 맺는 관계와 비슷할 수 있다. 미혼 커플도 엄밀히 말하면 가족은 아니지만 분명 친밀한 관계다. 현대 사회에서는 결혼하지 않은 채 몇 년을 함께 사는 커플들이 많다. 산업화 이전의 도시에서는 이런 동거 커플이 특히 저소득층에 많았는데, 이들 중에는 각자 공식적인 배우자를 따로 두고 있는 경우도 있었다. 이들 커플이 당시 점잖은 시민들로부터 도덕적 비난을 받았다고 해서 이들을 연인 사이에서 제외시킬 수는 없다. 결혼을 약속한 커플 역시 친밀한 관계에 속해야 할 것이다. 마지막으로 친밀한 관계에는 동성애 커플도 포함되지만 과거에 동성애 커플 사이에서 가정 폭력이 일어난 경우는 극히 드물었다. 이 절에서는 앞서 살펴본 무수한 음독 살인 사건처럼 서로 사랑했지만 서로에게 폭력을 행사하고, 때로는 살인까지 범하게 된 사람들을 다룰 것이다.

17세기 이전에는 이런 사건을 군이 언급할 필요가 없었다. 앞으로 거슬러 올라갈수록 혈연관계가 친밀한 관계보다 더 중요했기 때문이다. 가정 폭력이 문제가 되고 그 성격이 바뀌게 된 추이는 개인적 관계는 물론 가족 관계의 발전사를 긴 안목에서 내다볼 때 설명할 수 있다. 부부와 부모의 애정에 관한 어마어마한 미해결 논쟁에 그리 깊이 들어가지 않아도 몇 가지 사실은 확신할 수 있다. 우선 유럽에서 피의 복수가 사라지고 화해 의식이 간소해진 큰 원인은 친족 관계의 약화에 있었다. 친족으로 이루어진 거대한 동맹 집단이 사회정치적 무대에서 강력한 힘을 발휘할 당시에 세속 권력과 교회는 이들을 대적해야 할 상대로 보았다. 두 거대 집단의 갈등은 16세기 중반에 이르면서 대부분 막을 내렸다. 가족이 핵가족 단위로 줄어들자 교회와 국가가 비로소 가족을 지지하기 시작했다. 그 결과 가부장제가 점차 강조됐는데, 여기서 가부장제는 '소가부장제micro-patriarchy', 즉 아버지가 아내와 자식, 하인 몇 명을 거느리는 집단을 일컬었다. 국왕과 행정관은 이러한 변화 모두 자신이 자비를 베푼 결과라고 생각했다. 프로테스탄트나 가톨릭의 도덕주의자는 부부를 "사랑으로 맺어졌으며 남편이 다스리는 관계"라 정의 내렸다.[54] 소가부장제는 독재적이기보다는 가족주의적이었는데 그래서인지 가정 내의 갈등은 더욱 증가했다. 이렇게 해서 가정 폭력의 증가가 피의 복수의 감소는 간접적으로 연결된다.

가부장제는 애정을 거부하지 않았다. 예전 역사가들은 과거에는 부부나 부모와 자식 간에 애정이 없었으며 연애 역시 하나의 경제 단위를 이루기 위한 수단에 불과했다고 주장했지만 이는 올바르게 비판을 받았다. 그렇지만 사랑의 성격은 근대 초기에 접어들면서 크게 변했다. 남편이 아내에게 요구하던 육체적 정절은 그 타당성을 잃었고, 배우자 폭력의 성격도 바뀌었다. 18세기에 들어서자 부부가 여가 시간을 함께 보내는 일이 점점 더 많아졌다. 가정 생활이 문화라는 무대의 중심을 차지했다. 신낭만주의가 사랑의 심리적인 측면을 강조했고, 감상 소설에서는 사랑의 고통과 상실을 마음껏 슬퍼했다. 이러한 변화는 비단 결혼한 부부만이 아니라 비공식 커플, 약혼한 커플, 불륜 커플, 가볍게 만나는 커플에게도 영향을 미쳤다. 심리적인 유대가 이뤄지면서 커플은 서로의 감정을 평화로이 탐색할 수 있지만, 지나친 친밀감으로 묘한 긴장감이 싹터서 갑작스레 폭발할 위험도 그만큼 커지게 됐다. 한편으로 자신의 사랑을 가로막는 제3자를 제거하려는 강박감이 증가했다. 이에 따른 치정극은 점차 대다수 살인 사건의 특징이 되면서 지금까지 이어지고 있다.

관련 통계 자료도 뚜렷이 드러난다. 친밀한 사람에게 살해당한 피해자의 비율은 중세 시대부터 근대까지 꾸준히 증가했다. 이는 전체 살인율이 장기적으로 대폭 감소한 현상 다음으로 중요한 장기적 추세다. 물론 우리가 참고할 수 있는 정보는 가해자의 신원이 분명히 파악된 경우로 제한된다. 다시 말해 우리는 기소된 사건에 대해서만 정보를 얻을 수 있다. 친밀한 사이라면 가해자가 달아날 가능성이 적으니 자료가 편파적이라는 반론도 있을 수 있겠지만 사실은 전혀 그렇지 않았다. 적어도 갈등형 폭력이 수면 위로 드러나던 18세기 후반까지는 아내를 죽이고 도망간 남편의 수가 칼싸움 당사자만큼 많았다. 영국과 네덜란드, 독일의 자료를 보면 16세기까지 친밀한 이에게 살해당한 피해자는 10퍼센트를 한참 밑돌았으며 평균은 5퍼센트였다. 17세기에는 그 비율이 16퍼센트까지 오르더니 18세기에는 30퍼센트, 19세기 이후에는 40퍼센트 이상으로 흔해졌다.[55] 암스테르담에서는 이러한 변화가 18세기쯤 찾아왔다. 1700년에서 1750년 사이에 낯선 이에게 살해당한 피해자는 44퍼센트에 이른 반면 친밀한 이에게 살해당한 피해자는 14퍼센트였다. 이후 60년 안에 수치는 완전히 뒤바뀌어, 낯선 이에게 살해당한 경우가 17.5퍼센트, 친밀한 이에게 살해당한 경우가 42.5퍼센트가 됐다.(마지막 자료는 조금 편향된 것으로 보인다.)[56] 독일의 구릉지대인 아이펠 지역도 덜 알려지긴 했으나 이와 비슷한 추세를 보였다. 살인과 폭행 사건에서 가해자가 친밀한 사람인 비율은 이른 시기부터 증가하여 시간이 갈수록 점차 높아졌다.[57] 스톡홀름도 마찬가지로 점진적인 증가 추세를 보여, 친밀한 이에게 살해당한 경우가 16세기에는 10퍼센트에 그치더니 17세기 초에는 14퍼센트, 18세기에는 24퍼센트에 이르렀고 20세기에는 50퍼센트를 넘어섰다.[58]

이처럼 친밀한 관계 간 살인의 장기적인 추세는 남성 간 싸움의 추세와 분명 다른 길을 갔다. 하지만 반대로 남성 간 싸움의 추세가 친밀한 관계 간 살인의 추세와 다르다는 결론은 조금 더 모호하다. 전체 살인 중에 가정 내 살인이 차지하는 비율은 극적으로 증가했지만 전체 살인율이 크게 감소했기 때문에 친밀한 관계 간 살인율 역시 감소했다. 유럽의 가능한 자료를 모두 추려서 어림잡으면 중세 시대에는 전체 인구 10만 명당 친밀한 관계 간 살인율은 2건이었고 1800년 이후에는 0.5건이 됐다. 따라서 친밀한 이의 살인이 사회에 남아 있으면서 변화를 따르지 않았다고 말할 수는 없다. 사실 언제 어디서든 살인율이 증가하면 그 가장 큰 원인은 남성 간 싸움의 증가에 있다고 하는 것이 맞다. 하지만 살인율이 장기적으로 감소했다고 해서 오로지 남성 간 싸움만이 급격히 감소했으며, 이에 따라 자동적으로 친밀한 관계 간 살인율이 증가한 것은 아니다. 친밀한 관계 간 살인율 역시 변화했다.

가정 한복판으로 들어가기에 앞서 우선 끝나버린 연인 사이의 갈등부터 살펴보자. 암스테르담 법정에 선 피고 중에는 자신을 버린 애인에게 폭력을 행사한 남성도 있었다. 1700년경에 벌어진 사건에서는 가해자가 여인의 얼굴을 칼로 흉측하게 베어버린 경우가 많았다. 이런 식의 복수는 지금도 여기저기서 벌어지고 있다. 한 남성이 반지를 돌려받을 생각으로 헤어진 약혼자를 찾아갔다. 남성이 아직 가까운 사람이라 여긴 여성은 그가 몸을 굽혔을 때 자신에게 키스하려 한다고 생각했다. 그러는 대신 남성은 여성의 얼굴과 목을 그어버렸다. 여성을 치료한 의사는 그녀가 스카프를 여덟 겹씩 접어 목에 두르고 있었던 덕분에 목숨을 건졌다고 했다.[59] 세간에 널리 알려진 사건으로 1775년에 낭만적인 몽상가 요하네스 반 고흐가 창부였던 자신의 연인을 칼로 찔러 죽인 일이 있었다. 그는 자신이 사실 자살을 하려 했다고 주장했지만, 복수를 미리 계획했다고 기소당했다.[60] 어떤 남자들은 기꺼이 연인 관계를 끝내려 했다. 뷔르템베르크의 상소 법원에는 임신한 여자 친구를 살해한 혐의로 법정에 선 청년들이 상당수 있었다. 머리에 심한 타격을 입고 사망한 23세의 바바라 쿤은 숲 속에서 발견될 당시 임신 6개월째였다. 당국은 그녀의 연인인 19세의 목수 견습생 요한 하이덴방어를 즉시 체포했다. 둘은 바바라 부모님의 허락 없이 교제하고 있었다. 요한은 고문을 받고나서야, 연례 축제에 가던 길에 바바라가 임신 사실을 알려서 그녀를 곤봉으로 때려 죽였다고 자백했다.[61]

배우자 살인은 거의 모든 경우 지위와 명예, 사랑이라는 세 가지 측면의 관계 안에서 발생한다. 그중에서 아내 살인은 폭행이라는 전 단계를 거치기 마련이기 때문에 이와 관련해 우선 일상적인 부부 폭력을 살펴볼 필요가 있다. 오랫동안 관련 기관은 부부 폭력이 본질적으로 개인적인 문제라고 생각했다. 남편과 아버지는 자신의 문제를 알아서 해결해야 했다. 공권력이 개입한다 해도 중재자의 입장에 그칠 뿐이었다. 살인이 아닌 한 가정 내의 갈등에 대해서는 외부 기관이 왈가왈부할 바가 아니었다.[62] 산업화 이전 시대의 가치를 따르자면 이상적인 상황은 가족 일원이 모두 남편이나 아버지의 뜻을 기꺼이 받아들여서 신체적 폭행이 존재하지 않는 것이었다. 예상할 수 있듯이 이상과 현실은 달랐다. 유럽 전역에서 심각한 폭행의 근본 원인은 서로 주도권을 잡으려는 남편과 적극적인 아내 사이의 갈등에서 비롯됐다.

영국의 경우 법률적 의견의 변화를 어느 정도 자세히 추적해볼 수 있다. 16세기에 변호인들은 아내의 잘못된 행실에 대한 처벌로서 남편이 아내를 적당히 구타할 권리가 있다고 인정했다. 1619년의 행정관 편람에서는 아내가 남편에게 살해 위협을 받았거나 "난폭하게" 구타를 당했을 때에 한해 폭행 사실을 고발할 수 있다고 제한했다. 여기서 "난폭하다"의 의미를 두고 끝없는 논쟁이 벌어졌다. 17세기 후반에 일부 변호인들이 아내 구타의 합법성에 의문을 제기한 바 있었지만 이것이 합당한 체벌이라는 신념은 19세기 중반까지 영향력을 행사했다. 그 이후 대다수의 법학자들이 아내 구타를 과거의 유물로 여기기 시작했고 남편의 폭력 협박조차 학대에 포함된다는 데 동의하기에 이르렀다.[63] 이런 규준과 함께, 남편의 과도한 폭력을 법정에 호소할 용기를 낸 근대 초기의 아내들은 남편의 폭력으로 목숨을 잃거나 심각한 상해를 입을 것 같다고 일상적으로 주장했다. 유럽 대륙의 아내들도 같은 식으로 불만을 토로했다. 구타당한 아내들은 형사 법원이나 교회 기관에 고소하거나 이혼 청구 소송을 제기할 수 있었다.

한편으로 가장으로서의 권위를 행사하지 못하는 남편들은 '쉬바리'(또는 프랑스어로 '샤리바리charivari')를 당할 수 있었다. 이 조롱 의식은 대중문화를 다룬 문헌에서 상세히 분석됐다. 쉬바리는 이웃들이 남편이나 부부에게 공개적으로 수치를 주는 의식으로, 부부의 집 문간에서 요란하게 야유를 퍼붓거나 남편을 당나귀나 말, 나무 막대 위에 태우는 것이었다. 이런 의식은 부부가 '자연 질서'를 거역했을 때, 가령 아내가 남편을 때렸을 때 치러졌다. 민간 전통에 따라 매년 5월에는 남성이 아내에게 손찌검을 해서는 안 됐다. 어떤 식으로든 이를 어긴 남성 역시 이 수치스런 의식의 희생자가 될 수 있었다. 다음 단계로 아내를 체벌할 전통적인 권리를 남용하여 아내를 과도하게 구타한 남편들이 쉬바리의 대상이 됐다. 쉬바리는 18세기에 더욱 성행했고 19세기에 들어 특히 영국에서 흔히 볼 수 있었다. 이렇게 해서 가부장제를 지지하던 일상적인 제재 방식이 잔인한 남편에게 수치를 주는 관습으로 탈바꿈했다.[64] 아내 구타에 대한 사회의 인식은 16세기에서 20세기 사이에 180도로 바뀌었다. 한때는 비공식적인 사회 통제의 도구로서 받아들여지던 것이 범죄가 된 것이다. 슈베어호프Schwerhoff는 이러한 역사적 변화가, 과거에는 지역 공동체 내의 통제 수단이자 대상이었던 개인 간의 폭력이 사회적 통제의 적합한 대상으로 변해가는, 더 큰 발달 과정의 일부라고 봤다.[65]

독일의 실태를 조사한 데이비드 세이빈David Sabean은 남편의 폭력을 체계적인 것과 반응적인 것으로 구분했다. 체계적인 폭력은 남편 자신이 아내를 처벌할 권리가 있다고 믿을 때 발생했다. 이런 경우 남편은 아내의 따귀를 때리거나 노와 밧줄 등으로 아내의 어깨나 등을 내리쳤다. 1800년경에 체계적 폭력이 반응적 폭력으로 옮겨가는 결정적인 변화가 일어났다. 체벌권에 대한 믿음보다 단순한 분노가 폭력의 주된 원인이 된 것이다.[66] 세이빈의 분류는 배우자 살인의 유형을 구분하는 기점이 됐다. 아내 구타와 관련한 체계적 폭력은 과도해질 수 있다. 구타가 살인까지 이어진다면 이 경우는 '체벌형' 폭력 범주에 포함될 것이다. 반응적인 폭력이 살인으로 이어지는 경우는 '분노형' 범주에 포함된다. 치명적이지 않은 폭력이라고 확실히 구분할 수 없는 세 번째 범주도 고려해야 한다. 이 범주는 낭만주의와 감상주의의 등장과 그에 동반한 어두운 그림자와 연결된다. 현대에서 강조하는 심리적 폭발은 커플 사이의 갈등이 수면 아래에 잠겨 있다가 자극을 받을 때에 터져 나온다는 것을 의미한다. 이러한 원인에서 비롯된 배우자 살인은 '갈등형' 범주에 속한다. 이 범주는 셋 중에 가장 '민주적'이다. 통계치가 어떻게 되든 남편이나 아내 살해의 각본이 거의 동일하기 때문이다. 분노형 범주는 남성이 남성에게 가하는 폭력에 매우 가까우며 특히 남편들에게서 많이 보인다. 체벌형 살인은 부부 간의 위계질서에 반대하고 그 위계를 과감하게 끝내버리려는 아내들의 모습과 유사하다. 분노형 배우자 살인은 관련 자료가 충분치 않아서 시간에 따른 일정한 유형을 가리기가 힘들지만 이 역시 남성 간 싸움과 마찬가지로 문명화 과정을 거친다고 가정할 수 있다. 폭력의 거대한 역사적 변화는 첫 번째 범주에서 세 번째 범주로 이동하면서 이루어졌다.

보통은 아내 살해자가 남편 살해자보다 많지만 일부 역사가들은 이 통계 수치도 기소 정책의 산물이라고 말한다. 그래도 우선 첫 번째 집단부터 살펴보기로 하자. 아내 살인자는 15세기와 16세기의 사면 청원서에 등장한다. 사면 청원서 같은 자료에는 신청자가 자신의 결백함을 강조하며 꾸며낸 이야기가 들어 있다는 사실을 우리는 이미 봤다. 그러니 놀랄 것도 없이 아내 살인자의 태반은 분노형이었다. 그들은 남성 간 싸움의 사면 청원자와 같이 이 사건이 의도치 않았는데 운이 나빠서 벌어진 것이라 설명했다. 지역 수비대에 물자를 운송하는 것이 주된 일이었던 피카르디에서 온 한 푸주한은 자신과 아내가 오랫동안 금슬 좋게 살았다고 강조했다. 그러다 1524년 어느 날 저녁, 부부가 군인들을 집으로 초대했다. 모인 사람들이 즐겁게 와인을 마시던 도중, 푸주한이 손님들에게 아내와 결혼한 지 12년이 됐다고 말했다. 그러자 아내가 끼어들었다. "아니, 13년이에요." 남편이 틀렸다고 몰아세우자 아내가 달려들었고, 남편이 무심코 던진 칼에 아내는 목숨을 잃고 말았다.[67]

프랑스 항소 재판권의 3분의 2를 담당한 파리 의회에 대한 놀드Nolde의 연구는 1580년부터 1620년까지의 시기를 다루고 있다—이는 조직적 연구의 대상으로서는 가장 이른 시기다. 당시 남편이 아내를 살해한 사건 중에는 체벌형이 압도적으로 많았다. 이러한 현상은 법률적 의견의 변화를 반영했다. 중세 관습법에서는 아내에게 징계를 내리려다가 살인까지 저지르게 된 남편에 대해서는 혐의를 면제했기 때문이다. 16세기에 이르자 지방 법원조차 이런 핑계를 더 이상 받아들이지 않게 됐다. 의회에서 재판을 받은 남편 중 대다수는 이전에도 아내에게 폭력을 행사한 혐의를 받았다. 피고는 대개 자신의 폭행 사실을 축소하려 애썼다. 한 사람은 아내를 구타한 것은 맞지만 적어도 2,3년 동안은 손대지 않았다고 주장했다. 막대로 내리쳐서 아내를 죽인 혐의를 받은 사람은 주먹만 사용했다고 버텼다. 아내를 때리고 곤봉으로 내리친 것은 인정하지만 아내를 죽이겠다고 협박한 적은 없다며 우기는 이도 있었다. 그 밖에 많은 이들이 아내에게 폭력을 행사하긴 했지만 그 때문에 아내가 죽은 것은 아니라고 부인했다. 이들은 아내가 전염병이나 간질로 고생하다 죽은 것이라고 주장했다.[68]

체벌형 아내 살인은 근대 초기 영국과 스페인 북부의 칸타브리아 지방에서 두드러졌다. 1799년에 카날레스 마을에서 벌어진 악명 높은 사건에서는 체계적 폭력이 이전부터 존재했었다. 피해자인 안토니아 이자벨 산체스는 지역 유지의 처제였다. 정략 결혼한 뒤 19년 동안 결혼 생활을 유지해 온 안토니아는 칼에 열 번씩 찔려 피투성이가 된 채 이웃에게 발견됐다. 남편 돈 도밍고 가르시아는 부유한 지역 지주였다. 하인과 이웃들은 그가 전에도 몇 번씩 아내를 위협했다고 입을 모아 증언했다. 그들은 또한 도밍고가 아내에게 당신과 자느니 차라리 이 세상 모든 수도승과 자겠다고 말하는 소리도 들었다고 했다. 대신 도밍고는 여종과 가까이 지내면서 염문을 뿌렸고 이 때문에 성직자들의 힐난을 받기도 했다. 도밍고가 사업차 안달루시아로 떠나고서 안토니아는 무자비하지만 존경받는, 언니의 남편인 유지에게 속 얘기를 털어놓았다. 유지와 안토니아의 남편은 사이가 썩 좋지 않았다. 이후 카날레스로 돌아온 도밍고는 격분하여 아내의 목숨을 빼앗았다.[69]

분노형 아내 살인은 여러 면에서 남성 간의 살인과 닮았다. 분노형 살인은 18세기 런던에서의 사건처럼 사고라고 규정할 수도 있었다.[70] 이러한 사건에서는 폭행이 일어난 뒤 피해자가 사망하기 전에 남편이 아내에게 사과하고 아내가 용서하는 장면이 종종 포함됐다. 뷔르템베르크 로젠펠트의 한 마을에서도 마찬가지 사건이 벌어졌다. 어느 날 아침, 한스 야콥 슐라겐하우젠이 하녀에게 목장에 분뇨를 뿌리라고 명령했다. 그러자 이름은 알려지지 않은 그의 아내가 지금은 베를 짤 시간이라 안 된다며 반대했다. 그러자 남편은 날씨도 좋고 분뇨 뿌리는 게 그리 오래 걸리는 일도 아니니 베는 그다음에 짜도 된다고 주장했다. 화가 치솟은 아내가 남편과 욕설을 주고받더니 소리쳤다. "당신은 주인 노릇을 하고 싶은가 본데 지금까지 당신이 말아먹은 돈이 얼만지나 알아요!" 남편이 아내에게 다가가 손찌검을 하려 하자 한 이웃이 그를 막아섰다. 다시 욕설이 이어졌다. "이런 제기랄, 닥치지 못해!" 한스가 소리치면서 아내를 실패로 위협했다. 그러자 아내가 쏘아붙였다. "그놈의 똥이 당신 셔츠에나 달라붙었으면 좋겠네. 그걸 떼줄 사람이 나뿐이었으면 더 좋겠고." 한스가 참지 못하고 실패로 아내를 무참히 때리자 아내는 쓰러졌다. 마지막에 아내는 반쯤 정신을 잃어 침대에 누웠다. "하느님, 저희를 불쌍히 여기시고 아내를 죽음에서 구해주소서." 남편이 말하자 아내가 대답했다. "난 당신을 이미 수천 번 용서했어요." 부검 결과 아내는 임신 7개월째였다.[71]

아내가 피고로 선 살인 재판에는 남편보다 문화적 고정관념이 어마어마한 영향을 미쳤다. 역사가 로라 고윙Laura Gowing이 언급했다시피 아내의 폭력은 문학작품이나 무대 위에서는 물론 현실에서도 우스운 사건이었으며 치명적인 결과를 낳았을 때에야 비로소 심각하게 받아들여졌다.[72] 영국 법에서는 남편 살해를 소역죄小逆罪라고 규정했는데 이는 정치적 규율이나 가족 규율과 완벽히 맞아떨어졌다. 공식적으로, 아내를 살해한 남편은 교수형에 처해진 반면 남편을 살해한 아내는 화형에 처해졌다. 소역죄에는 또한 하인이 주인을 살해하거나 일반 성직자가 고위 성직자를 살해한 경우도 포함됐다.[73] 유럽 대륙에도 위계적인 관점이 널리 퍼져 있었다. 놀드가 설명했듯이 당대 사람들은 부부 사이를 지배와 피지배 관계로만 볼 뿐 그밖의 관계로는 생각할 여지도 없었다. 따라서 아내가 남편에게 복종해야 하는 자신의 처지를 뒤엎으려 하면 이는 남편의 권위에 대한 반항으로 받아들여졌다. 이러한 행위는 세계를 '뒤집는' 것이었다. 가부장적 견해는 행정관들의 인식에서 많은 부분을 차지했고 배우자 살인 재판의 결과에도 막대한 영향력을 행사했다. 도덕주의자들은 동등하지 않은 사람들끼리의 부부 관계를 경계했다. 그들은 남성들에게 자신보다 부유한 여성과 결혼하지 말라고 충고했는데, 그렇게 되면 부인이 남편의 권위에 복종하지 않을 테고, 그 결과 살인까지 벌어질 수 있다는 것이 이유였다.[74] 실제 현실은 더 복잡했다. 역사가 올웬 허프턴Olwen Hufton은 유럽 전역을 개괄하며 아내가 남편을 살해하는 동기를 정리했다. 살해 동기로는 과부가 되면 지참금을 되찾고 재산을 가질 수 있다는 생각, 자신이 스스로 선택한 남편과 재혼할 수 있으리라는 기대, 남편의 간통이나 폭력에 대한 복수 등이 있었다.[75]

　1600년경 파리 의회의 행정관들은 여성이 남편에게 반항하는 것은 그녀가 간통을 저질렀기 때문이라고 생각했다. 그들은 항상 이들 여인이 바람을 피웠으리라고 의심하면서 그 점을 추궁했다. 의심이 사실이든 아니든, 법정에 선 여성 피고인 중 상당수는 남성 피고인과 달리 공범과 함께 범행을 저질렀다. 이와 관련된 통계 수치에는 어느 정도 현실이 반영되어 있겠지만, 사법권의 조작도 영향을 미쳤다. 행정관들은 여성 피고에게 남성 공범이 있는지 물으며 둘이 연인 관계인지를 알아내려 했다. 반면 피고가 남성일 때는 특별히 이런 방향으로 몰고 가지 않았다. 때로 공모자의 역할이 재판 도중에 완벽히 뒤바뀌기도 했다. 펠리존 부르고잉에 대한 첫 번째 심문에서 행정관들은 그녀가 "그를 살해했다"고 하더니 얼마 안 돼 "펠리존과 사위가 펠리존의 남편을 죽였다"고 몰아갔고, 세 번째 심문에서는 "장모가 보는 앞에서 사위가 장인을 구타하여 숨지게 했다"는 혐의를 제기했다.[76] 한 군인이 자신이 머문 숙소의 주인을 총으로 쏴 죽인 사건이 발생했다. 여기서 증인인 가해자의 동료는 피해자의 아내 페렛 트리에가 이 사건에 관여했다고 주장했다. 둘은 방을 함께 썼는데 페렛이 용의자의 침대로

들어가 그의 성기를 만지는 것을 봤다는 것이다.[77]

17세기 영국에서도 아내가 공범이나 가해자인 남성의 도움을 받는 경우가 자주 있었다. 이럴 때 사람들은 언제나 공범자가 그녀의 애인일 것이라고 생각했다. 단순한 우정 때문에 살인을 저지를 사람은 아무도 없을 것이라는 생각에서였다. 혼외정사는 팸플릿 문학에서 남편 살해 동기로 가장 빈번하게 등장했다.[78] 독일도 다르지 않았다. 남편을 살해한 아내 중 많은 이들이 당시 다른 남자를 만나고 있었으며, 상대 남자는 공범이 되어 살인을 돕거나 직접 살인을 하기도 했다. 이러한 남성은 대부분 그 집의 하인이었는데 요한 훈의 아내의 경우는 이례적이었다. 요한의 아내는 남편보다 훨씬 나이가 어렸는데 마을 서기의 젊은 아들과 사랑에 빠졌다. 이들의 밀애를 목격한 사람들은 서기의 아들이 그녀의 가슴에서 젖을 빨아 먹었다는 식의 흥미진진한 이야기를 퍼뜨렸다. 언젠가는 내기를 위해 남자가 여자의 '은밀한 물'을 마셨다는 이야기도 나돌았다. 하지만 늙은 남편에게는 돈이 많았기에 이혼은 불가능한 이야기였다.[79] 여성의 간통은 남편 살해의 원인으로 역사 문헌에도 자주 등장한다. 따라서 당시 이러한 인식에 문화적 편견만이 영향을 미쳤다는 사실은 믿기 힘들다.

돈이나 다른 목적으로 남편 살인을 의뢰하는 아내들도 있었다. 1728년 10월 29일, 부르고뉴의 시골 귀족 장 부아보의 시체가 툴롱쉬르아룩스와 로지에 사이의 거리에서 발견됐다. 부아보의 시체를 발견한 사람들은 바로 등 쪽에 두 개의 총상이 있는 것을 찾아냈다. 다음 날 로지에의 사제가 이 사실을 당국에 알렸다. 부아보 부부는 하급 귀족층에 속했지만, 자신보다 지위가 낮은 사람들과도 스스럼없이 잘 어울렸다. 다른 용의자들은 달아난 가운데 곧 두 남성이 체포됐다. 결국 부아보의 아내 마들렌느 부아보가 오랫동안 불행했다는 사실이 밝혀졌다. 마들렌느는 어머니의 뜻에 따라 억지로 결혼은 했지만 남편을 미워했다. 법정에 선 증인들은 마들렌느가 남편이 물에 빠져 죽어버렸으면 좋겠다, 남편 장례식을 위해서라면 열 번이고 스무 번이고 기꺼이 돈을 내겠다는 말을 종종 했다고 밝혔다. 죽은 남편 장은 아내가 자신의 친구 바르텔레미 베라르와 정분이 난 것이라 의심하여 바르텔레미가 자신의 집에 더는 발을 못 들여놓게 했다. 이윽고 부아보 부부 사이에서 위협과 폭력의 수위가 높아졌다. 남편은 아내를 구타했고 아내는 남편에게 어떻게 죽고 싶으냐며 위협했다. 남편의 답을 기다릴 것도 없이 마들렌느는 빵 반죽에 갈색 독약을 섞어 구운 뒤 남편에게 주었지만 남편은 잠깐 앓아누웠을 뿐이었다. 그 밖에 두 번의 독살 시도도 실패로 돌아갔다. 그러자 마들렌느가 남자들에게 도움을 청하게 됐고, 바르텔레미도 이에 가담했다. 장에게 총을 쏜 사람이 누구인지는 여전히 모른다. 목격자도 없었을 뿐만 아니라 오늘날의 관점에서 보면 고문을 받고 한 자백을 믿을 수 없기 때문이다. 마들렌느와 체포된 두 남성은 사형 선고를 받았고 나머지 공모자들은 궐석 상태에서 형을 선고받았다. 달아난 바르텔레미가 마들렌느의 연인이었는지는 확인되지 않았다.[80]

내연남이 자신의 라이벌을 없애기 위해 애인과 공모하거나 애인을 선동했다는 이야기는 틀림없이 낭만주의가 발생하기 전부터 있었지만, 낭만주의는 분명 이 범죄에 감상적인 측면을 덧씌웠다. 우리는 이러한 사건을 18세기가 시작될 무렵 암스테르담에서 처음 접할 수 있다. 살인이 일어나던 당시 외과의인 히도 그리팅가는 44세였고 그의 연인 헬레나 크눕은 25세였다. 히도는 젊었을 때 아마렌티아 놀팅과 결혼해 7남매를 낳았고 그중 둘은 히도가 법정에 설 당시에도 살아 있었다. 헬레나는 1690년대 중반에 히도 부부의 집에 하숙인 혹은 하녀로 들어갔다. 헬레나는 선박 직원 게릿 아바레스와 결혼한 뒤에도 히도 부부와 가까이 지냈으며 히도 부부 역시 종종 헬레나의 집에 들러 함께 차를 마셨다. 헬레나는 남편이 대부분의 시간을 바다에 나가 있었기에 히도 부부와 어울리는 것을 좋아했다. 헬레나의 남편은 1698년 한 해 내내 바다에 나가 있었는데 헬레나가 임신을 했다. 히도가 홀로 그녀의 집을 찾아가기도 한 것이다. 헬레나가 결혼하기 전부터 이미 이 둘의 관계가 시작되었는지는 기록되지 않았다. 이후 1698년 12월에 아마렌티아가 급작스레 사망하자, 그녀가 헬레나와 와인을 마신 뒤부터 2주 동안 시름시름 앓다가 죽었다는 소문이 퍼졌다. 재판 당시 법정에서 헬레나에게 독살 여부를 심문했지만 확실한 사실은 밝혀지지 않았다. 1699년 2월, 헬레나의 딸이 태어났다. 아이는 가명으로 세례를 받았으나 7개월 뒤에 사망했다. 그사이 게릿이 돌아왔다. 그는 아내의 아이에 대해 뭐라 했을까? 아니면 아이 부모가 이 사실을 숨길 수 있었을까?

이야기는 극적으로 치달았다. 히도의 아내가 죽었으니 이제 헬레나의 남편이 죽을 차례였다. 선택의 여지는 없었다. 그렇게 되면 두 연인은 결혼해서 행복하게 살 수 있을 것이었다. 살인은 이미 계획되어 있었다. 1699년 4월 17일, 헬레나는 누가 당신을 좀 보자고 한다며 게릿을 불렀다. 게릿이 나갈 차비를 하고 문 앞에 서자 헬레나가 다가가 작별의 키스를 건넸다. 그녀는 히도가 칼을 들고 길가에 숨어 있다는 사실을 알고 있었다. 히도는 헬레나에게 협조해주지 않는다면 칼을 자신의 가슴에 꽂겠다고 위협했고, 이에 그녀가 협력하기로 한 것이다. 게릿이 집을 나서자 히도가 갑자기 달려들어 등을 찔렀다. 아직 용의자로 지명되기 전이었기에 살인자와 공범은 희생자의 장례식에도 참석했다. 이후 둘은 네덜란드 헤이그로 건너갔으며 11월에 정식 결혼하기로 했다. 그들은 1년 반이 지나서 결혼을 했으며 그사이 아이를 하나 더 가졌다. 다시 일 년이 흐른 뒤 이들 부부는 체포되어 암스테르담 법정에 넘겨졌다. 헬레나가 먼저 입을 열었고 히도에게도 자백할 것을 설득했다. 결국 히도 역시 범행 사실을 고백했지만 처음에는 이것이 돈 때문에 벌어진 갈등이었으며, 서로 달려들어 칼을 들고 싸운 것이라고 주장했다. 고문대에 앉고 나서야 히도는 모두 사전에 계획한 일이었고 피해자에게는 무기가 없었다는 사실을 자백했다. 이 사건은 대중문학계에 큰 파장을 일으켰다. 부부가 처형된 후 얼마 뒤 한 팸플릿 작가는 헬레나가 히도의 첫 번째 부인을 독살했다는 것을 기정사실화했다. 이 팸플릿에는 죽음을 맞이하러 가는 남편에게 헬레나가 배신의 키스를 건네는 장면이 음울하게 묘사됐으며, 교수대 앞에서 다시 한 번 이와 비슷한 장면이 연출됐다. 사형 집행인에게 이끌려 처형될 십자가로 향하던 히도는 방금 전 헬레나가 목 매달린 교수대를 지나가게 됐다. 그는 헬레나에게 마지막 키스를 하게 해달라고 요청했지만 담당 판사에게 거절당했다.[81]

낭만주의는 간통과 관계없는 부부간의 갈등에도 영향을 미쳤다. 부부는 많은 시간을 함께 보내야 한다는 새로운 이상이 퍼지면서 갈등형 배우자 살인이 등장하기 시작했지만 18세기에는 대표적인 사례가 그리 자주 등장하지 않았다. 친근한 관계의 범주에는 배우자나 연인 다음으로 부모와 자식이나 형제자매 간의 관계가 포함된다. 근대 이전까지 형제나 자매에 대한 살해 기록은 얼마 안 됐기 때문에 이를 유형으로 나누기는 힘들다. 부모가 자식을 벌할 권리는 20세기에 이르기까지 별다른 제지를 받지 않았으며, 과도한 폭행 사건이 형사재판으로 이어지는 일도 드물었다. 그런 사건은 자연사로 위장된 것이 확실하다. 부모가 아동이나 청소년인 자녀를 살해한 경우는 대부분 심리적 장애나 가난에 따른 극심한 절망 때문이었다. 이러한 살인은 다음 장에서 살펴보자.

▌현재에 대한 견해

산업화 이전 시대에 여성이 살인 사건의 가해자나 피해자로 등장한 경우는 그리 많지 않았다. 여성은 단순한 지인이나 낯선 사람보다는 친밀한 이를 살해할 경우가 더 많았다. 여성이 연루된 살인 사건은 대부분 여성의 명예 문제와 관련이 있었다. 그러나 피해자가 친밀한 사람일 때에는 감정 역시 살인의 중요한 원인이 됐다. 가족이나 결혼 생활과 관련된 미묘한 변화는 여성이 남성에게 가하는 폭력 못지않게 남성이 여성에게 가하는 폭력에도 영향을 끼쳤다. 여성의 명예가 내면화되면서 여성 간의 폭력에도 변화가 찾아왔다. 지금까지 여성이 자신의 명성을 적극적으로 방어할 수 있었던 몇 안 되는 방법까지 사라진 것이다.

전체 살인자 중에서 여성 살인자의 비율은 지금까지도 낮은 수준에 머물러 있다. 반면 근대 사회에서 친밀한 사람에 대한 살인은 치명적인 폭력의 주된 특징이 됐다. 오늘날 이런 종류의 살인은 갈등형 범주에 포함된다. 폭력 남편의 폭행은 사라지지 않았지만 사회적으로 용인되던 가장의 체벌권 같은 것은 자취를 감추었다. 아내는 물론이고 가끔은 남편이 당하기도 한 육체적 폭력은 이제 가정 폭력으로 규정되어 적극 금지되고 있다. 교사나 다른 권력자의 체벌 제도는 폐지됐으며 부모의 체벌 역시 엄격히 제한됐다. 위계질서나 경제적 협력은 더 이상 가족생활에 필요한 요소가 아니다. 현대 유럽 사회에서 동거 커플 간이나 부모와 자식 간의 유대감은 심리적인 성격이 강하다. 가끔은 심리적 유대감 때문에 특유의 문제가 발생하기도 하는데, 이혼이 빈번해진 오늘날의 현실이 그 원인을 제공했다. 친밀한 이에 대한 갈등형 살인은 18세기에 차츰 드러나기 시작하여 그 뒤로 상당히 증가했다.

5장

죄 없는 살인

: 영아와 정신병자

법정에 들어선 에피 딘스는 "풍성한 머리카락으로 얼굴을 가린 채 모습을 드러냈다. (…) 창백하고 수척해 보였지만 그간의 괴로움으로도 잃지 않은 아름다움은 사람들의 동정과 연민 섞인 탄식을 자아냈다." 곧이어 평정을 되찾은 검사가 에피의 법적 상황을 설명했다. "엄격하나 피할 수 없는 법규에 따르면 임신 사실을 숨기고 가장 필요한 도움도 요청하지 않은 피고는 이미 태아 살해를 계획했다. (…) 이러한 상황에서 태아의 자연사나 사산아 출생 사실을 증명할 수 없다면 법에 따라 피고는 태아를 살해한 것이며, 따라서 사형을 받아야 마땅하다." 결백을 증명할 수 없었던 에피는 사형 선고를 받았다. 그녀는 형 집행을 기다리며 에든버러의 시민들이 미들로디언의 심장이라 부르는 감옥으로 돌아갔다. 그때 에피의 언니 제니가 스코틀랜드에서 길고 힘겨운 여정을 거쳐 런던에 도착했다. 제니는 아가일 공작의 도움을 받아 에피에 대한 국왕의 사면권을 얻었다. 에피는 교수대에서 구출되었다. 그 뒤 그녀는 런던으로 돌아가 귀족과 결혼했고 법조계에서 유명한 여성이 됐다.

| 그림 5.1 | 미들로디언의 심장. 에든버러의 옛날 감옥이 있던 자리. Reproduced with permission. © Ruth Corrigan

소설로도 옮겨진 이 사건은 1730년대를 배경으로 한다. 1817년에 에든버러 당국에서 도시의 낡은 감옥을 허물라는 명령을 내렸다. 여기서 영감을 얻은 월터 스콧 경Sir Walter Scott(1771~1832)이 『미들로디언의 심장』을 써서 이듬해에 출판했다. 작가가 에피를 동정 어린 시선으로 그린 것은 당시 낭만주의의 특징이었다. 사람들은 미혼녀를 유혹한 남성에게 비난을 퍼부었다. 스콧 경은 에피가 자신의 아기를 제 손으로 죽이지 못하는 진정한 엄마였으니 다른 부랑자가 대신 아기를 죽였으리라 생각했다. 작가는 사생아를 낳았다는 이유로 여인을 죄인 취급하던 당시의 법을 맹렬히 비난했다. 하지만 이 소설의 진정한 영웅은 에피의 언니, 제니였다. 1830년판 서문에서 작가는 제니의 본명이 헬렌 워커임을 밝혔으며 그다음 해에 제니의 무덤에 묘비명을 새겨 넣었다.[1]

누구나 원죄를 안고 태어난다고 신학자들은 말하지만 아기에겐 죄가 없다. 이번 장에서는 살인 사건의 최연소 피해자와 무고한 살인자를 함께 살펴볼 것이다. 역사를 통틀어 볼 때 가해자가 순전히 정신이상으로 범한 살인은 도덕적 책임의 영역 밖에 존재하는 것으로 간주됐다. 이처럼 결백하나 위험천만한 살인자는 보통 전문 시설로 보내졌다. 여기서 정신이상적인 살인과 영아 살해는 결백이라는 주제로 연결된다. 이 관계는 단순히 편의상 이어진 것이 아니다. 오랜 시간이 흐른 뒤에 영아를 살해한 어머니도 결국 정신장애 판정을 받았다. 그들은 출산에 따른 정신이상이나 지금은 널리 알려진 산후 우울증을 앓고 있었던 것으로 추정된다. 앞으로 만나게 될 살인 유형 중에서 가해자가 평소에 공격적인 성향을 보인 경우는 전혀 없다. 이러한 살인은 사회문화적 변화를 반영한다. 얼마 전까지만 해도 광기로 인한 살인에 대해서는 믿을 만한 통계 자료가 없었기 때문이다. 이러한 살인의 역사는 광기에 대한 태도의 역사에 속한다. 영아 살해는 특히 혼외정사에 대한 사회의 태도와 연관된다. 영아 살해의 경우 살펴볼 만한 통계 자료가 일부 존재한다. 영아 살인율은 사생아가 얻을 불이익이 가장 높은 시기에, 사생아가 감수해야 할 위험이 가장 큰 장소에서 제일 높게 나타났다.

▌버려지는 아기들

제목의 어감이 부정적이기는 하지만 이것은 영아 살해의 본질을 잘 보여준다. 자식을 죽인 엄마는 자기 목숨을 부지하기 위해 시체를 내버려야 했다. 당시에는 DNA 검사도 없었다. 영아 시체가 엄마의 집과 다소 떨어진 곳에서 발견되면 범인을 찾을 만한 단서는 얼마 없었다. 아기를 살해하는 행위에 대해서는 흔히 '영아 살해infanticide'라는 표현이 쓰인다. 일부 역사가들은 '신생아 살해neonaticide'나 '갓난아기 살해newborn child murder' 같은 말을 더 즐겨 쓰는데 이런 단어는 유럽 내의 다른 언어에도 존재한다. '갓난아기 살해'는 근대 초기의 관용법을 따랐다는 장점이 있지만 지루하게 길다. 호퍼Hoffer와 헐Hull은 '영아 살해'라는 표현을 썼으나 그 의미를 멀리까지 확장시켰다. 그들은 영아 살해의 범주에 9세 이하의 아동 살해와 가해자가 부모가 아닌 경우까지 포함시켰다. 다른 학자들은 영아 살해라 하면 갓 태어난 아기를 엄마가, 혹은 적어도 엄마가 적극 관여하여 살해한 경우로 이해한다.[2] 여기서도 영아 살해는 후자와 같은 뜻으로 쓸 것이다.

제임스 콕번James Cockburn은 역사가로서는 유일하게 영아 살해가 친밀한 이의 살인에 속해야 한다고 주장한다.[3] 이렇게 되면 17세기의 친밀한 이의 살인율은 근대의 수치에 가까워지고, 18세기의 친밀한 이의 살인율은 지금의 살인율을 넘어설 것이다. 하지만 원치 않은 임신에 따른 친밀감은 개인적 관계에서 얻는 친밀감과 많이 다르다. 게다가 어떤 분류를 따르든 영아 살해를 살인율에 포함시키면 장기적인 그래프가 바뀌어 17세기와 18세기의 수치가 크게 달라진다. 근대 초기의 살인율은 1800년 이후의 어느 지점부터 새로이 감소하면서 감소 속도가 더뎌질 것이다. 그럴 필요는 없어 보인다. 누군가가 갓 태어난 아기를 죽였다면 죽은 아기는 피해자일 뿐 가해자의 적이 아니다. 반면 성인 살해에서는 대부분 피해자가 동시에 적이 된다. 따라서 나를 포함한 많은 학자들은 영아 살해율과 일반 살인율을 완전히 따로 나누어 계산한다.(일반 살인이란 생후 며칠 이상 지난 사람을 살해한 것으로 규정한다.)[4]

이렇게 두 살인율을 구분하는 또 한 가지 이유는 영아 살해에 대한 믿을 만한 통계 자료가 부족하기 때문이다. 17세기 전에는 영아 시체 검사가 불필요하다는 인식이 강했다. 더불어 부부가 뜻이 같다면 살인 사실은 비교적 쉽게 감출 수 있었다. 영아 살해 사건 발생률을 계산할 때에는 우선 결혼 가정에서 이러한 살인이 벌어질 가능성을 가늠해보아야 한다. 살해 동기로는 아이의 장애나 부모의 가난 또는 아들 선호 사상이 있다. 그럼에도 대다수의 역사가들은 결혼 가정에서의 영아 살해가 근대 초기처럼 중세 시대에도 마찬가지로 흔치 않았으리라고 생각한다. 중세 영국에서는 교회 법원이 영아 살해 재판을 맡았는데 이곳에서 영아 살해는 속죄가 필요한 죄로 여겨졌다. 캔터베리의 성직 판사들은 1470년에 조안 로즈에게 이렇게 명했다. "세 번의 일요일에 행렬이 시작되기 전 하이드 교구 교회를 찾아가라. 그때 오른손에는 양초 반 파운드를 들고, 왼손에 아들을 죽인 칼을 들라." 조안은 이러한 속죄 행위를 캔터베리 시장과 근처 두 마을에서 반복해야 했다.[5]

종교개혁과 반종교개혁은 혼외정사에 대한 비난의 목소리를 더욱 키웠다. 부부간의 성관계는 필요악이라는 인식에서 애정 표현의 한 방법이라는 인식으로 격상되었지만 도덕주의자들은 그 밖의 다른 모든 성관계를 혐오스러운 것으로 보았다.[6] 도덕주의자들은 전통적인 이중 잣대를 거부하면서 남성의 간통도 여성의 간통과 마찬가지로 나쁘다고 경고했다. 교회회의와 교회 법정에서는 결혼식을 올린 뒤 9개월이 채 되기 전에 아기를 낳은 부부까지 질책하기 시작했다. 인구통계학자들의 용어로, 이런 혼전 임신은 이전에는 별 문제가 되지 않았다. 사람들은 혼전 임신이 결코 명예에 누가 되지 않는다고 생각했으며 한동안 이런 견해를 널리 받아들였다. 많은 이들에게 결혼은 여러 사건들이 연달아 이어지는 것이었기에 혼전 성관계가 먼저 있든 교회에서의 결혼식이 먼저 있든 문제될 것이 없었다. 그러나 이를 문제로 생각한 성직자들의 견해가 점차 퍼져나가기 시작했다. 품위가 없는 계층도 품위를 더욱 강조하는 분위기의 영향을 받았다. 고용주와 장인은 도제와 하인의 성생활까지 통제하려 들었다. 하녀는 임신 사실이 알려지는 즉시 쫓겨났다. 이렇게 해서 명예에 대한 유서 깊은 관념과 혼외정사를 금지하는 종교적·도덕적 운동이 서로 힘을 불어넣었다. 영국에서는 복지법 제정 역시 이러한 흐름에 영향을 미쳤다. 1576년의 빈민 구제법은 사생아가 교구의 재정적 부담이 되는 것을 막기 위해 제정됐다. 이로 인해 가난한 집 소녀를 임신시킨 뒤 도망치는 남성들이 늘어났다.[7]

사회의 인식이 변하면서 영아 살해도 보다 쉽게 행해졌다. 중세 시대의 자료는 보관 상태가 다소 불확실하지만 모든 증거는 영아 살해가 16세기 이후부터 증가했다는 사실을 지적한다. 영국의 영아 살해에 대한 기소 건수는 엘리자베스 1세 시대에 증가하기 시작했다.[8] 독일 재판정에서도 16세기 중반 이후부터 영아 살해 사건을 다루는 일이 많아졌다. 물론 영아 살해는 혼외 임신에 대한 자동적인 반응이 결코 아니었다. 미혼모의 압도적 다수는 그대로 아이를 낳아 키웠다. 정상적으로 낳아 기른 이들에 대한 기록은 간략한 세례 기록 외에는 찾아볼 수 없기 때문에 결단 끝에 혹은 충동적으로 아기를 죽이려 한 여인과 계속 기르고자 결심한 여인의 정서적·사회적 상황은 비교해보기 힘들다. 우리가 알 수 있는 사실은 영아 살해율이 16세기 중반과 19세기 초반에 최고점을 기록했다는 것뿐이다. 기소율에는 사건 발생수는 물론 영아 살해에 대한 당국의 관점도 드러난다. 그중 최적의 자료는 살해된 후 발견된 영아 시체에 대한 기록이다. 단 이때 버려진 영아 시체가 대부분 발견됐다고 확신할 수 있어야 한다.

살해된 영아 시체가 유기된 뒤 발견됐다는 증거는 세계 각지에서 나왔다. 암스테르담에서 살해된 아기들은 거의 변함없이 도시 수로에서 발견됐는데 이 말은 곧 이들이 화장실에서 버려졌다는 뜻이었다. 아기를 변소에다 버린 사건은 독일과 영국에서도 기록됐다. 영국에서는 어머니들이 아기 시체를 난로나 뜨거운 재 속에서 태워 없애기도 했지만, 강이나 우물에 버리거나 거름더미에 묻는 경우가 더 흔했다. 18세기에는 가방, 들통, 건초더미, 계단통, 지하 묘지, 석탄통 역시 영아 유기 장소로 언급됐다. 일부 역사가들은 온갖 유기 장소가 수치스러운 곳이었다는 사실로 볼 때 어머니들이 자기 자식 역시 수치스럽게 느꼈음을 알 수 있다고 지적한다. 하지만 변소나 거름더미의 냄새는 시체의 부패 냄새를 가리는 방편이 되기도 했다.[9] 어느 정도 남몰래 저지르는 시체 유기가 흔했지만 그중 대다수는 쉽게 발견되었다고 결론 내릴 수 있다. 유기한 시체가 오랫동안 감춰져 있다가 우연히 발견된 반대 사례도 있다. 1721년 대형 화재로 프랑스 렌 지역이 폐허가 된 적이 있었다. 도시 재건을 위해 배수관을 연 노동자들이 그 안에서 80구 정도 되는 영아 유골을 발견했는데 모두 태어나고 얼마 안 돼 살해된 것이었다.[10] 기록으로 남겨진 대량 발견 사건은 이것이 유일한 데다 이 사건이 역사 문헌에 재차 등장하는 것으로 봐서 발견되지 않은 영아 시체에 대한 암수는 그리 높지 않은 것으로 추정된다.

어머니에 대한 정보가 있는지 여부와 상관없이 지금까지 남아 있는 영아 시체 발견 자료는 얼마 없다. 뉘른베르크에는 1484년부터 1803년까지 유난히 오랜 기간의 자료가 남아 있다. 거주자 10만 명당 영아 살해율은 독일 역사가 리햐르트 반 뒬멘Richard van Dülmen이 만든 10년에 걸친 절대값의 총합 그래프에서 산출해야 한다. 여기서 1524년까지 영아 살해율은 0.6에서 1건에 머물렀다. 이후 50년 동안에는 2건과 3건 사이를 오르내렸고 1574년에서 1624년 사이에는 4건 정도까지 상승했다. 이후 영아 살해율은 심하게 오르내렸는데 1700년대를 전후한 수십 년 동안에는 6건에 이르렀다. 18세기에는 1에서 3건 사이에 머물렀고 19세기 전후로 다시 4.5건까지 올랐다.[11] 스톡홀름의 자료는 그보다 더 긴 기간을 다루고 있지만 그사이 공백기 역시 길다. 이곳의 영아 살해율은 16세기와 18세기에 모두 1.5건이었다. 16세기에는 영아 살해가 전체 살인에서 턱없이 적은 부분에 불과했지만 시간이 가면서 영아 살해율이 일반 살인율의 3분의 2 수준까지 올랐다. 20세기 스톡홀름의 영아 살해율은 미미했다.[12] 암스테르담의 자료에서는 1670년대에 영아 살해율이 0.3건에 그쳤는데 그 이후부터 조사 당국이 영아 살해 사건을 주기적으로 조사하지 않은 것으로 보인다. 영아 살해율은 1690년대부터 1720년대까지 1.2건에서 1.9건으로 올랐고 1750년대에서 1770년대까지는 2.8건에서 3.3건으로 정점에 달했다. 그 뒤로는 다시 감소하여 0.5건(1784~1799)과 0.6건(1800~1816)을 기록했다.[13]

스톡홀름에서는 세기마다 합산되는 영아 살해율이 단 한 번도 일반 살인율을 넘어서지 않았지만 암스테르담에서는 이런 일이 1752년에서 1783년 사이에 벌어졌다. 영국 체스터 지방 영주령의 사체검안서를 보면 1690년대에서 1700년대 사이에 인구추계를 계산에 넣지 않은 영아 살해 사건의 수가 일반 살인 사건수와 비슷하게 나타났다.[14] 뉘른베르크에는 살인율 관련 기록이 없다. 얼마 되지 않은 수치로 미루어보건대 영아 살해는 기소율을 통해 알 수 있는 지역보다 훨씬 멀리까지 퍼져 있었으며 영아 살해 추이는 일반 살인의 흐름을 따라가지 않았음을 알 수 있다. 이 이상의 결론은 추측 수준이다. 단 암스테르담의 증거에는 한 가지 중요한 또 다른 정보가 담겨 있다. 거의 모든 시체 검사 기록에서 영아의 성별을 밝혀놓은 것이다.

위원회의 조사 기록에 따르면 사산된 것이 아닌 영아 시체 중에 51.6퍼센트는 남아, 48.4퍼센트는 여아였다. 발견된 모든 영아 시체 중에서는 남아가 51.4퍼센트, 여아가 48.6퍼센트에 이르렀다. 제네바의 경우 영아 살해 사건에서는 여아의 비율이 조금 더 높은 반면 영아 의문사 사건에서는 남아의 비율이 더 높았다.[15] 이로 볼 때 영아의 성별은 살해를 결정하는 주된 요인이 아니었음을 알 수 있다. 이는 살해된 영아들이 거의 모두 부정한 관계의 산물이며, 영아 살해와 유기의 가장 큰 원인은 영아 자체가 아니라 출산 결과의 두려움이었다는 가정과도 일맥상통한다.

그러나 영아 시체가 발견되면서 자신이 살해 용의자가 됐을 때 아이 엄마는 더 나쁜 상황에 처할 수 있었다. 유럽에서는 기소율이 그리 높지 않았지만 기소될 경우에 처벌은 가혹했다. 독일 법정에서는 사형 집행인이 처형을 집행하기 전에 죄인의 살점을 뜨거운 펜치로 찢어내라고 명령하기도 했다.[16] 당시에는 사산과 살인을 구분하기 힘들었던 만큼 이런 형벌을 모면한 이들도 있었다. 이때 사산과 살인을 가려내는 중요한 방법은 폐 검사였다. 의사가 영아 시체에서 떼어낸 폐를 물속에 넣었을 때 폐가 물에 뜨면 폐 안에 공기가 들었다는 것이고, 따라서 태아가 정상적으로 출산되었다는 뜻이었다. 영국에서 폐 검사는 1720년이 되어서야 소개됐고 북쪽 지방에는 그보다 늦은 1760년대에 소개됐다. 그러나 검사 결과의 유효성에 대해서는 논란의 여지가 있었다. 18세기 중반 무렵 독일과 네덜란드의 의사들이 폐 검사에 의혹을 품기 시작했다. 독일에서 폐 검사는 17세기 말부터 흔히 행해졌다. 그전까지는 산파나 의사가 겉으로 드러나는 표시만 보고 영아 시체를 검사했다. 암스테르담의 검사 당국은 19세기 초반까지 폐 검사를 주기적으로 시행했다.[17]

영아 살해를 증명하는 문제와 더불어 혼외정사에 대한 우려로 일부 국가에서는 특별법을 제정했다. 프랑스가 첫 번째였다. 1556년에 제정된 헨리 2세법에 따라 임신한 미혼 여성은 모두 지역 관서에 신고해야 했고, 이에 대해 행정관으로부터 임신은 언제 했는지, 아이 아버지는 누구인지, 사건은 어디서 벌어졌는지 심문을 받아야 했다. 이런 정책의 주된 목적은 아이 아버지의 신원을 파악해 임신한 여성과 결혼시키는 것이었다. 임신 사실을 신고하지 않을 때는 처벌이 비교적 가벼웠지만, 아기가 사산되었거나 태어나고 얼마 안 있어 사망한 경우에는 당사자가 살인 의혹을 받았다. 법원에서 이런 경우를 유죄로 간주하기 시작했다. 판사들은 아기가 사산되었는지 심문하는 것이 불필요하다고 생각했다. 여인이 임신 사실을 숨겼는데 아이가 죽었다면, 그 자체를 그녀가 아이를 죽인 증거로 간주했다. 이러한 해석은 점차 성문화되었다. "자신의 임신과 출산 사실을 침묵하며 은폐한 채 비밀에 붙인 여성은 살인에 대한 증거가 충분치 않아도 자녀 살해 혐의로 체포될 것이며 그 결과 사형에 처해질 것이다." 모든 성직자들이 이 문구를 세 달에 한 번씩 미사 전에 교구 주민들 앞에서 큰 소리로 낭독해야 했다.[18] 영국 프로테스탄트는 얼마 뒤에 프랑스 가톨릭의 전철을 따랐다. 의회에서 17세기 초반부터 이 문제를 두고 공방을 벌인 끝에 1624년, 사생아 유기와 살해 금지법을 제정했다.[19] 엄밀히 따지면 유죄 추정의 근거는 영아의 죽음을 숨긴 것이지, 임신 사실을 숨긴 것이 아니었다. 하지만 영아의 죽음을 성공적으로 은폐할 수도 있기 때문에 임신 사실을 감춘 것도 유죄 추정의 근거가 됐다.

영국과 프랑스 두 나라에서 은폐 사실을 근거로 유죄를 추정하는 대상은 미혼모에 한정됐다. 의원들은 순결하지 못한 과거를 살인으로 묻으려 한 여성에 대해 마음껏 도덕적 분노를 터뜨렸다. 반면 아이 아버지의 정숙하지 못한 행동은 다소 관대한 눈으로 바라보면서 이중 잣대를 적용했다. 지금이라면 논평가들이 영아 살해를 근절하기 위해 사생아를 거부하는 사회적 분위기를 개선하도록 하고 미혼모를 위한 시설을 만들자고 주장할 테지만 17세기의 정치가나 도덕주의자들은 그렇게 생각하지 않았다. 그들은 악이 악을 낳는 것이라고 생각했다. 혼외정사는 죄악이고 범죄이며 더 큰 범죄를 유발할 수 있는 행위였다. 따라서 두 가지 모두 철저히 막아야 했다. 당시에 죄 많고 불순한 욕망의 결과로 임신한 여성은 모성이 부족하다고 여겨졌기 때문에 자연적으로 다른 모든 어머니들은 의문을 품지 말고 자식의 존재를 받아들이며 그들을 보살펴야 했다.

다른 국가에서도 사산이라는 주장에 대응하기 위한 법이 제정됐다. 연합국이던 덴마크와 노르웨이에서는 1635년에 남몰래 출산한 여인에게 사형을 내렸다.[20] 스코틀랜드 의회는 해체되기 17년 전에 이러한 법을 시행했는데 1690년에 제정된 법은 미혼모의 아이가 실종되기만 해도 영아 살해 혐의를 씌었다.[21] 월터 스콧 경은 이 법에 대해 맹렬히 비난했다. 그 밖에 다른 국가의 법안은 영아 살해에 그리 분명한 태도를 보이지 않았지만 출산 사실을 은폐한 경우에는 법적 고문을 정당화했다. 네덜란드 법원에서는 증거가 확실한 영아 살해와 출산 은폐를 뚜렷이 구분했다. 여성이 산파를 부르지 않고 혼자 출산하다가 아이가 죽었다면 그녀는 필수적인 예방 조치도 취하지 않은 죄로 공개 채찍형을 받았다. 법원에서는 이러한 경우를 영아 살해가 아닌 방치사로 보았다.[22] 이 관례에 따라 근대 초기에 영아 살해죄로 처형을 당한 여성의 수는 낮은 수준에 머물렀다. 1788년에는 24세의 한 하녀가 아이를 천으로 질식시켜 죽였다고 자백했다. 여인은 영아 살해죄로 사형을 당했는데 시체 부검 기록 관리자는 자신이 이 일에 종사한 지 36년 만에 처음으로 내려진 사형이었다고 기록했다.[23] 이 시기는 실제 영아 살해 사건 발생수가 최고점을 찍을 때와 일치한다.

유럽 전역에서 당시의 사람들이나 사회적 환경, 아이를 죽인 어머니에 대한 법적 처벌 등에 관한 정보는 오로지 재판 기록을 통해 얻을 수 있다. 지금까지의 연구는 대부분 영국이나 독일에 관한 것이다. 영아 살해 재판의 피고 중 압도적 다수는 미혼모였으며 과부보다는 아직 결혼하지 않은 하녀나 노동자가 많았다. 간혹 유부녀도 있었지만 이들은 남편과 별거 중이었다. 전체 피고 중 소수를 차지하는 남성과 유부녀는 사생아 살인 방조 혐의를 받았다. 법과 여론이 주로 미혼모를 겨냥했다는 점에서 여기에도 몇 가지 편향이 있음을 알 수 있다. 하지만 이 통계치가 전적으로 인위적인 것 같지는 않다. 대다수 역사가들은 결혼한 부부를 의식적으로 논외 대상으로 보는 애매모호한 입장에서 벗어나, 몇몇의 부부는 영아 살해에 적극 가담했으리라고 믿는다.

이러한 미혼 여성들은 대체로 하류층에 속해 있었고 직업도 제한적이었다. 대다수가 하녀나 농장 일꾼이었다. 당연히 하녀는 대도시에 많고 농장 일꾼은 시골 지역에 많았다. 영국 북부에서 영아 살해 혐의를 받은 여성들은 실잣기나 농작물 수확, 가축 돌보기, 치즈나 기타 유제품 생산 등의 일을 했다.[24] 반면 암스테르담에서 열린 재판의 피고는 거의 예외 없이 하녀였다.[25] 암스테르담이라면 그리 놀라운 수치가 아니겠지만, 다른 지역에서의 영아 살해자 중 하녀의 비율은 지나치게 높게 나타난 것으로 보인다. 독일 프로이센 지방에서는 영아 살해 재판의 피고 중 70퍼센트가 하녀라고 기록돼 있는데 실제로 20세에서 30세 사이의 미혼 여성 중에 하녀는 절반 정도였다. 역사가 커스틴 미칼릭Kerstin Michalik은 하녀들이 다른 젊은 여성보다 성경험이 많았는데 자의에 따라 그런 경우도 있었고 주인의 성교 강요에 못 이긴 경우도 있었다고 주장한다. 프로이센 지방에서 살해된 영아의 아버지로 알려진 이들 중 30에서 40퍼센트는 사회적 지위가 아이 어머니보다 높았다.[26] 역사가 올웬 허프튼Olwen Hufton은 하녀가 선대제(독립된 소생산자에게 상인이 제품, 도구 등을 먼저 지불하여 제품을 생산하게 하는 방식_옮긴이)로 고용된 직물 노동자 같은 제3의 집단보다 불리했다는 사실을 강조한다. 하녀는 임신하면 그 자리에서 쫓겨나지만 직물 노동자는 아이를 낳고도 계속해서 일할 수 있었다는 것이다.[27] 그러나 프랑스 남부 지방에서는 영아 살해자 중에 직물 노동자도 꽤 많았다.[28]

군사 작전이 빈번히 일어난 신성로마제국 지역에서는 또 다른 부류가 눈에 띄었다. 특히 30년 전쟁 기간에 영아 살해 혐의로 재판정에 선 많은 여인들은 군인에게 강간을 당하거나 결혼해주겠다는 약속을 받은 뒤 몸을 허락한 것이었다. 결혼을 약속한 경우에도 상대는 재빨리 떠나버리기 일쑤였기에 남겨진 여인들은 예외 없이 군인의 창녀라 불렸다.[29] 독일 전역에서는 집안일을 하거나 농사일을 하는 여인이 영아 살해 사건의 피고 중 대다수를 차지했다. 대개가 20대로 웬만해선 이미 결혼을 했을 나이였다. 살해된 영아의 아버지는 프로이센 지방과 달리 여인과 같은 계층 출신이 압도적으로 많았다. 시골 지역이라면 밑바닥 농사꾼이었고 도시라면 직인이나 하인이었다.[30] 1661년부터 1821년 사이의 스코틀랜드를 살펴본 연구 결과도 비슷했다. 피고는 젊은 미혼모였으며 대다수가 농부의 딸이거나 농가의 하녀였다. 그중에는 피고의 어머니가, 혹은 간혹 아이의 아버지가 영아 살해를 돕는 경우도 있었다. 프로이센 지방에 대해 데보라 시몬즈Deborah Symonds가 내린 결론은 미칼릭의 의견과 정반대다. 살해된 영아의 아버지에 대한 현존하는 증거를 보면 성적 착취나 강간, 매춘으로 인한 경우는 상당히 드물었다는 것이다. 그녀는 아이 아버지가 여인의 주인일 경우에도 특별히 부유하지는 않았다고 주장한다.[31]

행정관과 지역 주민이 일심동체가 되어 실제 영아 살해 사건이나 살해 계획을 알아내려 한 일도 종종 있었다. 두 역사가가 각각 조사한 영국 북부 순회 재판 자료가 이에 관한 탁월한 사례를 보여준다.[32] 모든 일은 미혼녀에게 임신 사실을 시인할 것을 강요하면서 시작됐다. 처음에는 임신 사실을 숨기고 아기를 죽인 전적이 있다고 소문 난 여성들이 주로 의심을 받았지만 전적이 없는 이들도 의혹의 대상이 됐다. 여자 이웃들은 표적이 된 여성의 의사에 아랑곳하지 않고 산파를 부르거나 자체 조사에 들어갔다. 신년을 맞은 어느 겨울날, 이자벨 바튼의 이웃 여인 넷이 이자벨의 어머니 집으로 찾아가 이자벨을 불러냈다. 그들은 이자벨에게 가슴을 내 보이라고 말했다. 이자벨은 상관할 일 아니라고 잘라 말하며 거절했다. 얼마 뒤 그녀는 한쪽만 보여주겠다는 데에 동의했지만 정작 가슴은 보일 듯 말 듯 거의 드러내지 않았고, 이웃 여인들은 성에 차지 않아 했다. 그중 한 명이 이자벨의 유두가 검푸르다는 것을 발견하고는 유두를 한번 잡아 당겨보겠다고 나섰다. 이자벨은 재빨리 가슴을 활짝 드러내 보였지만 누구도 만져보지는 못하게 했다. 다음날 이자벨은 마을을 떠나 두 달 뒤에 돌아왔다. 그제야 그녀는 이웃들이 찾아오기 바로 전날 유산한 사실을 시인했다. 이에 질문이 쏟아졌고 이자벨은 지난 한여름에 스카버러 시장에서 오는 길에 한 남자가 자신을 말 위에서 끌어내 강간한 사실을 털어놓았다. 그녀는 유산을 했지만 태아의 형체는 알아보지 못했다.[33] 노처녀나 과부들은 더 당당하게 나오면서 이런 식의 조사를 일체 거부했다. 배가 부른 이유를 둘러대느라 온갖 질병을 지어내는 여성들도 있었다.

18세기에 교구 민생 위원들은 임신이 의심되는 미혼 여성들이 이웃 여인들의 검사를 받아보고 질문에 답할 것을 설득했다. 이는 출산으로 의심되는 날부터 한 달이 지나기 전까지는 행정관도 여인에게 관련 질문에 답하도록 강제할 자격이 없다는 1733년 법에 위배되는 것이었다. 부푼 배는 여전히 임신의 가장 확실한 신호였다. 1744년에 영국 컴벌랜드의 제인 반스는 약제상 헨리 홀을 두 번 찾아가 기침이 심하며 가슴과 배가 아프다고 호소했다. 헨리는 미심쩍은 시선으로 제인에게 생리 주기가 일정하냐고 물었다. 제인은 그렇다고 확실히 답했다. 그럼에도 그녀는 출산을 은폐한 혐의로 법정에 섰다. 헨리는 제인이 망토를 벗은 모습을 본 적이 없다고 증언했다.[34] 그 밖에 여성들은 불룩한 배를 숨기기 위해 후프 스커트(버팀 살대를 넣어 속을 부풀린 치마_옮긴이)나 폭이 넓은 드레스를 입었다. 18세기 말에 이르자 임신 여부를 검사하는 남자 의사의 역할이 더 널리 알려졌다.

유럽 다른 지역에서도 미혼녀의 임신 사실을 캐내는 데 이웃과 지역 당국이 일치단결했다. 프랑스 여성들은 다른 여성을 노골적으로 의심하면서 가슴에 젖이 차 있는지 보려고 나서는 데 익숙했다. 때로는 의심스런 여성을 검사하기 위해 지역 사제에게 요청해 산파를 불러오기도 했다.[35] 제네바 근처의 한 마을에서는 여인 몇 명이 한 미혼 여성에게 무례하게 달려들어서 여인의 가슴을 만져보며 젖이 차 있는지 확인하기도 했다.[36] 뷔르템베르크에서는 이웃은 물론 때로는 친척들까지 의심스런 여인을 지역 당국에 고발했다. 도로티아 멩글러는 다른 여인들과 밭일을 하던 중 진통을 느끼기 시작했다. 그녀는 바로 돌아오겠다며 자리를 떠났지만 분만이 길어지는 탓에 생각보다 많은 시간 동안 자리를 비웠다. 이내 다른 사람들이 그녀를 찾아 나섰다. 도로티아는 작은 강가에서 발견됐는데 주변의 풀에 피가 얼룩덜룩 묻어 있었다. 곧이어 그녀의 죽은 아기도 발견되었다. 도로티아는 마을로 보내졌고 그곳에서 근처 마을의 경찰관이 올 때까지 남성 넷의 감시를 받았다.[37]

미혼모를 색출해내려는 노력과 반대로 미혼모가 임신 사실을 숨기도록 도와주었다는 증거도 있다. 영국 체셔의 몇몇 여성은 친척과 친구들의 도움을 받았다. 친척과 친구들은 아이 출산뿐만 아니라 죽은 아이를 숨기는 일까지 힘껏 도왔다. 1656년 어느 날, 존과 리처드, 엘리자베스 핸콕은 에이미 핸콕이 남몰래 아이를 낳도록 도운 뒤 죽은 아이를 존의 집에 묻었다. 엘리자베스 피스비는 알드포드에서 한 가족과 한 집에 살고 있었다. 1732년 7월 어느 날, 출산을 앞둔 엘리자베스가 같은 집에 사는 노동자의 아내에게 근처에 사는 오빠와 언니를 불러달라고 부탁했다. 가족 간의 유대가 영아 살해의 공포를 이긴 것이다. 법정 기록에서는 이런 증거가 지나가듯 언급되어 있지만 디킨슨Dickinson과 샤프Sharpe는 영아 살해범이 주변 사람들의 도움을 받아 출산 사실과 영아 시체를 아무도 모르게 숨길 수 있었을 것이라고 추정한다. 그러므로 당국에 체포돼 기소된 미혼모는 주변인들의 도움을 제대로 받지 못한 것이다.[38] 이처럼 가족과 친구들이 도왔다는 사례는 독일 도시와 네덜란드 프리즐란드에서도 보고된 바 있다. 프랑크푸르트에 사는 아그네스 쉬넨은 결혼한 군인의 아이를 임신했다. 처음에는 아그네스의 언니와 군인의 아내가 아이를 사산시키겠다며 약물 요법, 목욕 요법도 써보고 피도 뽑아보았지만 모두 소용없었다. 이후 아그네스의 언니가 자신이 도울 테니 아기를 죽이자고 제안했다. 일이 치러진 뒤, 군인의 아내가 죽은 아기를 아그네스의 집에서 몰래 빼내와 숨겼다.[39]

특히 독일 역사가들은 영아 살해 혐의로 체포된 여성들이 유죄 선고를 피하기 위해 짜낸 온갖 전략에 관심을 보였다. 마녀사냥이 한창이던 16세기와 17세기에 많은 피고들은 사탄이 자신의 귀에 속삭여서 그랬다고 주장했지만 다들 별다른 성과를 얻지 못했다.[40] 18세기에 이르자 여인들은 좀 더 치밀한 방어 전략을 세우기 시작했다. 아기의 시체가 발견되면 용의자는 잠시 동안 집안에, 보통은 그녀가 시중들던 가정에 구금됐다. 이때 어머니와 얘기하고 싶다는 용의자의 요청은 웬만해선 받아들여졌는데 판사들은 이 사실을 알고 나면 의혹을 품었다. 보통 두 여인의 대화 내용은 기록되지 않았지만 필시 변론 계획을 짜고 있었을 것이다. 한 피고는, 모든 것을 부인하고 살인 혐의를 벗은 뒤 달아난 뤼벡 지방의 한 하녀 얘기를 어머니가 알려주었다고 털어놓기도 했다. 대개는 사산이었다고 주장하는 편을 택했다. 여기에 아이가 뱃속에서 뒤척이는 것을 한 번도 느끼지 못했거나 적어도 지난 몇 주 동안은 못 느꼈다고 덧붙였다. 심각한 열병을 앓아서 태아가 죽은 것 같다고 주장하는 이들도 있었다. 시체의 머리에 상해의 흔적이 있으면 피고는 자신이 선 채로 혹은 벽난로 위에서 분만을 할 수밖에 없었기에 아이가 나오면서 잘못 머리를 부딪쳐 사망했다고 주장했다. 피고 열 명 중 한 명은 임신과 출산한 기억 자체를 억눌러 망각했는데, 사실이 밝혀지는 경우에는 효과적인 전략이라 할 수 없었다. 대부분의 경우 피고는 자신의 행위가 폭력이 아니라고 생각했다. 그들이 보기에 자신의 행위는 살인보다 훨씬 가벼운 것이었다.[41]

유럽 각지의 조사 결과에 따르면 살해된 영아들은 흔히 질식하거나 목이 졸려 사망했으며 영아 시체에서 심각한 폭행의 흔적도 드물지 않게 발견됐다. 물론 예외도 있었다. 아기가 목이 베여 죽었다는 이야기가 간간이 들려왔다. 영국 북부에서는 입이 봉해져 있고 머리에 무언가 씌워져 있는가 하면, 목이나 가슴에 상처가 나 있거나 혀가 잘려나간 아기 시체가 간혹 발견되었다.[42] 체셔에 사는 매리 스톡튼의 집 근처에서 돼지가 땅을 파헤치기 시작했다. 곧 돼지가 무언가를 끄집어냈다. 발이 두 개에 머리가 동그란 것이 아기 시체처럼 보였고 몸에는 심각한 상처가 나 있다. 결국 메리는 임신과 출산 사실을 털어놓으면서 아이가 예정일보다 8주나 일찍 나오는 바람에 옷을 하나도 준비하지 못했고 얼마 동안은 아이가 뱃속에서 꿈틀대는 기미조차 느끼지 못했다고 말했다. 아기 몸에 난 상처는 아마 돼지가 파헤치다 그런 것일 거라고 덧붙였다. 그녀는 사형 선고를 받았다.[43]

여러 가능한 증거를 모아보면 영아 살해와 사생아 출산이 서로 면밀히 연관돼 있음을 확인할 수 있다. 인구 사학자와 문화 사학자들은 초기 근대 유럽에서 태어난 사생아들이 대부분 결혼 약속이 틀어진 결과라고 정리했다. 한때 결혼한 부부의 초산 중 3분의 1을 차지했던 혼전 임신은 사생아 출산보다 훨씬 더 흔한 일이었다. 일반적인 규범에 따르면 젊은 남녀의 성관계는 그들 자신과 가족, 이웃들이 그들의 결혼을 마땅히 기대하는 상황이라면 흔히 받아들여졌다. 그러다가 관계가 어긋나고 여성도 임신하지 않았다면 여성은 남성이 미혼으로 남아 있는 한 명예를 회복할 수 있었다. 그러나 남성이 다른 여자와 결혼할 것을 알리면 버림받은 여성은 처음의 약속을 지키라며 상대를 고소하기도 했다. 결혼이 어그러졌는데 임신을 하게 된 여성은 명예를 잃을 위험이 컸다. 그럴 때에도 여인은 갓난아기를 살해하기보다 사생아를 낳아 기르는 편을 선택하는 경우가 더 많았다. 대부분의 살인 사건에서는 명예가 큰 비중을 차지하지만, 무수한 증거에서 드러나듯이 아기를 낳아 기를 것인가, 죽일 것인가를 선택하는 결정적인 요인은 가난이었다. 하녀의 경우 임신 사실이 알려지면 바로 쫓겨날 위험에 처했기에 이들 중에 영아 살해범이 유독 많았다. 도덕주의자와 당국은 영아 살해를 극악한 범죄로 간주했지만 어머니들은 세례를 받지 않은 아기는 아직 완전한 인간이 아니라면서 영아 살해를 정당화한 것으로 보인다.

▌정신병자 살인범

미친개는 위험한 데다 종잡을 수 없다. 사람들을 닥치는 대로 물고, 심지어 자신의 주인이나 주인의 아이들까지 사정없이 물어뜯기 때문에 미친개가 도둑을 물리쳐주리라 믿는 사람은 없다. 반대로 훌륭한 개는 주인에게 위안을 주며 온갖 침입자를 공격한다. 사람도 미친개에 물리면 똑같이 미치지만 미친개에 물리지 않고도 비슷한 증상을 보이는 이들이 있다. 과거 유럽도 마찬가지였다. 일부 언어에서는 광견병에 걸린 짐승을 가리키는 말이나 공격적인 광기를 보이는 사람을 가리키는 (원래) 말이 같았다. 학자들은 광기의 역사를 다양한 관점에서 살펴보았는데 여기에서는 광기와 살인이 만나는 지점 정도만 살펴보는 것이 적절하겠다.

산업화 이전의 유럽에서는 정신이상 행동을 두 가지로 나눠 바라봤다. 하나는 머리가 모자라거나 순진해서 일상적인 일을 못하거나 그럴 능력이 부족한 사람이다. 이들은 걱정할 필요가 없었다. 다른 하나는 위험한 정신이상자로, 누구도 이해하지 못할 공격적인 행동을 하는 사람이다. 정상적인 사람은 충견처럼 행동한다. 적을 공격하고, 사랑하는 사람들을 보호하며 아낀다. 남편이 도가 지나친 처벌로 아내를 죽였을 때에도 그럴만한 이유는 있었다. 마찬가지로 자극이나 모욕을 받아서 혹은 싸움 도중에, 살인을 저지른 경우, 죗값은 받아야겠지만 그 경위는 충분히 이해할 수 있었다. 하지만 낯선 사람이나 이웃, 또는 친밀한 사람을 뚜렷한 이유 없이 살해한 이는 정신이상자로 간주됐다. 여성 역시 아직 완벽한 인간의 틀을 갖추지 못한 갓난아기가 아닌 자신이 얼마 동안 직접 키워온 아이를 별안간 죽였다면 이는 정신이상에서 나온 행동일 수 있었다. 정신이상자는 살인을 통해 물질적이든 비물질적이든 뚜렷한 이득을 얻지 않는다. 이들에게는 무엇이 됐든 당시의 처벌 기준이 적용되지 않았다. 1270년에 영국 노리치 법원에서는 처자를 살해한 남성이 정신이상 증세가 있으니 지역 병원으로 보내야 한다고 판결했다. 15세기에 세워진 네덜란드 최초의 정신병원에는 평상시 가족들이 사슬로 묶어놓을 수밖에 없었던 환자들이 수용됐다.[44]

정신이상자에 대한 변호는 법의 역사에서 주기적으로 다루는 주제지만, 광기나 살인을 연구하는 역사가 중 정신이상 살인의 정황을 조직적으로 연구한 이는 거의 없다. 헬가 슈나벨-쉴레Helga Schnabel-Schüle는 뷔르템베르크에서 벌어진 무수한 사건을 연구한 결과, 18세기의 살인 사건은 종교적으로 민감한 상황에서 더욱 빈번히 일어났다고 결론 내렸다.[45] 그렇지만 이미 16세기와 17세기에 벌어진 종교적 갈등과 종파의 확산으로 정신이 혼란에 빠진 사람도 있었다. 스페인 부르고스에서 구두를 만들던 마틴 로페즈 데 세네카는 독실한 가톨릭 신자였다. 1643년 3월 어느 날 아침, 그는 옷을 다 챙겨 입지도 않고 침실에 걸린 성모마리아 상 앞에서 기도를 하고 있었다. 그는 아내에게 도시 외곽에 있는 빅토리아 성모 수녀원에 예배드리러 갈 생각인데 그전에 아침을 먹고 싶다고 알렸다. 아내는 마틴의 누이가 지난번에 만들어온 빵을 가져다주었다. 마틴은 긴 칼을 들더니 빵을 자르는 대신 견습생실로 향했다. 그곳에서는 프란시스코 델 라 페냐가 아직 자고 있었다. 이내 찢어질 듯한 비명소리가 들려왔다. 마틴의 아내가 달려가 보니 프란시스코가 쓰러져 죽어 있었다. 마틴은 사형 선고를 받았지만 악령이 자신에게 달라붙어 그런 짓을 시킨 것이라고 끝까지 주장했다. 두 퇴마사가 마틴과 몇 차례 대화를 나눈 뒤, 실제로 악령이 관여한 것이라고 결론 내렸다. 결국 마틴은 국왕의 사면을 받았다.[46]

퇴마사의 결론이 말해주듯 16세기와 17세기에 종교적으로 영향을 받은 살인 사건은 종교적인 맥락에서 평가됐다. 이러한 살인 사건이 18세기에 눈에 띄게 증가한 것은 이 행동을 정신이상 증세라고 선뜻 결론 내리는 세속적 관점이 그만큼 널리 퍼졌기 때문일 것이다. 하지만 뷔르템베르크의 법학 전문가들은 이들 사건에 대한 재판에서 살인자의 정신이상 여부를 논의한 끝에 결국 피고에게 형사책임을 물었다. 스물여섯의 귀머거리인 또 다른 제화공은 소리를 듣지 못하는데도 사제의 연설에 언제나 격분했다. 마을 사람들이 그에게 그의 서른세 살 먹은 아내가 쌍둥이를 뱄다는 소식을 글로 써서 보여주자 남자는 자신이 어렸을 때 자위를 많이 해서 정액을 이미 다 써버렸기 때문에 아이들의 부친은 다른 남자일 것이라고 확신하게 됐다. 제화공은 아내를 죽이기로 마음먹었다.[47]

독일의 다른 지역에서는 다양한 사건에서 살인자의 정신 상태를 두고 논쟁이 벌어졌다는 기록이 남아 있다. 24세의 한 무두장이는 성경과 '광신도'가 쓴 여러 책을 읽고 난 뒤 모든 여성은 이 세상에 죄악을 가져온 섬뜩한 뱀이니 죽어야 마땅하다고 결론지었다. 이러한 확신에 따라 그는 1724년 어느 날, 낯모르는 여인을 피투성이로 만들어 살해했다. 2년에 걸친 전문적인 논의 끝에 그는 우울증 환자로 판명됐다. 그가 이렇게 광적인 생각을 품게 된 것은 다양한 종파를 접해서가 아니라 지배적인 어머니와 간교

한 애인 때문이었다. 비슷한 사건이 1731년에도 벌어졌다. 산달이 가까운 여인을 무참히 찔러 죽인 남자 역시 우울증 환자로 밝혀졌다. 남자는 여성만 보면 화가 끓어오르기도 하지만 자신이 실연을 당해서 이런 일을 저지른 것이라고 진술했다. 18세기 말에 이르자 정신적 장애가 있어 보이는 살인자에 대해 법정에 의학적 소견을 제출하는 일이 흔해졌다. 의사들은 각각 9살짜리와 생후 9주 된 딸의 목을 베어 숨지게 한 두 아버지를 철저하게 심문했다. 두 범인에 대한 결론 역시 우울증이었다. 행정관들은 머릿속에서 울리는 목소리에 홀려 지나가던 소년을 죽였다는 한 병사에 대해서도 의학적 소견을 요청했다.[48]

정신장애자나 정신이상자가 친밀한 사람, 특히 어린아이를 살해한 사건은 17세기 중반 이후로 암스테르담에서 만날 수 있다. 가난 때문에 우울증을 앓은 결과 자식을 살해한 어머니들의 실정은 판사들에게 변명이 되지 않았다. 피고의 정신 상태는 1736년에 이르러 처음으로 참작됐다. 31세의 유대인 과부 사라 아비아타에게는 죽은 남편 사이에서 낳은 세 살 난 아들이 있었고 9개월 된 딸이 있었다. 사라의 진술에 따르면 딸은 집주인의 아들과 강제로 성관계를 맺은 뒤 낳은 아이였다. 심문을 받자마자 사라는 새벽 세 시 반에 두 아이를 칼로 찔러 죽였음을 시인했다. 그렇게 끔찍한 짓을 저지른 이유가 뭐냐는 물음에 사라가 대답했다. 가난, 슬픔, 빚 때문이라고. 그녀의 뒷집에 사는 한 유대인 남성은 이른 아침에 누군가가 자신의 방문을 두드리면서 "살인났어요, 살인!"이라고 외쳤다고 증언했다. 달려가 보니 한 아이는 피가 흥건히 고인 바닥에 죽어 있었고 다른 아이는 침대 틀에 머리가 매달린 채 죽어 있었다고 했다. 사라는 이웃들에게 살인 사실을 알린 것이 자신이며, 처음부터 일을 저지르는 즉시 자백할 생각이었다고 말했다. 빨라도 너무 빠른 자백이었다. 사라에 대한 재판 기록에는 법정의 일원으로 보이는 두 익명인의 언급이 포함되어 있다. 그중 하나는 이런 내용이다. "피고의 자백을 듣는 순간 저는 그녀가 분별력이라고는 모두 잃어버렸다고밖에 결론을 내릴 수가 없었습니다. 그렇지 않고서야 자기 자식을 아무 이유 없이 이렇게 무자비하게 죽일 어머니가 어디 있겠습니까." 이런 결론을 내렸음에도 그는 모든 살인자는 사형에 처해야 하며 자식을 죽인 어머니들도 예외일 수는 없다고 주장했다. 다른 한 사람은 긴 얘기 없이 피고가 정신적으로 아무 문제가 없다는 사실이 충분히 입증됐다고 말했다. 사라는 가난과 슬픔, 빚 때문에 아이들을 죽였다는 변명으로는 사형을 면할 수 없었다.[49]

다음으로 정신이상자가 친밀한 이를 해친 사건은 1783년에 일어났다. 이번에는 암스테르담 법정이 가해자의 정신이상을 인정했다. 45세의 마리아 메이지빅은 남편과의 사이에서 낳은 다섯 아이 중 넷을 자연사로 먼저 떠나보냈다. 하나 남은 11세의 하르마누스는 못 듣고 말 못하며 지능도 떨어지는 아이였는데 그 아이 또한 사망했다. 외관상으로는 긁힌 자국만 발견됐지만 부검 결과 아이의 폐에 피가 가득 차 있는 것이 사인으로 밝혀졌다. 비록 남편이 증언했듯이 아이 엄마는 언제나 하나 남은 불행한 아이를 끔찍이 사랑했지만, 그녀는 이것이 아이에게 최선이었다고 진술했다. 그러나 마리아가 3년 전 남편의 요청에 따라 정신이상으로 격리 병원에 12개월 동안 수용됐다는 사실이 밝혀졌다. 재판 당시 마리아는 혼란스러운 모습을 보였다. 그녀는 사람들이 아이를 유황으로 죽이려 위협해서 자신이나 남편, 아니면 공주님이 아이를 죽여야만 했다고 말했다. 마리아는 가톨릭 신자였지만 이제 교황의 고문을 받지 않고 평화롭게 죽을 수 있었다. 결국 정신이상 판정을 받고 50년간 감옥 밀실에서 지내게 된 것이다.[50] 이미 이런 전례가 있었는데도 바타비아 혁명(1795년) 이후 새로 임명된 행정관들은 두 딸의 목을 베어버린 남성에게 비슷한 판결이 내려졌을 때 새로운 진보 정신의 표현이라며 기뻐했다.[51]

앙시앵레짐 말기에 이르러서 법정이 살인자의 정신 상태를 고려하려는 태도가 확연히 드러났다고 결론 내릴 수 있다. 18세기에 이르자 제네바 공화국과 영국의 법원에서도 정신이상에 대한 변호나 의학적 개입을 더 자주 볼 수 있게 됐다.[52] 그럼에도 영국에서는 두 번의 극악한 살인 사건에 대해 정신장애가 있어 보이는 범인을 사형에 처한 일이 있었다. 두 경우 모두 살인의 동기나 살인자의 정신 상태 문제는 지금까지 논란의 여지가 있다. 1743년에 서섹스 라이 지방의 푸주한이자 여관 주인인 존 브레즈가 그 마을에서 힘 있는 상인 집안의 자손 앨런 그레벨을 칼로 찔러 죽인 사건이 발생했다. 브레즈는 원래 그레벨의 처남인 제임스 램 시장을 죽이려 했다. 살인자의 첫 표적이었던 램은 브레즈에게 저녁 식사 초대를 받았지만 몸이 안 좋아 그레벨에게 대신 가달라고 부탁하며 시장이 입는 외투를 빌려주었다. 그레벨은 푸짐한 식사와 와인을 대접받은 뒤 교회 묘지를 지나 집으로 돌아가던 길에 갑작스레 공격을 받았다. 브레즈는 다음날 "푸주한은 양 lambs을 죽여야 해!"라고 소리치며 마을을 돌아다닌 탓에 주변의 이목을 끌었다. 브레즈는 몇 년 전 시장으로부터 벌금형을 받은 이후로 줄곧 시장을 증오해왔는데, 많은 이들이 그가 미쳐서 제정신이 아니라고 했다. 이 사건은 작은 마을 안에서 기억되는 것으로 그쳤지만 1779년에 벌어진 샌드위치 백작의 정부인 마사 레이 살인 사건은 19세기가 한참 지나서까지 영국 각지의 작가들을 매혹했다. 이 사건을 두고 여론은 낭만주의와 광기 사이에서 갈피를 잡지 못했다. 영국 성공회의 사제로 이제 막 임명된 젊은이 제임스 해크먼이 자신보다 나이가 두 배는 많은 피해자를 런던 코벤트 가든 극장의 계단에서 총으로 쏴 죽였다. 이후 살해자는 스스로 총을 쏴 자살을 시도했으나 목숨을 건졌다. 그는 2주 뒤에 교수형에 처해졌다. 제임스와 마사가 서로 알던 사이라는 것은 확실한 사실이었다. 누군가는 그들이 밀애를 벌였다고도 했고, 제임스가 정신이 나간 상태였기 때문에 마사를

자신의 연인으로 착각했을 뿐이라는 이야기도 있었다.[53]

▌자살: 직간접 자살

이제 자살을 살펴보자. 자살이 이다음에 오게 된 것은 첫째, 자살이라는 행위가 점차 정신이상과 결부됐기 때문이고 둘째, 간접 자살이라는 흥미로운 가능성 때문이다. 정신장애가 있는 범죄자 중에는 자신이 교수대에서 죽게 된다는 사실에 지극히 만족하는 이들이 있었다. 삶에 지친 이들에게는 사형이 인생을 화려하게 끝낼 수 있는 기회가 되는 것이다. 유럽 대륙에서 널리 행해지던 심문 과정 중에 피고가 자신의 죄를 만들어내는 일도 있었는데 물론 이런 즉흥적인 자백은 의심을 받기 마련이었다.[54] 따라서 간접 자살을 성공적으로 완수하려면 실제로 중죄를 저지르는 편이 훨씬 더 효과적이었다. 과거에 직접 자살에 대한 종교적 반대로 인해, 죽고 싶어 하는 사람이 다른 누군가를 죽이곤 했다.

종교적 이유에 따른 간접 자살은 유독 스웨덴에서 자주 일어났다. 아르네 얀슨Arne Jansson은 17세기 말에서 1770년대 사이에 이런 경우의 사건 62건을 발견했다. 그중 40건은 살인 동기가 자살이었음을 살인자가 직접 시인한 경우였고, 13건은 정황상 그래 보이는 경우였으며, 나머지 9건은 미수에 그친 경우였다. 가해자는 대부분 여성이었다. 마가레타 후크는 라트비아의 리가에서 만나 약혼한 군인과의 사이에서 딸 하나를 낳아 기르고 있었다. 남편은 결혼식을 올리기 얼마 전 세상을 떠났고, 이후 마가레타는 스톡홀름으로 돌아왔다. 그녀의 처지는 불안정했다. 몇 년 뒤 마가레타는 경찰관인 페터 바크와 가까워졌다. 페터의 아내가 간통죄로 법정에 섰을 때 마가레타는 피고에게 불리한 증언을 하면서 자신이 페터와 결혼하게 되기를 바랐다. 프로테스탄트 법에 의해 페터는 아내가 유죄 판결을 받았기 때문에 재혼할 자유가 있었다. 한편 마가레타의 이웃들은 그녀를 창녀라고 생각했다. 어느 날 저녁, 페터가 마가레타를 집으로 데려왔다. 마침 자신도 마가레타의 성적 시중을 받을 수 있다고 생각한 다른 남자가 지분거리는 통에 페터가 그와 결투를 벌여야 했다. 다시 혼자 남겨진 마가레타는 참을 수 없이 우울해져서 이전에 페터가 준 칼을 주머니에서 꺼냈다. 그녀는 이 칼로 자기 자신을 찌르거나 혼자 물속에 뛰어내리면 하느님의 천벌을 받게 된다는 것을 알았다. 그래서 마가레타는 대신 딸의 목을 그었는데 너무 힘을 줬는지 머리가 몸에서 떨어졌다. 자살 충동으로 살인을 저지른 가해자는 대개 다른 이의 자녀를 해쳤다는 점에서 보면, 마가리타의 경우는 예외적이었다. 피해자로 아이를 택하는 것은 아이들이 저항도 심하지 않거니와 아동 살해는 죄가 아니니 죽어도 천국에 갈 수 있다는 믿음 때문이었다. 이런 생각으로 가해자는 다른 사람을 저세상으로 보냈다는 양심의 가책을 덜어냈다.

이와 같은 살인자는 사실 누구도 해치고 싶어 하지 않았지만 직접적인 자살을 종교적으로 거부하고 있었다. 반면 그들은 사형에 따른 죽음이라면 영원한 지옥살이를 면할 수 있다고 생각했다. 오늘날의 관점에서 보면 한 가지 결론이 불가피해 보인다. 이런 범죄는 사형만 내리지 않으면 막을 수 있을 것이다. 스웨덴 당국은 사형 집행의 전 단계인 치밀한 고문으로 이 범죄를 막으려 했다. 19세기에 들어서야 사형이 징역형으로 대체됐다.[55] 1767년에 슐레스비히-홀슈타인에서는 이 범죄에 종신형을 내린다는 법이 제정됐다.[56] 비슷한 사건이 스웨덴 외에 덴마크와 독일 북부에서 벌어졌다. 한 여성이 도시 성벽을 둘러싸며 흐르는 운하로 뱃사공의 아이를 빠뜨리고는 자신도 죽고 싶다면서 자수했다. 범행을 저지르기 전에 그녀는 사형 당시 입을 옷을 재단사에게 주문해놓았다.[57] 역사가들은 직접적인 살인에 종교적 양심의 가책을 느끼게 된 것은 루터교 때문이 아니라 북부 유럽에 번

진 강력한 경건주의 운동 때문이라고 주장한다.[58]

기록으로 남겨진 자살의 수는 16세기에 영국과 독일에서 엄청나게 증가했다. 역사가 알렉산더 머레이Alexander Murray는 자료를 주의 깊게 파악한 뒤 이러한 증가 양상이 일부 실제로 존재했다고 결론 내렸다. 그는 종교개혁으로 인해 평신도들에게 지워진 종교적 책임감이 결정적인 요인이라고 보았다.[59] 이에 반해 살인율은 감소했다는 사실로 미루어보면 살인과 자살의 비율이 완벽히 뒤바뀌었음을 알 수 있다. 일부 지역에서는 17세기 중반에, 스웨덴 같은 다른 지역에서는 18세기를 맞으면서 자살율이 살인율을 넘어서기 시작했다. 18세기에 제네바에서는 자살율과 살인율이 모두 증가했지만 자살율의 증가폭이 조금 더 가팔랐다. 영국의 헐 지방에서는 1840년에서 1900년 사이에 거주자 10만 명당 살인이 11건에서 20건 사이를 오르내렸다. 독일 제국 전역의 살인율은 1880년부터 1910년까지 20건 정도로 큰 변화가 없었다.[60] 프랑스에서 남성의 자살율은 1835년에 10건에서 1900년에 40건 가까이로 크게 증가했으며 여성의 자살율은 4건에서 10건으로 증가했다.[61] 20세기에 국가별·지역별로 비교 조사해본 결과, 항상은 아니지만 대부분 살인율과 자살율이 역의 관계를 이루고 있는데 거의 모든 경우 자살이 더 흔한 것으로 나타났다.[62]

자살에 대한 관점은 근대 초기가 마무리될 즈음에 바뀌기 시작했다. 마녀사냥이 사라지자 종교 사상에서까지 악마의 비중이 줄어들었고, 사탄은 더 이상 자살을 부추기는 강력한 조종자가 아니었다. 자살이 범죄로 취급되던 관례도 18세기에 사라졌다. 대중의 태도가 바뀌기까지는 좀 더 시간이 걸렸다. 독일 북부에서는 자살에 실패한 이들마저 자살을 여전히 악마의 탓으로 돌렸다.[63] 상류층은 자살을 우울증이나 분노 등 유행하는 병의 최종적인 결과로 생각했다. 몽테스키외와 볼테르, 그리고 데이비드 흄 등 이 계몽주의 작가는 자살할 권리에 대해 이론적으로 정당한 근거를 제시했고, 괴테와 루소는 자신의 소설에서 자살을 낭만적으로 그렸다. 예술에서는 강간을 당한 뒤에 자신과 가족이 당할 수치를 면하겠다며 스스로 목숨을 끊은 여인들을 오래전부터 칭송해왔다. 반면 남성의 명예가 내면화하면서 남성의 자살 역시 그리 큰 비난을 받지 않게 됐다. 경우에 따라 명예를 지키기 위해 몸으로 맞서 싸우느니 아예 스스로 세상을 떠난 남성이 인정을 받았다.[64]

이처럼 인식이 변했다고 사회가 자살을 완벽히 용인하는 일은 결코 없었다. 자살을 둘러싼 상반된 태도는 19세기 내내 널리 공존했다. 1818년에 많은 영국인은 형법 개혁가 새뮤얼 로밀리에게 깊은 동정심을 표했다. 로밀리는 '피의 법bloody code'(1400년부터 1850년의 영국 사법 제도를 일컫는다. 로밀리는 무자비하고 불합리한 당시의 형법을 개혁하려 했다_옮긴이)에 대항하며 온 힘을 바쳤으나 사랑하는 아내를 잃은 슬픔을 못 이긴 나머지 스스로 목을 그었다.[65] 같은 시기에 보수적인 독일 작가들은 자살을 부추긴다며 괴테와 계몽주의를 비난했다. 19세기 전반에는 이런 논쟁도 그리 뜨겁지 않았다. 자살한 이에게 정중히 장례를 치러주는 문제는 어디에서든 일단락됐지만 사체는 결국 부검실에 끌려가야 했다. 19세기 말에 에밀 뒤르켐은 자살을 사회적 문제로 바라보면서 이에 대한 그 어떤 도덕적 판단도 거부했다. 정신분석가들은 자살을 여전히 병적인 행위로 보았다. 20세기 내내 자살은 다양한 정치적 · 종교적 운동의 대표자들 사이에서 끝없는 공방을 부르는 주된 문제였다. 이는 더 나아가 안락사 문제로 이어졌다.[66]

▌영아 살해와 정신이상의 공통점

남몰래 출산한 미혼모에게 사산 사실을 증명하라며 부담을 지우는 법은 단 한 번도 엄격히 시행된 적이 없었다. 영국에서는 임신과 출산을 은폐했다는 사실만으로 사형을 받는 여성이 거의 없었다. 이처럼 법령이 잘 집행되지 않자, 법은 1720년대부터 점차 소멸했다. 법원은 영아 살해 재판에도 살인 재판에서와 같은 기준을 적용하면서 가해자가 실제로 아기를 살해했으며 그럴 의도가 이미 있었다는 사실을 증명하도록 했다. 리넨을 모으거나 침대를 만드는 등 태어날 아기를 기르기 위해 준비했다는 사실은 가해자가 살해를 의도치 않았다는 결정적인 증거가 됐다. 폐 검사의 신빙성에 대한 의혹도 이 새로운 법적 태도에 힘을 불어넣었다.[67] 문화적 변화 역시 영향을 미쳤다. 역사가 다나 레이빈Dana Rabin은 18세기의 감상적인 문화가 영아를 살해한 어머니에게 관용을 베풀도록 조장했다고 말했다. 재판정에서는 피고와 증인이 피의자의 감정적·정신적 상태를 강조하는 일이 많아졌다. 피의자가 일시적 정신이상을 보였다는 주장이 기존의 변호 방법, 즉 피의자가 실제로 아기를 키울 준비를 했다는 주장을 대신하게 된 것이다. 피고 역시 자신의 살해 사실을 인정하면서 감정에 휘둘려 그런 것이라고 진술했다.[68]

임신 및 출산 은폐에 대한 영국법은 1770년대에 제정됐다가 실패로 판명 나 1803년에 폐지됐다. 일부 다른 나라에서는 이런 과정을 이미 예전에 밟았다. 스웨덴에서 구스타브 3세의 1778년 "영아 살해에 관한 법령"에서는 여성이 아무도 모르게 아이를 낳을 수 있으며, 판사는 아이 친부의 이름을 물을 수 없다고 명쾌히 밝혔다. 프랑스에서도 혁명기가 시작되면서 출산 은폐죄를 없앴다. 이러한 개혁은 영아 살해 재판이 번지던 시기에 뒤따른 것이었다. 이로써 프랑스 역시 엄격한 법령으로 인해 법원이 기소를 꺼리게 됐다는 사실을 알 수 있다. 스코틀랜드의 가혹한 법은 1809년에 처절하게 막을 내리고, 9년 뒤 월터 스콧 경의 소설에서 중심 소재가 됐다. 비슷한 개혁이 프로이센과 합스부르크 제국에서도 일어났다. 프리드리히 대왕은 독일의 법제사가들 사이에서 변심의 황제로 꼽혔지만, 실제로 프로이

센 지방에서 영아 살해가 특별 범죄로 바뀌게 된 것은 19세기 초반에 이르러서였다.[69]

이러한 사법적 개혁은 모성과 혼외정사에 대한 견해를 중심으로 한 문화의 폭넓은 변화를 반영했다. 그 결과는 자살에 대한 견해의 변화와 다르지 않았다. 작가와 변호사, 정치인과 의사는 영아 살해를 얘기하면서 낭만주의나 광기를 언급했다. 계몽주의 시대의 스코틀랜드 사람들은 미혼모라 해도 자기 자식은 죽일 수 없다고 믿었으며 스코틀랜드 시에 등장한 어느 전형적인 여전사는 자신이 어쩔 수 없이 사랑스러운 아기를 죽였지만 자신은 살인자가 아니라며 애통해했다. 1770년대부터 1780년대까지 질풍노도의 시대에 독일 소설가와 시인들은 영아 살해를 몇십 년 후의 월터 스콧과 비슷한 태도로 바라보았다. 그들은 자신의 아기를 죽인 미혼모를 농락의 희생자로, 특히 무자비한 상류층의 희생양으로 묘사했다. 실제로 죄를 지은 쪽은 재판정에 서지도 않은 아이 아버지라며 맹렬히 비난했다. 같은 시기에 일부 학자들은 출산에 따른 육체적 고통과 정신적 괴로움이 살인을 일으킨 실제 원인이지, 여인들이 처음부터 살인을 계획한 것은 아니라고 주장하기 시작했다.[70]

농락당한 여인에게 낭만적인 연민의 시선이 넘치도록 쏟아진다 해도 그녀가 무죄 선고를 받는 필수조건은 정신이상이었다. 정신이상 판결은 19세기에 의사들이 피고의 특정한 정신장애가 아이를 살해한 원인이라고 설명하면서 더욱 흔해졌다. 1820년에 런던의 산부인과 의사, 로버트 구치Robert Gooch는 이른바 산후 정신이상puerperal insanity(출산 후 첫 시기 혹은 산후기라는 말을 따라 붙여졌다)에 관한 책을 출판했다. 산후 정신이상은 오랫동안 여설의 체질이라 생각된 전반적인 허약함과 병에 걸리기 쉬운 성향에서 발생하는 것이라고 여겨졌다. 구치의 동료인 존 라이드John Reid는 산후 정신이상에 처한 여인이 흔히 아기를 공격의 표적으로 삼는데, 대신 자살을 택하기도 한다고 1848년에 명시했다. "어머니는 설명할 수 없는 충동에 사로잡혀서 자기 자신이나 아이에게 폭력을 행사하게" 되며 그와 동시에 "그런 범죄에 대한 공포와 혐오를 느낀다"고 했다. 산후 정신이상은 명쾌하게 규정하기 힘든 특성에도 불구하고 영국의 영아 살해 재판에서 일반적인 변호로 많이 인용됐다. 그런데 1860년대 영국에서는 영아 살해 재판의 피고 중에는 임신 사실을 숨긴 미혼의 하녀가 여전히 압도적으로 많았다. 19세기 후반의 정신과 전문의들은 산후 정신이상의 범위를 확대하여 임신 기간과 모유 수유 기간의 정신이상도 포함시켰다. 이러한 이상 증세를 보이던 피고들은 사형은 면했지만 대개 정신병원 신세를 져야 했다.[71]

프랑스에서는 제3공화정(1870~1940)이 들어서기 전까지는 영아 살해를 의학적으로 바라보지 않았다. 1825년부터 1865년 사이의 브르타뉴 지방을 연구한 결과, 변호인들이 피고의 정신이상을 주장하거나 의학적 소견을 구한 경우는 극소수에 불과했다. 배심원단은 사형 규정이 법에 제시되어 있는데도 이에 상관없이 경감 사유가 없는지를 살폈다. 덕분에 영아 살해범 중 2퍼센트만이 사형 선고를 받았고, 38퍼센트는 무죄 판결을 받았다. 브르타뉴에서도 전형적인 용의자들이 지배적이었다.[72] 네덜란드에서는 1822년에 아기를 산 채로 묻은 단 한 명만이 사면을 받지 못했다. 이곳에서는 20세기 초가 되어서야 영아 살해를 의학적으로 바라보게 됐는데 1912년에 나온 암스테르담의 정신질환 보고서가 전환점이 됐다. 정신과 전문의들은 피고가 아이 아버지가 아닌 다른 남자와 약혼한 뒤 부모의 반응이 두려운 나머지 병적인 상태에 이르렀고, 출산이 가까워지면서 상황이 더욱 심각해졌다고 주장했다.[73] 벨기에에서는 화가 앙투안 비에르츠도 자신의 아기를 죽인 젊은 여인들을 농락과 유기의 희생양으로 바라보았고, 배심원단은 증거 불확실이나 일시적 정신이상을 들어 이들에게 무죄를 선고했다.[74] 1878년에서 1910년 사이 바이에른 북부 지방에서는 가난한 농가의 하인이 영아 살해범의 대다수를 차지했다. 뮌헨과 트라운슈타인의 상급 법원에서는 거의 모든 경우 피고에 대해 정신질환 보고서를 요청한 뒤 징역형을 내렸다.[75]

영아 살해와 광기를 하나로 묶어 보기 시작한 곳은 영국이었으며, 이러한 인식이 널리 퍼져나간 곳도 영국이었다. 영국의 상황은 그다음 전개될 일을 그리는 데 도움을 준다. 여기서 중요한 요인은 복지법 제정이었다. 복지법은 사생아에 대한 사회적 거부감이 줄어들기 전부터 미혼모의 재정적 부담을 덜어주었다. 1872년에 제정된 법에서는 아이 아버지가 부담해야 할 부양비 수준이 눈에 띄게 높아졌다. 1922년의 영아 살해법에서는 영아 살해 행위를 일종의 과실치사로 보았고, 1938년의 또 다른 법에서는 영아 살해란 12개월 미만의 영아를 죽음에 이르게 한 고의적 행동이나 태만이라고 정의 내렸으며, 특히 출산 후나 수유 기간 중의 정신장애를 그 원인으로 보았다.[76] 하녀를 쓰는 가정이 사라지면서 영아 살해의 고위험 집단이 크게 줄었다. 이러한 변화는 특히 제2차 세계대전 이후로 유럽 전역에서 일어났다. 1960년대에 피임약이 등장하고 뒤이어 많은 나라에서 낙태 금지가 철회되면서 혼외 임신이 출산으로까지 이어지는 일도 크게 줄었다. 1970년대 이후로는 불법적인 출산과 합법적인 출산을 가르는 일도 의미를 잃었다. 혼전 동거와 빠른 이혼, 미혼모의 계획적인 출산 등이 널리 퍼진 까닭이다. 줄리 휠라이트Julie Wheelwright는 1990년대에 아기를 살해한 영국 여인들과 인터뷰를 한 뒤, 영아 살해는 더 이상 가난과 관계가 없다고 결론 내렸다. 줄리는 잉글랜드와 웨일스 지방에서 발생하는 영아 유기를 포함한 영아 살해 사건이 1년에 20건 정도라고 추정했다. 이는 영아 유기와 살해를 합산하더라도 인구 10만 명당 0.05건도 안 되는 수치다.[77] 1980년대에 암스테르담의 의학적 통계에서는 영아 살해 사건의 피해자로 12개월 미만의 아기를 한데 묶었는데, 이는 영아 살해에 대한 엄격한 정의보다

훨씬 넓은 범위였다. 그런데도 11년 동안 이 범주에 속한 사건은 단 한 건이었다.[78]

19세기 초부터 광기는 일반 살인에도 자주 적용됐다. 1819년에 프랑스의 정신분석의 장-에티엔 에스키롤Jean-Etienne Esquirol이 소개한 '편집광monomania'이라는 개념은 이후 그 뒤를 이은 정신분석의들에 의해 확장됐다. 편집광은 평상시에는 정상적으로 행동하지만 정신의 특정 일부가 비정상인 사람을 일컫는다. 절도광은 무언가를 훔치고픈 참을 수 없는 충동에 시달리는 사람인데, 다른 때에는 법을 준수하는 다분히 정상적인 모습을 보인다. 살인에 대해 편집증적 증세를 보이는 사람도 있다. 평상시에는 점잖은 데다 주변의 존경까지 받는 사람이 이따금씩 사람을 죽이고픈 욕구에 시달리는 것이다.[79] 정신이상에 대한 이와 같은 견해는 지금껏 사회 전반에 널리 받아들여지지는 않았지만 살인에 대한 인식에 큰 혼란을 가져왔다. 이러한 변화는 다음 장에서 살펴보자.

살인의 주변화, 1800~1970년

6장

엘지가 학교에서 늦는다며 베크만 부인이 걱정하는 사이, 나이 어린 아이들이 주택가 안뜰에서 어린 소녀를 한가운데에 세우고 원을 만들어 놀고 있다. 가운데 있는 소녀가 아이들을 고기처럼 썰어버린다는 남자에 대한 가사를 읊으며 주위 아이들을 꼽으면 마지막 음절에서 지목된 아이가 탈락되는 놀이다. 가사는 악명 높은 살인마 하르만에 관한 노래의 또 다른 버전이다. 마을에 새로운 살인자가 나타났다. 이미 아이 일곱 명이 실종됐음을 알리는 벽보를 향해 엘지가 공을 차며 놀고 있다. 친절한 남자가 다가가 엘지에게 풍선을 사준 뒤로, 베크만 부인은 영영 딸을 보지 못한다. 신문에서는 미지의 살인마가 여덟 번째 희생자를 채갔다며 기다렸다는 듯 떠들어댄다. 경찰은 절망에 빠진다. 단서는 어디에도 없다. 지문도 수색했고 범인이 언론에 보낸 편지의 손글씨도 분석해보지만 소용없다. 탐지견 역시 어떤 흔적도 찾지 못한다. 경찰은 전문 도둑, 매춘부, 도박단 등 유력한 용의자 군을 감시하는 데 더욱 주력할 수밖에 없었다. 베를린의 조직폭력단인 링버라이네로서는 원통할 노릇이었다. 연쇄살인범 때문에 경찰 단속이 심해져서 사업에 차질이 생긴 것이다. 슈랭커의 주재로 여러 조직의 두목들이 모여 상황을 논의한다. 슈랭커는 런던 경찰국마저 바보로 만들면서 전 세계적으로 유명세를 떨친 범죄자다. 모임의 막바지에 슈랭커가 결론을 내린다. "그놈은 반드시 우리 손으로 잡는다." 거지와 바느질 도구 판매상은 살인자의 의심을 살 염려 없이 어디든 돌아다닐 수 있으니 그들이라면 그자를 찾을지도 몰랐다.

살인자는 새로운 희생양을 대동한 채 풍선 파는 맹인 앞을 지나간다. 이 소녀는 풍선이 아닌 다른 선물을 받게 될 터였지만 맹인은 남자의 휘파람 소리를 기억해낸다. 엘지 베크만이 사라진 날, 엘지에게 풍선을 사준 그 남자가 내던 소리다. 맹인은 재빨리 거지 탐정 하나에게 신호를 보내고, 거지는 자기 손바닥에 분필로 'M'이라는 글자를 쓴다. 우연히 그런 것처럼 거지는 남자와 부딪치면서 그의 등에 손바닥을 갖다 대 남자가 살인자라는 표시를 남긴다. 용의자는 사무실 건물로 도망가지만 이내 암흑가 사람들에게 잡혀, 버려진 공장으로 끌려간다. 그곳에서 남자는 슈랭거가 이끄는 '법률 전문단'의 거대한 재판을 받는다. 피고는 "그럴 수밖에 없었소!"라고 외치며 은연중에 범행 사실을 인정한다. 재판장은 남자가 살인 충동을 느낀다면 사회 복귀는 불가능할 테니 제거해버려야겠다고 결론 내린다. 그곳에 있던 모든 사람들이 동의 의사를 밝힌다. 오직 '피고측 변호인'만이 피고가 몸이 안 좋기 때문에 병원에 보내야 한다고 호소하지만 청중석에서 거센 반발이 쏟아진다. 군중이 범죄자에게 달려들어 집단 폭행을 가하려는 순간, 모든 이들이 손을 들어 올린다. 경찰에게 발각된 것이다. 이후 살인자의 운명은 밝혀지지 않았다.

1931년에 나온 영화 〈M〉의 줄거리다.[1] 〈M〉은 살인과 전문 범죄 조직의 실상을 보여준다는 본래의 목적 외에 영화 역사는 물론 당시의 정치적 상황과도 연결된다. 이 영화의 두 중심인물은 이제 곧 유럽을 뒤엎게 될 인물과 같은 나라 출신이다. 감독인 프리츠 랑(1890~1976)은 오스트리아 빈에서 태어나 독일에서 일을 했지만 히틀러가 정권을 장악한 뒤 그곳을 떠나 미국에 정착했다. 살인범 역을 맡은 피터 로어(본명은 라즐로 로벤슈타인이다) 역시 오스트리아-헝가리 제국 출신이다. 그는 유대인 혈통이었기 때문에 나치가 점령한 독일을 곧 빠져나와야 했고 이후 프랑스와 영국을 전전한 끝에 할리우드로 옮겨갔다. 슈랭커 역을 맡은 구스타프 그륀트겐스는 좌파에 동조했지만 1933년 이후로 나치 정권의 비위를 맞추며 출세 가도를 달렸다. 소설가 클라우스 만은 1936년에 나온 소설 『메피스토』에서 구스타프를 신랄하게 비판했고, 이 소설은 1981년에 헝가리 감독 이슈트반 서보의 손을 거쳐 영화로 만들어졌다. 프리츠 랑의 증명할 수 없는 진술에 따르면 요제프 괴벨스가 자신의 신작 영화를 상영 금지할 것이라고 말한 뒤 자신을 UFA 영화사(제2차 세계대전 전까지 독일의 최대 영화사였다. 나치스 정권 당시 나치스 정책 선전물을 제작했다_옮긴이)의 수장에 앉히려 했다고 한다. 이전에도 일부 나치스 당원들은 〈M〉이라는 제목이 "우리 안의 살인자", 즉 자신들을 가리킨다고 해석하며 이 영화를 비난한 바 있었다.

랑의 시나리오가 강렬한 나머지 다른 곳에서도 이를 바탕으로 한 변형된 이야기가 등장했다. 프랑스 범죄 조직의 이야기가 그러했다. 1932년 4월, 네덜란드 신문 〈더 텔레그라프〉의 파리 특파원은 마르세유의 전문 범죄자들이 네르비nervis(무뢰한)로 불린다는 관찰 결과를 바탕으로 허구적인 기사를 엮어냈다. 〈M〉의 주제를 그대로 베낀 이 기사는 아직 잡히지 않은 살인마를 암흑가에서 찾아내는 내용까지 영화와 같았다. 기자는 이에 더해 살해당한 소녀들에게 이름을 지어주고 새로운 내용을 만들어 넣었다. 연쇄살인범이 살해 현장에 지문은 남기지 않은 채 십자 모양의 칼을 두고 간다는 것이었다. 이 기사는 마르세유 경찰국장의 눈에도 들어가 그를 언짢게 만들었다. 경찰국장은 이것이 완벽한 허구이며, 이런 기사는 도시의 명성

에 심각한 해를 끼칠 수 있다는 내용의 글을 남겼다.[2]

여러 면에서 〈M〉은 나폴레옹 시대부터 1960년대까지 살인의 추이를 잘 그려 보인다. 평균 사망자 수는 하류층의 싸움에서도 크게 줄었지만 그 밖에 살인의 이미지는 한층 더 어두워졌다. 19세기 중반부터 나타난 연쇄살인자가 이 사악한 이미지의 전형이 됐다. 법을 준수하는 대중에게 연쇄살인자를 비롯한 10대 갱단과 폭력 강도, 암흑가는 두려운 대상이었다. 양차 대전 사이의 기간에 활동한 범죄 조직은 20세기 후반의 마약 조직에 비해 경쟁 조직 제거에 그리 열을 올리지 않았다. 물론 랑 감독이 그린 범죄 조직은 지나치게 유순했다. 살인율은 1970년대 이후 눈에 띄게 증가했다. 이번 장이 그 시기 전까지 다루고 있는 것도 이 때문이다. 대중이 두려워하는 또 다른 대상은 실연당한 연인이 벌이는 치정 살인으로, 이 사건은 세기가 바뀔 무렵에 특히 두드러졌다. 치정 살인범들은 사람들의 이해와 용서를 어렵지 않게 받을 수 있었다. 프랑스혁명 이후 유럽 대륙에 배심 재판 제도가 확대되자 배심원들이 일부 살인자들의 처지를 이런저런 이유로 동정하면서 가벼운 처벌만 내렸다. 정식 결투 역시 처음에는 그 유행이 부활하는가 싶더니 금방 사라졌다. 결국 당대 사람들은 20세기 전반의 세계대전이 그 잔혹한 영향력을 평시로까지 이어나갔다고 생각했지만 실제로 이들 전쟁은 개인의 행동에 그리 지속적인 영향을 미치지 못했다.

1800년에서 1970년을 하나의 시기로 묶는 또 다른 요인은 피해자 조사의 부재다. 범죄학자들은 1970년대 이후부터 피해자 조사를 조직적으로 실시하기 시작했다. 그전까지 폭력과 관련해 유일하게 믿을 만한 양적 자료는 살인율뿐이었다. 최근에 특히 영국에서는 살인율마저 맹비난을 받았다. 사회학자 하워드 테일러Howard Taylor는 19세기 이후 대부분 예산의 한계 때문에 살인과 기타 범죄에 대한 검시관이나 경찰의 수사가 감소했다고 주장했다. 그 결과 기록되는 살인 사건 역시 실제보다 감소했는데 이는 아이나 노인이 희생된 사건에서 두드러졌으며, 남성 간의 싸움은 큰 차이가 없었다고 한다. 일부 학자들은 이런 테일러의 주장에 반박했다.[3] 유럽 대륙 내 지방 법원의 사체검안서는 소수의 예외를 제외하면 나폴레옹 시대 이후로 사라졌거나 미조사 상태로 남겨졌다. 살인에 관한 양적 조사에는 대부분 빠른 시간에 수집할 수 있는 국가 통계치가 사용됐다. 여러 국가의 이러한 사법적 통계치는 기소 사건을 대상으로 하거나 유죄 선고를 받은 사건만을 대상으로 하기 때문에 암수가 남아 있게 된다. 여기에 살인 미수 사건도 포함될 가능성을 감안하면 살인율 통계치는 실제 살인 사건 발생수보다 높을 수 있었다. 이보다 더욱 믿을 만한 것은 사인에 대한 의학적 통계 자료이지만 이들 자료는 스웨덴을 제외하면 19세기 말이나 20세기 초가 되어서야 수집할 수 있다.

무엇보다 이 한 가지만큼은 확실히 말할 수 있다. 1800년 이후 유럽 전역에서 살인이 감소하는 추세는 계속됐지만 이러한 감소에 가장 크게 일조한 원인은 이미 그 이전부터 있었다는 것이다. 유럽 5개 지역에 대해 아이스너가 내린 전체 평균치를 보면 살인율은 언제나 그랬듯 인구 10만 명당 연단위로 18세기에 3.2건, 19세기에 2.6건, 20세기에 1.4건이었다.[4] 물론 이렇게 대량으로 압축한 비율로는 그사이의 온갖 변동치나 지리적 차이 등을 뚜렷이 구분할 수 없다. 법적 자료를 바탕으로 볼 때 영국에서는 19세기부터 살인율이 조금씩 증가하기 시작했다. 1800년 전에는 1.4건이었던 것이 1825년에서 1850년 사이에는 1.7건으로 오른 것이다.[5] 잉글랜드와 웨일스 지방의 사인 통계치를 보면 살인율은 1870년 무렵에 2건에서 1930년 경에는 0.5건으로 떨어졌다.[6] 프랑스의 경우 근대 초기에는 믿을 만한 양적 자료가 거의 없다시피 하기 때문에 이곳에 그나마 남은 통계치는 더욱 중요하다. 사회학자 장 클로드 쉐네Jean-Claude Chesnais는 법적 통계치와 사인 통계치를 비교한 끝에 1826년 이후 프랑스의 제대로 된 살인율을 추정했다. 이곳의 살인율은 1855년까지는 1건을 조금 웃돌다가 이후 0.7건과 0.9건 사이를 오락가락했다. 1906년부터 제1차 세계대전까지는 다시 1건을 겨우 넘어섰다.[7] 독일에 대해서는 사회사학자 에릭 존슨Eric Johnson이 프로이센 지방, 즉 독일 제국의 절반에 해당하는 지방의 사체검안서를 바탕으로 믿을 수 있는 수치를 내놓았다. 독일의 살인율은 1873년에서 1875년 사이에 2.1건이었던 것이 5년 단위의 평균치가 점차 떨어지더니 1886년에서 1890년 사이에는 1.2건에 이르렀다. 이후 1911년에서 1913년 사이에 다시 2건으로 올랐다. 베를린의 살인율은 한 시기를 제외하면 언제나 낮은 편이었다.[8] 스위스의 사인 통계치를 살펴보면 살인율은 1880년에 3.5건에서 1940년에 1.2건으로 계속 낮아졌다.[9]

가장 눈에 띄는 변화는 유럽 대륙을 중심 지역과 외곽 지역으로 나눌 때 드러난다. 외곽 지역에서 살인은 19세기 내내 비교적 빈번히 일어났다. 외곽 지역은 아일랜드에서 지중해를 지나 발칸 반도와 동유럽을 거쳐 핀란드까지 이어지는데, 이 지역의 일부 국가와 지방에서는 상당한 수치가 나타났다. 핀란드는 스칸디나비아 반도의 일반적인 변화 추이를 따라 근대 초기에 살인율이 감소하다가 서서히 그 추세에서 이탈하기 시작했다. 핀란드의 살인율은 18세기에 2건에서 19세기에 3건으로 올랐고 20세기 내내 더 상승했다. 아일랜드는 18세기에 이미 높은 비율을 보이더니 19세기에 들어서자 정반대의 길을 가기 시작했다. 피해자가 1세 이상인 살인율은 1830년대 후반과 1850년대에 3건을 조금 넘었다. 이후 살인율은 점점 감소했고 20세기 초입에는 1건까지 내려가면서 아일랜드는 더 이상 외곽 지역에 속하지 않게 됐다. 지중해 지역에서는 이보다 살인율이 높은 곳이 태반이었다. 그리스 서해안에 자리한 코르푸 섬과 케팔로니아 섬의 살인율은 19세기 전반에 12.4건이었다. 이탈리아의 살인율은 남쪽으로 내려갈수록 높아졌다. 로마는 1850년대부터 1880년대까지 10건에서 12건 사이에 머물다가 1910년까지는 8건으로 떨어지더니 제1차 세계대전 직전에는 5건 미만으로 뚝 떨어졌다. 19세기 내내 유럽에서 가장 폭력이 난무하던 지역은 코르시카였을 것이다. 이곳의 살인율은 1700년 즈음에 45건을 기록했고 이후 1800년에서 1850년 사이에는 5년 단위로 26건에서 64건을 오르내리다가 떨어지는가 싶더니 1875년에 다시 올랐고, 1890년대에는 14건에 머물렀다.[10]

살인 외의 폭력에 대한 법적 통계 자료는 단순한 예시에 그친다.[11] 그럼에도 학자들은 영국의 폭행과 절도 사건이 19세기 중반부터 1920년까지 차츰 감소했다고 주장한다.[12] 독일과 네덜란드도 감소 추이를 보였지만 이는 20세기 이후에 벌어진 일이었다. 독일에서 심각한 폭행과 구타에 대해 유죄 판결을 내린 경우는 1882년에서 1914년 사이에 12세 이상 인구 10만 명당 140건에서 240건 사이를 오르내렸다. 제1차 세계대전 이후 이 비율은 60건까지 내려갔다. 네덜란드에서는 유죄 판결을 받은 신체 학대 사건이 1850년에서 1905년까지는 인구 10만 명당 70건에서 100건 사이를 오르내리다가 60건 이하로 떨어졌고, 1970년까지는 35건에서 55건 사이를 오르내렸다.[13]

▌새로운 경찰, 새로운 공포

방금 살펴보았듯이 폭력이 감소한 것은 국가의 성장과 사회계층 간의 문화적 경쟁이 복합적으로 상호 작용한 결과다. 영국은 몇 가지 혁신을 일으키기에 앞서 먼저 주변의 추세부터 따라잡아야 했다. 영국의 기소 재판 제도는 비치명적 폭력 사건을 유럽 대륙 국가에 비해 더 사적인 문제로 바라보았고, 과실치사에도 곧잘 관대한 처벌을 내렸다. 이후 1780년에서 1820년 사이에 폭행에 대한 처벌을 벌금형에서 징역형으로 바꾸었다.[14]

'새로운 경찰 제도'는 19세기 전반의 법 집행 분야에서 단행된 가장 중요한 혁신이었다. 경찰에 '새로운'이란 수식어가 붙은 것은 이들이 예전의 순경이나 규모도 미미했던 사법부 관리, 거지나 밀수입자들만 쫓아다니던 전담반, 아마추어 야간 경비원 등을 대신하게 됐기 때문이다. 파리에는 이미 17세기 말 이후부터 상당한 규모의 경찰력이 갖춰져 있었다. 1829년에 형성된 영국의 런던 경찰국은 그레이터 런던에 경찰 3000명을 배치하여 파리 경찰에 필적하는 규모를 만들어냈고, 1856년 이후 다른 도시와 지방에도 경찰을 조직하도록 명하면서 규모를 키워나갔다. 영국 역사가들은 이 조직이 범죄 수사와 용의자 체포를 위한 고비용의 철저하고 효율적인 집단이었다고 말한다. 비록 영국 경찰의 주된 표적은 재산 범죄였지만 폭력 사건도 점차 더 많은 주시를 받게 됐다. 더불어 거리에 차츰 세워진 가스등은 한밤중의 안전을 이전의 보안 제도보다 더욱 확실히 보장해주는 효과를 거두었다. 대부분의 유럽 대륙 국가에서는 도심 지역에 경찰 조직을 설립한 뒤 지방에 특수 부대를 하나둘 세워나갔다. 이들 지방 부대는 반半 군사 부대로, 프랑스를 비롯하여 프랑스 기관의 영향을 받은 국가에서는 잔다르메리gendarmerie라 불렀고, 이탈리아에서는 카라비니에리carabinieri라 불렀다. 정치적 의미가 담긴 법률 집행은 어디서든 흔히 볼 수 있었다. 20세기에 이르기까지 유럽 전역의 경찰은 범죄 소탕뿐만 아니라 사회질서와 현존 집권 체제의 유지를 자신의 임무로 보았다. 이러한 목표는 노동자층 감시로 귀결됐다.[15]

유럽 선진국에서는 공권력이 증가하면서 몇 세기 동안 성가신 존재였던 전통적인 강도 사건이 종식됐다. 강도 사건은 단순히 새로운 경찰 제도가 도입된 결과로 사라진 것이 아니었다. 영국과 프랑스, 네덜란드, 프로이센의 강도는 새로운 경찰 제도가 등장하기 이전부터 서서히 사라지기 시작했다. 거대 강도 조직의 소멸은 근대 민족국가 발전의 핵심 부분이었다. 국가

기관의 영향력이 커지면서 강도 집단의 도피구나 은신처가 줄어든 것이다. 반면 국가기관의 영향력이 미미했던 이탈리아 남부와 코르시카, 스페인 일대에서는 강도 사건이 여전히 횡행했다.[16] 다른 곳에는 그보다 규모가 작은 노상강도 집단이 있었는데 이들 역시 활동이 어려워지면서 시골 지역도 점차 안전해졌다. 일례로 파리 서부 지역에서는 1830년대 이후 마차 탑승객에 대한 총기 강도나 여행객 무장 피습 사건이 감소했다.[17]

법 집행 분야에서 두 번째 중요한 혁신이 일어난 것은 세기 말 무렵이었다. 프랑스의 알퐁스 베르티옹Alphonse Bertillon 같은 전문가들이 범인의 신원 확인을 위한 다양한 제도를 개발했는데 그중 가장 지속적으로 영향을 끼친 것이 지문 분석이었다. 이에 따라 증인이 없는 범죄 사건에서 처음으로 구체적인 가해자를 가려낼 수 있게 됐다. 지문으로 사람의 신원을 파악하는 기술은 아시아에서 이미 수세기 전부터 사용돼왔다. 이 기술을 인도 벵골의 한 식민지 공무원이 보고하면서 유럽 법의학자들이 관심을 가지게 된 것이다. 처음 지문 인식 기술은 도둑과 빈집털이범, 강도에게 유죄를 선고하기 위해 사용됐지만 이후 목격자가 없는 살인 사건에도 유용하게 쓰일 수 있었다. 1899년에 베를린에서 포주인 휴고 구트만이 매춘부 베르타 싱어를 살해한 혐의로 재판정에 올랐을 때, 화학자 한 명과 필적 전문가 네 명이 그 자리에 함께했다. 화학자가 배심원단에게 사진을 보여주면서 사람마다 손가락에 그어진 선이 각기 다르다고 설명했지만 배심원단은 피고에게 무죄를 선고했다. 지문을 이용한 살인 유죄 판결을 처음 내린 곳은 영국이었다. 1905년 어느 날 아침, 알프레드와 알버트 스트래튼 형제가 런던 근교의 한 상점에 침입하여 현금과 귀중품을 훔치고 있었다. 아내와 함께 상점 2층에서 살던 지배인이 그들의 강도 행각을 목격했지만 이들 부부는 그 자리에서 강도들의 곤봉에 맞고 사망했다. 피범벅이 되어 숨진 부부는 얼마 뒤 한 도제에게 발견됐다. 스트래튼 형제는 일을 아무도 모르게 끝냈다고 생각했지만 그들을 목격한 이가 있었다. 한 여성이 거리를 내달리는 두 남자를 바라보다가 그중 형을 알아본 것이었다. 이에 형이 경찰에 체포됐다. 상점의 금고에 찍힌 엄지 지문도 그의 지문과 일치한다는 사실이 밝혀졌다. 배심원단에 의해 유죄 판결을 받은 스트래튼 형제는 같은 해에 교수형에 처해졌다. 널리 알려진 이 사건으로 범죄 수사에 지문 인식 기술을 도입하는 길이 열렸다.[18]

체제의 힘을 강화한 사회문화적 변혁의 하나로 현대 스포츠의 발전도 포함시킬 수 있다. 스포츠는 폭력적이고 때로는 살인이 날 수 있는 대결을, 통제된 구경거리로 크게 변신시켰다. 현대 스포츠는 부르주아 계층이 처음 받아들였으며, 노동자 출신 선수들이 스포츠계를 점령하게 된 것은 양차 세계대전 사이의 기간 때였다. 변화는 영국에서 시작돼 이후 유럽 대륙으로 퍼져나갔고, 이로써 유럽 대륙 사람들이 영국식 게임을 즐기게 됐다. 이전까지 영국의 '민속' 축구나 프랑스의 술레soule 같은 스포츠는 막무가내식이었다. 선수들은 거리나 광장, 마을 외곽 들판에서 경기를 벌였다. 전국 대회의 존재는 알려진 바 없었다. 대다수 경기가 축제 때 열렸는데, 같은 지역 출신에 규모도 제한되지 않은 두 팀이 나와 겨루는 것이었다. 규정은 없는 것이나 마찬가지였다. 즉 육체적 공격이 승패를 갈랐다는 뜻이다. 선수 살해 같은 일은 벌어져서는 안 되는 것이었지만 그럴 가능성은 언제나 도사리고 있었다. 실제로 사망 사건이 벌어지면 길드나 조합에서 모금함을 마련하여 사망한 선수의 가족들에게 보상금을 건넸다. '정중한 플레이'라고 하면 공을 지키기 위해 몸싸움이나 발차기는 허용하되, 손은 쓰지 못한다는 뜻이었다.[19]

스포츠는 1840년대부터 점차 규칙이 만들어지며 '문명화'했다. 그 결과 폭력은 사라지고 각기 다른 경기가 조금 더 뚜렷하게 구분됐다. 경기마다 참가 선수의 수가 정해졌고 공은 손이나 발 혹은 다른 도구 중 하나로만 다루게 됐다. 1863년에 영국 축구연맹이 설립된 것은 역사적인 사건이었다. 새로운 규칙에서는 선수가 공을 들고 뛰어가거나 상대를 가로막기 위해 정강이를 걷어차는 일이 금지됐다. 럭비는 이러한 규칙을 거부하는 소수가 따로 경기를 하며 시작됐다. 1871년 이후부터 연합 축구 혹은 '사커'와 '럭비'가 구분됐고, 럭비에서 발차기를 금하는 규칙은 나중에 도입됐다. 이러한 개혁이 모든 부상을 막은 것은 아니었으며 당시의 경기에는 지금보다 거친 몸싸움이 비일비재했다. 크리켓 선수들마저 공을 고의로 던져서 타자의 몸을 맞히는 등 상대편을 위협하려 했다. 1900년에 이르자 축구 등 영국의 경기가 유럽 대륙은 물론 아르헨티나까지 퍼져나갔다. 프랑스에서는 스포츠 목록에 사이클이 추가되었으며, 현대 올림픽 경기의 아버지라 불리는 피에르 드 쿠베르탱도 프랑스 출신이었다. 개혁을 거친 스포츠는 주로 중산층이 선수로 나섰으며, 남성적인 운동으로 여겨졌다. 스포츠는 새로운 남성성의 중요한 일부가 됐다. 이에 따라 남성들은 싸움은 더 이상 하지 않았지만(물론 결투는 완전히 사라지지 않았다) 여전히 거칠고 육체적인 방법으로 자신의 남성성을 과시했다.[20]

복싱은 조금 특별한 경우다. 영국에서 복싱은 18세기에 그랬듯 19세기에도 내내 인기를 끌었다. 복싱에는 제한된 규칙이 거의 없었기에 사망이나 심각한 부상도 간간이 발생했다. 이에 대해 법원에서 형사 소추로 대응하는 일이 종종 있었는데 1838년, 프로 복싱 선수 프라이튼 빌의 사망 사건이 그 대표적인 예다. 이후 1845년에는 프로 복싱 선수가 경기 중 사망하면 선수의 사망에 영향을 미친 모든 이들이 과실치사죄를 받는다는 규율이 정해졌다. 그러나 판사와 배심원단은 이런 사건에서 여전히 온건한 판결을 내렸다. 이후 1860년대 중반에 퀸즈베리 후작 8세가 제한 규칙을 제정했다. 이 규칙은 상세하게 재정비되어 10년 뒤 현대 프로 복싱의 초석이 됐다. 그 뒤로 링을 높은 연단 위에 올려놓고 돈을 낸 관객들에게만 입장을

허용하는 상업적 복싱이 남자들의 즉흥적인 싸움과 뚜렷이 구분됐다.[21]

역설적이게도 실생활에서 폭력은 사라지는 데 반해 일반 대중의 공포는 증가했다. 1800년 이전의 부유한 시민들은 폭력보다 재산 범죄를 더욱 두려워했고, 빼앗긴 물건을 되찾겠다며 도둑을 공격하는 피해자들도 더러 있었다. 19세기에 이르자 점잖은 사람들은 폭력과 불안전을 더욱 두려워하지 시작했다. 사람들은 강도나 갱단을 두려워했고 무엇보다 자신의 신체에 위협이 가해지지나 않을까 봐 불안에 떨었다. 폭력에 대한 언론의 과장된 조명이 집단적인 패닉을 불러일으키기도 했다. 특히 19세기 중반 이후 이른바 '교살 강도garroter'에 대한 영국인들의 집단 공포는 극에 달했다. 시작은 1851년 1월, 『타임스』에 실린 맨체스터 강도 사건부터였다. 강도들이 빅토리아 역에서 나와 길을 걸어가던 사람을 뒤에서 공격하여 목을 졸라맨 뒤 돈과 귀중품을 빼앗아 달아났다. 같은 해에 다른 도시에서 그와 비슷한 사건들이 연달아 일어났고, 곧이어 가해자가 목을 손쉽게 조를 수 있도록 특수한 줄을 사용했다는 기사가 보도됐다. 1856년에는 잡지 『펀치』가 교살을 방지하는 옷깃 디자인을 선보이며 당시의 집단 공포를 풍자하기도 했는데, 이 새로운 옷깃 덕분에 점잖은 시민들은 다시 길거리를 마음 편히 돌아다닐 수 있었다. 1850년대 말미에 '교살 강도'는 강도 방법에 관계없이 노상강도를 일컫는 말이 됐다. 1862년 7월 어느 늦은 밤, 일을 마치고 집으로 돌아가던 제임스 필킹턴 의원에게 장정 몇 사람이 달려들어 그를 쓰러뜨린 뒤 상처를 입히고 금시계를 빼앗아갔다. 다음 날 이 사실에 분개한 하원 의사당은 대책을 강구하여 노상강도에게 태형을 가한다는 법안을 통과시켰다. 1862년 후반에 이르자 교살 강도에 대한 공포가 영국 전역을 덮쳤고, 이후 19세기가 끝날 때까지 그와 비슷하나 정도는 조금 덜한 공포가 연이어 영국을 휩쓸었다.[22]

언론에서 이번에는 10대 갱단에 대한 대중의 공포를 자극했다. 하지만 이들 갱단은 자기들끼리 싸우는 일이 더 많았다. 맨체스터와 그 교외에서는 10대 패거리를 '스커틀러scuttlers'라고 불렀다. 자기들끼리 벵골호랑이 같은 여러 이름을 지어 부른 각 갱단을 한데 묶어 부른 별명이었다. 갱단의 일원은 대부분이 10대 중후반이었고 부모님과 함께 살았지만 돈을 벌고 있었기 때문에 꽤 독립적인 생활을 누리고 있었다. 그들은 두꺼운 가죽 벨트를 주 무기로 썼으며 이따금 벽돌이나 돌멩이, 심지어 칼까지 동원할 때도 있었다. 이들의 주된 임무는 자기들의 영역을 지키는 것이었다. 그들의 독특한 의상은 점차 높아지는 소비재의 중요성을 반영하면서 각 갱단을 구분해주었다. 이들 청소년에게는 전통적인 남성의 명예가 여전히 중요했다. 갱단끼리 싸우는 것 말고도 이들은 경찰을 공격하거나 목격자들을 위협했으나 그 결과는 그리 치명적이지 않았다. 역사가 앤드류 데이비스Andrew Davies는 1870년에서 1900년 사이 맨체스터 전역에서 스커틀러의 소행으로 보이는 살인 사건이 다섯 건밖에 일어나지 않았다고 밝혔다. 19세기 후반에 이르자 나이 어린 여성들도 갱단에 가담하게 됐다. 이것으로 보면 여성의 수동성은 법원과 언론에서 과장한 셈이었다. 실제로 소녀들도 자기 갱단에 불리한 증언을 할 만한 목격자를 위협하는 일에 적극적으로 개입했다. 하지만 그녀들은 벨트를 차지 않았기에 벨트를 좀체 사용하지 않았을 뿐더러 칼도 잘 쓰지 않았다.[23]

프랑스에서는 갱단들을 하나로 묶어 부르는 별칭뿐 아니라 각 갱단의 이름도 알 수 있다. 리용에는 캥거루라는 갱단이 있었고, 마르세유의 모든 청소년 갱단은 자신을 '네르프nerfs(힘)'라 불렀다. 이곳에서도 각 갱단은 고유의 옷차림으로 구분할 수 있었다.[24] 벨 에포크 시대(19세기 말부터 20세기 초까지의 풍요로운 시절_옮긴이)에 파리 언론은 갱단을 인디언 부족의 이름을 따서 부르던 관습을 되살려, 청소년 갱단을 한데 묶어 아파치라고 불렀다. 이들 청소년에 대한 기사에는 신화와 현실이 뒤섞여 있었다. 청소년 갱단의 일원은 파리 수도권에서만 다해서 2만에서 3만 명일 것으로 추정됐는데 이들은 각각의 영역을 도맡은 무수한 지역 갱단으로 또다시 나뉘었다. 갱단의 일원은 대부분 15에서 20세 사이였으며 남성은 물론 여성도 있었다. 경쟁 상대끼리는 주로 칼을 들고 싸웠지만 사망자는 거의 발생하지 않았다. 경찰과 부르주아층을 증오한 아파치가 가장 소중하게 생각한 것은 그들만의 독특한 의상이었다. 대부분이 짧은 조끼에 나팔바지, 챙이 넓은 모자에 금장 단추가 달린 뾰족한 부츠, 그리고 밝은 색 숄을 걸친 차림을 즐겼다. 문신도 각 갱단을 구분하는 수단이었다. 실연을 당한 부르주아층의 젊은 남성들은 "아파치의 손으로 자살"하겠다며 한밤중에 일부러 어두운 골목을 찾아가기도 했다. 공포에 떨던 시민들은 아파치 하면 강도를 떠올렸고 1910년에 언론에서는 사람이나 재산을 노린 폭력에 태형을 다시 적용할지를 놓고 활발한 논쟁이 벌어졌다. 이 점에서 프랑스는 영국의 전철을 따르지 않았다. 1914년, 아파치는 모두 군대로 흡수됐다.[25]

강도와 청소년 갱단에 대한 걱정이 증폭하던 시기는 폭력에 대한 민감성이 증가하던 때와 일치했고, 이는 교수대로 대변되는 국가의 폭력으로 이어졌다. 1850년에서 1870년 사이 거의 모든 지역에서 사형은 실내에서 집행됐다. 결투자들은 여전히 자신의 상처를 자랑스러워했지만 대다수 유럽인들은 자신의 몸을 가꾸는 데 점차 관심을 쏟았고, 성형수술의 발전이 이들의 소망을 실현해주었다. 폭력만이 아니라 고통에 대한 민감성 역시 증가했는데 이제 고통이 기독교의 고난으로 이어지던 긍정적인 관계는 끊어졌다. 받아들일 수 없는 것이 된 고통은 외설과 이어졌고, 이러한 관계는 정신의학자 리하르트 폰 크라프트 에빙Richard von Krafft-Ebing이 '사디즘'과 '마조히즘'이라는 말을 고안해내면서 절정에 달했다. 오래전부터 고통을 줄이는 목적으로 아편이 쓰이고 있었는데 이와 관련해 19세기에 의학계의 혁신이 두 번 일어났다. 첫 번째는 1846년 최초로 수술에서 마취제를 사용한 일이고 두 번째는 1899년 독일 바이엘사에서 아스피린을 발명한 일이다. 영국에서도 아스피린 제조법을 알아내려고 열을 올렸는데 결국 독일이 1918년에 세계대전에 패하면서 아스피린 제조법을 공개하지 않을 수 없게 됐다.[26]

그렇지만 20세기가 시작할 무렵 유럽의 점잖은 시민들 사이에 퍼진 범죄와 갱단, 폭력에 대한 공포를 과장해서는 안 될 것이다. 1900년에서 1914년 사이의 베를린에서는 주변에 지나가던 사람들이 합심하여 가해자를 공격한 일이 36건에 달했다. 가해자가 칼을 들고 있는 상황이라면 심각한 공격을 막을 수 있었다. 군중은 총을 든 범죄자조차 위협적으로 둘러싸면서 무장해제시키기도 했다. 마차를 무모하게 다루다가 사람들의 안전을 위협한 마부에게 시민들이 직접 달려든 일도 있었다. 이런 개인적인 법 집행자들은 얇은 나뭇가지 하나 들고 있지 않았지만, 상대를 구타하여 부상을 입히곤 했다. 때로는 가해자가 시민들에게 몰매를 심하게 맞은 나머지 경찰이 나서서 저지해야 할 경우도 있었는데, 이때에도 경찰은 시민들에게 아무런 책임을 묻지 않았다. 같은 시기에 파리에서도 비슷한 광경이 심심치 않게 벌어졌다. 겁 없는 군중은 의심스런 범죄자나 살인 용의자에게 달려들어 그를 경찰에 넘기거나 구타했다.[27]

▌남성 간의 싸움과 노동자 계층

강도와 갱단에 대한 공포는 날로 증가했지만 개인 간 싸움에 대한 태도는 점점 모호해졌다. 살인율이 낮아지면서 1800년 이후의 폭력을 다룬 문학에 살인이나 심각한 폭행 사건이 등장하는 일도 줄어들었다. 그래도 당시 목격되던 남성 간 싸움의 유형은 짚어보고 넘어가는 편이 좋겠다. 학자들은 1800년 이후 남성 간 싸움이 도시든 시골이든 노동자 계층에 한해 벌어졌다는 사실에 동의했다. 이는 근대 초기부터 시작된 사회 분화의 한 단면이었다. 19세기의 독일에 대해서는 아직 광범위한 조사가 진행되지 않았지만 지금까지 발견된 문헌을 보면 노동자 계층의 전투적인 기질이 확연히 드러난다.[28] 역사가 존 카터 우드John Carter Wood는 영국의 하류층이 경찰과 사회복지사로부터 문명화 압력을 받았지만 그들의 일상에서 폭력은 여전히 없어서는 안 될 부분으로 남아 있었다고 주장한다. 그들에게는 권력을 행사할 다른 방도가 별로 없었기 때문에 특히 남성으로서는 육체적 힘을 쓰는 것이 중요한 일이었다. 그들에게는 명예가 내면화하며 정립된 새로운 남성상이 별 의미가 없었다. 더군다나 당시 상류층 역시 자신보다 사회적으로 열등한 남자 둘이 주먹다짐하는 모습을 지켜보면서 즐거워했다.[29]

18세기에 런던을 찾은 방문객들도 이러한 주먹다짐이 전통적인 명맥을 이어나간 의례적 사건이었다고 기록했다. 싸움의 격식은 19세기에 이르면서 더욱더 갖춰졌다. 각 투사는 입회인 한두 명을 대동했고 싸움은 돈을 건 시합처럼 라운드가 정해져 있었다. 싸움을 시작하기 전에 투사들이 서로 악수를 나누면 관중이 그들을 둥글게 에워쌌다. 싸움은 한쪽이 포기를 하거나 더 이상 싸움을 이어나갈 수 없을 때 끝났다. 장소는 각종 술집이고, 원인은 모욕이나 모멸적인 언사였다는 점은 지난 시기의 결투와 다르지 않았다. 싸움에 가담한 각 편의 머릿수가 심하게 차이가 나면 불공정한 것으로 여겨졌는데 이것도 칼싸움에서는 크게 문제가 되지 않았다. 19세기가 끝나갈 무렵에는 노동자층의 젊은 여성들도 길거리에서 일대일로 싸움을 벌였으며 사람들이 역시 그들을 둘러싸고 구경했다는 사실 또한 여러 차례 기록됐다. 남녀 할 것 없이 이런 싸움에서는 사망자가 거의 나오지 않았다. 한 번 예외가 있었다. 1830년에 영국 하트퍼드셔의 여름 축제에서 존 킹과 그리피스라 불리는 농부가 벌인 싸움이 그러했다. 밤이 되자 서른 명 가까이 되는 남성들이 레더 보틀이라는 술집에 모였다. 그날 낮에 벌어진 경마에서 키치너라는 사람이 우승을 거둔 뒤였다. 이에 대해 몇 사람이 키치너가 정당하지 못했다고 수군거렸고, 그리피스를 포함한 몇 명이 키치너에게서 채찍을 잡아챘다. 일이 소란스럽게 번지자 존 킹이 승자를 두둔하며 나섰고 어느 순간엔가 킹과 그리피스가 싸워서 이 문제를 해결하라고 의견이 모아졌다. 구경꾼들이 그들을 둘러쌌고 두 사람이 입회인을 지목했다. 총 3라운드가 벌어질 예정이었다. 2라운드가 끝난 뒤 구경꾼 중 몇몇은 존 킹이 안 좋아 보인다며 싸움을 멈춰야겠다고 했지만 대다수는 싸움이 공정하니 계속 진행해야 한다고 밀어붙였다. 3라운드가 끝날 무렵, 그리피스가 킹의 목을 가격하자 킹이 그 자리에서 쓰러졌다. 킹은 술집 마구간으로 옮겨졌지만 결국 의식을 찾지 못하고 다음 날 아침 숨을 거두었다.[30]

민중 결투자 사이에서는 맨주먹이 아닌 다른 무기로 싸우는 것이 영국적이지 못하다는 생각이 점차 굳어져 퍼져나간 것으로 보인다. 당시 영국인은 칼을 소지하고 다녔지만 갱단이 아닌 한 그들이 들고 다니는 칼은 주머니칼이나 잎담배 써는 칼 정도였다. 1840년대에 법원은 칼싸움을 더욱 엄격히 다스리면서 칼싸움 도중 상대를 살해한 사람에게는 고의적인 살인 혐의를 씌웠다. 예외적으로 외국인 선원이 같은 외국인을 살해했을 경우에는 그들이 영국법을 잘 모른다는 이유로 가벼운 처벌을 내렸다. 1874년에 리버풀의 한 판사는 영국인들끼리 칼로 찔러 부상을 입힌 사건에 대해 판결을 내리며 피고와 피해자에게 이렇게 말했다. "당신들이 주먹만 사용하겠다고 스스로 제한한다면 도시 전체에 이익이 될 것입니다. (…) 당신들이 주먹을 사용했다면 나는 그대들을 기꺼이 석방시켰을 것입니다. 그러나 칼을 사용하는 한 법에 따른 처벌을 받을 수밖에 없다는 사실을 여러분 모두 알았으면 합니다." 남자끼리 벌이는 다른 싸움에서는 장소나 작업장에 따라 삽이나 망치, 병, 유리잔, 면 호크 등 손에 닿는 것은 무엇이든 사용됐

다.[31]

19세기 폭력의 실태를 연구한 프랑스 역사가들은 유난히 시골 지역에 관심을 보였다. 프랑수아 플루François Ploux가 2002년에 연구한 북부 케르시 지역이 그 대표적인 예다. 이곳 주민들 사이에서는 고대의 남성적 명예 규범이 아직도 잘 남아 있었다. 자신이 받은 모욕에 폭력으로 대응하지 않는 남성은 누구든 체면을 잃을 각오를 해야 했다. 갈등이 싸움으로 번지는 일은 예사였고 보복 살인은 명예로운 행위로 간주됐다. 1860년대까지는 여론과 법의 간극이 꽤 컸다. 주민들은 마을 간의 싸움이라면 그 어떤 잔인한 살인도 너그러이 이해한 반면 개인적인 이득을 위한 살인은 매우 경멸했다. 마을 간 싸움에는 대부분 20대 미혼남이 수십 명, 때로는 수백 명씩 가담했다. 같은 마을의 남자 사이에서 명예를 담보로 벌어지는 갈등은 주로 여자 가족의 성적인 문제와 관련이 있었지만 카바레에서 술잔을 넘어뜨렸다는 이유로 갈등이 번질 때도 있었다. 민중 결투는 일반적으로 교회에서 미사가 끝난 뒤 마을 사람들이 지켜보는 가운데 벌어졌다. 이때는 돌이나 주먹 혹은 장전하지 않은 총 등이 무기로 쓰였다. 결투가 끝나면 개인이나 집단이 함께 와인을 마시며 앙금을 풀었다.

이러한 마을 간 싸움은 프랑스 남쪽 지방에 국한되지 않았다. 19세기 내내 시끄러운 언쟁이나 집단적인 주먹다짐이 프랑스 시골 전역에서 빈번히 일어났다. 이때 극히 드문 경우에만 칼이나 총이 사용됐다. 파리에서 그리 멀지 않은 마을의 한 의사는 1838년 7월에 두 남자를 치료한 사실을 기록으로 남겼다. 한 명은 귀 부근에 상처를 입고 뼈가 몇 군데 부러졌으며 심한 뇌진탕으로 말을 할 수 없는 상태였고, 다른 하나는 눈이 조금 다쳤을 뿐이었다. 19세기에 프랑스 시골 지방의 폭력이 얼마만큼 사라졌는지를 두고 프랑스 역사가들 사이에서 의견 차이가 크게 벌어졌다. 어떤 이들은 역사가 유진 베버Eugen Weber(1976)의 고전이 된 연구 결과를 그대로 따라,

제1차 세계대전이 일어나기 전 40년 동안 학교를 세우고 길을 닦던 거국적 운동이 프랑스의 시골 지방에 현대화의 바람을 몰고 왔고, 이에 따라 소작농의 삶도 변화했다고 주장했다. 이에 더해 프레더릭 쇼버드Frederic Chauvaud는 농민 시위가 감소하고, 원수를 법원에 보내 복수하는 일이 증가했다는 사실을 지적했다. 그러면서 1900년에 이르자 도시인들도 시골이 폭력과 위험의 온상이라고 생각하지 않게 됐다고 결론 내렸다. 반면 얼마전 재조사를 벌인 플루는 1860년대에 유행하기 시작한 집단 싸움만이 감소했을 뿐, 시골 지방의 전체적인 폭력 수위는 세계대전 이전이나 나폴레옹 시대 이후나 마찬가지로 높았다고 주장한다.[32]

프랑스 역사가들은 시골 지역에서 가장 흔한 복수가 신체 공격이 아닌 방화였다는 사실에 모두 동의했다. 원한을 품은 마을 사람은 원수의 농장이나 헛간에 고의로 불을 질렀다. 프랑스 바깥도 마찬가지였다. 19세기 내내 영국과 독일의 시골 지역에서도 방화는 흔한 복수 형태였다. 바이에른에서는 바람의 방향을 세심하게 가늠하여 다른 것은 건드리지 않고 원수의 재산만 정확히 불태웠다.[33] 네덜란드 시골 지역에서는 방화 사건이 얼마나 일어났는지 소상히 알 수 없지만 이곳은 19세기 내내 대체로 평화적이었다. 브라반트에서는 1860년대가 되도록 여전히 막대를 주로 사용한 마을간 싸움이 벌어졌으며, 이에 더해 칼을 이용한 의례적인 결투와 이후 함께 술을 마시면서 화해하는 관습까지 그대로 이어졌다.[34] 한 세기가 바뀔 무렵이 되자 네덜란드 시골 지역에서는 칼을 사용한 폭행 사건 역시 뜸해졌다.[35]

도시의 온순화는 파리에서 가장 잘 드러났다. 카페 안의 폭력에 대한 연구에서 그대로 드러나듯이 19세기가 지나면서 파리의 노동자 계층은 점차 싸움에서 멀어졌다. 19세기 전반에는 명예 문제를 둘러싼 민중 결투 사건은 물론, 누구나 싸움에 가담하는 어수선한 소동까지 여전히 보고됐다. 그러던 것이 1870년이 되면서 모두 바뀌었다. 제3공화정 시절 파리 노동자층이 드나들던 카페에는 명랑하고 쾌활한 분위기가 넘실거렸다. 대화에서도 상대의 평판을 건드리는 말은 없었으며 농담과 웃음이 가득했다. 간간이 갈등이 터져도 주변 손님이나 바텐더가 이내 중재하고 나섰다. 개중에 쉽게 모욕감을 느끼고 툭하면 싸우려 들어 주변인들이 피하는 사람은 골칫거리로 낙인찍혔다.[36]

이렇게 하여 유럽 핵심 국가의 도시 노동자와 농부는 점점 더 평화로운 생활을 만끽하게 됐다. 그렇지만 지금까지의 양적 조사 결과를 살펴보면 폭력의 평균 수위는 도시가 더 낮았다. 영국의 지역별 통계치를 조사한 샤세뉴Chassaigne는 런던을 포함한 대도시가 시골 지역보다 폭력에 덜 노출됐다고 결론 내렸다.[37] 1883년부터 1897년까지 독일 제국에서 폭행과 구타 사건에 유죄 판결을 내린 비율은 도시 지역이 인구 10만 명당 177건, 시골 지역은 190건이었다. 반면 1903년에서 1912년 사이 같은 지역의 비율은 도시가 207건, 시골이 240건이었다. 같은 기간에 유일하게 베를린의 비율만이 전체 도시 지역의 평균보다 눈에 띄게 낮았다.[38] 1900년경의 프랑스와 이탈리아에서는 폭력 범죄 사건이 도시와 시골 가릴 것 없이 모두 낮게 나타났다. 프랑스 북부의 산업화 지구에서 발생한 살인 사건을 세심히 연구한 결과 이곳의 살인 사건에 대한 기소율은 1826년에서 1914년 사이에 언제나 국가의 평균을 훨씬 밑돌았다.[39]

살인율이 낮은 유럽 중심 지역의 남성 간 싸움에 대한 증거는 양적 자료와 일치한다. 이 지역의 싸움은 이전 세기에 비해 사회적으로 더 배타적이며 덜 치명적이었다. 폭력을 행사하려는 남성들은 대결이 지나치게 위험해져서는 안 된다며 칼은 쓰지 않는다는 점에 암묵적으로 동의했다. 계층에 따라 공간이 분리되면서 싸움의 사회적 배타성은 더욱 높아졌다. 점잖은 남성들은 18세기 초에 자신의 안위를 스스로 지켜야 했지만, 1800년 이후에는 사회적 약자와 마주치는 일이 줄어들었다. 육체적 대결은 노동자층 거주 지역과 시골 마을에 더욱더 국한됐다. 또한 미국과 달리 이러한 변화는 권총이 널리 보급되는 일 없이 진행됐다. 19세기 네덜란드의 상속 공증 품목을 조사해본 결과 총기를 소지한 가구는 시골 지역 중 18퍼센트인 반면 도시 지역에서는 단 4퍼센트에 그쳤다. 이 차이로 볼 때 이들이 소지한 무기가 대부분 사냥총이라는 사실을 알 수 있다. 영국에서는 총기가 제한 없이 사용됐지만 개인 간 폭력에서 사용되는 일은 드물었다. 총기 금지법은 1920년에 등장했다.[40]

1800년 이후 심각한 폭력이 크게 줄어든 두 가지 배경 요인을 꼽아볼 수 있다. 첫째, 경찰 제도 쇄신과 수사 방식 개선으로 폭력 예방 효과가 나타났다. 둘째, 도덕적인 기업가와 자선 단체의 지속적인 문명화 운동을 들 수 있다. 이러한 운동의 영향력은 세기말에 이르면서 더욱 커졌다. 노동자 지도 세력이 운동에 가세한 것이다. 1850년대부터 1880년대까지 이어진 암스테르담의 첫 번째 사회주의 운동은 민중적인 성격이 강했는데 여기에는 전통적인 남성의 명예도 일조했다. 육체적 폭력은 파업과 시위, 상대 계층과의 싸움 등으로 전환했다. 노동자층 지도자 2세대는 명예를 정치적 정체성으로 대체했다.[41] 유럽 내 노동자 운동의 사회민주주의 지류는, 1890년대부터 부각되며 부르주아의 생활방식을 전파했다. 여기서 부르주아 계층이 가치를 두는 남성성은, 아내가 집에서 살림만 할 수 있도록 돈을 넉넉히 벌고 싶다는 남편의 소망 정도로 좁아졌다. 그 밖에 심각한 폭력이 크게 줄어든 또 하나의 배경 요인은 그 시대의 제국주의다. 무수한 학자들이 강조했듯 유럽 대다수 지역이 온순화에 도달한 것은 19세기 초반에 시작된 노예무역과 이후 확산된 식민주의로 비유럽인에 대한 폭력의 수준이 높았기 때문인지도 모른다.[42]

유럽 외곽 지역에 대한 면밀한 조사 결과가 이 결론을 뒷받침해준다. 아일랜드는 19세기 전반까지만 해도 외곽 지역에 속했다. 이곳의 살인율은 기근에 이어 곧바로 감소한 것이 아니지만 이후에 어느 정도 기근의 영향을 받았을 것으로 보인다. 생활만 여유로웠다면 폭력을 행사하고 다녔을 남성들이 굶주림에 허덕였고, 많은 이들이 미국으로 떠났다. 흥미롭게도 명예에 대한 전통 문화는 19세기가 끝나도록 멀리까지 퍼져 있었다. 남성들은 모욕이나 무시를 받았다는 등의 이유로 대결을 신청하며 싸움을 벌였고, 그러다가 사망자가 나와도 구경꾼들은 이를 사고사라 여겼다. 역사가 캐롤린 콘리Carolyn Conley는 19세기 후반에 이러한 문화가 지속되면서도 살인율이 낮았던 이유를 밝혔다. 사람들이 칼 대신 맨주먹이나 돌로 싸웠기 때문이다. 전체 살인 사건 중 칼을 쓴 경우는 11.4퍼센트에 그친 데다 당시 상대를 칼로 찔러 죽인 사람은 불명예를 얻었다. 총을 쓴 살인은 1.8 퍼센트였다.[43] 총기는 아일랜드 얼스터의 오렌지 당원(북아일랜드 신교도 정당 당원_옮긴이) 사이에서 흔히 쓰였다. 이들 종파 간 충돌은 프랑스 남부의 일상적인 영역 싸움과 집단적인 정치 폭력의 중간 성격을 띠었다. 오렌지 당은 대결 신청과 도전이라는 의례적인 단어를 쓰면서 가톨릭의 영역으로 행진해갔고, 양 진영은 말 달리기 시합을 벌일 때면 반드시 긴 막대를 가져갔다. 두 종파에는 공휴일이 많았는데 그런 만큼 서로 간에 폭력이 가실 날이 없었다.[44]

핀란드 오스트로보스니아 지역의 사람들은 싸울 때 여전히 칼을 즐겨 썼다. 이곳에서도 마을 간 싸움이 빈번히 벌어졌으며 싸움은 점차 흉포해지기까지 했다. 살인율이 높은 지역은 특별한 싸움용 칼이 널리 사용된 지역과 겹쳤다. 19세기 말에는 치명적인 폭력이 공업화 지구에 집중됐는데 핀란드의 공업화 지역은 도시가 아니라 숲이 우거진 국경 지대에 있었다. 핀란드에는 양차 세계대전 사이의 기간에도 공격적인 남성성이 여전히 강하게 남아 있었다.[45] 반대편 코르시카에서 살인율이 계속 증가한 것은 복수극뿐만 아니라 강도 사건이 끈질기게 이어졌기 때문이다. 이곳에서는 전통적인 남성의 명예가 지역 엘리트층까지 완벽히 장악하고 있었다. 중세 시대가 여전히 계속되는 듯, 피의 복수는 조금도 수그러들지 않았다. 일부는 지난 세기에 이미 뿌리를 내린 이후로 100년을 더 이어나갔다. 프랑스 정부는 어떠한 복수극이라도 못마땅해했지만 이에 대해 할 수 있는 일은 없었다. 1900년에도 코르시카 각지의 마을을 가려면 노새를 타야 했다. 이곳에서 중세 시대와 크게 달라진 점이라면, 단검이 여전히 많이 쓰였으나 무엇보다 총이 널리 쓰였다는 것이다.[46]

보복 살인은 지중해의 다른 지방에서도 벌어졌는데 이오니아 제도에서 가장 눈에 띄는 폭력 형태는 칼싸움이었다. 1817년부터 1864년까지 이 지역은 공식적으로는 독립적이었으나 영국의 보호령 아래에 있었기 때문에 실제로는 식민지와 다를 바 없었다. 남아 있는 기록에 따르면 이오니아 제도의 민중 결투는 근대 초기 유럽의 민중 결투와 여러모로 비슷했다. 이곳에서도 변함없이 중요한 것은 남성의 명예였다. 칼싸움은 상대의 평판을 공격하는 말에서 시작됐다. 보통은 여성의 성과 관련된 말이었다. 주된 배경은 와인 주점이었다. 이오니아 제도의 마을에서 싸움의 당사자들은 대개가 서로 알았고 또 대부분이 이미 이전부터 갈등을 키워온 것이었지만, 민중 결투에서는 처음 보는 사람들끼리 겨루는 일도 간혹 있었다. 치명적이지 않은 싸움 중 태반은 법원행으로 일단락됐기 때문에 이에 대한 증거 역시 세세하게 남아 있다. 구경꾼들은 주로 한쪽이 다른 쪽의 얼굴에 큰 상처를 냈을 때 싸움을 끝내기 위해 중간에 끼어들었다. 이전 시기와 비교해서 눈에 띄게 달라진 점은 칼싸움의 당사자들이 치명적이지 않은 싸움을 벌이고 난 뒤에도 체포에 순순히 응했다는 것이다. 영국에 도입된 공개 재판에서는 피고와 피해자, 목격자에게 갈등 당시의 상황을 재현하고 당사자의 장점, 그들이 용감했는지 비겁했는지, 술은 얼마나 취해 있었는지, 싸움 솜

씨는 어떠했는지를 언급할 수 있는 기회를 충분히 주었다. 싸움 당사자들이 재판에 순순히 응한 것은 형벌이 비교적 가벼웠기 때문인데 이것도 영국의 통치가 끝나가면서 점차 가혹해졌다. 그리스 전역에서는 1960년대 초반까지 명예를 위한 살인이 용인됐다.[47]

이탈리아에서 칼은 19세기에 흔히 볼 수 있었다. 로마에서는 살인 사건에서 주로 칼이 쓰였다. 사소한 이유로 벌어진 사건은 대부분 명예와 관련됐다. 살인은 술집 싸움이나 길거리 난투극에서 일어났고, 이웃이나 직장 혹은 가족 사이의 갈등이 그 원인이었다. 근대 초기의 암스테르담처럼 칼싸움의 당사자는 대부분 전과가 있었으며 노동자 계층 사이에서 다소 소외된 인물이었다. 자제력이 더 강한 다른 노동자 계층의 입장에서는 그들과 어울리는 것이 명예를 더럽히는 일이었다.[48]

이탈리아는 마피아로 더 잘 알려졌다. 마피아의 활동은 강도와 다르며 이는 단순히 개인적이거나 범죄적인 폭력이라고 설명될 수도 없다. 중세 유럽에서처럼 마피아가 성장한 주된 원인은 국가의 취약함이었지만, 중세 시대와 크게 다른 점은 19세기의 마피아 일원들은 틈새를 찾는 대신 이탈리아의 단명하는 국가기관을 이용했다는 것이다. 19세기 말과 20세기의 시칠리아에서는 마피아 일당과 지역 엘리트층이 실권을 장악했다. 그들 중 지배적인 마피아는 없었으며 다만 코스카cosca라 불리는 지역 패거리들이 존재했다. 각 코스카는 지역 선거가 열리면 자신에게 더 많은 이익을 안겨줄 후보자를 지지했다. 그들은 또한 중개자 역할을 했다. 지주를 도와 경쟁 상대를 몰아내거나 소작농을 위협하며 복종을 받아내는 것이었다. 마침내 지역에 기반을 둔 마피아 간에 권력 투쟁이 벌어졌는데 이런 갈등에서는 상대 코스카의 핵심 인물을 제거하는 일도 더러 있었다. 법원은 마피아단의 살인을 좀처럼 통제하지 못했다. 적대적인 두 마피아가 지방 도시의 혼잡한 광장에서 만나면 북적였던 곳이 어느새 황량해졌다. 누구나 그들을 알았지만 누구도 그들을 보지 못했다. 마피아의 존재는 사실상 폭력의 독점화를 보여주는 한 단면이었다.[49] 마피아 단원은 노상강도와 달랐지만 그들이 익히는 폭력과 협박 기술은 귀중한 자산이 됐다. 이들은 훗날 다른 지역에서 범죄 활동에 가담하게 되어도 과거의 기술을 요긴하게 쓸 수 있었다. 20세기 초엽부터 일부 마피아 단원과 폭력 전문가들은 유럽 남부에서 북부로, 미국으로 건너가 새로운 암흑가를 건설했다.

유럽 외곽 지역을 조사해보면 유럽 중심 지역의 사건을 조금 더 뚜렷이 바라볼 실마리를 얻을 수 있다. 외곽 지역에서 복수극과 강도 행각이 여전히 계속됐다는 사실은 그리 놀랍지 않다. 외곽 지역의 두드러지는 특징은 많은 지역에서 칼싸움이 유행했다는 것이다. 이것이 중심 지역과 극명히 갈리는 부분인데, 중심 지역에서 칼싸움은 제1차 세계대전이 일어나기 100년 전부터 점차 사라지거나 주변부로 밀려났기 때문이다. 1800년 이후의 칼싸움은 영국적이지 않았다고 하기보다는 유럽 중심부답지 않았다고 하는 게 맞다. 중심 지역에서 살인율이 지속적으로 감소한 것은 흔한 무기의 범주에서 칼이 멀어진 것과 직접적인 연관이 있다.

▌상류층과 정식 결투

폭력은 결코 사회 밑바닥 층의 전유물이 아니었다. 중간계급과 상류층은 가정 안에서 그들만의 분쟁을 벌였다. 상류 사회의 가정 밖에서의 살인은 끊임없이 이목을 끌었다. 빈 회의(1814~1815) 직후 독일 라인란트에서 터진 한 사건 역시 프로이센 전역에 파문을 일으켰다. 용의자로 꼽힌 36세의 피터 퐁크가 결국 혐의를 벗었기 때문에 사건의 가해자가 중간계급인지는 확실하지 않다. 독일 고흐 출신의 명망 있는 상인 가문의 자손인 피터 퐁크는 1815년에 쾰른으로 가서 크레펠트에서 온 프란츠 슈뢰더와 함께 브랜디 무역 사업을 시작했다. 1년 뒤 프란츠는 피터가 수익 규모를 제대로 알려주지 않으려 한다는 의심을 품고 제3자에게 장부 정리를 맡길 것을 요구했다. 결국 이들은 지난 10월 31일에 쾰른에 도착한 28세의 또 다른 크레펠트 출신 상인, 빌헬름 쾨넨에게 장부 정리를 맡기기로 했다. 이후 빌헬름 역시 아직 명백한 부정행위는 밝히지 못했지만 피터를 미심쩍게 여기기 시작했다. 며칠 뒤 빌헬름과 피터가 남들 앞에서 다투게 되었다. 빌헬름을 마지막으로 본 사람은 11월 9일 저녁에 그와 숙소까지 동행한 빌헬름의 조수였다. 이후 정신없이 수색하고 몇몇 신문에도 광고를 올린 끝에 12월 19일, 프리머샤임 근처 라인강에 떠다니던 빌헬름의 시체가 발견됐다. 그의 주머니에는 금시계가 들어 있었지만 돈은 사라지고 없었다. 검시관은 머리에 심각한 부상의 흔적과 교살의 흔적이 발견됐다며 빌헬름이 강물에 빠지기 전에 이미 죽어 있었다고 결론 내렸다. 이와 관련해 트리에와 베를린에서 항고 재판이 열렸고 피터 퐁크의 유죄가 아직 확정되지 않은 시점인 1823년 7월, 이 사건이 프로이센 국왕의 귀에까지 들어가게 됐다. 국왕은 이후 대법원이 내린 유죄 판결을 거부하면서 피터에게 자유를 되돌려주었다.[50]

상류층 사회에서 목숨을 위협할 수 있는 폭력은 무엇보다 결투였다. 19세기에 정식 결투가 부활했다. 독일을 비롯한 일부 국가에서는 원래부터 성행하던 결투에 몇 가지 새로운 특징이 덧붙여진 것이었지만, 이탈리아 같은 국가에서는 결투가 완전히 부활했다. 독일과 이탈리아, 프랑스의 상류층 결투자는 법이나 사법적 관행에서 모두 특별한 대우를 받았다. 영국의 상황은 조금 달랐다. 이곳에서 결투는 남성 폭력 근절 운동의 또 다른 표적이었다. 결투자는 주로 부르주아 계층의 관리로, 귀족적인 취향을 받아들여서 사회적으로 출세할 기회를 노리는 이들이었다. 이들은 권총을 즐겨 썼지만 상대를 향해 고의적으로 총을 겨누는 것은 상당히 무례하다고 여겼다. 당시 결투 중에 사망하는 비율은 15퍼센트에 이르렀다. 1838년의 한 재판에서는 배심원단이 결투 입회인 두 명에게 살인죄가 있다고 판단했다. 이들은 고작 징역 12개월만을 받았지만, 여론은 급속히 바뀌었다. 1840년대 중반에 당국은 결투를 부추기기까지 한 군법회의 관료에게 경고하고, 사망한 결투자의 미망인에 대한 군인 연금 지급을 금지했다. 1852년 영국에서 프랑스인 두 명이 싸워 사상자가 나온 것이 마지막으로 알려진 정식 결투 사례다. 19세기 말이 되도록 런던의 『타임스』는 외국인의 결투를 시종일관 비판적으로 바라보았다.[51]

영국이 앞장서서 결투를 금지하고 스포츠를 개혁한 것도 우연이 아닐 것이다. 선수들이 진정 남자다운 경기를 펼치려면 결투에서 보인 용기에 버금가는 무언가를 보여야 했다. 19세기에 영국을 거울삼던 네덜란드 상류층도 결투에 부정적인 태도를 취했다. 여기에도 예외는 있었다. 1844년, 네덜란드 브레다 육군사관학교의 한 민간인 교수가 장교와 겨루던 도중 총으로 상대의 다리를 겨냥했는데 총에 익숙지 않아 목숨을 빼앗게 된 사건이 발생했다. 2년 뒤에는 한 의원이 자신을 거짓말쟁이라 했다며 재무부 장관에게 결투를 신청했는데 당시 지명된 입회인들이 싸움 없이 이 둘을 화해시켰다.[52] 19세기 후반에는 몇몇 네덜란드인이 결투에 대한 논문을 발표했다. 하나같이 결투를 비판하는 내용이었다.[53]

다른 국가에서는 결투가 제1차 세계대전 직전까지 계속됐다. 프랑스의 일반 통계compte générale에 따르면 1827년에서 1834년 사이 치명적인 결투는 189건, 그 밖의 결투는 331건으로 연평균 65건의 결투가 벌어졌다고 한다. 36퍼센트라는 높은 사망률은 이 통계치가 법원에서 나온 것이니 틀림없이 편향된 수치일 것이다. 1875년에서 1900년까지는 매년 평균 200건의 결투가 벌어졌는데 그중 치명적인 결투는 단 한 건인 것으로 추정된다. 이탈리아에 대해 야코포 겔리Iacopo Gelli가 신문 기사를 중심으로 자료를 모아본 결과, 매년 평균 269건의 결투가 벌어졌다고 한다.[54] 겔리는 그중 치명적인 결투는 얼마나 되는지 보여주지 않았지만 이 시기에 유럽 전역에서 죽음으로 끝나는 결투는 드물었다. 이유는 분명했다. 당시의 관습이 '최초의 피'를 볼 때까지 싸우는 것이었기 때문이다.[55] 즉 검이나 군도에 정맥이 찔려 피가 나면 그 즉시 싸움이 끝났다. 총이 흔히 사용되던 독일에서는 결투자들이 상대가 총을 쏘기를 잠자코 기다린다는 관례가 더 이상 존재하지 않았다. 이들에게는 결투에 자신의 목숨을 기꺼이 거는 태도가 승리보다 더 중요했다. 결투에서 당사자가 모두 살아남았을 경우에는 그들 사이에 끈끈한 형제애가 생겼다. 19세기에 부활한 정식 결투는 17세기의 결투보다 분명 덜 폭력적이었다.

폭력성은 줄어들었다 해도 결투의 부활은 명예의 내면화 과정을 분명 역행하는 것이었다. 상류층은 또다시 의례적인 폭력이 모욕에 대한 적절한 대응 방식이라고 생각했고, 여기에 부르주아 계층도 새로이 지지하고 나섰다. 사회주의자 중에도 학생 시절에 좌파 이념을 무시하고 결투에 가담한 이들이 있었다. 사회주의 지도자 페르디난트 라살레는 1864년에 결투를 벌이다가 목숨까지 잃었다. 프랑스의 부르주아층은 귀족의 명예 규범을 따르며 성적 예절과 청결을 강조했고, 제3공화정 시절에는 군인 계층이 아닌 일반 시민들이 결투에 가담했다. 통일 이탈리아에서는 중간계급 출신이 대다수인 군인 다음으로 기자들이 결투에 열렬히 뛰어들었다. 통계 수치에서 귀족을 따로 분리하지 않은 겔리는 신사 계층이란, 대략적으로 정의를 내리자면 명예권을 주장할 수 있는 집단이라고 말했다. 이탈리아 북부와 중부에서 결투는 주로 가정에서 벌어진 반면 메초조르노(이탈리아 남부를 통틀어 일컫는 말_옮긴이)에서는 주로 마피아 사이에서 벌어졌다. 의회 제도가 새로 도입된 이탈리아에서 결투 신청은 대개 정치와 연관되어 있었다. 결투 신청자는 신문의 비판 기사나 상대 정당의 당원이 내뱉은 불쾌한 말을 모욕으로 받아들였다. 한 정치인은 의원에 당선된 뒤 자신의 딸에게 펜싱을 배워야겠다고 털어놓기도 했다.

하류층이 정식 결투를 벌이는 일도 간혹 있었다. 파리 서부의 산림청 경비직은 아버지에서 아들로 대물림됐는데 이들 법 집행자와 밀렵을 즐기는 주민은 어느 정도 선의의 경쟁 관계에 있었다. 그러던 1856년 어느 여름, 카페에서 한 인부가 지역 경비의 신경을 몇 번씩 건드렸다. 그는 자신이 사냥을 못하도록 막는다면 몸에 총알을 박아놓겠다고 말했다. 이에 경비가 "밀렵꾼은 도둑놈이야"라고 대꾸하자 인부는 경비가 아무짝에도 쓸모없다고 응수했다. 마침내 경비가 인부에게 결투를 신청했고 다음 날 그들은 손수건 하나 정도의 사이를 두고 총을 들고 섰다. 결투는 그리 진지한 것이 아니었기에 지명된 입회인들이 우선 곡물 수레를 비운 뒤에 시작되었다. 결국 경비가 총을 쏴서 상대에게 부상을 입히며 결투에서 승리했다.[56] 상류층은 이런 대결을 진정한 결투로 인정하지 않았다. 과거에 그랬듯이 정식 결투는 사회 특권층의 전유물이었으며, 공인된 규칙에서는 결투 당사자를 "즐길 자격이 있는" 부류로 정확히 선을 그어놓았다. 상류층 남성은 아웃사이더에게 받은 모욕이나 부적절한 도전을 간단히 무시할 수 있었다.

부르주아 결투의 흥미로운 특징과 그 밑에 깔린 명예 규범은 민족주의와 밀접하게 관련되어 있다. 국가에 대한 모욕은 곧 개인에 대한 모욕으로 받아들여졌기에 결투의 원인이 될 수 있었다. 1826년에 이탈리아 나폴리의 장군 가브리엘 페페가 프랑스의 시인이자 외교관인 알퐁스 드 라마르틴에게 이탈리아인을 폄하하는 시를 썼다며 결투를 신청했다는 일화는 잘 알려져 있다. 장군이 상대의 팔에 부상을 입히자 이탈리아인들은 장군이 모욕적인 시를 쓴 시인의 손에 벌을 내렸다며 기뻐했다. 1850년대에 오스트리아의 지배를 받고 있던 롬바르디아의 애국자들은 오스트리아 총독의 관저에 빈번히 드나드는 사람이면 누구에게나 결투를 신청했다. 1895년에 이탈리아군이 에티오피아군에 굴욕적으로 패배한 뒤, 토리노 백작은 올리언스 공작이 이 사건에 대해 모욕적인 기사를 썼다며 결투를 신청했고, 파리 부근의 부르고뉴 숲에서 그를 살해했다. 프랑스인 역시 군사적 패배를 씻어내기 위해 서로 결투를 벌였다. 그들은 이러한 결투를 용기의 표시로 보며 1870년과 1871년에 있었던 프로이센-프랑스 전쟁에서 자신들이 패배한 것은 실수였을 뿐이라는 사실을 전 유럽에 보여주고자 했다. 독일인은 그들 나름대로 새롭게 얻은 국가적 자부심을 결투를 통해 나타내려 했다. 이처럼 명예는 단순히 개인적인 문제에 그치지 않고 국가와도 연결되어 있었다. 한편 영국인은 일찍부터 쌓아올린 성공 신화 덕분에 결투를 벌일 필요가 별로 없었다.

유럽의 민족주의에서 촉발된 거대한 참사로 인해 기나긴 19세기가 끝나고 정식 결투도 막을 내렸다. 결투는 참호 안에서 장렬히 전사했다. 결투를 통해 용기를 드러내고 명예를 되찾으며 형제애를 키워간다는 감격스러운 이야기가 모두 거짓이었다는 의혹이 보편적으로 싹트기 시작했다. 전쟁의 참상이 폭력의 실체를 나타냈다. 그럼에도 전쟁 중에, 특히 프랑스에서 정식 결투를 민주화하려는 시도가 있었다. 조지 브라이트마이어Georges Breittmayer가 1917년에서 이듬해 겨울까지 쓴 개정 규율에 따르면 징병 연령에 해당하는 사람은 누구나 도전장을 던지거나 받음으로써 동등한 명예집단에 속할 수 있었다. 단 병역 기피자나 전쟁으로 불명예스러운 이익을 거둔 자는 예외였다. 이는 너무 뒤늦은 조치였다. 1918년 이후에는 프랑스를 비롯한 유럽의 다른 국가에서 목격된 결투가 손에 꼽을 정도였다. 오로지 전쟁에 집중하기 위해 개인적인 원한은 모두 미뤄두었던 이탈리아인만이 다른 지역의 추이를 따라잡기까지 조금 더 시간이 걸렸을 뿐이다. 이탈리아에서 결투는 무솔리니가 정권을 장악한 이후 결투를 자극할 만한 정치적 논쟁이 종결되면서 사라졌다. 파시스트 정권은 법적 증거라는 기준도 무시한 채 마피아 집단에 일격을 가했고, 이로써 국가의 폭력 독점을 더욱 강화했다.

▎여성과 치정 살인

성과 가족, 폭력의 상호작용에 대해서는 4장에서 19세기 중반까지 따라가 보았다. 그 이후의 추이에는 과거의 연속과 변화가 함께했다. 성폭행에 관한 영국 학자들의 의견은 양편으로 갈렸다. 샤니 드크루즈Shani D'Cruze는 여성의 연약함을 강조하면서 남성이 여성의 친절을 성적인 유혹으로 받아들이는 경우를 예로 들었다. 1900년이 이르도록 신문 지면에서는 여성이 성폭행을 자극한 것이 아닌지, 크게 저항하지 않았다면 동의한다는 의사 표현이 아닌지와 같은 의문을 반복적으로 제기했다. 더불어 신문에 망측한 세부 사항까지 공개되었기에 이에 대한 희생자의 걱정은 어느 때보다 높았다.[57] 마틴 비너Martin Wiener는 법원의 태도와 판례가 미묘하게 변화했다고 강조하면서 빅토리아 시대 후반에는 성폭행에 대한 기소 가능성이 늘어났다고 주장했다. 강간범에 대한 사형 제도가 폐지되면서 사실상 거대한 장애물 하나가 없어졌다. 또한 눈에 띄는 부상을 입지 않아도 피해자가 저항했다는 사실을 증명할 수 있게 됐으며 매춘부 역시 강간당할 수 있다는 인식이 점차 퍼졌다. 그러나 피해자가 가해자와 합의해서 성관계를 맺은 과거가 있는 경우라면 가해자를 성공적으로 기소할 가능성은 사실상 없었다. 그 밖에 성폭행에 대한 재판은 특히 1870년에서 1890년 사이에 크게 증가했다.[58]

프랑스 여성 역시 망측한 세부 사항이나 사건의 전말까지 공개되는 것을 꺼렸다. 1889년에 르와르 지방 한 가정의 젊은 딸이 다리가 부러진 채 방에 누워 있었다. 처음에 그녀는 강간당한 사실을 부인했지만 시간이 지나서야 그 사실을 인정했다. "그런 폭행을 당한 사람이 나라는 게 너무 수치스러웠어요. 내 이름이 그런 일로 공개되는 것도 싫었고요." 여성들은 부상의 흔적이 남지 않았거나 목격자가 없을 경우에는 가해자를 고소하려 하지 않았다. 19세기 내내 파리 서부 시골 지역의 상황도 마찬가지였다. 남자들은 미혼 여성을 마음대로 취해도 좋다고 생각하여 강제로 성관계를 한 뒤에 피해자도 동의한 일이라고 우겼다.[59]

가정 폭력과 배우자 살인에 대한 법적 조처는 가해자가 남성일 때와 여성일 때 정반대 방향으로 변화했다. 영국 법원은 힘없는 부인에게 자신의 완력을 남용하는 남편을 비난하기 시작했다. 한 의원은 아내를 학대한 남편에게 가혹한 형벌을 내리자고 제안하면서 이런 행동은 "남자답지 못한 폭행"이며 "우리 남자들은 성격을 개조할 필요가 있다"고 덧붙였다. 과거에는 피해자나 가해자의 잔소리, 음주, 낭비벽, 간통 등이 아내 살해에 대한 변명으로 받아들여졌지만 이제는 이것들도 경감 사유가 되지 못했다. 반대로 남편을 살해한 아내는 정신이상 판정을 받거나 전적인 책임을 지지 않는 경우가 많았다. 이처럼 상반된 변화는 혼외 관계로 확장됐다. 언론은 연인이나 정부를 살해한 남성을 무자비한 호색한으로 그렸고, 특히 그들이 피해자와의 관계로 재정적 이득을 취했을 경우에는 더욱 혹독한 비난을 가했다. 그와 반대되는 사건이 1902년 11월에 벌어졌다. 키티 바이런이 자신의 내연남 레기 베이커를 칼로 찔러 죽인 것이었다. 중간계급 출신인 베이커에게는 공식적인 아내가 따로 있었다. 베이커가 키티의 전보에도 돈을 지불하려 하지 않았으며 이전부터 술만 마시면 그녀를 때렸다는 사실이 밝혀졌다. 신문이 이 사건을 극적으로 과장했고, 독자들은 징역 7년형을 받은 아름다운 키티를 측은히 여겼다.[60]

19세기에 벨기에에서 제정된 법은 여성과 아동에 대한 폭력을 점차 용인하지 않게 된 당시의 분위기를 반영했다. 그러나 플랑드르 동부에 대한 사례 연구 결과, 그곳의 배심원단은 가해자 남편에게 여전히 연민을 느끼며, 아내가 자신의 화를 돋우었다는 그의 말을 그대로 믿어주었다는 사실이 밝혀졌다. 피해자가 사망한 경우에도 배심원단은 여전히 가해자의 주장을 들어주었다.[61] 영국에서는 여성 보호를 위한 법이 양차 세계대전 사이의 기간에도 계속 제정됐는데 범죄 역사학자 클라이브 엠슬리Clive Emsley는 실제로 법을 집행한 시기는 그보다 뒤의 일이라고 주장한다. 클라이브는 "제정된 법은 늘어났지만 폭력이 걷잡을 수 없이 번지면서 통제 범위를 넘어섰다"며 법과 현실의 간극이 더욱 벌어졌다고 설명했다.[62]

프랑스에서는 변화가 그리 눈에 띄지 않았다. 1811년에서 1900년 사이 루앙 지역의 파트너 살해 재판에 대한 연구 결과, 법원의 기존 태도가 지속되었음을 알 수 있었다. 배심원단은 가해자가 여성일 때보다 남성일 때 더 누그러진 태도를 보였다. 검사도 여성에게는 암살 혐의를 씌우는 반면 남성에게는 "자발적 살인" 혐의를 물었다. 이렇게 혐의에 차이를 두는 것은 일부분 실제 범행의 차이에 기인한다고 할 수 있는데 힘없는 아내로서는 칼이나 총 등 다른 무기에 기대는 일이 잦았기 때문이다. 법원은 가해자인 아내가 공범의 도움을 받았다는 혐의도 자주 씌웠는데 이런 판결은 300년 전 파리 의회에서 이미 내린 바 있었다. 그러나 실제 범행 동기가 변화하기 시작했다. 프랑스 북부를 조사해보니 1870년경에 가족 내 살인의 성격이 눈에 띄게 달라졌다. 이전까지만 해도 재산 상속이나 금전적 이득을 둘러싼 갈등이 살인의 주된 원인이었으나 1870년 이후에는 배우자 사이의 감정적 유대가 중요한 원인으로 등장한 것이다. 아내나 여자 친구가, 간음 때문이 아닌 독립적인 의사에 따라 남성을 떠난 것이 파트너 살해의 주된 원인이 됐다. 그러자 남성 중에 명예나 계급이라는 기존의 각본을 따르는 대신 자신을 떠난 파트너에게 집착을 보이며 여성을 며칠이고 스토킹하는 이들이 늘어났다.[63]

아동 폭력에 관한 자료는 기껏해야 드문드문 존재한다. 영국 빅토리아 시대의 켄트 지방에서는 전체 살인 피해자 중 4분의 1가량이 영아를 제외한 12세 미만의 아동이었다. 대다수가 부모의 과도한 체벌로 사망한 것이었다. 1861년부터 1900년 사이 런던의 12세 미만 아동 피해자의 비율은 10퍼센트에 못 미쳤다. 19세기에 스위스 우리 주에서는 모든 육체적 상해와 살인 사건 피해자의 5분의 1이 16세 미만이었는데 그중 부모에게 학대를 받은 경우는 극소수에 불과했다. 1900년 무렵의 프랑스에서는 부모의 자녀 학대가 시골 지역보다 도시나 산업화된 북부 지방에서 더 빈번히 일어났다. 하지만 이 자료는 치명상을 입힌 경우만이 아닌 그보다 더 넓은 범위를 포괄한 것이다.[64]

근대 초기와 마찬가지로 정신장애나 가난, 괴로움 때문에 어린 자녀를 살해하는 여성도 있었다. 영국에서는 이런 경우 보통 무죄 판결이 내려졌다. 1888년에 엠마 애스턴은 남편에게 버림받은 뒤 두 자녀를 살해한 혐의로 런던 중앙 형사 법원에 섰고, 정신이상 판정을 받았다. 『타임스』에서는 이 판결에 갈채를 보내면서 가해자가 틀림없는 정신이상이며 이 모든 일이 달아난 남편 때문이라고 비난했다.[65] 그로부터 3년 전, 한 사건이 벌어지면서 제네바 전역이 들썩였다. 비가 내리던 5월 1일, 32세의 잔 롬바르디가 네 살에서 일곱 살 사이이던 자신의 딸과 세 아들의 목을 베어버린 것이다. 당시 남편은 양복점에서 늦게까지 일을 하고 있었다. 그전에 잔은 자살을 하려 했지만 자신이 죽고 나면 남편이 아이들을 굶길지 모르고, 아이들 몸에 해충이 득실거리도록 방치할 것이라는 데 생각이 미치자 갑자기 두려워졌다. 범행을 저지른 뒤 잔은 아이들의 침대를 하얀 백합으로 덮어놓고는 자살하려는 생각은 잊고 잠이 들었다. 훗날 스위스 대통령이 된 잔의 변호사는 그녀가 정신이상 증세를 보였다며 폰 크라프트 에빙 등 법의학 전문가들에게 호소했다. 재판 결과 피고의 형사책임을 의문시하는 평결이 내려졌다. 즉 피고에게 가장 호의적인 결과로 정신병원 수용이 결정된 것이다. 잔은 1894년에 완치 진단을 받고 병원을 나왔다.[66]

반대로 다 큰 자녀가 노쇠한 부모를 살해하는 일도 종종 있었다. 얼마 전 한 연구에서 19세기 프랑스의 존속살인, 즉 자신의 법적인 손위 친족을 살해하는 행위를 분석했다.[67] 1832년까지 존속살인범은 사형 집행 전에 오른손을 잘리는 처벌을 받았다. 가문의 명예는 여전히 귀중한 자산이었으며, 이런 사건에서는 명예가 폭력으로 더럽혀진 셈이었다. 해당 가문은 수치를 당하지 않기 위해 살인 사실을 은폐했으며 사실이 드러날 경우에는 가해자가 정신병자라고 주장했다. 오래전부터 머리가 나타낸 의례적인 상징성에 따라 피해자는 주로 머리에 타격을 입고 사망했다. 부모의 머리는 특히 권위의 상징이었다. 반면 가해자가 선택한 살해 도구는 의례적인 것과는 거리가 멀었다. 살인범은 당시 무엇이든 가까이 있던 물건을 집었다. 부엌칼이나 도끼, 기타 농기를 닥치는 대로 들고 피해자의 머리를 내리쳤다. 범행은 다분히 충동적이었다. 피해자가 이미 오래전에 살해를 결심했으며 살해 협박도 이미 여러 번 한 경우에도 마찬가지였다. 존속살인은 시골 지역에 더 많았다. 살인 동기는 학대에 대한 복수, 결혼 상대자에 대한 부모의 반대, 집안의 경제적 상황에 대한 중압감, 농장 상속을 둘러싼 다툼 등 마을에서 벌어지는 온갖 갈등이 될 수 있었다.

19세기 초에 일어난 이성 살인 사건 중 단연 눈에 띄는 것은 치정 살인이다. 이 말을 만들어낸 프랑스에서도 치정 살인은 법적 개념이 아닌 대중적인 개념이었다. 1832년 이후 프랑스 법에서 배심원단에게 정상참작을 고려할 권한을 주었다. 치정 살인은 법의학 전문가의 중요성 증가와 더불어 사건 당사자에 대한 배심원단의 연민이 더해진 복합적인 결과였다. 대중에게 치정 살인은 곧 사랑에 의한 살인, 구체적으로는 질투나 실연 때문에 벌어진 살인이었다. 배심원단은 결코 무조건적으로 무죄 판결을 내리지는 않았지만, 당사자의 입장을 어렵지 않게 생각할 수 있었기 때문에 피고의 범행을 기꺼이 이해하고 용서해주는 경향이 있었다. 생애 단 한 번이라는 사건의 성격과, 재범의 가능성이 거의 없다는 사실로 인해 대중 역시 이런 살인 사건을 크게 두려워하지 않았다. 정신의학자들은 눈 먼 사랑, 질투 혹은 격정적인 증오에 따른 일시적인 정신이상이 범행의 원인이라고 결론 내렸다. 생물학에 관심을 둔 법의학자들은 치정 살인자가 타락한 범죄자나 선천적 범죄자와는 달리 평범한 사람이라고 주장했다. 이러한 법적·과학적 인식의 변화가 만나는 지점에서 치정 살인의 강렬한 이미지가 만들어졌다. 이러한 이미지는 특히 1870년에서 1930년 사이에 영향력을 행사했다.

대중의 마음속에 여성, 그중에서도 우아한 여인은 특히 치정 살인을 저지르기 쉬운 존재로 비춰졌다. 이런 여성은 자신을 버린 남성을 몰래 따라다니다가 복수를 감행할 것이라 여겨졌다. 흔히 그렇듯이 통계치에서는 이런 사실이 입증되지 않는다. 통계치에 드러난 치정 살인범은 대부분 노동자 계층이었고, 무엇보다 대부분이 남자였다. 1870년대 프랑스에서 편찬된 '치정 살인' 통계 자료를 보면 전체 치정 살인범 중 남자는 82퍼센트에 달했다. 그러나 당시 폭력 범죄 전체 범죄자 중 여성의 비율과 비교해보면 치정 살인에서 여성이 차지하는 비율은 꽤 높은 편이었다. 마찬가지의 비율이 1870년에서 1910년 사이 파리 재판 기록에서도 드러난다.[68] 치정 살인의 독특한 특징이 또 하나 있다. 치정 살인범의 나이가 비교적 많았다는 것이다. 전체 범죄자 중 3분의 2가 25세에서 40세 사이였다. 이는 범죄가 벌어지기 전에 관계를 맺고 이어가는 기간이 어느 정도 있어야 했기 때문이라고 이해할 수 있다. 전체 살인범과 비교해볼 때 총을 사용한 이들은 치정 살인범이 더 많았다. 예기치 않게도 치정 살인범은 범죄에서 부상하는 암흑가의 일원들과 비슷한 양상을 보인 것이다. 그러나 치정 살인을 그렇게 간단히 현대적인 현상이라 할 수는 없다. 그 뒤에 낡은 명예 관념이 숨어 있었기 때문이다. 오랫동안 가부장제와 명성에 대한 부담에 짓눌려온 남성으로서는 아내가 외도를 저질렀다면 끝내 경쟁 상대와 아내를 해칠 수밖에 없었다. 그러나 치정 살인 자체로는 짓밟힌 명예를 되돌릴 수 없었다. 가해자가 전부터 내면화한 명예에 걸맞은 좋은 평판을 누렸고, 이전까지 자신의 파트너에게 충성과 헌신을 다했으며 애정을 보였다는 증거가 있다면 가벼운 형만 받고 끝날 수도 있었다. 여성의 분노는 생애 처음으로 하룻밤을 보낸 남자가 자신을 떠났을 때, 즉 여성의 순결이라는 옛적의 개념이 상기될 때 특히 차올랐다. 치정 범죄자들은 당시 극장에 무성하던 낭만극을 실생활에서 재현했던 것이다.

치정 범죄에는 총만 쓰인 것이 아니다. 한 가지 독특한 범행 방식은 피해자의 얼굴에 황산을 뿌리는 것이었다. 황산 테러에는 상대를 죽이기보다 불구로 만들겠다는 의지가 담겨 있었다. 잘만 하면 표적을 흉하게 망가뜨려놓으면서 그 또는 그녀의 특성까지 상징적으로 앗아갈 수 있었다. 황산 테러는 특히 여성 범죄에서 두드러졌기에 이 범죄를 저지르는 여성은 황산녀vitrioleuses라 불렸다. 1883년, 로즈 쉬르베이의 비겁한 연인은 친구를 통해 로즈에게 그만 헤어지자는 전갈을 보냈다. 친구는 로즈에게 명쾌하게도 이렇게 덧붙였다. "무엇보다 소문이 나면 안 되고, 황산도 안 되오!"[69] 황산의 표적은 부정한 남편과 헤어진 애인은 물론 정부 또는 새로운 애인이 됐고 때로는 그들 모두가 표적이 됐다. 하지만 지금까지 남아 있는 그림을 보면 가해자를 기만하거나 버린 남성보다 남성의 새로운 여인이 황산 테러의 주된 표적이었다는 사실을 알 수 있다. 그래서 황산녀는 수백 년 전 상대의 코를 베어버린 여인들을 떠오르게 한다. 여기에서도 여성의 전통적인 명예상이 한몫을 한 것이다.

황산 공격에 대한 기록은 치정 살인이란 말을 처음 만들어낸 곳답게 세기말의 프랑스에서 주로 남겨졌다. 물론 다른 국가에서도 실연이나 삼각관

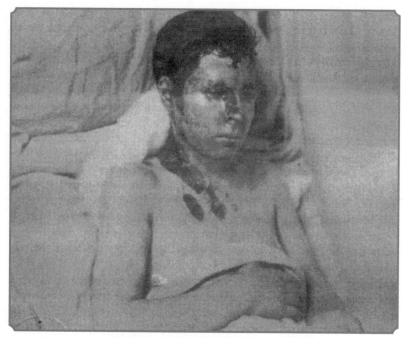

| 그림 6.1 (a) | 소송 중인 황산 공격 피해자, 1885년 파리.

계 등에서 비롯된 살인 사건이 나름대로 발생했다. 빌헬름 시대 독일에는 정상참작이 일상적이었기에 살인자에게 사형이 내려지는 일이 드물었다. 이때 베를린에서 벌어진 한 사건이 가해자의 대단한 매력 때문에 언론의 주목을 끌었다. 서점 직원인 헤드윅 뮐러는 아름다운 데다 지적이며 이전에 치과의사와 변호사 밑에서 일한 경험도 있는, 재능 많은 여성이었다. 1911년 여름, 열여덟이 되던 해에 뮐러는 유대인 의사 레오 스턴베르크를 만나 그와 연인이 됐다. 이후 1912년 초에 뮐러가 일하는 서점에 그녀보다 한 살 아래인 조르그 라이만이 사환으로 들어왔다. 헤드윅과 조르그는 서로 호감을 느꼈다. 조르그는 틈나는 대로 과일이며 사탕을 헤드윅에게 바쳤고, 그들은 곧 가까워졌다. 이윽고 조르그는 뮐러가 자신보다 돈도 많고 나이도 많은 다른 남자와 사귀고 있다는 사실을 알게 됐고 당연히 질투심

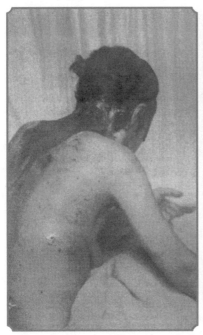

| 그림 6.1 (b) | | 그림 6.1 (c) |

에 사로잡혔다. 그는 헤드윅에게 오는 편지를 가로채는가 하면 그 남자와
의 관계를 서점 사장에게 밝히겠다며 협박도 했다. 얼마 뒤 조르그는 비밀
을 지켜주는 대가로 자신의 아파트에서 헤드윅과 황홀한 하룻밤을 보냈다.
일은 그것으로 끝나지 않았다. 알려지지 않은 이유로 조르그가 해고된 것
이었다. 이후 헤드윅을 미행하기 시작한 조르그는 어느 날, 그녀가 스턴베
르크의 집에서 나오는 것을 발견하고는 그녀의 손에서 열쇠를 가로챘다.
절망에 빠진 헤드윅이 조르그에게 편지를 보내 베를린의 큰 공원인 티어가
르텐에서 1913년 3월 7일 밤 10시에 만나자고 알렸다. 조르그는 열쇠를 돌
려주는 대가로 또 하룻밤의 정사를 치를 것이라 기대했을 것이다. 결국 그
는 땅에 놓인 총 옆에 싸늘한 시체가 돼서 누웠다. 그날 정확히 무슨 일이
있었는지는 그 옆에 서 있던 헤드윅만이 알고 있었다. 조르그의 머리에는

두 개의 총알이 박혀 있었다. 스턴베르크가 고용한 변호사는 헤드윅 가문의 선천적 정신이상 증세를 증거로 제시하며 그녀가 일시적인 발작 증세를 보인 것이라고 주장했다. 헤드윅은 징역 30개월을 선고받았다.[70]

오랫동안 네덜란드는 낭만을 모르는 점잖은 중산층의 국가로 알려졌다. 그래서인지 이곳에서는 악명을 떨친 치정 살인 사건 하나가 수십 년이 지나도록 회자됐다. 사건의 피해자는 1880년에 태어난 네덜란드 토박이였는데 그의 직업과 사랑에 대한 국제적인 취향에 걸맞게도 이름은 프랑스식이었다. 장 루이 피스위스는 기자가 되어 런던에서 특파원을 지내다가 보헤미안 가수로 전향하여 네덜란드 일대를 여행했다. 1908년 이후로 프랑스 대중문화에 심취하여 카바레 회사를 차렸다. 그는 첫 번째 아내와 이혼한 뒤 여배우 피 카렐슨과 결혼했고, 제1차 세계대전 당시에는 그녀와 함께 국경 지대의 부대에 위문 공연을 나갔다. 1919년에 자신의 카바레에 제니 길리암스라는 벨기에 출신 가수를 소개한 직후에 그는 그녀와 정사를 나누기 시작했다. 이듬해 제니와의 사이에서 딸이 태어났지만 장 루이는 아직 아내 피에 대한 미련이 남아 있었다. 피는 진작 남편을 떠났으면서도 이혼 소송을 하지 않다가 1925년에야 "일시적 이혼"이라 찍힌 서류를 보냈다. 장 루이와 제니는 2년간 인도네시아를 여행한 뒤 1927년 7월에 결혼했다. 그즈음에 제니는 티야코 카이퍼라는 기타리스트와 잠시 불륜에 빠졌지만 금방 남편에게 돌아갔다. 그러나 티야코는 그리 순순히 물러서지 않았다. 1927년 11월 26일, 티야코는 암스테르담의 극장가 한가운데에 있는 렘브란트 광장에서 제니 부부를 총으로 쏘고 스스로 목숨을 끊었다. 피스위스의 파란만장한 사랑 이야기는 그가 죽은 뒤에도 큰 반향을 일으킨 나머지 이듬해 제니의 시신이 부부 공동묘지에서 이장됐으며, 1975년에 전처 피가 사망한 뒤 피의 시신이 그의 옆에 안장됐다.[71]

1930년 이후로 치정 살인의 시대는 막을 내렸다. 삼각관계에서 비롯된 살인은 계속됐지만 이에 대한 판사와 행동 전문가, 대중의 인식이 바뀌었다. 일부 평론가들은 이런 범죄를 다루는 것 자체가 법을 우습게 아는 것이라 여기며 범죄자를 부적절한 성적 취향을 가진 이기주의자로 치부했다. 1930년 이후 프랑스 범죄학자 역시 생각을 바꾸었다. 이로써 치정 살인은 위험천만한 것, 피에 굶주린 기질을 증명하는 것으로 간주됐다.[72]

▌괴물과 미치광이

누구나 잭 더 리퍼(토막 살인자로 1888년 런던에서 매춘부 5명 이상을 죽였다_ 옮긴이)를 알고, 아무도 잭 더 리퍼를 모른다. 대대로 전해 내려오는 그의 악명은 누구나 익히 들어 알지만, 그의 정체는 지금까지도 미스터리로 남겨진 만큼 아무도 그를 모른다. 그런데 과연 잭 더 리퍼가 첫 번째 연쇄살인범이었을까? 대다수 역사가들은 "첫 번째"라는 질문에 흔히 "아니오"라고 답한다. 선례는 언제든 찾을 수 있기 때문이다. 한 사람이 다수의 희생자를 해한 이야기도 이미 여럿 있었다. 전형적인 강도도 있었고 독살범도 있었다. 이들은 대부분 경제적인 이유 때문에 살인을 저지른 것이었다. 에든버러의 2인조, 윌리엄 버크와 윌리엄 헤어 역시 1828년, 해부학자에게 시체를 팔 목적으로 16명의 목숨을 빼앗았다.[73] 그리고 7년 뒤, 노르망디의 소작농 피에르 리비에르는 그보다 더 흔한 종류의 살인을 저질렀다. 자신의 어머니와 누이, 형제를 무참히 살해한 뒤 범행 사실을 낱낱이 기록해놓은 것이다. 이후 그는 미셸 푸코의 책에 소개되면서 사후에 악명을 떨쳤다.[74]

이러한 살인범들은 오늘날 연쇄살인범의 이미지와 단번에 맞아떨어지지 않는다. 범행의 동기가 경제적 이유였다는 부분이 유독 낯설게 느껴지기 때문이다. 이에 필립 샤셰뉴는 현대적인 분석 틀에 따라 대량 살인범과 연쇄살인범을 구분했다. 연쇄살인이라는 이름을 얻으려면 살인 범행은 세 가지 기준 중 적어도 하나에는 부합해야 한다. 첫째, 각 사건의 희생자는 같은 범주 안에서 매번 체계적으로 선택돼야 하고 둘째, 범행에는 성적인 요소가 있어야 하며 셋째, 범행은 가학적 의식을 따라 진행되어야 한다. 사실 대량 살인이라는 용어에는 오해의 소지가 있다. 대량 살인mass murder이라 하면 흔히 성 바르톨로메오의 대학살이나 스탈린의 쿨라크(러시아 부농) 제거 같은 조직적인 학살이 떠오르기 때문이다. 따라서 대량 살인을 '다수 살인multiple murder'으로 바꿔 부르면 중세 이후로 적지 않은 희생자를 낸 모든 종류의 살인 사건을 총칭할 수 있어서 혼동을 피할 수 있다. 이 점만 고친다면 샤셰뉴의 구분은 적절해 보인다. 그에 따르면 연쇄살인범은 19세기 중반 이후부터 유럽 사회에 나타나기 시작했으며, 그 첫 주인공은 영국이 아닌 프랑스에서 등장했다.[75]

각각의 살인 사건이 위의 세 가지 기준 중 어디에 부합하느냐에 대해서는 논란의 여지가 있지만 앞으로의 연구는 잊힌 사건을 밝히는 데 주력하게 될 것이다. 최초의 연쇄살인범일 가능성이 큰 사람은 마을에서 그리 눈에 띄지 않던 주민 마르탱 두몰라르다. 그는 리옹 근처의 작은 마을에서 아내와 함께 살고 있었다. 마르탱은 40대 중반부터 연쇄살인을 시작하여, 1855년에서 1861년까지 범행을 계속했다. 그는 푸른 셔츠, 챙이 넓은 잿빛 모자 차림에 큼지막한 구두를 신고 도시를 떠돌며 거리에서 마주치는 젊은 여성들에게 접근했다. 그런 뒤 정원사라 사칭하면서 직원을 구하고 있으며 돈은 넉넉하게 쳐주겠다고 피해자들을 꾀어내, 지방의 인적 드문 곳으로 데려갔다. 마르탱은 장소를 매번 바꿔가며 여성들을 살해하려 했다. 피해자 중 다섯은 해를 입기 전에 가까스로 도망쳐 나올 수 있었다. 경찰에서는 이들 사건과 1855년에 젊은 여성이 숲속에서 강간당한 뒤 알몸으로 버려진 사건이 모두 같은 범인의 소행임을 감지했다. 마르탱은 달아난 피해자로부터 금품을 갈취하려 했는데, 이는 현대 연쇄살인범에게서는 쉽게 찾아볼 수 없는 특징이다. 결국 1861년 5월에 체포된 마르탱은 젊은 여성 수 명에 대한 강간 및 절도죄, 1852년과 1853년에 론 강에서 발견된 소녀의 시체 세 구에 대한 살인 혐의를 받았다. 마르탱의 범행임을 밝힐 만한 증거는 불충분하지만, 숲속에서 매장된 채로 발견된 신원 불명의 시체 한 구와 협곡에 버려진 또 다른 여성의 시체 한 구를 그저 지나칠 수는 없다. 모두 마르탱 부인의 도움으로 발견된 것이기 때문이다. 마르탱은 자신이 아무도 죽이지 않았으며, 다만 부탁을 받고 그들 여인에게 리옹 출신의 수염이 난 남성들을 보냈을 뿐이라고 주장했다. 마르탱 두몰라르는 1862년 3월, 군중이 지켜보는 가운데 단두대에서 처형됐다.[76]

다음으로 연쇄살인범 부류에 드는 인물은 1866년에 매춘부를 여럿 살해한 조셉 필립과 1871년에 어린 소녀 여섯 명을 무참히 구타하면서 어마어마한 성적 쾌감을 느꼈다는 위제브 피에이다그넬이다.[77] 스페인인들은 가라요라는 사람의 끔찍한 범행에 몸서리쳤다. 알라바 출신으로 마드리드에 살던 가라요는 1870년에서 1879년 사이 여섯 명의 여성을 목 졸라 살해한 뒤 강간했다.[78] 이탈리아 연쇄살인의 선구자 격으로, 토스카나의 인치사라는 작은 마을의 평범한 달구지 목수인 칼리스토는 더욱 전형적인 유형이었다. 그는 1873년에서 1875년 사이에 4세에서 9세까지의 소년 넷을 목을 조르거나 구타하여 살해한 뒤 자신의 작업장 바닥에 묻었다. 칼리스토는 다섯 번째 희생양을 살해하려던 도중에 이웃들에게 붙잡혔다. 그는 자신의 신체적 결함을 놀려대던 아이들이 혐오스러워서 그런 일을 저질렀다고 털어놓았다.[79]

잭 더 리퍼 사건은 사건 발생 장소인 런던 이스트엔드 지구의 이름을 따서 화이트채플 살인 사건이라고도 부른다. 그곳은 매춘부들이 돌아다니면서 고객을 유혹하는 음침한 빈민가였다. 1888년 8월 31에서 9월 30일까지, 여성 네 명이 반쯤 벗은 채 목이 잘린 상태로 발견됐는데 한 명을 제외하고는 모두 몸이 심하게 훼손되어 있었다. 희생자 네 명 모두 40대 중반이었다. 얼마 뒤 한 통신사로 '잭 더 리퍼'라고 서명이 된 편지와 엽서 한 통이 도착했다. 여기에는 자신이 "창녀들을 혐오한다"라고 씌어 있었다. 한동안 잠잠하더니 11월 9일, 아일랜드 출신의 한 매춘부가 빈민가에 있는 자신의 집에서 내장이 드러난 채 죽어 있는 것을 경찰이 발견했다. 다른 네 명의 희생자와는 달리 그녀는 25세의 매력적인 여성이었다. 나머지 이야기는 이후 100년도 넘게 쌓이고 쌓인 추측 일색이다. 그중에는 그로부터 3년 반 뒤에 벌어진 사건도 포함되어 있다. 런던 남부의 램버스 지역에서 매춘부 넷이 스트리크닌이라는 독약을 먹고 사망했다. 수사 결과 범인은 캐나다와 미국 일대에서도 범죄를 저지른 적이 있는 의사로, 피부가 좋아지는 특효약을 개발했는데 써보지 않겠느냐며 피해자들에게 접근했다는 사실이 밝혀졌다. 언론은 이를 잭 더 리퍼의 살인 사건과 연결 지었고, 많은 이들도 이 의사가 리퍼와 동일 인물이라 확신했다. 연쇄살인범의 범행 방식이 그렇게 급격히 바뀌지는 않는다는 사실을 당시 기자들은 아직 몰랐던 것이다.[80]

1900년 이후의 연쇄살인범에 대한 자료는 인터넷에서 쉽게 찾아볼 수 있다. 이 사실만 봐도 그들이 사람들을 끝없이 매료시켰음을 알 수 있다. 역사적 연구의 대상이 된 연쇄살인범들도 있다. 20세기를 연 주인공은 34세의 호텔 경영자 앙리 비달로, 프랑스 학자 둘이 그에 관한 전기를 펴냈다.[81] 1901년 12월, 비달은 프렌치 리비에라에서 매춘부 둘을 공격하고 세 번째 피해자를 부엌칼로 살해했다. 이후 기차간에서 만난 젊은 스위스 여성을 칼로 찔러 죽이고 시체를 기차 밖으로 던져버린 뒤 유유히 여행하던 중 기차표가 없어서 체포됐다. 그는 남미 가이아나 죄수 유형지에서 1906년에 사망했다. 앙리 랑드뤼 사건은 그보다 더 큰 반향을 일으켰다. 제1차 세계대전 당시 40대 중후반 정도였던 랑드뤼는 전사한 동료들이 남기고 떠난 과부들을 노렸다. 그는 신문에 애인 구함 광고를 내 여인을 물색했고, 그렇게 만난 이들에게 파리에 있는 자신의 저택을 보여주며 믿음을 얻으면 귀중품을 자신에게 맡기라고 설득한 뒤 그들을 오븐에 태워 죽였다. 전쟁이 끝난 뒤에 경찰은 실종되어 결국 찾지 못한 여인들이 랑드뤼와 연관돼 있음을 알아냈다. 결국 그는 1922년에 단두대에서 처형됐다. 랑드뤼의 악명은 네덜란드까지 퍼져, 그곳 사람들이 이 사건을 노래로 만들어 부르기도 했다.[82]

노래는 프리츠 랑의 영화 〈M〉에서 그랬듯이 바이마르 공화국 시대 독일에서 사람들을 경악시킨 일련의 연쇄살인범들을 대중에게 깊이 각인시키는 데 탁월한 역할을 했다. 그 첫 번째 주인공이 누구보다 악명 높다. 하노버 출신의 프리츠 하르만은 1918년 39세의 나이에 첫 번째 살인을 저지르던 당시, 강도 혐의로 감옥을 몇 번 들락거린 전적이 있었다. 이후 하르만은 경찰에 소속되어 정보원이자 비공식 탐정으로 활동하게 됐고, 그 덕에 기차역에서 남자 청소년들의 신분증을 마음껏 검사할 수 있었다. 하르만은 이 청소년들을 설득해 데려가 성관계를 갖고 오르가즘에 이를 때 그들의 목을 물어뜯었다. 피해자의 시체는 근처 강에 내다버렸는데 훗날 이 사건이 알려진 뒤로는 하르만이 피해자들의 시체를 고기로 둔갑시켜 팔아 넘겼다는 소문이 퍼졌다. 살인 행각을 계속 벌이던 하르만은 1924년에 체포되어 이듬해 사형당했다. 〈M〉에도 경찰당국이 하르만과 그로스만의 사건을 잠시 언급하는 장면이 나오는데, 이들 외에 남자는 물론 여자아이까지 살해한 또 다른 연쇄살인범, '뒤셀도르프의 뱀파이어'는 〈M〉 촬영 당시 재판을 받고 있었다. 일각에서는 랑이 이 사건을 활용한 것이 아니냐는 주장도 나왔다.[83] 중간에 대량 살인이 더 잘 알려진 시기에도 독일 연방 공화국에서는 연쇄살인이 간간이 목격됐다. 라인란트 출신인 유르겐 바르취는

1966년 체포될 당시 고작 스무 살이었다. 유르겐은 그전 4년 동안 공습 대피소에서 소년 넷을 강간하고 시신을 절단했다. 이 사건에 대한 여러 재판이 1971년까지 이어지면서 독일 언론의 관심도 커졌다. 무수한 사람들이 경찰과 법원, 언론에 편지 공세를 퍼부었다. 당시는 비교적 관용과 민주주의 정신이 넘치고 반권위주의가 득세하던 시기였는데도 도착한 편지에는 뿌리 깊은 복수심이 넘쳤다. 많은 작가들이 사형제 재도입을 부르짖었다. 가해자가 입양아이며 어머니의 과잉 보호를 받고 자랐다는 등 그의 성장 환경을 이야기하는 사람도 있었다. 바르취는 1976년에 스스로 선택하여 거세 수술을 받던 도중 수술대 위에서 숨졌다.[84]

이들 사례가 보여주듯이 연쇄살인을 엄밀히 정의 내려도 과거의 연쇄살인범은 매우 다양했다. 무엇보다 이들은 나이와 성적 취향이 달랐다. 사람들은 계속해서 연쇄살인범의 정보를 캐내고 그들이 언론에 미친 영향력을 분석하지만, 지금과 같은 연쇄살인범이 19세기 후반 이전에는 왜 등장하지 않았는지는 누구도 속 시원히 설명하지 못한다. 대중적 관심의 역할을 미루어보면 매체의 확대와 관계가 있을 것 같아 보이지만, 사실 신문과 비평은 이전부터 오랫동안 선정적인 범죄에 관심을 쏟았다. 빅토리아 시대의 엄격한 성문화와 관련지어 연쇄살인의 등장을 설명하는 이론도 지금에 와서는 실패했다. 회의론자라면 연쇄살인범은 언제나 존재해왔으며, 다만 이런 사건이 오랫동안 발견되지 않았을 뿐이라고 주장할지도 모르겠다. 이는 범인이 자신의 악행과 피해자가 발견됐을 때 일어나는 대중의 관심을 즐긴다는 관찰 결과와 어긋난다. 더군다나 연쇄살인이 증가한 것은 새로운 경찰 제도가 도입된 지 몇십 년 뒤이고, 지문 인식 수사가 도입되기 전이라는 사실을 감안할 때 범죄 적발 가능성이 증가하면서 연쇄살인이 발견됐다는 주장 역시 힘을 잃고 만다. 반대로 산업화 이전 시대에는 사람들이 지금보다 더 열심히 이웃을 염탐하고 이방인을 주시했기 때문에, 그 당시 범인이 피해자를 사람들의 눈에 안 띄게 자신의 집 또는 인적 드문 곳으로 꾀어내거나 거리에서 토막 살해하려면 초인적인 교활함이 필요했을 것이다.

역사적 해설이 설득력을 얻으려면 연쇄살인의 출현을 살인의 긴 역사에서 필수적인 한 부분으로 설명할 수 있어야 한다.[85] 연쇄살인이 등장하던 시기는 정식 결투가 종말을 고하고 치정 살인이 두드러지기 시작할 무렵과 맞물린다. 남성의 명예에 대한 전통적인 관념이 설득력을 잃고 폭력 사건이 전반적으로 감소하는 반면 정신적 방어기제로서의 폭력이 점차 증가하면서 살인의 이미지는 극단적 열정이나 가학적 성향 등 인간의 어두운 이면과 더욱 강하게 결부됐다. 특히 은밀하고 뒤틀린 성욕, 고문에 대한 갈망이 결합된 연쇄살인범은 문명사회에 반하는 모델이었다. 행동 통제의 기준이 강화하면서 일부 개인이 반대되는 방향으로 나아갔다는 가정에는 뚜렷한 근거가 없다. 하지만 문명화 이론은 연쇄살인범에 매료되는 현대 사회, 모방 범죄에 탐닉하는 현대의 풍조를 설명하는 데 도움을 줄 수 있을 것이다.[86]

정치와 정부는 은밀하고 개인적인 것에서 공개적이고 개방적인 것으로 바뀌었다. 동시에 이러한 변화가 살인을 불러일으켰다. 루이 14세 같은 군주는 감히 다가갈 수 없는 인물이었지만 이후 민주주의와 선거를 원하는 목소리가 높아지면서 정치인들을 거리에서 볼 수 있게 됐다. 그리하여 평범한 사람이 뿌리 깊은 확신이나 혼란스러운 발상에 따라 정치 지도자를 암살하려는 시도가 빈번히 일어났고, 암살에 성공하는 경우도 더러 있었다. 가해자는 대부분 총을 소지하고 있었으며 대개 피해자와 국적이 달랐다. 프랑스 제3공화국의 두 대통령이 그렇게 암살당했다. 1894년에 박람회를 관람하러 리옹을 찾은 사디 카르노 대통령은 이탈리아인 무정부주의자 산토 카세리오에게 암살됐다. 폴 두메르 대통령은 1932년에 러시아 출신 망명자 폴 고르굴로프의 총을 맞고 사망했다. 그중 카르노의 암살이 더욱 엄청난 반향을 일으켰는데, 특히 카르노가 두메르보다 집권 시기가 훨씬 길었던 것이 그 이유였을 것이다. 당시 언론은 대통령 암살을 지난날의 국왕 살해와 같은 비중으로 다루었지만 1932년에 두 번째 암살이 일어났을 때 사람들은 벌써 정치적 암살에 익숙해진 듯했다.[87] 암살범은 거의 모든 경우 남성이었는데 그중 눈에 띄는 사례가 있다. 1926년 4월 로마 군중 속에서 무솔리니에게 총을 쏜 바이올렛 깁슨은 50이 가까운 아일랜드 여성이었다. 그녀는 겨우 무솔리니의 코에만 상처를 입혔다. 바이올렛의 변호를 맡은 이는 다름 아닌 범죄학자 체자레 롬브로소Cesare Lombroso의 제자 엔리코 페리였다. 그는 바이올렛이 정신이상을 앓고 있다고 변호함으로써 파시스트 정권을 만족시켰다. 영국으로 추방된 바이올렛은 망명지에서 여생을 보냈다. 이후 바이올렛의 사면을 위해 1940년에는 윈스턴 처칠이, 1947년에는 엘리자베스 여왕과 필립 공의 결혼을 기념하여 영국 왕실이 나섰지만 모두 수포로 돌아갔고, 그녀는 결국 고향땅을 밟지 못한 채 1956년에 숨을 거두었다.[88]

반유대주의는 정치와 관련이 깊다. 동유럽의 포그롬pogrom(유대인을 비롯한 종교적·인종적·민족적 소수에 대한 조직적 약탈과 학살을 일컫는 말_옮긴이)과 홀로코스트가 가장 끔찍한 귀결이었던 것은 사실이지만 개인적인 살인 중에도 관심을 끈 사례가 있었다. 유대인이 법적 차별에서 벗어난 지 백 년이 넘어가는 1900년 즈음에, 중서부 유럽의 유대인은 새로워진 반유대주의를 또다시 만났다. 그중 잘 알려진 사례는 1890년대에 프랑스에서 벌어진 드레퓌스 사건이다. 잭 더 리퍼의 공포가 아직 가시지 않은 영국에서는 살인자가 종교의식적인 살해 충동에 사로잡힌 유대인이라는 이야기가 나돌았다. 유대인 남성은 비유대인 여성과 성관계를 맺고 나면 그녀를 죽일 수밖에 없다는 오랜 믿음이 있었던 것이다. 이에 한 유대인 남성이 경찰에 체포됐지만 곧 석방됐다. 잭 더 리퍼의 네 번째 희생자, 캐서린 에도우즈가 살해당한 장소 근처의 한쪽 벽에는 잭 더 리퍼 자신인지 확신할 수는 없는 누군가가 맞춤법이 잘못된 글을 남겨놓았다. "우대인Juwes들은 아무 책임이 없다."[89] 근거 없이 혐의를 씌운 사례는 다른 곳에서도 드러났다. 1899년 4월, 재봉사 아그네스 흐루자의 시신이 보헤미아 폴냐 근처 숲에서 발견됐을 때 사람들은 시신에서 피가 다 빠졌다고 생각했다. 지역 주민들은 종교 의식적 살인에 대한 옛이야기를 떠올리며 유대인 견습생이 연루된 것으로 의심했다. 이에 지방 법원에서 용의자에게 사형을 선고했지만 국왕이 사면을 내리며 징역형에 그치게 됐다.

그로부터 1년 뒤, 또 다른 기독교인 살인 사건이 벌어졌다. 이번에도 살인자가 의례적인 목적에서 피해자의 피를 모두 빼갔다는 소문이 나돌면서 프로이센의 호이니체 마을이 발칵 뒤집혔다. 며칠 전 실종된 18세의 고등학생 에른스트 빈터의 몸통을 그의 아버지가 근처 호수에서 발견했다. 에른스트의 팔과 다리는 이후 마을 주변 여기저기서 발견됐다. 시체는 푸주한이 자른 듯 매우 깔끔하게 절단되어 있었다. 베를린 형사가 도착했을 때 마을 주민들은 이미 유대인 푸주한인 아돌프 루이를 의심하고 있었다. 그렇지만 형사는 용의자의 동료이자 루터교도이며 그동안 평판이 좋았던 구스타프 호프만부터 심문했다. 피해자가 바람둥이에다가 매음굴을 제집 드나들듯했다는 사실이 이미 알려져 있었기에 형사는 에른스트가 구스타프의 15살 난 딸을 꾀어내려다가 구스타프에게 발각되어 살해됐을지 모른다고 추측한 것이다. 이런 추측에 대응하듯 기독교인 거주자들은 몇 달간 벌어진 폭동에서 마을의 300명 정도 되는 유대인들에게 분노를 터뜨렸고, 이에 군대까지 개입하게 됐다. 구스타프 호프만은 살인 사건에 대한 변론을 내놓으면서 피해자의 목을 자르는 것은 전형적인 유대인식이라고 주장했다. 에른스트 빈터 사건은 끝까지 미결로 남았다.[90]

유대인 말고도 다른 소수자 집단 역시 폭동이나 개인적 살인의 희생양이 됐다. 대개가 국가적·종교적 차이로 악화된 개인적인 악감정 때문이었다. 영국에서는 현지인과 아일랜드인 사이의 폭력이 끊이지 않았으며 영국 성공회교도와 가톨릭교도 사이의 갈등도 간간이 벌어졌다. 특히 사건이 잦은 지역은 리버풀이었다.[91] 프랑스에서는 이탈리아 이민자가 외국인 혐오증으로 심한 타격을 입었다. 당시 프랑스 남동부에만 이탈리아 이민자가 30만 명 가까이 살고 있었는데 그들은 형편없는 급료를 받는 하류층이었으며 언론으로부터 상스럽고 지저분하다는 낙인이 붙었다. 현지 프랑스인들은 이탈리아인을 한데 묶어 '나폴리 사람'이라 불렀다. 이탈리아인에게 가해진 가장 심각한 사건은 이탈리아인 8명이 사망하고 50명이 중상을 입은 1893년의 에그모르트 사건이었다.[92]

▌두 번의 세계대전과 그 여파

절대치로 측정했을 때 1914년에서 1918년의 파괴는 상상을 초월했다. 고작 100미터도 되지 않는 땅을 빼앗으려 서부 전선에서 수많은 사람이 목숨을 잃었다. 국가 내부의 온순화는 진일보한 반면 국가 간 갈등의 파괴적인 잠재력은 엄청나게 증가했다는 사실을 유럽인들은 처음으로 깨달았다. 전반적인 자기 통제 수준이 떨어졌으니 제1차 세계대전으로 문명화 과정은 역행한 것일까? 참호 속의 삶은 의심의 여지없이 끔찍했고, 이후 수많은 유럽인들은 국가의 폭력이 무엇을 수반하는지 여실히 알게 됐다. 그럼 이제부터 전쟁이 사람들의 일상에 지속적으로 미친 영향을 알아보자.

당시의 공포는 확실히 두드러졌다. 많은 사람들은 군인들이 참호 속에서 지낸 결과 폭력에 대한 자제력을 잃었고, 무수한 학살과 참상을 목격한 나머지 민간 생활에 적응하지 못하게 됐다고 생각했다. 영국 신문에는 제대 군인이 여인을 난폭하게 강간하거나 악랄한 강도짓을 일삼는다는 기사가 잇따라 보도됐다. 일각에서는 이러한 공격성이 제대 군인뿐 아니라 사회의 더 넓은 부분까지 침투했다고 주장했다. 작가들은 아일랜드 혁명에 대한 보복과 인도 식민지의 비무장 민간인 학살에 비난의 목소리를 높였다. 보수주의자들은 정치적 폭동이나 파업, 좌파 시위가 야만성을 드러낸다며 볼셰비키 혁명의 전파를 두려워했다. 정치적 동요, 아내나 전시戰時 애인의 살해 등에 대한 이와 유사한 불안이 프랑스와 독일, 이탈리아까지 번져나갔다.[93]

  인상적인 몇몇 사례에만 바탕을 둔 이러한 공포는 필연적으로 후대 역사가들의 작업으로 인해 신빙성을 잃게 되었다. 루소Rousseaux 등은 양차 세계대전이 벨기에의 살인율에 미친 영향을 체계적으로 파악해보았다. 연구자들이 각 지역의 의학적 통계치를 세세히 조사하여 분석한 결과, 1914년에서 1918년 사이의 자료가 빠진 가운데 흥미로운 사실이 드러났다. 1901년에서 1913년 사이에 살인율은 2건을 조금 웃도는 정도에서 오르내렸고, 공백기 뒤의 1919년에는 5건으로 올랐다. 그러나 1922년이 되자 살인율은 다시 전쟁 전 수치로 돌아왔고 1930년대에는 더 낮아졌다. 제2차 세계대전으로 살인율은 1943년에 8건이었던 것이 1944년에는 20건 이상으로 치솟았다. 이후 살인율은 다시 한 번 급격히 떨어져서 평시 수준으로 돌아왔는데 1945년에는 5건, 1946년에서 1947년에는 3건, 1950년에는 1건까지 떨어졌다. 즉 살인율은 제1차 세계대전 이후 증가하여 제2차 세계대전 막바지에 최고치에 이른 것이다. 질적 증거를 결합한 지역 분석 결과를 보면 그 원인을 알 수 있다. 1919년에 살인율이 첫 번째 정점을 찍었을 당시, 살인 사건은 주로 시골 지역에서 일어났다. 국가기구가 붕괴되면서 전통적인 강도가 부활한 것이다. 국가기구는 전쟁 중에 붕괴되기 시작했으니 이에 따른 살인율의 증가는 1919년 이전에 시작됐다고 연구자들은 추정했다. 제2차 세계대전 당시의 살인 사건은 저항운동이 가장 강력하던 지역에 집중됐다. 당시의 살인은 정치적 반대 세력 제거가 주를 이루었다고 할 수 있는데 1943년까지 살인율이 크게 증가하지 않은 것은 정치적 양극화가 본격화되기까지 시간이 걸렸기 때문이다. 이때 살인율이 정점에 이른데는 강도 사건이 얼마간 일조했다.[94]

양차 세계대전의 지속적인 영향력에 대해서는 사람들이 전쟁 이후 일상으로 속히 복귀했다는 것이 가장 적절한 주장이라 할 수 있다. 프랑스인 역시 제1차 세계대전 발발로 격정적인 상태가 됐다. 이는 방델리쿠르 마을의 린치 사건에서 잘 드러났다. 독일군이 침략하여 철수하기까지 며칠 사이에 옥수수로 가득 차 있던 시장 소유의 헛간이 불에 탔다. 주민들은 해고를 당하면서 시장을 협박하던 헛간의 전 주인을 범인으로 지목했다. 이에 그들은 용의자를 붙잡아 사지를 절단한 뒤 아직 숨이 붙어 있는 사람을 그대로 불속에 던져버렸다. 프랑스의 살인율에서도 전쟁의 여파가 다소나마 드러난다. 이곳의 살인율은 1920년에서 1925년 사이에는 평균 1.3건이었지만 이후 1933년까지는 1건도 채 되지 않았다. 그 이후 변동이 있었으며, 1951년에서 1955년 사이 5년 평균 살인율은 가장 낮은 0.6건에 불과했다. 제2차 세계대전이 프랑스에 미친 단기적인 효과는 벨기에와 비슷했다. 1943년에는 2건이었던 살인율이 1944년에는 17.7건까지 올랐고 1945년에 다시 2건으로 떨어졌다. 더불어 1957년부터 알제리 전쟁이 한창이던 1962년 사이에 살인율은 새로 정점을 찍으며 평균 2건을 기록했다.[95]

프랑스의 살인율에 나타난 이 마지막 정점은 철의 장막의 유럽 서부 지역에서도 예외적인 것이었다. 살인율은 특히 서부 지역에 집중됐는데 이는 다시 말해 일부 지역에서 살인율이 조금씩 증가했다는 뜻이 된다. 잉글랜드와 웨일스 지방의 살인율은 1950년대와 1960년대에 0.7건에 머물렀고 이탈리아의 살인율은 1948년에서 1955년 사이에 1.9건, 1966년부터 1970년 사이에는 0.9건까지 떨어졌다. 1946년에 파시스트 정권이 무너지면서 정치적 사건이 1만 건 가까이(추정치) 벌어지고 강도 행위도 극에 달한 뒤의 일이었다. 네덜란드의 살인율은 20세기 내내 매우 낮은 수준을 유지했다. 1911년부터 1969년까지 5년 단위로 평균을 내 살펴보면, 살인율이 최저점에 이른 것은 0.23건에 머문 1920년에서 1924년 사이였고, 최고점에 이른 것은 0.44건을 기록한 1935년에서 1939년 사이였다. 단 제2차 세계대전은 조사 기간에서 제외됐다. 여기서는 5년 단위의 기록만이 보고됐기 때문에 세계대전의 영향을 받은 시기는 1940년에서 1944년 사이(1.7건)와 1945년에서 1949년 사이(1.5건)가 된다.[96] 종합해보면 공격적인 성향에 있어서 양차 세계대전이 일상생활의 문명화 과정을 전복할 정도는 아니었다는 사실을 알 수 있다.

비치명적 폭력에 대한 연구가 이러한 결론에 확신을 더해준다. 피해자 조사에 관한 믿을 만한 증거가 부재한 가운데 그 대안이 되는 것은 신문 기사다. 사회학자 에릭 더닝Eric Dunning을 비롯한 연구진은 1900년에서 1975년 사이 잉글랜드와 웨일스, 스코틀랜드 지방에서 세 명 이상이 가담한 소동의 실태를 조사했다. 규모나 성격으로 볼 때 이러한 소동은 대부분 이전 시대의 마을 간 싸움이나 종교 간 갈등에 비견할 수 있다. 연구진은 소동을 총 네 가지 유형으로, 즉 스포츠와 단체 여가, 정치, 산업, 그리고 '공동체'라 부르는 기타 범주로 나누었다. 마지막 공동체 범주에는 갱단의 활동을 비롯해 경찰이 개입했든 안했든 노동자 계층의 길거리 싸움이 포함된다. 이러한 공동체의 소동은 19세기에도 볼 수 있었던 신체적 폭행의 전형적인 형태였다. 정치적 폭력에는 선거철의 싸움과 여성 참정권 주창자에 대한 공격, 그리고 여성의 반격이 포함됐다. 정치적 폭력에는 중간계급도 가담했다는 사실이 여러 증거에서 드러났다. 정치적 폭력은 나머지 세 범주에 비해 뚜렷한 내리막길에 들어섰다. 오직 스포츠 관련 폭력만이 조사 기간의 막바지에 이를 때까지 오름세를 보였다. 그러나 이것만으로는 20세기 첫 20년간 정점을 찍은 뒤 누가 봐도 내림세로 돌아선 전반적인 추세를 막을 수 없었다. 이 20년간은 지난 시대의 여운이 이어진 결과라고 할 수 있다. 일례로 1900년 이전의 정치적 폭력에 대한 질적 증거를 살펴보면 폭력의 규모가 어마어마했음을 짐작할 수 있다. 1868년 선거 당시에는 폭력 소동으로 발생한 엄청난 부상자를 수용할 곳이 없어서 학교가 임시 병원으로 쓰이기도 했다.[97]

1920년대에서 1960년대 사이 폭력이 더욱 감소한 것은 도시 노동자 계층이 모여 사는 우범 지역을 대상으로 하여 주거 개선에 중점을 둔 문명화 운동이 강화됐기 때문이다. 이러한 정책은 19세기 말 영국에서 시작되어 20세기 이후 유럽 대륙까지 퍼졌다.[98] 네덜란드에서는 1902년에 법을 제정하여 노후한 주거지의 철거와 재건을 용이하게 했으며 거주 공간에는 여성 관리자를 배치했다. 이 운동은 1918년 이후 '받아들이기 힘든' 혹은 '반사회적'이라 칭해진 특정 집단을 겨냥하며 가속이 붙었다. 특정 집단에 이러한 꼬리표를 붙이는 주된 기준은 알코올 소비량과 비위생 정도였고, 자녀 방치나 성적 문란함, 매춘, 범죄율 등은 부차적인 기준에 불과했다. 범죄 행각 중에는 절도와 사기가 주된 고려 대상이었으며 폭력적인 성향은 주거 개선 정책에 그리 중요치 않았다. 그럼에도 불구하고 폭력 근절은 중간계급의 가치를 노동자층의 우범 지역에 주입하는 운동의 일부였다. 감독 기관의 기록에도 이웃을 위협하고 아내를 구타하는 난폭한 남성에 대한 불평이 주기적으로 등장했다. 이런 다양한 정책의 핵심은 받아들이기 힘들다고 구분된 가정을 특별 주거 지역으로 이전시켜 감독관의 정기적인 방문 검사를 받게 하는 것이었다. 이러한 재교육 프로젝트는 1960년대 초까지 계속되다가 1970년대에 이르면서 권위적이고 모멸적이라는 비난에 시달린 끝에 모두 폐지됐다.[99]

대다수 노동자 계층 사회가 온순화를 향해가고 있는 사이, 암흑가는 서서히 세력을 넓혀갔다. 암흑가는 19세기 말부터 유럽 주요 도시에서 형태를 갖추기 시작했다. 매춘과 도박, 상습 범죄자 거주지가 몇 군데를 중심으로 한데 모이자, 그곳에서부터 폭력이 양산됐다. 1870년에 통일 독일의 수도가 되면서 하루가 다르게 팽창한 베를린이 그 대표적인 예다. 1887년에는 암흑가 소탕을 위해 동원된 '구식 경찰'의 대표라 할 수 있는 야간 경비원이 살해되는, 도시 전체를 뒤흔드는 사건이 벌어졌다. 용의자들은 그 후 몇 년 뒤 체포되어 치명적인 신체 상해에 대해 유죄 판결을 받았다. 이 사건으로 베를린 전역이 최초의 도덕적 패닉에 휩싸였고, 전문 범죄 척결을 요구하는 외침과 함께 더욱 엄격한 법을 제정하라는 목소리가 울려 퍼졌다. 영국에서는 '암흑가underworld'라는 말 자체가 19세기 말에 처음 등장했다. 그전에는 '서식지들rookeries'이나 '소굴들dens' 등의 단어가 쓰였는데 암흑가라는 새로운 단어는 법을 준수하는 지상의 세계, 가시적인 세계와 정반대되는 이미지로서 더욱 강력한 의미를 함축했다.[100]

암흑가는 양차 세계대전 사이의 기간에 세력을 굳혔다. 영국의 경마장 갱단은 자신의 경마 구역을 철저히 지키며 상대 구역을 정복할 기회를 노렸다. 그중에는 사비니 갱처럼 이탈리아식 이름을 딴 곳도 있었다. 이들 갱단은 주먹질과 발길질을 하는가 하면 무기로 칼이나 철봉을 쓰기도 했고 총을 쓸 때도 있었다. 이들은 경찰 폭행이나 상해죄, 과실치사죄로 유죄 판결을 받았다. 외국인을 중심으로 한 갱단도 여럿 있었는데 시칠리아 출신 아버지와 몰타 출신 어머니 사이에서 태어난 메시나 5형제도 그중 하나였다. 그들은 런던 소호 지구에서 매춘이나 도박에 관여하며 폭력을 일삼는 것으로 유명했다. 당시 사람들은 갱단 관련 폭력을 모두 외국인의 소행으로 몰고 갔지만 현지인 조직 역시 폭력에 가담하고 있었다. 프랑스에서는 마르세유가 살인 지역으로 악명이 떨쳤다. 1920년대에 이르자 네르라 불리던 청소년 갱단이 네르비라는 지하조직으로 거듭났다. 불법 무역과 매춘

사업은 재산 범죄를 대신하게 됐다. 경쟁 조직 간의 암살과 싸움은 물론이고 조직 내 여성에 대한 남성의 폭력 사건도 심심치 않게 보고됐다. 구에리니 같은 코르시카인이 이끄는 조직도 몇몇 있었다.[101]

바이마르 공화국의 베를린에는 〈M〉에 등장한 링버라이네처럼 노련한 범죄자들로 구성된 갱단뿐 아니라 16세에서 25세 사이의 실업 청년으로 구성된 갱단도 있었다. 임머트로이Immertreu(영원한 충성) 같은 이름의 불법 클럽은 조직적 매춘을 주 업무로 삼으면서 자신들만의 구역을 감독했다. 남자 일원들은 매춘부가 포주를 떠나겠다고 위협하거나 동료가 술집에서 곤경에 처해 있을 때면 공격하기 전에 서로 배지를 확인했다. 경찰은 이들 클럽이 어느 정도 질서를 유지하고 있다며 "덜 악한" 집단으로 보았지만 신문에서는 이러한 "미국적 상황"에 대해 연일 불만을 토로했다. 일이 손쓸 수 없이 커질 때도 있었다. 매음굴을 담당하는 두 집단이 한 영역을 두고 대립하다가 1928년 12월, 실레지아 역에서 거의 200명에 이르는 남성들이 한데 모여 대대적인 싸움을 벌였고 한 명이 숨졌다. 며칠 뒤 무수한 조직 일원들이 희생자를 장례식장까지 운구하기 위해 연이은 자동차 행렬을 이루는 광경에 언론은 유난히 격분했다. 부유층은 암흑가가 이제 본격적으로 활동하기 시작했으니 언제든 자신들의 으리으리한 저택을 털어버리러 올 것이라며 공포에 떨었다. 영국 역시 암흑가가 지나치게 막강해지거나 총이 사용되자 재빨리 미국식 대처법을 취했다. 1938년에 영국 탈영병 둘이 권총으로 무장하고 차 한 대를 납치해 사람들에게서 금품을 빼앗았는데, 무장하지 않은 경찰관이 이들의 차와 충돌해 힘들게 진압할 수 있었다. 그들은 당시 영국에서 아직 잘 알려지지 않았던 마리화나를 피운 상태에서 그 기운에 이런 일을 저질렀다고 자백했다. 그들의 재판을 주재한 판사는 이렇게 말했다. "영국에서 폭력배와 무장 강도의 만행은 결코 용인될 수 없다. 이 사실은 몇 번이고 확실히 알려야 마땅하다."[102]

양차 세계대전 사이의 기간에 정치적 이유에서 벌어진 길거리 싸움은 특히 바이마르 공화국에서 자주 나타났는데 이러한 폭행에도 몇 가지 눈에 띄는 형태가 있었다. 대부분은 개인 간 폭력이 아닌 혁명적 폭력으로 구분되어야 하겠지만 1924년에서 1928년까지의 '소강기'에 벌어진 거리의 전투는 좀 더 전통적이고 영역적인 성격이 강했다. 학자들은 특히 공산주의자와 국가사회주의자 사이의 이러한 갈등을 이전 시대에 벌어진 이웃 간의 싸움과 다르지 않은 의례적인 충돌로 묘사했다. 일원을 모집하는 이들은 강한 남성성이라는 고대의 관념에 호소했으며, 공산주의자들 역시 여성 해방을 추구하는 자신들의 신조에도 불구하고 그렇게 했다. 이런 싸움에서도 물론 사상자가 나왔다. 1924년에서 1928년 사이에는 사망자가 66명, 부상자가 266명에 이르렀다. 이후로 상황이 악화되면서 국가가 폭력에 대한 독점권을 일부 내주게 되는 상황까지 이르렀다. 1929년에서 1931년 사이에는 사망자 155명, 부상자가 426명이었으며 1932년 '피의 해'에도 역시 155명의 사망자가 나왔다.[103] 독일 밖에서는 이런 정치적 싸움이 빈번하지도 않았고 사상자도 적었다. 오스왈드 모즐리Oswald Mosley가 이끈 영국 파시스트 동맹도 이러한 싸움에 일부 관여했다. 그들의 폭력과, 이에 대항하는 유대인 혹은 좌파 집단의 폭력은 1936년에 특히 격렬했다.[104]

▌폭력의 골

철의 장막의 서쪽 지역에서 역사상 평균적으로 폭력이 가장 낮았던 때는 1950년대였다. 이 10년 동안 살인율은 최저점에 이르렀고 거의 모든 국가에서 폭행에 대한 기소율 역시 낮은 수준에 머물렀다. 미국의 평균 살인율은 유럽에 비하면 여전히 매우 높았지만 이곳 역시 썰물 국면에 접어든 상태였다. 일부 유럽 국가에서는 1960년대에 이르면서 살인과 폭행이 조금 증가했지만 전반적으로는 이 시기도 이전 10년과 비슷한 수준을 보였다. 당시 핵전쟁이 일어날지도 모른다는 두려움 속에서 개인 간 폭력은 점차 사라지는 것 같았다. 1953년에 한 네덜란드 범죄학자는 폭력 범죄가 시골 지역에서 주로 일어났다는 사실로 미루어보아 도시화가 진행될수록 범죄율은 감소할 것이라 예측했다.[105]

당시 싸움을 벌인 이들은 대부분 청년층이었다. 청년층이야말로 어느 시기에서든 폭력에 가담하기 쉬운 집단이었다. 1950년대에 몇몇 국가에서는 '난폭한' 청년과 청소년의 비행에 대한 우려의 목소리가 높아졌다. 영국의 소년원에서는 수감 청소년들에게 강한 남성성을 심어주었지만 여기에서도 공격적인 특성은 이미 모두 배제되어 있었다. 3대에 걸친 런던 사람들을 인터뷰한 1999년의 한 연구는 사회적 현실을 여실히 보여주었다. 불량배가 판치던 시기로 악명 높았던 1930년대에 청소년기를 보낸 세대는 갈등을 풀기 좋은 방법으로 여전히 주먹다짐을 꼽았다. 당시에는 여성들도 이따금 싸움에 가담했다. 1950년대와 60년대 초에 젊은 시절을 보낸 두 번째 세대는 댄스홀 주변에서 주로 싸움을 벌였는데, 대다수는 그런 골치 아픈 상황을 피하려 했다고 한다.[106] 다시 한 번 덧붙이자면 이러한 싸움은 살인율에 그리 기여하지 않았다. 20세기 중반에는 거의 모든 지역에서 치정 살인에 대한 매혹이 사라져가고 있었는데도 친밀한 사이의 갈등이 전체 살인의 절반 가까이를 차지했다.

당시에는 총은 물론 칼을 쓰는 일도 흔치 않았다. 1950년에서 1970년 사이 프랑스에서는 뚜렷이 분류할 수 없을 만큼 다양한 물건이 살인 무기로 쓰였는데, 이런 무기는 알제리 전쟁 시기를 제외하고는 언제나, 어떤 싸움에서나 쓰였다. 희생자가 남성인 경우 전체 사건 중 20에서 25퍼센트, 여성인 경우 20에서 30퍼센트가 총기를 사용한 사건이었다. 총에 맞은 남성 희생자가 절반을 넘긴 경우는 유일하게 알제리 전쟁 시기였다. 날카로운 도구로 인한 죽음은 피해자가 여성일 때 15에서 25퍼센트, 남성일 때 15에서 20퍼센트를 차지했으며 알제리 전쟁 당시인 1957년에서 1962년 사이에는 그 수치가 더 낮았다. 당시 전체 살인율이 정점에 이르렀다는 사실을 감안하면 칼에 찔리는 사망 사건은 어느 정도 일정 수준을 유지한 셈이다. 1963년에서 1974년을 대상으로 한 독일의 한 연구 결과에서는 칼에 찔린 사건의 비율은 나오지 않았지만 칼 사용이 미미했다는 사실이 드러났다. 칼은 주로 외국인들이 사용했다. 정신과의사들이 사람을 칼로 찔러 죽인 40명을 조사해본 결과 그중 23명이 독일인이었고 7명은 이탈리아인, 6명은 터키인이었다. 이 시기에 두 외국인 집단에는 젊은 미혼 남성인 이주 노동자가 대다수를 차지하고 있었다. 그럼에도 불구하고 싸움에서 전통적인 남성의 명예는 무시해도 좋을 만한 역할을 했다. 연구자는 이에 대한 근거로 네 가지 사실을 제시했다. 상해 사건 84건 중에 피해자가 얼굴이나 머리에 상처를 입은 경우는 단 11건에 그쳤다. 칼에 찔리는 사건은 일반적인 살인 추세를 따랐는데 그중 절반 정도가 친밀한 사이에서 벌어진 것이었다. 또한 피해자의 절반이 여성이었는 데 반해, 가해자 중에는 단 3퍼센트만이 여성이었다.[107]

20세기에 쓰인 살인 무기 중 칼이 비교적 소수였다는 것은 의술의 발전이 살인율 감소에 미친 영향이 그리 크지 않음을 의미한다. 과거의 희생자 대부분은 칼에 찔려서 사망한 것이지만 지금이었다면 충분히 목숨을 건졌을 것이다. 대개 상처가 감염됐거나 과다출혈로 죽었는데 구급차가 있었거나 의술이 좋았다면 막을 수 있는 일이었다. 이에 대해 칼에 찔려 사망하는 경우가 드물었던 것은 칼에 찔린 피해자 대부분이 병원에서 목숨을 건졌기 때문이라고 주장하는 회의론자도 있겠지만 싸움 습성에 대한 질적 증거는 이런 추측과 어긋난다. 역사가 에릭 몽코넨Eric Monkkonen(2001)은 생존율을 추정하기 위해 공격을 받고 사망하기까지의 시간을 측정할 것을 제안했다. 이런 자료가 있다면 의술의 효과를 분명 더 정확히 평가할 수 있을 것이며, 따라서 다양한 연령대의 살인율도 간편히 비교할 수 있을 테지만, 사실상 이에 대한 체계적인 연구는 아직 시행되지 않았다. 다만 지금까지 얻은 자료를 통해 우리는 1950년대 유럽의 살인율이 낮은 수치에 머물렀다는 것이 사실임을 확신할 수 있다.

1960년대 후반의 히피 운동은 폭력을 최저점까지 끌어내린 문화적 원인이었다. '히피'라는 말은 기성세대인 비트족이 이들을 경멸하는 말로 샌프란시스코에서 처음 사용했다. 그렇지만 모든 것을 망라한 청년 문화는 1960년대의 유럽에 단단히 뿌리를 두고 있었다. 히피의 가장 중요한 특성은 우리가 다루는 주제에 맞춰 볼 때 남녀나 청소년 가릴 것 없는 평화 추구였다. 오랫동안 신체적 폭력은 특히 젊은 남성들의 전유물이었다. 그와 반대로 히피는 육체적 사랑과 자연으로의 회귀를 강조했다. 1938년의 강도들과는 달리 그들에게 마리화나는 진정제나 다름없었다. 많은 이들이 자신의 에너지를 사회적·정치적 시위에, 특히 베트남 전쟁 반대 시위에 쏟았다. 1900년경의 일부 이상적인 젊은이 집단 같은 히피의 선구자 격인 집단도 있었지만 그들의 압도적 다수는 중간계급 출신의 젊은 남녀였다. 히피 운동은 처음으로 노동자층 젊은이 집단을 매료시켰다.[108] 1970년대로 향해 가면서 폭력의 위신은 더욱더 떨어졌다. 그렇지만 일부 정치 운동가들은 과연 평화 시위로 충분한 것인지 의혹을 품었으며, 마리화나에 집착하던 이들은 아편으로 눈을 돌렸다.

$$7_장$$

전복 : 1970년 이후

1990년대 초반, 데이비드 르푸트르David Lepoutre는 파리 근교 위성도시에 자리한 방리유banlieue(도시 외곽 지역_옮긴이)의 교사였다. 그 지역은 비거주자들이 웬만해선 꺼려하는 곳이었다. 인류학 논문을 위해 그는 자신이 가르치는 지역을 탐구해보기로 하고 주제는 도심 지역 청소년들의 폭력과 문화로 잡았다. 데이비드의 학교는 라 쿠르뇌브에 있었고 학생들은 대부분 근처 콰트르밀 출신이었다. 데이비드 역시 1992년에 그곳으로 집을 옮겼다. 그곳에서 데이비드는 주민들이 툭하면 쓰레기를 창밖으로 버리는 광경을 목격했다. 거리 청소를 자주 하는 편인데도 주말이면 어디를 가든 쓰레기 천지였다. 그보다 심한 것은 몸 구석구석까지 배는 소변 냄새였다. 데이비드가 집으로 돌아올 때나 엘리베이터를 탈 때면 어김없이 지린내가 콧속을 파고들었다. 대체 어떤 사람들이 이런 상스러운 짓을 하는지 궁금할 따름이었다. 어느 날 저녁, 그는 정보제공자 세 명과 유도 클럽에서 나와 집으로 향했다. 데이비드가 학교 성적이 뛰어나며 운동도 잘하는 명석한 세 청소년을 술 한 잔 하자며 집으로 초대한 것이었다. 현관에서 학생들은 "이 도시의 습관을 뜯어고칠" 필요가 있다고 주장했다. 그렇게 활기 넘치는 대화를 이어나가더니 그들은 일제히 벽에 대고 소변을 보았다.[1]

이를 두고 몇 가지 의견이 있을 수 있을 것이다. 학생들이 선생님의 화장실을 쓰는 행위를 매우 무례한 것이라고 생각했을 수도 있다. 아니면 그들은 의식은 하면서도 많은 친구들이 아무 문제없다고 생각하는 원래 습관대로 행동한 것인지도 모른다. 르푸트르는 책에 이 일화를 소개하며 자신이 불쾌하다고 느끼는 몇몇 관습이 처음 생각한 것보다 더 널리 퍼져 있었다고 설명했다. 이를 어떻게 해석하든, 안에서 아무 데나 소변을 보는 청소년과 폭력 실태를 조사하는 교사의 조합은 폭력과 위생 수준의 관계가 무엇인지 의문을 불러일으킨다. 앞의 장에서 보았듯이 양차 세계대전은 당시 사람들이 예상한 바와 달리 일상생활의 문명화 기준을 뒤바꾸지 못했다. 현대의 도시에 대한 판에 박힌 이미지 역시 널리 퍼져 있다. 지금은 비문명화 시대인가? 노베르트 엘리아스의 접근법을 따르는 학자나 관련 이론가들은 이런 식의 이분법적 공식을 쓰지 않는다. 대신 그들은 현대 사회의 문명화 경향과 비문명화 경향 사이의 균형을 가늠하려 한다. 이런 관점에서 나올 수 있는 질문은 "지금 우리가 보고 있는 것이 (아마도 일시적인) 살인율과 폭행의 증가 현상인가 아니면 그보다 더 근본적이고 지속적인 무엇인가"일 것이다.

현재의 변화 양상이 앞으로도 지속될지를 밝힐 때에는 언제나 위험이 따른다. 역사가들도 가까운 과거를 분석한다는 것이 문제가 많다는 사실을 알고 있다. 샛길과 막다른 길 사이에서 큰 흐름을 가려내기가 쉽지 않기 때문이다. 프랑스와 이탈리아의 역대 정부들을 이어지는 하나의 이야기로 틀을 잡는다거나 공산주의의 붕괴 혹은 독일의 재통일에 대한 틀을 잡는 것은 문제가 안 된다. 이러한 정치적 사건은 개인 간 폭력보다는 사회적이고 문화적인 역사와 훨씬 관련성이 적기 때문이다. 현대의 폭력에 관한 문헌은 방대하지만 대다수는 시대적 관점이 결여되어 있다. 이 모두를 장기적 변화라는 틀에 넣고 본을 뜨려면 중심이 되는 흐름에 집중할 필요가 있다. 그러니 35년이라는 기간을 살펴보는 이번 장의 소박한 목표는 앞의 장에서 밝힌 장기적인 변화를 바탕으로 최근의 살인과 폭행 사건에 관한 자료를 이해하는 것이다.

전체 비율이 전환점을 맞았는데도 1970년대 이후의 살인은 어느 정도 연속성을 보인다. 가령 피해자가 친밀한 사람에게 희생당한 비율은 1900년경 도달한 비교적 높은 수준을 계속 유지하고 있다. 이 비율은 전체 살인율이 크게 증가한 일부 국가에서만 다소 감소했을 뿐이다. 연쇄살인은 모든 치명적인 범죄 중에서 양적으로 큰 비중을 차지하지 않았는데도 언제든 대중과 언론의 관심을 집중적으로 받았다. 엘리트층에서의 온순화는 정식 결투가 사라지면서 지금도 계속되고 있다. 사회적으로 출세하고자 하거나 공격적인 성향이 강한 사람은 폭력을 단념해야 할 것이다. 싸움은 여전히 하층 사회에 집중되어 있었는데 많은 국가에서 하류층은 비유럽 출신 이주자들이 대다수를 차지했다. 1970년대부터 시작된 이들의 이민은 무시해서는 안 될 새로운 추세가 됐다. 탈공업화와 저녁 여가 활동의 중요성 증가는 무엇보다 도시의 얼굴을 바꾸어놓았다. 이에 동반하여 마을 내 민족적·종교적 분화 증가, 일부 지역의 탈온순화, 전통적인 남성적 명예의 부분적 부활 등의 변화도 잇따랐다. 사회계층 간 힘의 격차 감소는 그 자체로 계속되는 흐름이었는데 이것이 폭력의 수위에 긍정적인 영향을 미치게 됐다. 특히 힘의 격차가 줄어듦으로써 이제는 권위적이라 여겨지는 문명화 운동의 속도가 늦춰지고, 교사나 공무원 등 사회 지도층이나 조직의 대표에 대한 맹종이 줄어들었다. 1970년 이후의 가장 중요한 변화로는 불법 마약 시장의 확대와 조직범죄의 전 세계적 확산이라는 두 가지 추세와 함께 이에 대한 법 집행기관의 대응 강화를 들 수 있다.

▌살인 사건 발생률

표 7.1은 1950년부터 1995년까지 유럽 7개국의 의학적 통계 자료를 종합한 살인율을 나타낸 것이다. 살인율은 1950년대와 1960년대에 인구 10만 명당 0.8건에서 1건 사이를 오르내리다가 차츰 오르기 시작하여 1990년대에 1.4건까지 이르렀다. 일부 학자들은 이를 앞선 감소 현상과 결부시켜 U-커브라 칭하기도 하지만 19세기 중반 이후를 돌아보면 이러한 주장도 의미를 잃는다. 1990년대의 살인율은 중세 시대나 1700년 전후와 비교해볼 때 미미하기 짝이 없다. 그러나 살인율이 25년 사이에 50퍼센트 이상 증가한 현상은 설명할 필요가 있다. 1990년대 중반 이후 살인율은 안정을 찾았고 일부 국가에서는 떨어지기까지 했지만 1970년 이전의 수준으로 돌아가지는 않았다. 10년을 단위로 하여 유럽 17개국의 평균 살인율을 종합해보면 1960년대에는 0.7건, 이후 30년 동안에는 1.0건, 1.3건, 1.3건이었고 2000년과 2004년 사이에는 1.2건을 기록했다.[2] 이 비율이 이제 떨어진다면 우리는 1690년대와 1720년대 사이에 암스테르담의 살인율이 일시적으로 정점에 달했던 것처럼 살인율이 일시적으로 급증하는 현상을 보고 있는 것일 터다. 과거에는 이러한 반대 흐름이 주로 소규모 지역이나 지방에 국한돼 일어났지만 최근의 증가 추세는 유럽 전역에 걸쳐서 일어나고 있다. 지금의 추세는 구조적인 현상인 것이다.

그래도 국가마다 뚜렷한 차이는 존재한다. 먼저 여기서 다루는 시기의 중간에 붕괴된 구소련 지역은 완전히 개별적인 변화를 겪었지만 동유럽의 상황은 처음부터 이 책에서 논외로 했다. 1970년 이후 살인율은 영국과 아일랜드에서 특히 가파른 양상을 띠며 증가했는데 1990년대 중반에 이를 때까지도 그 추세는 멈추지 않았다. 1970년에서 2000년 사이에 살인율은 영국에서 두 배 이상, 아일랜드에서 세 배까지 치솟았다. 반면 프랑스와 독

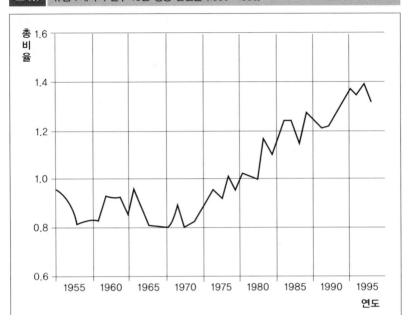

| 표 7.1 | 유럽 7개국의 인구 10만 명당 살인율 (1950~1995) |

출처: Presentation by Helmut Thome, based on data from Manuel Eisner, at the seminar on violence, Ferrara, September 2003

일은 별다른 증가를 보이지 않았다. 그 중간에 있는 나라는 이탈리아와 스페인, 스웨덴 등으로, 이곳의 살인율은 50퍼센트가량 증가하여 평균적으로 증가 추세를 보였다. 이러한 지리적 차이는 영국의 살인율이 가장 낮고 남부 유럽이 가장 높았던 오래전의 양상을 완벽히 뒤엎는 것이다. 한때 유럽에서 살인율의 선두 자리를 뺏기지 않았던 로마 역시 살인율이 낮은 순위에 위치한다.

최근의 의학 통계치에 대한 분석은 언제나 경찰 수사 기록으로 보충되어야 한다. 이제 경찰 수사도 조직적으로 행해지고 있기 때문이다. 극소수의 살인 사건만이 경찰의 수사망을 피해가는데 그 수치는 의사가 어쩌다 놓친 경우와 엇비슷하다. 게다가 경찰 수사는 시신이 발견된 범죄 발생 장소를 바탕으로 진행하는 반면 의학적 통계치는 국가 내 거주지를 기준으로 희생자를 분류한다. 이러한 분류의 차이가 불러온 결과는 네덜란드에서 분명히 드러난다. 의학적 통계치로 볼 때 이곳의 살인율은 1970년에 0.5건에서 1990년대에 1.3건으로 증가한 반면, 경찰 기록으로 볼 때 1990년대의 살인율은 1.7건에 이른다. 의학적 통계치를 따르는 이들은 해외에서 사망한 네덜란드 거주자까지 통계치에 포함시키려고 하는데 이렇게 되면 네덜란드에서의 살인 피해자가 지나치게 많아진다. 외국에서 폭력을 당해 죽음에 이른 네덜란드 거주자의 수는 반대로 네덜란드에서 폭력으로 사망한 외국인의 수보다 적다. 다른 유럽 국가의 의학 통계치도 해외에서 사망한 자국인의 수까지 포함하는지는 확실치 않지만 1990년대 중반 이후 거의 모든 지역에서 경찰 자료를 바탕으로 한 살인율이 의학적 자료를 바탕으로 한 살인율보다 높게 나타났다.[3] 이는 최소한 국경을 초월한 살인이 증가했다는 사실을 가리킨다.

의사는 범죄 피해자의 목숨을 구함으로써 또 다른 중요한 역할을 한다. 전체 피해자 중 총상으로 사망한 피해자의 비율이 증가하고, 칼에 찔려 사망한 피해자의 비율 역시 조금이나마 증가한 것으로 보아 의술의 발전이 이 비율에 틀림없이 영향을 미쳤다고 할 수 있다. 의술의 발전에 따라 살인율의 증가 정도가 줄어들었을 테지만 정확히 얼마나 줄었는지는 알 수 없다. 1980년 이후에 살인에 대한 역사적 조사가 시작되면서 학자들은 목숨이 위태로운 부상자가 사망하는 비율에 의학적 치료가 점점 더 영향을 미쳤다는 사실을 알게 됐다. 그중에서도 관통상에 따르는 출혈 억제와 병원으로의 신속한 이송이 큰 도움이 됐다. 그 효과를 측정한 조직적 연구 결과는 찾아보기 힘들다. 그나마 2007년에 유럽 3개국을 조사한 톰Thome과 버클Birkel도 그저 미국의 연구를 인용한 수준이었다. 이들 연구자는 미국의 부상 치료 수준과 기반 시설이 1960년 수준 그대로였다면 1999년에 미국의 살인율은 적어도 3배는 높아졌을 것이라고 추정했다. 그러나 이러한 추측이 과장됐다고 주장할 만한 근거는 여러 가지가 있다. 톰과 버클은 가중 폭행에 대한 통계치를 바탕으로 이러한 추측을 내놓았는데, 가중 폭행에 대한 정의가 애초에 부풀려질 수 있는 가능성은 가볍게 무시했다. 더군다나 의학계의 등식으로 보면 시골 지역의 병원 밀도가 높아진 것이 연구에 결정적인 요인으로 작용했기 때문에 이에 따른 연구 결과를 유럽 전역으로 확대·적용하는 것은 위험하다.[4] 그러나 사망률에 관여하는 세 번째 요소가 관심을 끌면서 이들의 자료가 중요해졌다. 세 번째 요소는 바로 응급 기관에 연락하는 속도였다. 유럽 서부의 살인율이 1995년 이후로 안정 국면에 접어들면서 부분적인 감소 추세를 보일 당시는 마침 휴대폰이 급속도로 확산되던 시기와 일치한다. 따라서 이 두 가지가 단순히 피상적인 상관관계에 있는 것인지 아닌지를 알아내는 연구가 필요하다.

현대 사회에 폭행이 난무하다는 인식은 치명적이지 않은 폭력의 추이 때문에 조장된 것이다. 치명적이지 않은 폭력의 비율은 경찰 수사 결과나 법원의 기소 기록에 근거한다. 가령 폭행 사건의 비율은 영국과 독일, 스웨덴에서 1950년과 1995년 사이에 급격히 증가했는데, 인구 10만 명당 매년 평균 100에서 200건이던 것이 1970년 중반 이후로는 400에서 600건으로 치솟았다. 영국과 스웨덴에서는 강간 사건 발생률 역시 증가했지만 독일에서는 오히려 조금 감소했다. 강도 사건 발생률은 세 국가 모두 1980년대 중반부터 유독 심하게 증가했으며 영국에서 가장 극적인 증가 추세를 보였는데 1995년에서 2004년 사이에 몰라보게 치솟았다. 1970년 이후 강도 사건 발생률이 가파른 상승세를 보인 것은 덴마크와 스위스, 이탈리아도 마찬가지였다. 프랑스에서는 경찰 수사 기록에 나타나듯이 모든 폭력 범죄가 상승 추세를 보였다. 이곳에서 가장 낮은 비율(인구 10만 명당 120건)을 보인 해는 1963년이었고 이후 수치가 점차 증가하면서 1982년에는 200건에 달

하게 됐다. 비율은 1980년대 말부터 극적으로 증가하기 시작하여 2004년에는 560건에 이르렀다.[5]

여기서 중요한 점은 현대 사회에서 치명적이지 않은 폭력의 폭발적 증가가 과연 실제 현실을 반영하는가다. 강도 사건만 보면 증가 추세가 매우 가파르기 때문에 이것이 부분적으로나마 사실임을 확신할 수 있다. 강도 사건은 재산 범죄이면서 폭력 범죄이지만 요즘 노상강도들에게는 계산된 위협만 필요하다는 증거도 있다. 강도에 대한 정의가 부풀려질 때도 있다. 1980년대에 네덜란드 법정은 피해자의 가방이나 지갑을 그의 손이나 어깨에서 잡아채는 행위에 폭력 절도 혐의를 씌우기 시작했지만 그전까지만 해도 이 정도의 범죄는 단순한 절도 행각으로 간주됐다. 2000년대 초반의 프랑스에서는 상대의 손에서 휴대폰을 잡아채는 행위가 강도로 분류됐다. 강간의 경우를 보면 피해자를 비난하던 과거의 관습에 반대하는 운동이 벌어진 뒤로 강간 사건 신고수가 늘어났다는 사실에 많은 이들이 동의했다.

법정 폭행(법률로 규정된 폭행)의 수치 역시 가정 폭력과 거리 폭력에 대한 민감성이 높아지면서 그 영향을 받았다. 피해자와 대중은 이런 사건을 더 적극적으로 신고했으며, 경찰과 판사는 폭력 사건을 이전보다 더 심각하게 다루는 한편으로 공범도 주범과 같은 범주로 구분했다. 또한 사람들이 젊은 이들 사이에서 벌어지는 단순한 충돌도 말려달라며 경찰에 신고하는 일이 늘어났는데, 특히 현지인이 외국인이나 소수 민족들에게 위협을 받게 될 경우에는 더욱 그러했다고 독일 학자들은 말한다. 범죄학자 마가레테 에겔캄프Margarethe Egelkamp는 네덜란드와 독일의 1986년과 1996년 법정 기록을 비교해본 결과 '폭력 인플레이션'의 명백한 증거를 찾아냈다. 비슷한 사건이 1996년에는 한 단계 더 심각한 수준으로 파악된 것이다. 즉 예전에는 중상을 입힌 것이 이제는 과실치사 혐의를 받고, 예전에는 단순 폭행에 해당하던 것이 가중 폭행이 됐으며, 전에는 기소할 가치도 없다고 여겨지던 사건이 이제 법원에 오르게 된 것이다. 독일에서는 법적 특성상 이러한 인플레이션이 그리 잘 알려지지는 않았지만 여전히 뚜렷이 드러났다.[6] 그러므로 치명적이지 않은 폭력에 대한 기록이 증가한 것은 실제로 그런 행위가 증가했기 때문이 아니라 민감성이 증가했기 때문이라고 말할 수 있다.

1980년대 이후 피해자 조사를 체계적으로 비교한 결과도 이러한 결론을 뒷받침하고 있다. 프랑스의 연구 자료에 따르면 심각한 폭행에 대한 신고율은 1994년에 10년 전과 비교했을 때 상당히 높아지다가 그 이후 얼마간 오르내리더니 2001년에는 다시 1984년의 수준을 조금 웃도는 정도로 돌아갔다고 한다. 반대로 가벼운 폭행에 대한 프랑스의 신고율은 지속적으로 증가했다. 네덜란드의 피해자 조사에서는 1980년대 초반에 폭행과 협박에 대한 신고율이 증가하다가 1990년대에 다시 떨어졌다. 1988년 이후 시행된 유럽연합 전역의 피해자 조사 결과를 비교해보니 폭행 사건에 대한 신고율이 다양하게 드러났다. 국가 간의 차이는 시대적 변화보다 더 두드러졌는데 신고율이 증가한 곳이 있는가 하면 감소한 곳도 있고, U-커브를 그리는 곳도 있었다.[7]

도시 지역으로 폭력이 돌아왔다는 사실은 거의 확실하다. 살인과 폭행 사건은 한두 세기 동안 시골 지역에서 높은 수준을 기록하더니 이제 도시로 모여들었다. 19세기에는 폭력의 외곽 지역과 중심 지역이 뚜렷이 나뉘어졌지만 이제 유럽의 살인 사건 다발 지역은 각국의 대도시 한복판으로 흩어졌다. 특히 대도시가 나머지 지역에서 외따로 떨어져 있는 경우에는 그 차이가 더욱 뚜렷이 드러났다. 이에 따라 프랑스의 각 지역을 인구 5만 명 내외의 지자체로 나누어 살펴본 연구 결과, 1989년에서 1991년 사이에 살인율이 도시에 집중된 현상을 조심스럽게 확신할 수 있었다. 1990년에서 1993년까지의 네덜란드에 대한 연구에서는 다섯 개의 지자체 그룹으로 나누어 살펴보니 도시의 규모가 커질수록 살인 사건의 피해자 수가 높아졌다. 유럽의 대다수 수도에서는 살인율이 인구 10만 명당 2.5에서 5.5건에 이르렀는데 이는 국가의 총 평균을 한참 웃도는 수준이었다.[8] 살인 사건이 도시로 돌아온 것은 싸움과 치명적인 강도 사건이 '안 좋은 동네'에서 주로 일어나기 때문이기도 하지만 이는 원인의 일부일 뿐이다. 그보다 더 큰 원인은 대도시 중심가가 유흥 기능을 담당하고, 이곳에서 조직범죄가 집중적으로 일어났기 때문일 것이다. 이 두 가지 요인으로 인해 각 도시의 개별적인 살인율이나 폭행률을 산출해내는 것은 별 의미가 없어진다. 특히 클럽이나 술집에서 벌어지는 유흥 관련 폭력일 경우, 가해자는 해당 도시보다 더 크고 거주자 수도 더 많은 지역 출신일 때가 많다.[9]

그 밖에 살펴볼 수 있는 통계 자료에서는 폭력의 성격을 말해준다. 1970년 이후 살인율이 상승한 압도적인 원인으로는 남성 피해자의 증가를 들 수 있다. 독일과 스웨덴, 영국의 의학적 통계 자료를 보면 여성 피해자는 대체로 한결같은 수준을 유지하고 있는 데 반해 남성 피해자는 영국에서 세 배, 스웨덴에서 두 배씩 증가했으며 독일에서는 조금도 증가하지 않았다. 영국에서 증가한 남성 피해자 중에는 유독 20대에서 40대가 많았다. 1955년에서 1995년 사이 살인 미수나 살인 사건에 대한 법원의 통계 자료를 보면 스웨덴에서 유난히 남성 용의자의 수가 증가했는데 이는 독일도 마찬가지였다. 그런가 하면 영국 내무성이 1969년 이후 피해자와 가해자의 관계를 조사한 바에 따르면 친밀한 관계의 살인은 소폭 감소했지만 면식 살인은 소폭 증가했고 낯선 이의 살인은 8배나 증가했다. 1992년에서 2001년까지의 네덜란드 자료에서는 남성 살해자가 91퍼센트, 남성 피해자가 71퍼센트였고, 전체 살인 중 친밀한 관계에서 벌어진 살인은 35퍼센트에 이르렀다.[10]

학자들은 1970년 이후 전체 사건 발생율의 추세에 대해 갖가지 해석을 내놓았다. 사회경제적·문화적 변수를 양적으로 면밀히 조사해본 결과, 헬

무트 톰은 뒤르켐의 이론에 따라 이기적이고 해체적인 개인주의와 더불어 폭력 역시 계속하여 증가할 것이라고 결론 내렸다.[11] 세바스찬 로체Sebastian Roché(1998) 역시 높아진 신체적 폭행 수준이 현대 사회의 특징이라고 결론지었다. 그에 따르면 장기간에 걸쳐 폭력을 감소시킨 바로 그 요인이 이제는 폭력을 증가시키는 원동력이 되고 있다고 한다. 스위스를 대상으로 한 연구에서 매뉴얼 아이스너는, 탈공업화에 따라 위험 집단이 주변부로 밀려나면서 그들이 현대 사회의 이상적 자아인 자의식이 강하고 자주적인 개인으로 변모할 기회가 줄었다고 주장했는데, 이후 유럽 전역을 대상으로 재조사를 벌이고 나서는 다른 요소를 더 강조했다.[12] 1995년에서 2004년까지의 아일랜드를 살펴본 범죄학자 이안 오도넬Ian O'Donnell은 다음의 요인들을 연결 지었다. "급속한 번영, 완전고용, 알코올 소비 급증, 이에 수반한 폭력적인 죽음의 증가."[13] 이러한 설명은 모두 큰 퍼즐의 조각일지 모른다. 하지만 이론이 설득력을 얻기 위해서는 국가 통계 자료에 더해 보충적인 증거에 바탕을 두어야 한다.

▌폭력의 성격

총 살인율을 보면 젊은 남성의 관여가 눈에 띄는 만큼, 현대 사회에서 남성 대 남성의 싸움이 부활한 것 아닌가, 과거에 두드러진 폭력 유형이 되돌아온 것은 아닌가 등의 의문이 당연히 일게 된다. 그 답에 도달하기 위해서는 질적 증거를 찾아보아야 한다. 이에 알맞은 것이 르푸트르의 1990년대 파리 방리유에 대한 연구다.

르푸트르는 10세에서 16세 사이의 청소년을 연구 대상으로 삼았는데 이밖에 나이가 더 많은 청소년에게서도 추가로 정보를 얻었다. 파리의 방리유는 유럽의 대도시권 중에서도 인종이 가장 심하게 섞인 곳이다. 르푸트르가 그곳에 살 당시 주민들은 크게 여섯 집단으로―아랍인, 흑인, 프랑스인, 힌두교인, 중국인, 유대인―나뉘었다. 그곳의 일상에서 인종차별은 없었지만 그렇다고 상호 존중이 있는 것도 아니었다. 각 집단의 일원은 다른 집단에게 자주 경멸적인 언사를 퍼부었고 각 집단에 대한 고정된 편견 역시 그대로 품고 있었지만, 이들이 방어해야 하는 주된 단위는 지역이었다. 영토 싸움 다음으로 방리유에서는 잠시 이어졌다 마는 즉흥적인 싸움이 흔했으며 소년·소녀들이 가득 둘러싼 가운데 벌어지는 결투도 있었다. 이러한 결투는 보통 그날 아침이나 그 전날에 예고된 뒤 방과 후에 시작됐다. 학생들은 쉬는 시간이나 수업 시간 가릴 것 없이 앞으로 있을 결투에 대해 신나게 떠들어댔다. 싸움이 끝나고 보면 당사자들은 보통 코가 부러지거나 얼굴이 찢어져 있었다. 소녀들도 그리 심각하지 않은 수준에서 싸움을 벌였다. 이러한 폭력은 근대 초기 유럽과 다르지 않은 명예의 문화 안에서 벌어졌는데, 물론 명예라는 말 자체는 이제 잘 쓰이지 않았다. 남성의 명예는 개인적으로 또는 복수의 패거리를 움직여서, 자기 자신을 지키는 능력에 달려 있었다. 상대의 얼굴을 공격하는 것은 가장 심한 모욕이었기 때문에 뒤처리가 필요했다. 여성의 명예는 성적인 평판과 관련이 있었는데 이는 당사자의 아버지나 남자 형제가 대신 보호해주었다. 소년들은 훔친 물건을 친구들에게 나누어주면서 위신을 세울 수도 있었다. 미국 영화와 래퍼들의 공연 영상을 보고 자란 이들은 누구나 값비싼 상표가 달린 옷이나 액세서리를 입고 친구들의 관심을 사려 했다.

이러한 싸움에서는 무기의 역할이 모호했다. 학생들은 보통 맨손으로 싸웠지만 패싸움이 더 크게 번지면 각자 돌이나 막대를 주워 들기도 했다. 최루가스 스프레이를 소지한 학생들도 많았는데 그들은 이를 교실에서 재미 삼아 사용하도 했다. 찌르는 무기를 소지한 이들도 꽤 보였지만 이는 실제 싸움에 쓰기보다 그저 으스대기 위한 것이었다. 학교에서 압수한 칼과 면도칼, 그 외 유사 무기는 해가 갈수록 늘어났다. 총기는 거의 보기 힘들 었는데도 당시에 총기 관련 사건이 두 번 있었다. 하나는 학교 출구에서, 다른 하나는 도시에서 벌어졌는데 한 사람이 다른 사람에게 총을 들어 위협했지만 실제로 쏘지는 않았다. 그보다 나이가 많은 청소년 중에 학교를 떠나 마약 현장에 뛰어든 이들은 대다수가 총기를 소지하고 다니면서 틈만 나면 어린 친구들에게 으스대며 보여주려 했다. 한 소년은 자신이 언젠가 무심코 찬 공이 마약상 쪽으로 날아가는 바람에 그 남자가 자신의 이마에 총구를 갖다 대며 겁을 주었다고 말했다. 이러한 부류들은 분명히 청소년 층 중에서도 소수에 불과했다. 대부분은 상급 학교로 진학해야 하는 17세 즈음에 이러한 거리 문화에서 빠져 나왔다. 개중에는 마약 밀매를 중심으로 한 좀 더 심각한 범죄계로 옮겨가는 부류도 있었다. 경찰이 개입한 총격전은 학교 주변에서 자주 벌어졌다.

남학생 다수가 폭력에 가담한 것은 맞지만 대부분이 크게 위협적이지 않았던 반면 나이가 조금 있는 청소년은 주로 마약 현장을 중심으로 한 심각한 폭력에 연루됐다. 프랑스의 다른 도시에서도 방리유는 외곽에서 도시를 둘러싸고 있지만, 마르세유와 스트라스부르에서는 방리유가 도시의 경계 안 빈민 구역에 자리하고 있다. 언론은 관습적으로 이들 지역을 폭행과 반란의 온상으로 묘사했다. 기자와 정치인은 도시 청소년이 저지르는 거의 모든 범죄와 경찰에 대한 저항, 제도에 대한 반란 등을 모두 '도시 폭력'이라고 묶어 불렀다. 1993년부터 1997년 사이에 보고된 폭력 사건은 네 배까지 증가했지만 그것들이 전부 심각한 것은 아니었다. 소피 보디-장드로Sophie Body-Gendrot는 범죄를 반달리즘(신상이나 문화 유적 등 공공재의 파괴_옮긴이) 부터 시위까지 총 여덟 가지 범주로 구분했다. 그녀는 그중에서 대중교통 수단 내에서 승객이나 직원을 상대로 한 폭력이 증가했다는 사실에 주목했다.[14]

앞의 장에서 언급한 인터뷰 연구에 보고됐다시피 런던의 폭행도 새로운 양상을 띠었다. 1990년대에 자란 세대는 윗세대보다 더 많은 범죄를 목격했으며 이러한 범죄의 원인을 약물 복용 탓으로 돌렸다. 청소년들은 폭력적이라는 평판을 계속 얻기 위해서 공격적인 행동을 일부러 더 드러내 보였고, 강도가 귀중품을 빼앗으려 할 때는 강도에게 맞서기도 했다. 긴장 관계에 있던 흑인과 백인도 모두 거칠다는 평판을 얻는 것을 중요시했다.[15] 영국에서는 1980년대 후반부터 클럽이나 술집에서 열리는 스트립쇼를 비롯한 늦은 밤의 유흥 경제가 무섭게 팽창했다. 그 결과 1990년대에 알코올로 가열된 길거리 폭력이 증가했지만 대부분은 그리 치명적이지 않았다.[16] 1990년대 후반과 2000년대 초반의 노르웨이에는 정치적 색깔이 있는 갱단이 흔했는데, 이들의 양상은 상당히 달랐다. 이러한 성향은 크리스티안산 지역을 대상으로 심도 있게 연구됐다. 이 지역에서는 적대적인 두 청년 집단이 맞서고 있었는데 각기 나치즘과 인종차별 반대주의를 추구하면서 각각 스킨헤드와 힙합 스타일로 꾸몄다. 비유럽 출신 청소년들은 당연하게도 힙합 스타일 집단을 선호했지만 이곳에 들어가려면 우선 정치적 확신보다 기존의 일원과 친분이 있어야 했고, 상대편 조직의 일원과 사소하게라도 갈등이 있어야 했다. 개인이 충성의 맹세를 저버리는 일도 잦았다. 흔히 의례적인 자극에 뒤따르는 싸움은 명예나 복수 혹은 소녀들 사이에서의 평판 때문에 벌어졌다. 당사자는 보통 아무 무기 없이 싸움에 뛰어들었으며, 그 중 단 몇 명만이 전문 강도나 마약 밀매 조직으로 옮겨갔다.[17] 물론 인구가 7만 5000명밖에 안 됐기 때문에 마을에서 일어나는 살인 사건은 일 년에 한두 건이 전부였다.

네덜란드에서 학교는 폭력의 온상지였지만 대부분의 폭력에서는 무기가 쓰이지 않았다. 파리 지역과 마찬가지로 학생들은 칼을 들고 다니긴 해도 실제로 쓰는 일은 잘 없었다. 1990년대에는 중학생 중 25퍼센트가 칼을 소지하고 다녔고 10퍼센트는 밤에 외출할 때에도 칼을 들고 다녔지만, 그 중 누군가를 찌르거나 누군가에게 찔렸다고 기록된 이들은 2퍼센트에 지나지 않았다.[18] 네덜란드의 도시 생활에서도 비유럽 출신들의 공동체가 흔적을 남겼다. 로테르담에서는 1980년대 말과 1990년대 초에 모로코의 베르베르족 청소년 상당수가 마약 밀매에 가담하여 프랑스 방문객을 주로 상대했다는 연구 결과가 나왔다. 이런 밀매로 돈을 번 이들은 성공한 사업가라는 지위를 얻었다. 공동체 내의 위신과 관련된 명예는 중요한 문화적 필수품이었다.[19] 1990년대 중반에 앤틸리스 제도의 청소년들을 인터뷰한 어느 연구 역시 명예가 그들 문화에서 중요한 요소라는 사실을 밝혀냈다. 14세에서 17세 사이였던 응답자 대부분은 어렸을 때 이민 와서 어머니와 살고 있었다. 그들의 어머니들은 동네가 너무 위험하다고 여겨 아들이 칼을 소지하고 다니는 것을 허락했고 그들 자신이 최루가스 스프레이를 챙겨 다니기도 했다. 이 연구에서는 경찰과 접촉을 하는 이들과 하지 않는 이들로 하위 집단을 구분했기 때문에 인터뷰한 이들 집단이 전체 공동체를 대표한다고 할 수는 없다. 소년의 범죄 행각은 대개가 좀도둑질이나 노상강도, 코카인 판매 등 수단적인 것이었다. 그들의 명예심은 특히 누군가가 자신의 어머니를 모욕했을 때 표출됐다. 소년은 자신의 명예가 위태롭다고 느껴지면 언제든 상대를 칼로 찌르려 했으며 누군가가 험악한 표정을 짓기만 해도 그것을 도전이라 받아들였다. 분명 이것은 전통적인 남성적 명예였다. "남성은 특정한 상황에서 자신의 신체적 방어 능력을 증명해 보여야 하며, 이때 칼을 쓰는 것은 당연하다고 여겨진다." [20]

도시 청소년에 대한 양적 증거에서는 1970년 이후 살인율이 증가한 부분적인 원인을 남성 간 싸움의 부활로 돌린다. 과거에도 그러했듯이 이런 싸움은 보통 그리 치명적이지는 않지만 부상자를 냈다. 이는 19세기 서유럽의 상황과 어느 정도 닮아 있는데 두 시기는 살인율까지 비슷할 때도 있다. 그러나 현재에는 19세기의 노동자 계층보다 칼을 더 자주 사용하는 집단도 존재한다. 오늘날의 빈민층은 민족적·인종적 소수자들이 대부분을 차지하는데 이들이 추구하는 전통적인 남성적(여성적) 명예 규범은 자신의 출생지에서 그대로 습득한 것이었다. 지금은 흔히 존경심이라 부르는 명예 개념은 현지 청소년에게도 영향을 미쳤다. 국제적인 공연과 TV 영상, 영화를 통해 래퍼와 미국 흑인 문화도 이들에게 강력한 영향력을 행사했다. 그러나 유럽의 빈민가와 미국의 도심 지역은 여전히 중요한 점에서 갈라진다. 유럽 빈민가는 평화가 정착하지 않은 외떨어진 섬이나 접근 금지 구역이라는 느낌이 훨씬 덜하다. 유럽 도심에서는 총이 그리 널리 쓰이지 않았기 때문에 사회학자 엘리야 앤더슨Elijah Anderson(1999)이 묘사한 미국 도심처럼 생존을 위해 용기나 담력을 내보일 필요가 없었다. 유럽에서는 극소수의 청소년만이 또래 문화에서 빠져나와 마약 밀매에 뛰어들면서 총을 지니고 다녔다. 미국의 힙합 문화는 게토ghetto의 불안정한 현실에 뿌리를 박고 있지만 유럽에 수입된 힙합은 단순히 유흥을 위한 것이었다. 범죄학자 빌렘 드 한Willem de Haan은 프랑스나 영국, 네덜란드의 도시에는 "빈곤 지구"나 "소수민족 밀집 지역"이 있다고 할 수는 있겠지만 게토는 분명히 없다고 주장한다. 격리된 정도로 따지자면 그 어떤 소수민족도 미국계 흑인보다는 양호한 편이다. 유럽과 달리 미국의 도심 빈민가에서는 정부기관과 공공기관까지 붕괴됐다.[21]

유럽 국가의 살인 무기에 대한 통계 자료를 보면 1970년 이후부터 총기 소지가 증가했지만 총기 사용률은 미국 수준에 한참 못 미쳤다는 사실을 확인할 수 있다. 1990년대 유럽의 총기 살인 사건은 평균적으로 전체의 3분의 1을 차지한 반면 미국은 전체의 3분의 2가 총기 살인 사건이었다. 유럽 내에서도 국가마다 상당한 차이를 보이는데 스웨덴은 총기 살인율이 14퍼센트인 데 반해 이탈리아는 74퍼센트에 달한다.[22] 경찰의 대응적 폭력은 온건한 수준에 머물렀다. 1980년대와 1990년대의 네덜란드, 독일, 프랑스에 서는 경찰의 총기에 맞고 사망하는 사람이 매년 평균 인구 500만에서 700 만 명당 1명 정도로 보고됐다.[23] 그보다 모호한 것은 가해자와 피해자의 국 적이나 인종적 계통을 보여주는 통계 자료다. 1980년대 이후로 거의 모든 유럽 국가에서는 소수민족이나 외국인이 살인 사건에 지나치게 많이 연루 되는 상황이 벌어졌는데 그 원인은 다양하다. 몇백 년 동안 폭력이 하층민 사회에 집중됐다는 사실을 감안하면 민족에 따라 살인율을 따로 측정하는 것은 편파적이라 할 수 있다. 이보다는 소수민족을 다수민족 내의 빈곤 계 층과 비교해보는 것이 더 현실적일 것이다. 또한 살인 사건에서 소수민족 과 외국인의 연루는 초국가적 조직범죄뿐 아니라 이민자 집단과 하위문화 를 나타낸다.

조직범죄는 불법 마약을 뜻한다. 살인율이 전환점을 맞은 1970년은 헤 로인이 유럽 도매 시장에 소개되고 마약 중독자가 퍼져나가던 시점과 일치 한다. 여기에서도 유럽과 미국은 차이를 보인다. 미국의 도심 빈민가에서 는 골목마다 구역을 차지하기 위한 폭력 경쟁이 벌어졌다. 유럽 대다수 국 가에서 마약 소비와 소매업은 치명적인 폭력보다 좀도둑질이나 매춘과 관 련이 깊었다. 마약 도매업은 어디서든 경찰의 의욕적인 수사와 사법부의 기소 대상이 되는 조직적인 활동이었다. 그렇게 확대된 불법 마약 시장이 조직범죄를 키웠으며, 이에 따라 인신매매, 무기 밀수, 그 밖의 전문 범죄 가 주목을 받았다. 유럽 도시 내 청년 남성의 폭력 범죄 실태에 대한 질적 조사에서도 드러났듯이, 유럽 도시에는 청소년 문화에서 청소년 비행으로, 일상적인 마약 밀매로, 종국에는 상습적인 전문 범죄로 이어지는 유동적인 연속체가 있었다. 범죄로 종결되는 이 연속체의 관계망은, 개별 무리가 상 대의 구역을 건드리는 일이 거의 없는 전통적인 강도 세계보다 더 복잡한 것은 물론이고, 지역 매춘과 도박 사업을 하던 양차 세계대전 사이 기간의 암흑가보다 더 복잡하다. 세계화의 영향을 받은 오늘날의 암흑가는 국제적인 규모를 갖추면서 협력은 물론 경쟁 대상의 범위까지 멀리 뻗어나갔다. 반면 유럽의 경찰력은 협력 수준이 미약하여 이러한 암흑가에 대처할 여력이 없는 실정이다.

조직범죄는 전문 범죄자들 사이에 치명적인 갈등을 불러일으키면서 살인의 성격에 영향을 미친다. 전체 살인 중 조직범죄의 존재는 전국의 총 비율에 중점을 둔 연구에서는 묻혀버리기 쉽다. 범죄 관련 살인을 연구하는 학자들은 이를 넓은 기준에서 정의 내린다. 즉 가해자와 피해자가 모두 범죄 행각에 관여하고 살인 역시 이와 관련이 있는 것으로 규정한다. 하지만 이런 살인이라고 해서 대중이 흔히 짐작하는 계획적인 경쟁자 제거나 배신자 처벌만 있는 것은 아니다. 1990년대 중반의 네덜란드를 살펴본 결과, 이런 냉혹한 폭력에 따른 살인 사건은 그리 많지 않았다. 여기서도 명예와 복수가 가장 핵심적인 요인이었다. 게다가 더 중요한 점은 조직범죄가 점점 더 국제적인 성격을 띠게 되면서 가해자가 잘 알지도 못하고 믿을 수도 없는 이들과 거래를 해야 했다는 것이다. 조사자는 방법론적인 문제를 언급하면서 경찰이 특정한 살인을 제거인지 아닌지 분류하는 과정이 비교적 불투명하다고 강조한다.[24] 여기서 우리는 이 연구가 이미 발각된 용의자에 대한 기록을 바탕으로 한다는 사실을 염두에 두어야 한다. 노련한 범인이 아무런 흔적도 남기지 않고 저지른 범죄 관련 살인이라면 실제로는 계획적이고 이성적인 살인일 가능성이 높기 때문이다.

살해자/피해자 관계 연구는 당사자에 대한 정보가 일부나마 있는 서류를 바탕으로 하기 때문에 범죄 관련 살인 사건의 비율이 실제보다 낮게 나타날 수 있다. 사회학자 로랑 무치엘리Laurent Mucchielli는 1990년대 프랑스의 살인 사건을 대상으로 수사가 종결된 사건과 미결된 사건을 비교해본 결과, 미결 사건 역시 종결 사건과 마찬가지로 네 가지 범주 중 하나에 해당한다는 사실을 알아냈다. 이 중 세 범주에 해당하는 사건의 수사 종결 비율은 75에서 96퍼센트에 이르렀는 데 반해 범죄 관련 살인 사건의 수사 종결 비율은 43퍼센트에 불과했다.[25] 앞서 언급한 네덜란드 연구에서는 범죄 관련 살인 사건의 비율이 16퍼센트에 달했는데, 그중 3분의 1에 가까운 사건이 암스테르담이나 그 근처에서 벌어진 것이었다.[26] 또 다른 연구에서는 1992년에서 2001년 사이 네덜란드의 살인 사건 자료를 바탕으로 종결된 사건의 경우에만 살해자/피해자의 관계를 가려냈다. 그 결과 종결된 범죄 관련 살인은 278건이었고 미결된 살인 사건은 총합하여 510건이었다.[27] 여기에 무치엘리의 연구 결과를 미루어 짐작하여 미결된 510건의 살인 사건 중에 범죄 관련 사건 278건이 포함된다고 가정하면 범죄 관련 살인 사건의 비율은 21.8퍼센트가 된다. 아일랜드에 대한 이안 오도넬의 조사 결과는 더 높이 나타나서 2000년대 초반 '암흑가의 복수극'이 총 살인율의 3분의 1을 차지했다. 하지만 이러한 현상은 1970년대와 1980년대에만 하더라도 그리 중요치 않았다. 암흑가의 범죄란 마약 분쟁 관련 사건을 가리키며, 여기에는 유괴에서 고문, 이후 술집 같은 공공장소에서 머리에 총을 쏘거나 피해자의 집을 급습하는 일이 모두 포함된다.[28]

충분한 증거를 바탕으로 우리는 1970년 이후 살인율이 증가하게 된 또 다른 중요한 원인 한 가지가 조직범죄와 마약 밀매의 확산이라고 추정할 수 있다. 1990년대에는 불법 시장 매매의 금지, 마약과 조직범죄와의 '전쟁'이, 관련된 이들 사이에 격렬한 폭력 경쟁을 촉발시켰다.[29]

▌현대의 불안

1993년 2월 12일, 영국 리버풀에서 열 살짜리 소년 둘이 세 살 난 제이미 벌거를 유괴한 뒤 살해한 사건이 벌어졌다. 타블로이드 신문과 텔레비전은 이 사건을 속보로 보도하고 해외 언론도 기다렸다는 듯 사건 소식을 알렸다. 충격과 슬픔에 잠긴 사람들은 험악해진 세상을 개탄하며 가해자들에게 엄벌을 내릴 것을 요구했다. 어린 살해자들은 각각 징역 8년형을 선고받고 2001년 6월에 모범수로 석방됐다. 그들은 마피아 재판의 증인이 그러하듯이 석방 후 대중의 보복을 피하기 위해 새로운 신분을 부여받았다. 클라이브 엠슬리는 이 사건을 1850년대와 1860년대에 일어난 두 가지 비슷한 사건과 비교하면서 이 두 사건은 당시 지역 뉴스에만 보도됐고 가해자들에게 훨씬 가벼운 형이 내려졌는데도 항의가 없었다고 지적했다.[30] 1996년 8월 15일, 벨기에 국민들은 각각 12살과 14살인 두 소녀가 연쇄살인범 마크 뒤트루의 지하 감옥에서 무사히 풀려났다는 소식에 기뻐했다. 최소한 다섯 명이 뒤트루의 손에 목숨을 잃은 뒤였다. 대중은 부실 수사에 격렬히 항의했고, 그해 10월 브뤼셀에서 30만 명의 사람들이 '백색 행진 white march'을 벌였다.[31] 같은 해 8월 16일, 새벽까지 술 마시고 춤을 추던 네 친구가 암스테르담 중심부에 있는 한 간이식당에서 재미 삼아 다른 손님을 폭행하고는 그를 뒤쫓았다. 26세의 조스 클로펜버그가 "카펜 나우 kappen nou(그만해요)"라고 말하자 네 친구가 곧장 그에게 다가갔다. 그중 한 명이 그를 두들겨 팼고 다음날 아침 조스는 사망했다. 이 사건으로 네덜란드 전역에서 '무분별한 폭력'에 반대하는 운동이 벌어졌다. 이후 조스의 아버지가 '카펜 나우'라는 재단을 설립했고, 매년 사건 당일이 되면 사건 현장에는 "도와주세요"라고 쓰인 표지가 세워졌다.[32]

여기에 있는 이 세 가지 사례는 1990년대 유럽에서 형성된 폭력에 대한 극심한 불안감이 사적인 살인에까지 확대된 모습을 보여준다. 치명적이지 않은 폭행에 대한 기소율 상승에서 나타난 폭력에 대한 민감성 증대 과정이 새롭고 아주 뚜렷하게 진행된 것이다. 폭력에 대한 민감성은 우선 남녀의 힘의 차이가 줄어들면서 여성 피해자를 중심으로 높아졌다. 또한 낙태에 초점을 맞추어 1970년에 시작된 여성운동은 1980년 이후 가정 폭력이나 강간을 당한 여성 피해자에 관심을 쏟았다. 비슷한 시기에 아동 폭력에 대한 민감성 역시 높아졌다.[33] 벌거 사건은 가해자도 아동이라는 점에서 예외적이라 할 수 있다. 1990년 이후 고개를 든 불안 심리는 남성 간의 충돌에 따른 살인 사건에, 특히 불필요하다고 여겨지는 사건에까지 확대됐다. 사적 살인 사건을 접한 사람들은 이에 대한 분노를 표출하면서 피해자를 기릴 필요를 절실히 느끼게 됐다. 대중은 터키나 남아시아 사회에서 벌어지는 성적 명예 관련 사건에도 큰 관심을 보였다.

이러한 현대의 불안은 유럽 각국에서 다양한 형태로 나타났으며, 1990년대에 어디에서나 급증했다.[34] 네덜란드와 벨기에의 주된 표적은 이른바 '무자비한 폭력'으로, 사소한 이유로 낯선 사람을 폭행하거나—가해자는 대부분 전통적인 명예심에 따라 자신의 명예가 실추됐다고 생각하여 행동했다—노상강도질 중 살인을 하는 등, 대중이 보기에는 보잘것없는 일로 아까운 목숨이 희생된 사건이었다. 이에 대한 반응으로는 사건 현장에 꽃을 내려놓거나 기념비를 세우는 것은 물론 침묵시위도 있었다. 독일과 영국에서는 특히 인종차별적인 살인 사건에 반대하는 소동이나 시위가 자주 일어났다. 프랑스 방리유에서는 피해자가 특히 경찰에게 살해됐을 경우 그를 기리는 일이 유행처럼 번졌다. 스위스 대중의 불안은 아동 성폭행에 집중됐다. 이처럼 폭력에 대한 민감성은 유럽 전역에서 높아졌지만 민감성이 나타나는 모습이나 강조되는 부분은 나라마다 천차만별이었으며 이는 언론 보도의 영향을 받았다. 각지의 추모 집단은 서로의 방법을 빌려다 쓰는 경향을 보였다. 가령 사건 피해자의 이름을 하나씩 거론하는 방법은 홀로코스트 피해자에 대한 추모식에서 처음 시작되어 에이즈를 비롯한 자연사에 대한 추모식으로 번져나갔다. 대중의 감정은 범행의 성격에 따라 미묘한 차이를 보인다. 성폭행의 경우 대중이 보복심을 품는 것이 주된 반응인

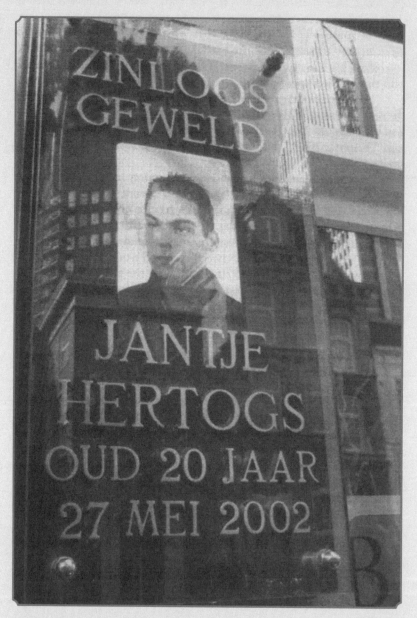

| 그림 7.2 | "무자비한 폭력"의 희생자 추모판. 네덜란드 헤이그. 사진: Pieter Spierenburg

반면, '무자비한' 살인 앞에서는 가해자에 대해 특정한 혐오감을 분출하지 않고서는 물러나지 않으려는 심리가 널리 퍼진다. 이혼 절차를 밟고 있거나 이혼 후에 살인 사건이 벌어져서 때로는 가해자의 자살로 끝이 나는 가족 내의 살인 사건에서는 보복심을 품는 반응을 찾아볼 수 없다. 이런 사건에서 피해자가 아이들일 경우에는 특히 그들에 대한 동정심이 지배적으로 나타난다. 마지막으로 인종차별적 살인에 대한 반응에는 언제나 정치적 함의가 포함된다.

이러한 정치적 함의는 2001년 9월 뉴욕의 9·11 사태로 불안의 표적이 바뀌면서 극대화됐다. 테러 위협에 대한 공포는 2004년에 마드리드, 2005년에 런던 폭발 사고에서 드러났듯 현실이 됐다. 테러 공격은 개인적인 살해와 달리 무작위적이었기에 누구든 희생자가 될 수 있었다. 반면 범죄 관련 살인 사건에 대한 대중의 태도는 무관심으로 바뀌었다. 사람들은 죄 없는 행인을 공격하지 않는 한 범죄자들이 서로 살해하는 일에 크게 신경 쓰지 않았다. 경찰조차 이런 사건은 용의자가 살해당해 수사를 종결할 수 있어서 기뻐하기도 했다. 그렇지만 정부 관리나 판사들은 이러한 살해를 국가의 폭력 독점을 거스르는 용납할 수 없는 행위로 받아들였다. 2007년 1월, 암스테르담 경찰서장 베르나르드 벨텐이 조직범죄와의 싸움이 성공적으로 진행돼 2006년의 살인율이 감소했다고 자랑스럽게 발표했다. 대중의 반응은 전형적으로 구성원 대다수가 폭력을 직접 경험해보지 않은 사회다웠다. 폭력을 낯설어하는 습성은 어쩌다 실제로 폭행을 당하게 된 사람들이 보이는 상대적 무기력함에서 잘 드러난다. 1998년에 폭행 사건의 피해자를 탐구·조사한 결과 피해자의 4분의 3이 당시 아무런 저항도 하지 않았다고 한다. 물론 저항하지 않았다고 해서 가해자의 폭력이 누그러지지는 않았다.

1990년대에 분출한 폭력에 대한 민감성은 문화적 변화라는 좀 더 넓은 맥락에서 놓고 볼 수 있다. 1979년에 프랑스 철학자 장 프랑수아 리오타르

Jean-Francois Lyotard는 "거대 담론의 종말"을 선언하면서 1980년대부터 가시화된 포스트모던 운동에 대한 프로그램을 제안했다. 사회학자 니코 빌터딩크Nico Wilterdink(2000)는 스스로를 포스트모던이라 칭하는 학계를 비난하면서, 포스트모더니즘을 20세기 말과 21세기 초의 문화를 특징짓는 표현으로 받아들였다. 포스트모던 문화의 표지로는 광고와도 빈번히 결합하는 시각예술과 문학의 경계적 유동성, 패션과 여론의 급속한 변화, 정치적 이데올로기에 대한 믿음 감소, 개인의 정체성을 강조하는 사회운동—여성과 동성애자, 소수민족 운동—의 태동 등을 들 수 있다. 무엇보다 포스트모던 문화는 일반 규칙과 계층적 원리, 고정된 형태에 대한 절충주의와 상대주의로 특징지을 수 있다. 이를 설명하는 요인으로 빌터딩크는 여가의 상업화, 새로운 미디어의 등장, 개인주의화, 교회나 노동조합 등 조직의 영향력 감소 등을 들었다. 내 가설은 포스트모더니즘에 내재한 "뭐든지 괜찮다anything goes"라는 사고방식에는 절대적 확실성이라는 무의식적인 기저가 필요하다는 것이다. 여기서 절대적 확실성이란 개인의 안전과 위험의 부재에 대한 보편적인 기대를 나타낸다. 이러한 기대를 거스르는 것은 무엇이든 극심한 불안을 유발한다. 상대주의로 대변되는 포스트모던의 풍조 속에서, 폭력으로부터의 안전은 모든 이들이 동의한 얼마 안 되는 요구 사항이다.

오늘날 가정 폭력과 성폭력, 살인, 테러에 대한 우려가 높아졌다는 것은 유럽인 대다수가 탈문명화라는 거대한 파도에 휩쓸리지 않았다는 사실을 말한다. 이제 이 문제를 앞선 7세기 동안을 배경으로 하여 살펴보는 것으로 이 책을 마무리하겠다.

결론

지난 7세기 동안 살인의 이미지는 상당히 달라졌다. 이 시기의 초반 무렵, 사람들은 살인을 명예로운 방어나 복수 행위로 보았다. 오늘날 대중에게 살인은 불안을 초래하는 사건이 됐다. 중세 시대에는 모든 사회계층이, 그중에서도 상류층이 개인적인 폭력에 가담했지만 그 이후로 폭력은 혜택을 받지 못한 집단의 전유물이 됐다. 중간기에 점잖은 시민들은 일상에서 자기 자신을 방어해야 했음에도 칼싸움에 휘말리는 것을 꺼려했다. 이러한 사회적·문화적 변화에 따라 살인율은 매우 감소했다. 이후의 장기적인 감소는 최근에 살인율이 조금 증가하면서 상쇄되기도 했다. 이와 같은 양적인 추세는 앞서 설명했듯이 잘 알려져 있다. 살인의 질적 변화에 대한 체계적인 조사에서는 종합적인 틀 안에서 기본이 되는 수치를 파악했다.

살인의 성격이 서론에서 소개한 바 있는 폭력의 축을 따라 이동했는지는 확실하지 않다. 최근 살인율 중 중요한 일부는 범죄 거래와 연관돼 있는데 이러한 사건의 대다수는 계획적인 제거보다는 혼란스러운 반응에 따라 발생한 것이다. 따라서 범죄 관련 사건들이 증가했다고 해서 반드시 계획적 폭력이 두드러졌다고 보기는 어렵다. 반면 전체 폭행 사건에서 충동적인 경향은 점점 감소했다고 주장할 수 있다. 크게 볼 때 살인율이 어마어마하게 감소했다는 것은 그 의미가 무엇이든 공격적인 충동에 대한 유럽인의 평균 통제력이 높아졌다는 사실을 가리킨다. 질적 증거를 보아도 후대의 살인은 초기의 살인보다 충동성이 어느 정도 떨어진다는 사실을 알 수 있다. 특히 19세기 유럽 중심부의 노동자층 남성들은 서로 싸울 때 전과는 달리 상당한 통제력을 보였는데 당시 사람들이 칼 사용을 꺼렸다는 증거에서도 이를 알 수 있다. 의례적 폭력과 도구적 폭력의 균형에 어떠한 변화가 있었는지를 드러내는 증거 역시 미미하다. 최근 수십 년간 강도 사건 발생률이 크게 증가한 것을 보면 치명적이지 않은 폭행 사건 중에 도구적인 요소가 상당 부분을 차지한다는 사실을 알 수 있다. 그러나 현대 사회에서 벌어지는 살인 사건 중에는 분명 의례적 요소를 띤 것이 여전히 많다.

이러한 결론은 특히 남성 간의 싸움에 적용된다. 남성 간의 싸움이 줄어들기 시작하면서 다른 세 가지 가능성이 더 뚜렷해졌다. 동시에 친밀한 관계 간 살인 사건의 비율이 증가하기 시작했다. 친밀한 관계 간 사건의 총 발생 수는 낯선 사람이나 아는 사람 사이의 갈등과 마찬가지로 감소했지만, 그 감소량이 훨씬 더 미미하다. 그중에서도 아내 살인의 추세는 남성과 여성의 힘의 차이를 그대로 나타냈다. 18세기 이후로 과연 남편이 아내를 벌할 권리가 있는지 의문이 커지면서 체벌형 아내 살인은 크게 줄어들었다. 19세기 후반과 20세기 후반의 몇십 년 동안에는 여성을 상대로 한 폭력을 우려하는 목소리가 높아졌으며 20세기 후반에는 아동 폭력에 대한 우려도 높아졌다. 과도한 폭행이 수반되지 않는 살인 사건의 상황은 조금 다르다. 언제나 소수를 차지하는 독살은 시간이 지나도 전형적인 유형을 보이지 않는다. 영아 살해는 그래프상에서 n-커브를 그린다. 이에 대한 질적 증거를 보면 영아 살해가 혼외정사와 사생아 출산의 경제적 결과에 대한 도덕적 집착과 밀접하게 관련됐다는 사실을 확실히 알 수 있다.

이 모든 증거는 문명화 이론을 강력히 뒷받침하는 근거가 된다. 첫째로, 문명화 이론은 성별을 포함한 다양한 사회집단 사이의 권력 차이 감소를 포함하고 있다. 남녀 간 권력 균형의 변화는 살인 추세에 반영됐으며, 이 추세는 책에서 소개한 설명의 틀을 따른다. 특히 가정폭력의 성격은 위계적인 처벌에서 친밀한 영역 내의 감정적 충돌이라는 평등적인 유형으로 옮겨갔다. 게다가 각각의 시기에는 체벌형 살인이 더 빈번했다. 전체 살인 사건에서 차지하는 비율이 아닌 사건 발생수의 측면에서 그렇다는 것이다. 반면 친밀한 사이에서의 갈등형 살인의 절대 빈도는 18세기 이후에 증가했다. 이러한 증가 추세가 지난 100년 동안의 문명화 궤도와 어떻게 연결되는지는 분명치 않다. 가령 갈등형 살인의 빈도는 현대 사회에서 이혼율이 증가하기 바로 직전이나 증가 중에 모두 높게 나타났다. 여성과 살인에 관한 증거 역시 문명화 이론의 또 하나의 중요한 주장을 확실히 증명해 보인다. 즉 감정통제 수준이 비교적 낮은 사회에서도 인간의 행동은 많은 부분 학습에 따라 달라진다는 것이다. 중세 시대의 여성들은 남성을 자극하여 복수를 부추기는 식으로 아직 폭력을 행사할 여지가 어느 정도 남아 있었다. 그러나 차츰 성역할을 학습하게 되면서 거의 모든 여성이 살인과 거리가 먼 삶을 살게 됐다.

남성 간 싸움의 증거와 문명화 이론은 맞춘 듯 맞아떨어지기 때문에 다른 설명이 필요가 없다. 살인의 장기적인 양적 감소는 유럽 국가 체계의 확산과 도시화, 경제적 분화와 시기를 같이한다. 이러한 사회적 변화가 일어나던 초기 단계에 수적인 공평함이라는 규정이 없었던 복수극은 양식화된 결투로 대체됐다. 비슷한 시기에 살인의 불법화가 결정적인 국면에 다다랐다. 근대 초기 유럽의 군주국과 공화국 체제 안에서는 내부의 온순화가 진전을 보였다. 이에 수반하여 1800년 이후에 살인율이 급격히 떨어지고 명예의 내면화도 원활히 진행됐다. 복수극이나 칼싸움이 오랜 기간 동안 만연하고 살인율이 계속해서 높은 수준에 머무른 지역은 경제 수준이 낙후되어 국가기관이 침투할 여지가 적은 지역이었다. 영국은 정도가 덜했지만 유럽 중심 지역에서는 제1차 세계대전까지 결투가 계속되면서 상류층의 온순화와 명예의 내면화라는 흐름을 거스르는 예외적인 모습을 보였다. 그럼에도 후대의 결투는 선대의 결투보다 덜 치명적이었다. 살인율이 최저점에 이른 1950년대와 1960년대에는 경제적 번영과 내부의 온순화가 찾아왔으며, 동시에 철의 장막 한쪽 편이 붕괴되었다.

최근에 살인율이 증가하는 현상은 문명화 이론을 거스르고 있지만 증거를 더 자세히 살펴보면 이 이론을 수정할 필요가 있어 보인다. 최근 민족국가와 국가 내부의 폭력 독점 현상은 한편에서는 세계화의 압력에, 다른 한편에서는 새로워진 지역주의의 압력에 밀리고 있다. 이민과 조직범죄가 세계 각지의 대도시 중심부를 연결하며 국가적인 차원을 넘어서고 있다. 이러한 상황은 민족국가가 통합되기 전인 16세기 말과 17세기 초의 불확실한 상황과 비슷하다. 이와 같은 과도기에 봉건국가는 기존의 권력과 영향력을 이미 상당수 내놓았지만 부상하던 민족국가가 그 빈자리를 아직 완벽히 대체하지 못하는 상황이었다. 그 결과 사적인 살인이 아닌 사설 군대와 내전의 가능성이 증가했다. 오늘날에는 민족국가가 상대적으로 취약해지면서 폭력 행위가 파고들 틈이 생겨났다. 한편으로 이러한 틈새를 폭력 조직이 장악하고 있고, 또 한편으로 이러한 틈새는 비교적 평화가 정착하지 않은 동네를 포함하고 있다. 그 결과로 살인율이 증가하고 있다. 미래에 유럽연합이 개입할지도 모르지만, 이 전개 과정에서 필연적인 것은 아무것도 없다. 어떻게 진행되든 유럽 사회는 완전히 역행하는 것이 아니라 전환기를 지나고 있는 것이다. 탈문명화의 시대가 온다는 것은 부적절한 주장이다.

무엇보다 이러한 주장은 폭력에 대한 현대 사회의 불안과 모순된다. 폭력에 대한 불안은 또 다른 오래된 패턴, 즉 살인에 대한 공포의 정도와 실제 발생한 살인 사건 수의 반비례 상관관계가 붕괴됨을 암시한다. 살인율이 높던 중세 시대에는 사람들이 살인을 두려워하지 않았다. 이후 19세기에 접어들어 살인율이 감소하자 살인에 대한 공포가 증가했다. 그러나 20세기에 들어선 뒤로 둘의 음의 상관관계가 모호해지기 시작했다. 1950년대와 1960년대 폭력이 최저점을 기록하던 때에는 다른 사회적 문제에 대한 우려가 지배적이었는데 1970년 이후 살인율이 다시 증가하면서 폭력에 대한 민감성도 함께 증가했다. 1990년대에 급격히 진행된 이러한 변화는 문명화 추세가 상당 부분 계속되고 있다는 사실을 암시한다. 이 현상을 이끈 주된 원동력은 국가 형성이 아니라 기능적 민주화였다. 사회집단 사이에 권력의 차이가 줄어들면서 행동의 격식이 점차 사라졌지만 그와 함께 우월감을 드러내서는 안 된다는 새로운 금기가 만들어졌다. 비격식화는 폭력의 소폭 증가에 어느 정도 기여했다고 할 수 있는 반면 우월감에 대한 새로운 금기는 살인에 대한 현대의 불안과 함께 등장했다. 이들의 관계를 명확하게 하기 위해서는 살인이라는 주제를 넘어서는 연구가 필요하다.

전통적인 남성의 명예는 험악해지고 있는 현대 유럽 도시의 일부 고립지역에서 부분적으로 부활했다. 이곳의 남성들이 스스로를 보호하기 위해 자신의 힘에 점차 의지하게 되는 모습에서, 명예가 신체와 결부된다는 가정이 다시 한 번 확인된다. 전통적인 남성의 명예가 부활한 것은 단순히 비유럽 출신 이민자들이 명예를 새로 가져왔기 때문이 아니다. 이는 명예가 외래문화에 속해 있다고 보는 사람들, 현지 문화에 맞게 적응하는 것이 변화의 유일한 길이라고 생각하는 사람들의 믿음이다. 그렇지만 한때는 신체와 결부된 명예가 유럽 문화의 일부였다. 이후 명예는 유럽 사회가 변화함에 따라 유럽 안에서 내면화했다. 비슷한 맥락에서 명예의 내면화는 이민

자 집단의 문화에도 뿌리를 내리고 있을지 모른다. 그러나 필연적인 변화
는 어디에도 없다. 미래의 명예와 폭력, 살인이 어떤 모습일지는 그 누구도
알 수 없다.

■ 주

서론

1 Maitland, cited in Stern 1956:29.

2 Body-Gendrot와 Spierenburg 2008의 기고문 참조.

3 표 0.1의 그래프는 각 세기의 중간 년도를 기준점으로 삼았다. 1350년이 14세기를 나타내는 식이다. 중세부터 16세기까지 살인율이 감소하는 시기가 1450년부터 시작하는 것도 그 때문이다. 이 그래프는 2000년을 또 다른 기준점으로 삼아 끝난다.

4 방법론에 대한 더 상세한 설명을 원한다면 Spierenburg 1996: 67~76 참조.

5 이 과정에 대해서는 Cooney 1997 참조.

6 Monkkonen 2006; Spirenburg 2006a.

7 Esp. Elias 1696. 이 이론을 폭력에 적용한 논의는 Flethcher 1997 참조.

8 이에 대한 광범위한 논의를 원한다면 Spirenburg 1999: 112~15 참조.

9 Bourdieu 1972 and 1980.

10 Blok 2001: 173~209 수정판.

11 Foyster 1999a: 111(부정확한 해석 포함).

12 Brown (Keith) 1986: 28~30.

13 Jones 1959: 190~2.

14 자세한 논의는 Spirenburg 1998a: 4~7.

15 Barton 2001: 281~2.

16 일부 증거는 엘리아스의 이론을 의심하는 저자들이 제공한 것이다. 필요한 경우 외에는 그들의 비판에 반박하지 않겠다.

1장 로미오 몬테규의 살인: 중세 유럽의 부질없는 목숨

1 『로미오와 줄리엣』과 관련한 인용문은 모두 Project Gutenberg에서 참조. www.gutenberg. net/dirst/etext98/2ws1610.txt (August 26, 2004).

2 프리울리의 피의 복수에 대해 논하면서 Muir(1993:xxviii)는 지나가는 말로 『로미오와 줄리엣』을 언급했다. 셰익스피어 작품의 원본(이에 대해서는 아래 참조)에 대해 Muir는 da Porto를 참조했을 뿐, Masuccio의 원전은 언급하지 않았다.

3 da Porto와 그의 작품에 대해서는 Clough 1993 참조.

4 "Vieni a veder Montecchi e Cappelletti,/ Monaldi e Filippeschi, uom sanza cura: color già tristi, e questi con sospetti!" – Alighieri 1980: 74 (Purgatorio, canto VI, lines 10608). 편집자는 이름을 언급한 네 집단 모두 정쟁에 연루된 당파라고 설명한다. 몬테키가는 베로나의 기벨린당이었고 카펠레티(또는 카풀레티)가는 베로나가 아닌 크레모나의 겔프당이었다고 한다.

5 Selernitano 1975: 270~7 (novella XXXIII). 초안에서는 가노자가 마리오토의 시신 앞에서 목숨을 끊었다고 나왔지만 소설에서는 가노자의 부모님이 그녀를 수녀원에 가둔 것으로 나왔다. 이는 마수치오가 자신의 원고를 수정할 기회가 없었으며 원고가 그의 사후에 출판되었기 때문이다. 이에 대해 Salvatore Nigro(p. xi)의 서론을 찾아보라. 각 장의 기원은 더 멀리까지 뻗어 올라간다. Cf. Clough 1993.

6 "La vendetta marque vraiment toute la vie médiévale, plus particulièrement dans les villes et ceci jusq' au XVe siecle au moins" – Heers 1974: 116. 이 장을 비롯해 다음 장들에서 '복수극(feud)'과 '피의 복수(vendetta)'라는 단어는 구분 없이 썼다.

7 Bowsky 1967:4 (quote), 14.

8 Given 1977: 5~6, 10~11, 36, 69~79. Warwick의 인구 수치에 대한 Given의 오자를 감안했다.

9 Hanawalt 1976: 300~2. 이 수치는 Hanawalt가 제공한 인구 추정치(42,500)를 바탕으로 했다. 그녀는 또한 1300년에서 1420년 사이의 70년간 노샘프턴셔의 살인율이 575건(즉 1년에 8.2건)이라고 했지만 인구 수치는 알리지 않았다.

10 Hanawalt 1979: 272.

11 Hammer 1978: 11, 16. 110건은 Hammer가 1342년에서 1348년, 1342년에서 1346년에 대한 살인율을 각각 120/130과 90/100라고 내린 값을 평균한 것이다. Hammer의 추산에 대한 평석은 Dean 2001: 113~14를 참조하라.

12 Becker 1976: 287. 이는 1352~5년의 152건과 1380~3년의 68건을 평균한 값이다.

13 Spierenburg 1996: 66 (프라이부르크), 79~80 (위트레히트, 암스테르담).

14 Schüssler 1994: 166~70. Schüssler가 각 시기 당 제공한 부분적인 수치에 대해 평균을 내린 것이다. 크라코프에 대한 값은 Shüssler(1998: 216)가 산출한 것이다.

15 Österberg in Johnson and Monkkonen 1996:44. 여기에 나온 모든 시기에 대한 수치를 바탕으로 평균을 내렸다.

16 레겐스부르크 자료는 Kolmer 1997: 276(Kolmer는 Wundungen(상처) 602건, Lahmungen(마비) 73건, Hausfriedensbruche(가정 소동) 37건으로 측정했다. 필자는 이 중 앞의 두 가지를 신체적 상해로 취합했고 인구 수치는 1988년에 Bairoch 등이 1300년에 대해 언급한 바에 따라 1만 1000명으로 산정했다. 상해 책자의 정확한 시기는 Schüssler 1994, note 68에 상세히 나와 있다)를 참조하라. 크라코프 자료에 관해서는 Schüssler 1998: 225를 참조하라.

17 Wernicke 2000: 390.

18 Vrolijk 2001: 132~3을 토대로 하여 필자가 추산한 것이다 첫 번째 기간에 대해 Vrolijk은 총 사면 신청서에 대한 좀 더 정확한 자료를 제공했는데 그것이 필자의 자료와 실질적으로 동일했다. 따라서 연이은 두 시기에 대한 필자의 자료 역시 타당하리라 생각한다. 인구 추정치는 de Vries and van der Woude 1995: 74, 80을 토대로 했다. 구체적인 자료 역시 이들에게서 구할 수 있을 것이다.

19 (후기) 중세 도시에 대한 아래의 풍경은 따로 언급하지 않는 한 Nicholas 1997과 Heers 1990을 참조했다.

20 Cohn 2002 참조.

21 Given 1977: 69~79.

22 Kolmer 1997: 272~3.

23 Ruggiero 1980: 67. 수녀들도 강간의 희생자였다: Chojnacki, in Martines 1972: 199~200.

24 Schuster 2000a: 135~8; 2000b: 365.

25 Brucker, in Martines 1972: 165.

26 Nicolas (1997: 312) 는 일반적인 유형이라고 했지만 사례는 거의 들지 않았다.

27 Wielant, quoted in Vrolijk 2001: 207

28 Dean 2001: 31.

29 Bellamy 1973: 2; Hanawalt 1979: 273.

30 Dean 2001: 38~9.

31 Ruggiero 1980: 74, 99; Nicholas 1997: 313.

32 Elias 1976 (orig. English edn. 1965).

33 Zorzi 1995: 110~11.

34 Larner 1980: 64~5

35 Dean 1997: 19~20

36 Glaudemans 2004: 104.

37 Heers 1864: 190~203 and 1990: 274~97.

38 Covini, in Nubola and Würgler 2002: 139

39 Ruggiero 1980: 112, 150(하층민 복수극), 72~3, 175~6(청부 살인; 처음 이 사건이 논의될 때 살인자의 직업은 목수로 밝혀졌으나 두 번째 논의될 때는 선원으로 밝혀졌다).

40 Brucker 1983: 117.

41 Smail 2003. pp. 167과 168의 사례. Smail은 첫 번째 사례의 결과에 대해 언급하지 않았다.

42 Bauvard 1991: vol. II: 737, 756, 772~9.

43 Glaudemans 2004: 116~18.

44 de Waardt 1996: 20~1.

45 Vrolijk 2001: 424.

46 Dean 2001: 104.

47 Given 1977: 69~70.

48 Given 1977: 50~4, 80, 184.

49 처음 두 사건은 Payling 1998에서 논의되었다.

50 Bellamy 1973: 55~7.

51 Schüssler 1994: 176~9.

52 Boomgaard 1992: 92~3.

53 Cohen (Esther) 1996: 62.

54 Given 1977: 40~1.

55 Zorzi 1995: 120.

56 Dean 2001: 98.

57 자세한 내용은 Kuehn 1991: 129~42 참조.

58 Algazi 1996.

59 Blockmans, in Marsilje et al. 1990: 15~17.

60 Glaudemans 2004: 38.

61 Muir 1993: 220~1. 1511년의 사건에 대해서는 Bianco, in Dean and Lowe 1994: 249~73 역시 참조.

62 Bowsky 1981: 288~90; Kempers 1987: 165~72.

63 Nicholas 1970: 1153.

64 Pohl 1999: 241, 251

65 Zorzi 1995: 115~16.

66 Dean 1997: 8~9.

67 Larner 1980: 123; Zorzi 1995: 117~19.

68 Larner, in Martines 1972: 68~9.

69 Bowsky 1981: 123~7 (인용 123).

70 Dean 2001: 107.

71 Heers 1974: 119~20.

72 이 복수극은 Blockmans 1987에 매우 상세히 나와 있다.

73 Glaudemans 2004: 138~48.

74 Hoppenbrouwers 1992: 201~5.

75 van Herwaarden 1978: 61~2.

77 Rogge, in Schreiner and Schwerhoff 1995: 110~43; several contributions to Marsilje et al. 1990.

78 겐트 지방의 아르테벨트 가문에 관한 모든 정보는 Nicholas 1988를 참조했다.

79 Glaudemans 2004: 127~9, 106~7.

80 Hanawalt 1979: 172.

81 Burghartz 1990: 127, 147.

82 Gauvard 1991: vol. II: 719~34. 네덜란드의 모욕에 관한 목록은 Glaudemans 2004: 356~8 참조.

83 Schuster 2000a: 102~4. Quote on p. 104: "Das Ehrgefühl sowie die Neigung zum Ehrenhündel nahm mit dem Grad agressiver Enthemmung zu."

84 Given 1977: 135. (135)

85 Hanawalt 1976: 306.

86 Cohn 1996: 표(pp. 26~7)와 상세한 설명(pp. 32~3)에서 재추산했다.

87 Gauvard 1991: vol. I: 307~8. 표에는 97퍼센트로 나와 있지만 지문에는 97과 79퍼센트로 나와 있다. Gauvard의 자료는 사면신청서 3752건을 토대로 했는데 그중 절반 이상이 1364년

에서 1498년 사이에 살인 판결을 받은 것이었다.

88 Paresys 1998: 17.

89 Häberlein 1998: 148~51.

90 Given 1977: 189; Hanawalt 1976: 310, 319.

91 Burghartz 1990: 146.

92 Schüssler 1998: 310.

93 Cohen (Esther) 1996: 61.

94 Dean in Dean and Lowe 1994: 35.

95 Glaudemans 2004: 113, 341~3.

96 Nicholas 1997: 304~5.

97 McIntosh 1998: 7408.

98 Langbein 1974: 92.

99 Gauvard 1991: vol. II: 737; Potter 1997: 288; Cohen (Esther) 1996: 64.

100 Vrolijk 2001: 189.

101 e.g. Bellamy 1983: 106 (인용); Hammer 1987: 20; Hanawalt 1979: 171 참조.

102 Nicholas 1997: 312~13.

103 더 자세한 논의는 Spierenburg 2001에.

104 Smail 2003: 93.

105 Ruggiero 1980: 74. 앞서 언급한 보를루트와 드브륀의 대결에서 봤다시피 그렇다고 엘리트 층이 동등한 상대를 따귀로 경멸하지 않았던 것은 아니다. 16세기 피카르디의 귀족들은 간혹 평민을 살해하는 일도 있었지만 대부분은 이들과 싸우려 들지 않았다: Paresys 1998: 105~8.

106 Smail 2003: 176.

107 Barker 1986; Given 1977: 80~1; van den Neste 1996; Vale 2000.

108 Guttmann 1986: 35~46.

109 Watanabe-O'Kelly 1990 and 1992.

110 Mehl 1990: 68~75; Muchembled 1989: 297~9.

111 Bowsky 1981: 118~19.

112 Gauvard 1991: vol. II: 737.

113 Spierenburg 1996: 69~70; Jansson 1998: 10.

114 Groebner 2003: 118.

115 Pohl 1999: 239~40.

116 Bellamy 1973: 54~5; Payling 1998 (두 사례 중 두 번째 사건이 언급되어 있다.)

117 Schumitt 1976, 포괄적인 내용은 Murray 1998 and 2000에.

118 Murray 1998: 356~62.

119 Given 1977: 106~7.

120 Hanawalt 1976: 313, 320.

121 Hanawalt 1979: 171, 272.

122 Maddern 1992: 20.

123 Bellamy 1973: 86~8.

124 Gyger 1998: 120~31.

125 Geremek 1976: 168~73.

126 Gonthier 1992: 120.

127 Rexroth 1999 (런던); Geremek 1976 (파리).

128 Cohen (Esther) 1996: 49~50.

129 Cohen (Esther) 1996: 73; Gauvard 1991: vol. I: 332~9; Spierenburg 1998b: 295~300.

130 Nirenberg 1996, esp. chs. 6 and 7.

131 Graus 1987; Gonthier 1992: 58.

132 Brucker 1983: 116.

133 Cohn 2002: 705.

134 Gauvard 1991: vol. II: 785~8.

135 Smail 2003: 16~17.

2장 화해의 키스: 묵인부터 불법화까지

1 Petkov 2002: 221~4.

2 Bloch 1965: 228; le Goff 1980: 239~48; Petkov 2003: 12~18.

3 이러한 어원의 변화는 대체로 우연적으로 일어난다(그와 관련한 정보는 Marlies Philippa를 참조했다. 또한 Philippa 2004: 47~9도 참조하라).

4 Edgerton 1992; Cooney 1998: 49~52.

5 Bloch 1965: 129~30.

6 Petkov 2003: 62 (갈리시아), 85~6 (피렌체), 96~9 (기타 이탈리아 도시).

7 Muir 2005: 115~16.

8 화해 의식에 대한 서술은 따로 언급이 없는 한 van Herwaarden 1978 (chapters 2 and 3), de Waardt 1996 (해석 풍부), Glaudemans 2004 (chapter 9)를 참조했다.

9 Ylikangas et al. 1998: 31.

10 Nicholas 1970: 1144~8.

11 Petkov 2003: 113.

12 van Herwaarden 1978: 655.

13 Petkov 2003: 120~3.

14 Glaudemans 2004: 365~6 (apprendix 8).

15 van Herwaarden 1978: 67.

16 Barraqué 1988: 50; Rousseaux 1993L 73; Dean, in Dean and Lowe 1994: 36~8; Niccoli 1999: 235~6; Nubola and Würgler 2002: 55~6.

17 www.mfa.org/collections. search accession number 15.1145.

18 Green 1985: 58.

19 e.g. Burghartz 1990: 152; Smail 2003: 174~5; Glaudemands 2004: 271~3 참조.

20 Dinges and Sack 2000: contributions by Schuster (pp. 67~84) and Schwerhoff (pp. 139~56); Groebner 2003: 36.

21 Gauvard 1999: 6~14, 23~4.

22 Bowsky 1967: 12~13; 1981: 123~7; Pazzaglini 1979: 93~5.

23 Smail 2003: 8~9, 185.

24 Glaudemans 2004: 93~112, 174~5.

25 Green 1985: 30~59, 65~9.

26 Heers 1974: 117.

27 Glaudemans 2004: 79~92 (인용 p. 87).

28 van Herwaarden 1978: 64~86; Glaudemans 2004: 209~24.

29 Schuster 2000a: 149.

30 Pohl 1999.

31 de Waardt 1996: 22~5.

32 Petkov 2003: 33~4.

33 van Herwaarden 1978: 72; Hoppenbrouwers 1992: 208~9; de Waardt 1996: 27,

31~2; Glaudemans 2004: 275~8.

34 Bellamy 1973: 106~15; Dean 2001: 111; Glaudemans 2004: 187~96, 206.

35 Hurnard 1997: 36, 171~93.

36 Green 1985: 69~76.

37 Kesselring 2003: 3 (인용), 95~116 (살인), passim.

38 Davis (Natalie) 1987: 141~2

39 Paresys 1998: 15.

40 de Waardt 1996: 22~4.

41 Vrolijk 2001: 27, 35~6, 307~40, 444~61.

42 Muchembled 1989: 20.

43 Langbein 1974: 169~72 (인용 p. 171). Langbein의 색인에는 살인과 관련해 언급한 구절을 제외하고는 화해나 범죄화에 대한 내용이 없다. 개인적 화해에 대한 항목도 존재하지 않는다.

44 Vrolijk 2001: 191~5.

45 Boomgaard 1992: 94~5.

46 Hollandts Placcaet-boeck 1645: vol. I: 262~3.

47 자세한 내용은 Spierenburg 2006b 참조.

48 Nübola and Wurgler 2002: 56 (note 77).

49 Laven in Dean and Lowe 1994: 222~3.

50 Carroll 2003: 106 and passim

51 Lück, in Rudolph and Schnabel-Schüle 2003: 283~5.

52 Schnabel-Schüle 1997: 247~8; Pohl, in Rudoph and Schnabel-Schüle 2003: 245~8.

53 Wittke 2002: 62~73, 103~10, 119~32, 141~2, 148~51, 197.

54 Stein-Wilkeshuis 1991: 20~3.

55 Ylikangas et al. 1998: 30~58, 151~9.

56 자세한 내용은 Spierenburg 1998b: 315~20 참조.

3장 검과 칼, 막대: 남성 간 싸움의 사회적 분화

1 R.A. 354, fos. 25vs, 64vs, 67. (여기와 이후 3장에서 5장까지 R.A.로 언급된 모든 자료는 Stadsarchief[city archive] Amsterdam, archive no. 5061 (oud-rechterlijk archief)를 나타낸다. 그 뒤에 나오는 것은 목록 번호와 서지 번호다.)

2 Carroll 2003.

3 Davis (Natalie) 1987; Muchembled 1989; Paresys 1998; Vrolijk 2001: 66~79.

4 Cellini 1982: 61~2; Rossi, in Dean and Lowe 1994: 181~3.

5 Weinstein 2000; Blastenbrei 1995: 79~83; Cohen and Cohen 1993: first case; Ferraro 1993: 147~8; Stone 1965: 225~6; Greenshields 1994: 73, 87.

6 Raggio 1991; Torre 1994; Graziani 1997: 146~74; Serpentini 2003.

7 Brown (Keith) 1986: 23~4.

8 James 1978 (인용 p. 1).

9 Fehr 1908: 25~6.

10 Mohrmann 1977: 271~7.

11 Cohen (Elizabeth) 1992.

12 Cohen (Thomas) 1992; Cohen and Cohen 1993. Strocchia 1998 역시 참조.

13 Spierenburg 2006b: 16~18 (인용 p. 18).

14 Mols 1979: 380.

15 Greenshields 1994: 144~9.

16 Blastenbrei 1995: 71. 여기에서의 그래프와 표를 바탕으로 수치를 추산했다.

17 Österberg in Johnson and Monkkonen 1996: 44. Jansson (1998: 16)의 1610년대 수치는 좀 더 높다.

18 Spierenburg 1996: 80~1.

19 Schwerhoff 1991: 282~4.

20 Wittke (2002: 29~32, 77~78)에서는 이 시기에 총 살인율을 193건으로 추정했다. Reekers (1956)을 바탕으로 하여 필자는 인구를 9만 명으로 추정했다.

21 Greenshields (1994: 68, 120)에 따르면 이 시기에 대한 연평균 살인율은 5건 정도라고 한다. Grimmer 1983과 Poitrineau 1965의 자료를 바탕으로 필자는 오트 오베르뉴의 인구를 3만 3000명으로 추정했다.

22 Cockburn 1991: 76~9.

23 Blastenbrei 1995: 56~68; Blastenbrei, in Dinges and Sack 2000: 127. 필자의 추산 (구체적인 자료는 앞의 저자 기록 참조). Spierenburg 2006a: 105에 언급된 "연간 비율"은 부정확하다. 이를 "월간 비율"로 수정한다.

24 Tlusty 2001: 88.

25 Quoted in Peltonen 2003: 3.

26 Fuchs 1999: 220~4; Shepard 2003: 141.

27 Muir 1993: 252~64. 한편 Carroll (2003: 75)은 16세기 후반의 프랑스에서는 결투가 복수극에 새로운 활기를 불어넣었다고 주장한다.

28 Brioist et al. 2002: 44~53.

29 Peltonen 2003: 61.

30 Kiernan 1988: 64, 73.

31 Hollandts Placcaet-boeck 1645: vol. II: 320~3; Kelly 1995; Frevert, in Spierenburg 1998a: 39~40; Peltonen 2003: 203.

32 Weinstein, in Dean and Lowe 1994: 213~20; Hughes, in Spierenburg 1998a: 65.

33 Raeymakers 2004: 92~8.

34 Peltonen 2003: 82~5.

35 Raeymakers 2004: 103~8.

36 Billacois 1986: 128, 134; Brioist et al. 2002: 199~200, 221~3. 프랑스의 명예 규범에 대해서는 Neuschel 1989 참조.

37 Stone 1965: 245; Peltonen 2003: 82.

38 Kelly 1995: 1~50.

39 Frevert, in Spierenburg 1998a: 40~7.

40 Schmidt 1986: 50~1.

41 Andrews 1994: 40~1.

42 R.A. 367, fos. 182, 229vs.

43 Chauchadis 1984.

44 Muir 1993: 260~1.

45 Andrew 1980; Peltonen 2003: 86~92; Brown (Keith) 1986: 184~207.

46 Billacois 1986: 212~18; Peltonen 2003: 109~10; Spierenburg 2006b: 13.

47 Raeymakers 2004: 53~4.

48 Billacois 1986: 148, 247, 295, 302~5, 348~9.

49 Quoted in Billacois 1986: 348.

50 Österberg and Sogner 2000: 83.

51 van Weel 1977; Spierenburg 2006b: 10~13, 24~5.

52 Frevert 1991: 32~3, 65.

53 Häberlein 1998.

54 Hanlon 1985: 247~51, 257.

55 Österberg and Sogner 2000: 76~7.

56 Cooney 1997; Eisner 2003: 115~18.

57 Brennan 1988: 36.

58 Farr 2003; Garnot 2004.

59 Hay, in Hay et al. 1975: 34.

60 Vrolijk 2001: 200.

61 Marci 1618: nr. 35.

62 R.A. 378, fos. 51, 52, 53vs, 100.

63 R.A. 336, fos. 129vs, 132vs, 138, 140vs; R.A. 596, fo. 177vs.

64 R.A. 336, fos. 145, 148, 151vs, 153, 155vs, 192; R.A. 596, fo. 216.

65 R.A. 347, fos. 49, 52, 54vs, 56, 57vs, 59, 66, 81vs, 116vs, 121vs, 122vs, 123, 144, 147.

66 R.A. 650f: March 11, 1721.

67 R.A. 381, fos. 236vs, 238 (1724년).

68 R.A. 338, fos. 149, 154vs, 202.

69 R.A. 326, fos. 162, 165, 195, 201, 219, 221vs.

70 R.A. 387, fos. 182vs, 185vs, 196vs (살해자); fos. 116, 125, 137vs, 173, 187, 242vs (his friend).

71 R.A. 374, fos. 203vs, 223vs, 227vs; R.A. 375, fo.20.

72 R.A. 385, fos. 29vs, 83 (툰); fos. 74vs, 85vs (여성) (1726년).

73 R.A. 399 (끝 문서, 체계적인 페이지 없음); R.A. 400, fo. 24 (1739년).

74 R.A. 392, fos. 21, 36, 40vs (1734년).

75 R.A. 329, fo. 218 (1685년).

76 R.A. 325, fos. 138vs, 140, 141, 143 (1680년).

77 R.A. 349, fos. 246, 250, 262vs, 264vs, 265vs, 273, 277vs, 278.

78 A[mpzing] 1633: nr. 10.

79 Petter 1674: 삽화 pp. 56~64. Joel Rosenthal 덕분에 칼이 어떻게 쥐어졌는지 처음으로 지각할 수 있었다.

80 R.A. 372, fos. 143vs, 147vs, 171.

81 R.A. 345, fos, 226, 227, 229vs, 257vs, 261vs; R.A. 346, fos. 24vs, 31vs, 36vs, 41vs, 119 (1696년).

82 Tlusty 2001: 110.

83 R.A. 321, fos. 209vs, 211vs: R.A. 322, fos. 5vs, 11vs.

84 Spierenburg 1984: 158~60, 231.

85 R.A. 363, fos. 92vs, 98, 131, 139vs, 151, 156, 171: R.A. 640f: April 13, 1717: R.A. 375, fos. 235vs, 239, 248, 248vs.

86 Shoemaker 2001: 199.

87 Faber 1983: 91~8.

88 Roodenburg 1990: 347~61.

89 Spierenburg 1990: 347~61.

90 R.A. 349, fos. 249, 261, 278.

91 R.A. 394, fos. 204vs, 220vs, 244vs, 247: R.A. 395, fo. 1.

92 R.A.343, fos. 117, 128vs, 131, 145vs (1696년).

93 R.A. 356, fos. 100, 102, 129vs (1706년).

94 R.A. 640e: November 10, 1705.

95 R.A. 348, fos. 48vs, 57vs, 70vs, 72vs, 209.

96 Petter 1674. 페터와 그의 책에 관해서는 Amstelodamum Maandblad 57 (1970): 7: 68 (1981): 8 참조.

97 R.A. 327, fos. 56, 59, 76vs, 80, 102, 102vs, 130vs (the son): fos. 74, 82, 85vs, 89vs, 102, 130vs (아버지).

98 Brennan 1988: 45~8, 61~3, 74~5: Dinges 1994: 213~15, 341~2.

99 McMahon 2004: 167.

100 Beattie 1986: 92~3: Foyster 1999a: 177~9: Shoemaker 2001: 195~6, 198.

101 Tlusty 2001: 127~33.

102 Jansson 1998: 114~20.

103 Kiernan 1988: 72: Mantecón (Tomas), "Long-term changes of ritualized interpersonal violence. The early modern Spanish *desafíos.*" Paper presented at the conference "Crime, Violence and the Modern State," Rethymon, Greece, March 2007.

104 Castan 1980a: 57~8, Hanlon 1985: 258: Farr 1988: 180: Greenshields 1994: 72.

105 Greenshields 1994: 83~5 (1626년).

106 Brennan 1988: 34~5: Tlusty 2002.

107 Dean, in Dean and Lowe 1994: 18: Vrolijk 2001: 181.

108 R.A. 640f: Dec. 23, 1718; r.a. 376, fos. 229vs, 235vs, 242vs.

109 Brennan 1988: 55l Dinges 1994: 324~5.

110 Lacour 2001: 650.

111 Shepard 2003: 145.

112 R.A. 354, fos. 39vs, 40, 40vs, 41, 41vs, 42, 49vs, 56, 56vs, 58, 70 (Jan); fos. 42vs, 54, 57vs, 69vs (Lodewijk) (year: 1704).

113 Sabean 1984: 144~73.

114 McMahon 2004: 187~8, 20~10; Greenshields 1994: 77~8; Lacour 2000: 112~64; 2001: 659~60 (두 자료의 전체 범주는 정확히 일치하지 않는다); Frank 1994: 247; Ylikangas et al. 1998: 88~94; Koskivirta, in Koskivirta and Forsström 2002: 141.

115 Dupont-Bouchat 1994: 15~17; Jansson 1998: 128~30.

116 Hanlon 1985: 256~7.

117 R.A. 316, fos. 63vs, 66, 67vs, 70vs, 75; R.A. 585, fo. 1.

118 R.A. 403, fos. 105, 113, 123, 124vs, 129, 139vs, 142vs, 146vs, 156vs (the killer); fos. 99, 130, 135vs, 259vs (청부업자) (1742년).

119 Gaskill 1998: 2000

120 Cockburn 1991: 80~1의 표2 참조. 기간과 일부 범주는 Spierenburg 2000: 184에서 재편성했다.

121 Watt 2001: 52.

122 Spierenburg 1996: 85.

123 Brioist et al. 2002: 340~9.

124 Cockburn 1991: 86~7.

125 R.A. 310, fos. 121vs, 124vs.

126 R.A. 346, fos. 33, 33vs, 35vs, 36, 38vs, 39, 39vs, 40, 54, 54vs, 55, 98, 98vs, 99, 99vs, 103vs, 104, 119 (우두머리); fos. 33vs, 34, 34vs, 35, 40, 40vs, 41, 41vs, 100, 100vs, 101, 101vs, 105, 105vs, 106, 119 (공범).

127 Brunet 2001: 146~62.

128 Davis (Robert) 1994.

129 자세한 내용은 Spierenburg 1999: 140~1.

130 Statt 1995.

131 R.A. 327, fos. 21vs, 22, 25, 25vs, 54.

132 Gemeente-Archief Amsterdam, Keurboek S, fo. 86vs; Handvesten 1748: 1049.

133 R.A. 376, fos. 111, 116vs.

134 R.A. 387, fos. 254vs, 259vs.

135 R.A. 640f, Dec. 15, 1720 and May 29, 1724; Keurboek S, fo. 131vs.

135 Eibach 1998: 374~5.

137 두 명이 재판을 받았지만 모두 혐의를 부인했다: R.A. 313, fos. 201vs, 210 and fos. 202, 206, 210, 210vs.

138 R.A. 510, pp. 120, 169, 410, 430, 435.

139 HObsbawm 1981 (orig. edn. 1969).

140 최근 연구 자료를 포함하여 재고한 바는 Blok 2001: 14~28.

141 Cobb 1970; Brown (Howard) 1997.

142 Winslow, in Hay et al. 1975: 119~66; Mantecón 2006b; Hufton 1974: 284~305.

143 Ruff 2001: 232.

144 Castan 1980b: 195; Sharpe 2004; Roeck 1993: 135~6.

145 Hufton 1974: 266~83; Sharpe 2004: 106~38; Küther 1976; Danker 1988; Lange 1994; Spicker-Beck 1995; Blok 1991; Egmond 1993 and in Johnson and Monkkonen 1996: 138~52.

146 Cameron 1981: 192; Cockburn 1991: 87.

147 1650~1700년: 강도 61건, 상해 62건에 교수형이 내려졌고 상해 780건(추정치)에 비공개 처벌이 가해졌다; 1701~1750년의 수치는 각각 77, 116, 220이었다. 필자가 수집한 자료에서는 비공개 처형에서 강도 사건이 빠져 있었다. 추산은 Spierenburg 1984를 바탕으로 했다.

148 R.A. 313, fos. 82~5, 89~90.

149 Spierenburg 1996: 82~3에서 변경했다. 일곱 시기(200, 200, 200, 205, 220, 220, 205 x 1000)에 대해서는 Nusteling 1997: 75~9의 최근 추정치를 바탕으로 새로운 인구통계를 사용했다. 이 시기 살인율의 연간 절대 평균은 일부와 전체의 중간값을 택했다.

150 Body-Gendrot and Spierenburg 2008에서 Lindström이 언급.

151 Watt 2001: 55~6 (from livres des morts)를 바탕으로. 인구통계는 Porret 1992: 473에서 참조.

152 Bairoch 1988: 39를 바탕으로 Henry 1994. Pop. of 182,000에서 추산.

153 Mantecón (Thomás), "Homicide and violence in early modern Spain." Paper presented at the CRIMPREV conference on violence, Rotterdam, January 2007.

154 Brioist et al. 2002: 331~7. Pop. from Bairoch 1988: 28. 사체검안서는 17세기 말 이후로 프랑스의 여러 관할지역에서 찾아볼 수 있다: Garnot 2000: 101~2. 한 연대기 학자 (Lebigre 1991: 99)는 1643년 파리의 살인 사건 발생수가 372건이라고 언급했고 그로부터 살인율이 93건이라 추산할 수 있지만 이는 신뢰성이 떨어진다.

155 Beattie 1986: 132~9; Shoemaker 1999 and 2001.

156 Farr 1988: 166, 187~91.

157 Mohrmann 1977: 239.

158 Burke 2000: 37.

159 Spierenburg 2006b: 15~16.

160 Shoemaker 2000.

161 Spierenburg 2004: 136~7.

162 "Diese Ehre setze ich keineswegs in das Urtheil anderer über meiner Handlungen … sondern in dasjenige, das ich selbst über sie fallen kann." Quoted in Jones (George) 1959: 154.

163 Shovlin 2000; Brioist et al. 2002: 379~413.

164 Österbert and Sogner 2000: 84; Kaspersson, in Godfrey et al. 2003: 78~9.

165 Billacois, in Garnot 1996: 251~6; Peltonen 2003: 135~8, 207~12.

166 Kelly 1995: passim.

167 Brioist et al. 2002: 245~6, 323.

168 Peltonen 2003: 210, 223~62.

169 Porret 1992: 163~77.

170 R.A. 429, pp. 79, 111, 156, 233.

171 관련된 예는 Fishman 1982 참조.

172 Foyster 1999b.

4장 여성의 살인과 폭력

1 Archives d'Etat de Geneve, PC, nr. 10820 (1760). 전체 문서에 대한 복사본을 제공해준 Michel Porret에게 감사드린다. Porret in Garnot 1996: 182도 참조.

2 Lebigre 1991: 11에서 인용.

3 van de Pol 1996b: 38 (날짜는 언급되지 않음).

4 Mantecón (Tomás), "Long-term changes of ritualized interpersonal violence. The early modern Spanish *desafíos*." 2007년 3월 그리스 Rethymon의 "Crime, Violence and the Modern State" 컨퍼런스 자료.

5 Feeley and Little 1991; Malcolm Feeley와 Hadar Ayiram의 근간 서적.

6 Eisner 2003: 109~12.

7 Groebner in Schreiner and Schwerhoff 1995: 361~80, and Groebner 2003: 72ff.

8 Cohen (Esther) 1996:64.

9 Gowing 1994: 32; 1996: 103~4.

10 Foyster 1999a: 182.

11 Dean 200a: 77; Dinges 1994: 346; Hanlon 1985: 259~60; van der Heijden 1995: 27~30; Lacour 2000: 93. 체서는 예외인 것으로 보인다: Walker 2003: 79~81.

12 Schwerhoff, in Ulbricht 1995: 99~100 (1557에서 1620년 사이).

13 R.A. 355, fo. 120vs, 124 (1706년).

14 Wiltenburg 1992: 188~96.

15 Farge, in Dauphin and Farge 1997: 79.

16 R.A. 409, fo. 187, 190vs, 204vs (1750년).

17 van de Pol 1996a: 289~90; Benabou 1987: 480~1.

18 Cohen (Elizabeth) 1992: 609~12.

19 Walker 2003: 52~5.

20 Eisner 2003: 118~19.

21 Watt 2001: 61.

22 Spierenburg 1996: 84~5.

23 Shoemaker 2001: 203.

24 R.A. 346, fo. 33vs, 34, 34vs, 35, 40, 40vs, 41, 41vs, 100, 100vs, 101, 101vs, 105, 105vs, 106, 119.

25 Dinges 1994: 343; Walker 2003: 61~2; McMahon 2004: 157.

26 Greenshields 1994: 83 (연도는 언급되지 않음).

27 R.A. 371, fo. 208, 212vs, 217, 221vs; R.A. 372, fo. 16.

28 Farr 1991: 408~11. 암스테르담 자료는 van de Pol 1996a: 80 참조.

29 Mohrmann 1977: 237~8, 278 (note 255).

30 R.A. 353, fo. 234vs, 240 (1704년).

31 문헌에 대한 개괄은 van der Heijden 2000 : 624~5 참조.

32 Meyer-Knees 1992 : 55~7, 77~103, 161.

33 Vigarello 1998 : 13.

34 Vigarello 1998 : 21, 57~8 (두 번째 사건 : 1667년).

35 Greenshields 1994 : 107~9.

36 Gowing 1994 : 37 ; Walker 2003 : 55~60.

37 Mantecón 2002 : 171~2.

38 Cohen (Sherrill) 1992 : 64.

39 van der Heijden 2000 : 626~7.

40 Emsley 1996 : 162 ; Leclercq, in Agren et al. s.a. : 177~93.

41 Doggett 1992 : 46.

42 Collard 2003 : 99~114.

43 Spierenburg 1996 : 93~4.

44 Langbein 1974 : 41.

45 Lorenz 1999 : 265~6.

46 van Hasselt 1772 : 24.

47 Gaskill 2000 : 276~7 ; Watson 2004 : 16~30, 42~3, 149~73.

48 Turner 2002 : 124 ; Walker 2003 : 146 ; McMahon 2004 : 119.

49 Capp 1996 : 21~2 ; McMahon 2004 : 223~5.

50 Rublack 1998 : 215~18, 318~22 ; Wegert 1994 : 138~9 ; Göttsch, in Ulbricht 1995 : 315~35.

51 Watson 2004 : 45~7 ; Lapalus 2004 : 240~3.

52 Septon 1996.

53 www.dodenakkers.nl/artikelen/leidsgif.html (Feb. 23, 2007). 영국에 대해서는 Watson 2004 : 89, 97~122 참조.

54 개괄은 Spierenburg 1998b : 318~20. 최근의 자료는 Nolde 2003 : 65~211 ; Pinar 2002 : 174~5 참조.

55 Eisner 2003 : 120 ; cf. Cooney 2003.

56 Spierenburg 1996 : 89~91에서 더 통합적인 살인 자료를 바탕으로 했다.

57 Lacour 2000 : 180.

58 Jansson 1998 : 126 ; Kaspersson, in Godfrey et al. 2003 : 80.

59 R.A. 372, fo. 178, 193 (1715년).

60 Spierenburg 2004: 두 번째 사례.

61 Wegert 1994: 150 (1768년): Schnabel-Schüle 1997: 248~50.

62 Cohen (Esther) 1996: 63: Schuster 2000a: 159~63.

63 Doggett 1992: 1~32: Walker 2003: 63.

64 유럽의 쉬바리에 대한 개괄은 Spierenburg 1998b: 51~2, 98~103 참조. Ingram, in Roodenburg and Spierenburg 2004: 288~308 역시 참조.

65 Schwerhoff, in Roodenburg and Spierenburg 2004: 220~46.

66 Sabean 1990: 133~8. 언급된 사례는 p. 135에 (1742년).

67 Potter 1997: 304.

68 Nolde 2003: 388~92.

69 Mantecón 1997. 영국에 대해서는 McMahon 2004: 83: Bailey 2006 참조.

70 Bailey 2006: 281.

71 Schnabel-Schüle 1997: 252~3 (1737년).

72 Gowing 1996: 229.

73 Walker 2003: 138.

74 Nolde 2003: 94~137.

75 Hufton 1990: 83.

76 Nolde 2003: 326.

77 Nolde, in Garnot 1996: 147 (1594년).

78 Turner 2002: 130~4: Walker 2003: 143.

79 Rublack 1998: 322~3 (1677년).

80 Garnot 1993.

81 R.A. 352, fo 4vs et seq. (두 재판): Spierenburg 1984: 59. 판결에는 음독 혐의가 언급되지 않았다.

5장 죄 없는 살인: 영아와 정신병자

1 Walter Scott, *The Heart of Mid-Lothian*. Quotes from vol. I. ch. 21, at the Project Gutenberg: www.gutenberg.org/etext/6944 (March 5, 2007). Symonds 1997: 179~93 역시 참조.

2 Beattie 1986: 113 (note 84, Hoffer and Hull 1981의 비판과 함께) 참조.

3 Cockburn 1991: 93~6.

4 관련 논의는 Spierenburg 1996: 72~3 참조.

5 Dean 2001: 79~80.

6 여러 출판물 중 van der Heijden and Burghartz, in Roodenburg and Spierenburg 2004 참조.

7 Hoffer and Hull 1981: 13~17.

8 Hoffer and Hull 1981: 3; Sharpe 1984: 61.

9 Hoffer and Hull 1981: 71; Beattie 1986: 117; Spierenburg 1996: 85; Rublack 1998: 244; McMahon 2004: 140 (1724년 Joan Fountain 사례).

10 Hufton 1974: 349 and 1990: 77; Ruff 2001: 153에서도 인용.

11 van Dülmen 1991: 59 (인구통계), 70~1 (그래프).

12 Kaspersson, in Godfrey et al. 2003: 75~6. 표 4.2에서는 16세기와 18세기의 살인율이 15건으로 나와 있었지만 표 4.3과 비교해보면 표 4.2에서 소수점이 빠졌다는 사실을 알 수 있다.

13 Spierenburg 1996: 86 (새로운 인구통계 때문에 조금 수정했다).

14 Shape 1984: 61.

15 Watt 2001: 61.

16 Hufton 1974: 350; van Dülmen 1991: 17, 49~51; Rublack 1998: 237~8; Walker 2003: 150~3.

17 Jackson 1996: 94~5; van Dülmen 1991: 33~5; Faber 1978: 228~9.

18 Hufton 1974: 321~2 (인용) and 1990: 78.

19 Jackson 1996: 32에서 인용.

20 Österberg and Sogner 2000: 173.

21 Symonds 1997: 2~5.

22 Spierenburg 1984: 120.

23 R.A. 640g: February 1, 1788.

24 Gowing 1997: 89.

25 Faber 1978: 227.

26 Michalik 1997: 56, 69, 112.

27 Hufton 1990: 81.

28 Castan 1980b: 310.

29 Rublack 1998: 247, 260~1.

30 van Dülmen 1991: 77; Ulbricht in Blauert and Schwerhoff 1993: 59; Wegert 1994: 176.

31 Symonds 1997: 70~92.

32 Gowing 1997 (1642~80년) and Jackson 1996 (1720~1800년).

33 Gowing 1997: 91, 98 (1663년).

34 Jackson 1996: 63.

35 Hufton 1990: 82.

36 Porret 1992: 210.

37 Wegert 1994: 164~5 (1747년).

38 Dickinson and Sharpe in Jackson 2002: 43~4.

39 van Dülmen 1991: 43~5. 프리슬란트에 대해서는 Faber 1978: 234 참조.

40 van Dülmen 1991: 85.

41 Ulbricht, in Blauert and Schwerhoff 1993: 54~85.

42 Gowing 1997: 106.

43 Walker 2003: 152~3 (1681년).

44 Spierenburg 1998b: 220~6 (노리치 사례는 p. 224에).

45 Schnabel-Schüle 1997: 259.

46 Mantecón 2004.

47 Schnabel-Schüle 1997: 259~65 (1778년).

48 Lorenz 1999: 269~82.

49 R.A. 393, fo. 215vs, 222; 640L: 1736.

50 R.A. 452, pp. 419, 432, 448.

51 R.A. 477, pp. 163, 169, 183, 431; 640g: July 23, 1795; Faber and Krikke 1977.

52 Barras, in Koenraadt 1991: 283~300; Walker (Nigel) 1968; Eigen 1995.

53 Monod 2003 (브레즈 사건); Brewer 2004 (해크먼 사건).

54 Spierenburg 1984: 95~6.

55 Jansson 1998: 49~70. 언급된 사례는 pp. 56~7에 (1686년).

56 Lind and Jansson, in Watt 2004.

57 Göttsch, in Ulbricht 1995: 327; Lorenz 1999; 282~3 (언급된 사례; 1778년).

58 Lind and Jansson, in Watt 2004.

59 Murray 1998: 368~78 (사전 연구로부터 특징 개괄).

60 Bailey (Victor) 1998: 129; Baumann 2001: 250~1 (각각 10년과 5년에 대한 평균).

61 Chesnais 1976: 42~3.

62 Jansson 1998: 138~43; Watt 2001: 57.

63 Schär 1985: 68~9; Wegert 1994: 69~70; Lind 1999: 159~67; Watt 2004.

64 Schär 1985: 100~3; Macdonald and Murphy 1990; passim; Spierenburg 1998b: 238~9; Baumann 2001: 106~27; Watt, in Watt 2004: 1~8.

65 Andrew in Watt 2004: 175~90; http://en.wikipedia.org/wiki/Samuel_Romilly (March 20, 2007).

66 Baumann 2001: 145~379.

67 Beattie 1986: 120; Jackson 1996: 98.

68 Rabin, in Jackson 2002: 73~92.

69 Hufton 1990: 79~80; Jackson 1996: 159~76; Symonds 1997: 8~9; Michalik 1997: 19; Österberg and Sogner 2000: 186~7; Tinkova 2005: 50.

70 Symonds 1997: 8~9, 57; McDonagh 2003: 35~96; van Dülmen 1991: 98~108.

71 Marland and Quinn in Jackson 2002 (p. 175에서 인용).

72 Tillier 2001: 110~27, 153~200.

73 Faber and Donker, in Koenraadt 1991: 67~83.

74 Dupont-Bouchat, in Bard et al. 2002: 75~96.

75 Schulte 1989: 23~6, 126~76.

76 Jackson, in Jackson 2002: 10~11; Watson 2004: 83.

77 Wheelwright, in Jackson 2002: 270~85.

78 Spierenburg 1996: 88.

79 van Ruller, in Koenraadt 1991: 23~33.

6장 살인의 주변화, 1800~1970

1 영화에 대해서는 Tatr 1995: 153~72; Kaes 2000 참조. Fritz Lang에 대해서는 http://en.wikipedia.org/wiki/Fritz_Lang (May 17, 2007) 참조.

2 De Telegraaf, April 26, 1932; Archive of Marseilles, 1M748 – Presse 1932. 마르세유 자료 수집에 도움을 준 Laurence Montel에게 감사드린다.

3 Taylor 1998. 비평: Morris (Robert) 2001; Wiiener 2004: 18; Chassaigne 2005: 92.

4 Eisner 2003: 99.

5 Eisner 2001: 629. Eisner 2003: 99에서는 같은 표지만 1800년 전에 대해 소수점 없이 반올림했다.

6 Chesnais 1981: 76.

7 Chesnais 1976: 210, 298.

8 Johnon 1995: 129. 거주 인구 100만 명당 비율을 추산한 것을 10만 명당으로 수정했다.

9 Eisner 1997: 52.

10 Ylikangas 1998: 15~23, 38~45; O'Donnell 2002: 64 and Body-Gendrot and Spierenburg 2008; Gallant 2000: 362; Boschi in Spierenburg 1998a: 132~3; Serpentinin 2003; Wilson 1988: 16.

11 영국 통계치의 문제에 대해서는 Emsley 2005: 5~9 참조.

12 Gatrell 1980; Godfrey 2003; Emsley 2005: 19.

13 Johnson 1995: 127; Franke 1991: 23.

14 King 1996; D'Cruze, in D'Cruze 2000: 5; Wiener 2004: 9~39.

15 Emsley, in Emsley et al. 2004: 193~209; Wiener 2004: 17; Chassaigne 2005: 49.

16 Wilson 1988; Gómez Brovo 2005: 66~75.

17 Chauvaud 1995: 176.

18 Beavan 2001; Hett 2004: 172.

19 Malcolmson 1973; Spierenburg 1998b: 256~60.

20 Dunning and Sheard 1979; Emsley 2005: 47~9; Nye 1984: 319~29.

21 Malcolmson 1973: 43~4; Gorn 1986: 19~33; Wiener 2004: 48~50; Wood 2004: 72, Emsley 2005: 45~6.

22 Chassaigne 2005: 111~16; Emsley 2005: 15~18.

23 Davies 1998, 1999, and in D'Cruze 2000: 70~85.

24 Montel 2003: 5~6.

25 Nye 1984: 196~202; Perrot 2001: 351~64; Kalifa 2005: 44~66.

26 Spierenburg 1984: 196~9; Morris 1991: 61~4; Halttunen 1995; Rey 1995; Gilman 1999.

27 Lindenberger, in Lindenberger and Lüdtke 1995: 190~212; Ambroise-Rendu, in Garnot 1996: 447~56.

28 Schwerhoff 1999: 129~30.

29 Wood 2004: 25 and passim

30 Davies 1999: 77; Wood 2004: 70~94 (언급된 사례는 pp. 80~1에).

31 Archer, in D´Cruze 2000: 44~6 (인용은 44에서); Wiener 2004: 55~75.

32 Chauvaud 1991: 44~6, 105~11; 1995: 183~215; and in Garnot 1996: 437~45; Ploux, in Body-Gendrot and Spierenburg 2008.

33 Blasius 1978: 64~8; Schulte 1989; 41~117; Archer 1990.

34 Hanewinckel 1800: 88~94; van den Brink 1991; 1995: 306~21. Rombach (1993: 106~8)은 20세기 초반까지 칼싸움이 계속되었다고 주장하지만 이는 중산층에게만 해당되었다.

35 Sleebe 1994: 264~74; Eggens 2005: 82~94.

36 Haine 1996: 170~7.

37 Chassaigne 2005: 81~107.

38 Johnson, in Johnson and Monkkonen 1996: 238.

39 Eisner 1997: 51; Parrella 1992: 630~1.

40 네덜란드 수치는 Spierenburg 2000: 186에 언급되었다. 영국에 대해서는 Emsley 2005: 88 참조.

41 Bos 2000.

42 Fletcher 1997: 52 참조.

43 Conley 1999a: 33~5, passim and 1999b. 기아와 살인에 대해: 2001년에 David Miller와의 대화. 살인 사건에 대한 분석은 Sweeney 2002 참조.

44 Farrell 2000; Conley 1999a: 165~214.

45 Ylikangas 1998: 98~100 and passim; Spierenburg 1998a: 17.

46 Wilson 1988.

47 Gallant 2000; Avdela, in Bard et al. 2002; Avdela 2006.

48 Boschi, in Spierenburg 1998a: 128~58.

49 Blok 1974; 최근 문헌에 대한 논의는 Dunnage 202: 16~18 참조.

50 Reuber 2002.

51 Simpson 1988; Wiener 2004: 40~6; Emsley 2005: 44~5.

52 Wolf 1984: 38~40 (브레다 사건); van Vree 1994: 201 (재무부 장관 사건).

53 Kock 1876 (조금 긍정적); Beaufort 1881; Anten 1892; Scheuer 1893.

54 Chesnais 1976: 29; Nye, in Spierenburg 1998a: 88; Hughes, in idem: 68.

55 나머지는 따로 언급하지 않는 한 Frevert 1991; Elias 1992; Nye 1993; McAleer 1994;

Frevert, Hughes, and Nye, in Spierenburg 1998a에서 참조했다.

56 Chauvaud 1995 : 129~30.

57 D'Cruze 1998 and 1999 ; Jones, in D'Cruze 2000 : 104~18.

58 Wiener 2004 : 76~122 ; Chassaigne 2005 : 130.

59 Ferron, in Bard et al. 2002 : 129~38 (인용은 130에서) ; Chauvaud 1995 : 72~81.

60 Wiener, in Spierenburg 1998a : 208 (인용) ; Wiener 1999 ; 2004 : 123~299 ; Frost 2004.

61 Dupont-Bouchat, in Kurgan-Vanhentenryk 1999 : 41~60 ; Ferket 1999.

62 Emsley 2005 : 69.

63 Gagnon, in Bard et al. 2002 : 139~47 ; Parrella 1992 : 647~51.

64 Wood 2004 : 65 ; Chassaigne 2005 : 125 ; Töngi 2005 : 101 ; Yvorel, in Chauvaud and Mayaud 2005 : 125~36.

65 Wiener 2004 : 125 ; Chassaigne 2005 : 126~7.

66 Porret 2003.

67 Lapalus 2004.

68 Guillais 1986 : 34~42 ; Harris (Ruth) 1989 : 210~11.

69 Shapiro 1996 : 79에서 인용.

70 Hett 2004 : 202~19.

71 www.dodenakkers.nl/beroemd/pisuisse.html (May 11, 2007).

72 Guillais 1986 : 281 ; Harris (Ruth) 1989 : 312.

73 Chasaigne 2005 : 39.

74 Foucault 1973 ; Lapalus 2004 : 377~90.

75 Chassaigne 2005 : 61. 현재 미국의 유형과 문제에 대해서는 Fox and Levin 2005 : 17~18 참조.

76 Varlet, in Chauvaud and Mayaud 2005 : 99~112.

77 Chassaigne 2005 : 61 (참조나 자세한 정보 없음).

78 Gómez Bravo 2005 : 189.

79 Guarnieri 1993.

80 Curtis 2001 : 19~23 ; Chassaigne 2005 : 58~61.

81 Artieres and Kalifa 2001. 인터넷 자료에서는 동명이인인 배우가 등장하는 것이 대부분이다.

82 http://en.wikipedia.org/wiki/Henri_Desire_Landru (May 24, 2007). 저자의 아버지는 1911년생으로, 랑드뤼에 대한 노래를 알고 있었다.

83 Tatar 1995 ; Evans 1996 : 526~36, 591~605 ; Kaes 2000 : 30~5.

84 Brückweh 2006a : 288~90, 303~37, and 2006b.

85 독살범도 포함시키는 Watson 2007 : 286~303과 비교.

86 Elias and Dunning 1986과 비교.

87 Vincent 1999.

88 Nemeth, in Bard et al. 2002 : 233~41.

89 Chassaigne 2005 : 68 ; Emsley 2005 : 84~5. 스펠링에 대해서는 Curtis 2001 : 319 (note 36) 참조.

90 Smith 2002 (빈터 사건과 흐루자 사건은 pp. 40~1에) ; Hett 2004 : 148~55.

91 Chassaigne 2005 : 215~24 ; Emsley 2005 : 81~3.

92 Weber 1986 : 130~41.

93 Lawrence 2003 ; Wirsching 2003 ; Emsley, "A legacy of conflict. The 'brutalized veteran' and violence in Europe after the Great War." 2007년 3월 그리스 Rethymon의 "Crime, Violence and the Modern State" 컨퍼런스 자료.

94 Rousseaux et al. in Body-Gendrot and Spierenburg 2008. 언급된 비율에서 "의심스런 비율"은 제외했다.

95 Lynch in Chauvaud and Mayud 2005 : 236~41 ; Chesnais 1976 : 22, 210, 298 (1914~19년에 대한 통계는 소실되었다. 비율은 소수 둘째 자리에서 반올림했다).

96 Chesnais 1981 : 67 ; Dunnage 2002 : 131~4 ; Franke 1991 : 28.

97 Dunning et al. 1987 and 1992 ; Emsley 2005 : 124~5.

98 de Regt 1984 : 175~239 ; O'Day, in Emsley et al. 2004 : 149~66.

99 Dercksen and Verplanke 1987 ; Knotter 1999.

100 Hett 2004 : 55~103 ; Chassaigne 2005 : 57.

101 Emsley 2005 : 34~5, 85~7 ; MOntel 2003.

102 Wagner and Weinhauer, in Dinges and Sack 2000 : 265~90 ; Emsley 2005 : 2 (인용), 89~90.

103 Rosenhaft, in Lindenberger and Lüdtke 1995L 238~75 ; Lesseman-Faust, in Dinges and Sack 2000 : 241~63 ; Schumann 2001 : 306~7, 320.

104 Emsley 2005 : 126~8.

105 de Haan 1997 : 1에서 언급.

106 Wills 2005 ; Hood and Joyce 1999.

107 Chesnais 1976: 30~1; Kaiser 1982.

108 Marwick 1998: 479~89; Righart 2003.

7장 전복: 1970년 이후

1 Lepoutre 1997: 40~2.

2 Eisner, 미출간 논문, 표 3. 아일랜드에 대해서는 O'Donnell, in Body-Gendrot and Spierenburg 2008 참조.

3 Leistra and Nieuwbeerta 2003: 21~6.

4 Harris et al. 2002.

5 Thome and Birkel 2007: 84~94; Eisner, 미출간 논문, 표 5; Robert, in Body-Gendrot and Spierenburg 2008.

6 de Haan 1997: 4; de Haan et al. 1999: 20~1; 일부는 Albrecht et al. 2001; Egelkamp 2002에 기여.

7 Robert, in Body-Gendrot and Spierenburg, 2008; de Haan 2000: 189; van Dijk et al. 2005: 50.

8 Chauvaud and Mayaud 2005: 256~60; Hoogenboezem 1995: 8; Leistra and Nieuwbeerta 2003: 25.

9 Eisner 1997: 157.

10 Thome and Birkel 2007: 81~4; Eisner, 미출간 논문; Leistra and Nieuwbeerta 2003: 32~3, 44.

11 Thome 2001; Thome and Birkel 2007.

12 Eisner 1997: 122~4; and 미출간 논문.

13 O'Donnell, in Body-Gendrot and Spierenburg 2008.

14 Body-Gendrot 1998: 199~230.

15 Hood and Joyce 1999: 155~6.

16 Hobbs et al. 2005.

17 Bjørgo 2005.

18 van der Ploeg and Mooij 1998: 20, 156.

19 Gemert and Torre 1996.

20 van San 1998: 174.

21 de Haan 2000: 197~8. Cf. Body-Gendrot 2000: 26.

22 Haen 2000: 125.

23 Timmer and Naeyé 2000: 169.

24 van de Port 2001: passim.

25 Mucchielli 2006: 102.

26 van de Port 2001: 38~9.

27 Leistra and Nieuwbeerta 2003:44.

28 O'Donnell 2002: 83, and in Body-Gendrot and Spierenburg 2008.

29 Zaitch 2002.

30 Emsley 2005: 180~1.

31 ⟨http://en.wikipedia.org/wiki/Marc_Dutroux⟩ (July 2, 2007).

32 Leistra and Nieuwbeerta 2003: 116~21.

33 Cf. Komen 1998.

34 이 문단은 2007년 6월 30일 Crime, History & Societies 편집국과의 토론을 바탕으로 했다.

35 van de Port 2001: 24 (기뻐하는 경찰); Terlouw et al. 2000: 23~4 (무저항).

■ 참고문헌

Ägren, Maria, et al. (eds.) s.a. *Guises of power. Integration of society and legitimisation of power in Sweden and the Southern Low Countries, 1500~1900* (Uppsala: Department of History).

Albrecht, Günter, et al. (eds.) 2001. *Gewaltkriminalität zwischen Mythos und Realität* (Frankfurt a.M.: Suhrkamp).

Algazi, Gadi. 1996. *Herrengewalt und Gewalt der Herren im späten Mittelater. Herrschaft, Gegenseitigket und Sprachgebrauch* (Frankfurt/New York: Campus).

Alighieri, Dante. 1980. *La divina commedia. Purgatorio. A cura di Carlo Salinari, Sergio Romagnoli, Antonio Lanza* (Roma: Riuniti).

A[mpzing],S[amuel]. 1633. *Spigel ofte toneel der ydelheyd ende ongebondenheyd onser eeuwe, voorgestelt in rymen van S.A. tot lere ende beterschap.*

Anderson, Elijah, 1999. *Code of the street. Decency, violence and the moral life of the inner city* (New York/ London: Norton).

Andrew, Donna T. 1980. The code of honour and its critics. The opposition to duelling in England, 1700~1850. *Social History* 5: 409~34.

Andrews, Richard Mowery. 1994. *Law, magistracy and crime in Old REgime Paris, 1735~1789. Vol. I: The system of criminal justice* (Cambridge: Cambridge University Press).

Anten, W. M. H. 1892. *Het verachtelijke en verderfelijke van het duel* (Amersfoort: Blankenberg).

Archer, John. 1990. *By a flash and a scare. Incendiarism, animal maiming and poaching in East Anglia, 1815~1870* (Oxford: Clarendon Press).

Artières, Philippe and Kalifa, Dominique. 2001. *Vidal, le tueur de femmes. Une biographie sociale* (Paris: Perrin).

Avdela, Efi. 2006. Emotions on trial. Judging crimes of honour in post-civil-war Greece. *Crime, Histoire and Sociétés/Crime, HIstory and Societies* 10,2: 33~52.

Backmann, Sibylle, et al. (eds.) 1998. *Ehrkonzepte in der frühen Neuzeit. Identitäten und Abgrenzungen* (Berlin: Akademie Verlag).

Bailey, Joanne. 2006. "I dye [sic] by inches." Locating wife beating in the concept of a privatization of marriage and violence in 18th-century England. *SocHist* 31,3: 273~94.

Bailey, Victor. 1998. "This Rash Act." *Suicide across the life cycle in the Victorian city* (Stanford: Stanford University Press).

Bairoch, Paul, et al. 1988. *La population des villes Européennes. Banque de données et analyse sommaire des résultats, 800~1850* (Genjève: Droz).

Bard, Christine, et al. (eds.) 2002. *Femmes et justice pénale, 19e~20e siècle* (Rennes: Preses Universitaires de Rennes).

Barket, Juliet R. V. 1986. *The tournament in England, 1100~1400* (Woodbridge: Boydell Press).

Barraqué, J.-P. 1988. Le contrôle des conflits à Saragosse, 14e - début du 15e siècle. *Revue Historique* 279, 1: 41~50.

Barton, Carlin A. 2001. *Roman honor. The fire in the bones* (Berkeley: University of California Press).

Baumann, Ursula. 2001. *Vom Recht auf den eigenen Tod: Die Geschichte des Suizids vom 18. bis zum 20. Jahrhundert* (Weimar: Verlag Hermann Böhlaus Nachfolger).

Beattie, J. M. 1986. *Crime and the courts in England, 1660~1800* (Oxford: Oxford University Press).

Beaufort, Binnert PHilip de. 1881. Beschouwingen over het tweegevecht (Dissertation, University of Utrecht).

Beavan, Colin. 2001. *Fingerprints. The origins of crime detection and the murder case that launched forensic science* (New York: Hyperion).

Becker, Marvin B. 1976. Changing patterns of violence and justice in 14th- and 15th-century Florence. *Comparative Studies in Society and History* 18,3: 281~96.

Bellamy, John. 1873. *Crime nad public roder in England in the later Middle Ages* (London: Routledge & Kegan Paul).

Benabou, Erica-Marie. 1987. *La prostitution et la police des moeurs au 18e siècle* (Paris: Perrin).

Berghuis, A. C. and Jonge, L. K. de. 1993. Moord en doodslag in 1989 en 1992. Een secundaire analyse. *Tijdschrift voor Criminologie* 35,1: 55~62.

Billacois, François. 1986. *Le duel dans la société francaise des 16e~17e siècles. Essai de psychosociologie historique* (Paris: Ecole des Hautes Etudes en Sciences Sociales).

Bjørgo, Tore. 2005. Conflict processes between youth groups in a Norwegian city. Polarisation and revenge. *European Journal of Crime, Criminal Law and Criminal Justice* 13,1: 44~74.

Blasius, Dirk. 1978. *Kriminalität und alltag. Zur Konfliktgeschichte des Alltagslebens im 19. Jahrhundert* (Göttingen: Vandenhoeck & Ruprecht).

Blastenbrei, Peter. 1995. *Kriminalität in Rom, 1560~1585* (Tübingen: Max Niemeyer).

Blauert, Andreas and Schwerhoff, Gerd (eds.) 1993. *Mit den Waffen der Justiz. Zur Kriminalitätsgeschichte des späten Mittelaters und der frähen Neuzeit* (Frankfurt a.M.: Fischer).

Bluert, Andreas and Schwerfhoff, Gerd (eds.) 2000. *Kriminalitätgeschichte. Beiträge zur Sozial- und Kulturgeschichte der Vormoderner* (Konstanz: Universitätsverlag).

Bloch, Marc. 1965. *Feudal society*, trans. L. A. Manyon (London: Routledge & Kegan Paul).

Blockmans, Wim. 1987. *Een middeleeuwse vendetta. Gent 1300* (Houten: De Haan).

Blok, Anton. 1974. *The mafia of a Sicilian village, 1860~1960. A study of violence peasant entrepreneurs* (New York: Harper & Row).

Blok Anton. 1991. *De Bokkerijders. Roversbenden en geheime genootschappen in de Landen van Overmaas, 1730~1884* (Amsterdam: Prometheus).

Blok, Anton. 2001. *Honour and violence* (Cambridge: Polity).

Body-Gendrot, Sophie. 1998. *Les villes face à l'insécurité. Des ghettos américains aux banlieues françaises* (Paris: Bayard).

Body-Gendrot, Sophie. 2000. *The social control of cities? A comparative perspective* (Oxford: Blackwell).

Body-Gendrot, Sophie and Spierenburg, Pieter (eds.) 2008. *Violence in Europe. HIstorical and conemporary perspectives* (New York: Springer).

Boomgaard, Jan. 1992. *Misdaad en straf in Amsterdam. Een onderzoek naar de strafrechtspleging van de Amsterdamse schepenbank, 1490~1552* (Zwolle: Waanders).

Bos, Dennis. 2000. Verborgen motieven en uitgesproken persoonlijkheden. Eer en reputatie in de vroege socialistische arbeidersbeweging van Amsterdam. *BMGN* 115: 509~31.

Bourdieu, Pierre. 1972. *Esquisse d'une théorie de la pratique, précéde de trois études d' ethnologie Kabyle* (Genève: Droz).

Bourdiue, Pierre. 1980. *Le sense pratique* (Paris:Editions de Minuit).

Bowsky, William H. 1967. The medieval commune and internal violence. Police power and public safety in Siena, 1287~1355. *AHR* 73: 1~17.

Bowsky, William H. 1981. *A medieval Italian commune. Siena under the Nine, 1287~1355* (Berkeley: University of California Press).

Brennan, Thomas. 1988. *Public drinking and popular culture in 18th-century Paris* (Princeton: Princeton University Press).

Brewer, John. 2004. *Sentimental murder. Love and madness in the eighteenth century* (London: Harper Perennial).

Brink, Gabriël van den. 1991. Van gevecht tot gerecht. Geweldpleging in het Zuidoosten van Grabant, 1811~1875. *AST* 18,3: 96~116.

Brink, Gabriël van den. 1995. DE grote overgang. Een lokaal onderzoek naar de modernisering van het bestaan. Woensel, 1670~1920 (Dissertation, Universiteit van Amsterdam).

Brioist, Pascal, et al. 2002. *Croiser le fer. Violence e tculture de l'épé dans la France moderne, 16e~18e siécle* (Seyssel, Champ Vallon).

Brown, Howard G. 1997. From organic society to security state. The war on brigandage in France, 1797~1802. *JMH* 69,4: 661~95.

Brown, Keith M. 1986. *Bloodfeud in Scotland, 1573~1625. Violence, justice and politics in an early modern society* (Edinburgh: Donald).

Brucker, Gene A. 1983. *Renaissance Forence*, 2nd edn. (Berkeley: University of California Press).

Brückweh, Kerstin. 2006a. *Mordlust. Serienmorde, Gewalt unEmotionen im 20. Jahrbundert* (Frankfurt/New York: Campus).

Brückweh, Kerstin. 2006b. Fantasies of violence. German citizens expressing their concepts of violence and ideas about democracy in letters referring to the case of the serial killer Jürgen BArtsch, 1966~1971. *Crime, Histoire & Sociétés/Crime, History and Societies* 10,2: 53~81.

Brunet, MIchel. 2001. *Contrebandes, mutins et fiers-à-bras. Les stratégies de la violence en pays Catalam au 18e siécle* (Canet, Editions Trabucaire).

Burghartz, Susanna. 1990. *Leib, Ehre und Gut. Delinquenz in Zürich, Ende des 14 Jahrhunderts* (Zürich).

Burke, Peter. 2000. *A civil tongue. Language and politeness in early modern Europe. In Burke, et al. (eds.), Civil histories. Essays presented to Sir Keith Thomas* (Oxford: Oxford University Press); 31~48.

Cameron, lain A. 1981. *Crime and repression in the Auvergne and the Guyenne, 1720~1790* (Cambridge: Cambridge University Press).

Capp, Bernard. 1996. Serial killers in 17th-century England. *History Today* 46,3: 21~6.

Carroll, Stuart. 2003. The peace in the feud in sixteenth- and seventeenth-century France. *pp* 178: 74~115.

Castan, Nicole. 1980a. *Justice et répression en Languedoc à l'époque des Lumières* (Paris: Flammarion).

Castan, Nicole. 1980b. *Les criminels de Languedoc. Les exigences d'ordre et les voies du ressentiment dans une société pré-révolutionnaire, 1750~1790* (Toulouse: Université de Toulouse-le-Mirail).

Cellinin, Benvenuto. 1982. *Het leven van Benvenuto Cellini* (Amsterdam: Querido).

Chassaigne, Philippe. 2005. *Ville et violence, Tensions et conflits dans la Grande-Bretagne victorienne, 1840~1914* (Paris: Presses de l'Université Paris-Sorbonne).

Chauchadis, Claude. 1984. *Honneur morale et société dans l'Espagne de Philippe II* (Paris).

Chauvaud, Fréderic. 1991. *De Pierre Riviere a Landru. La violence apprivoisee au 19e siecle* (Turnhout: Brepols).

Chauvaud, Fréderic. 1995. *Les passions viollageoises au 19e siécle. Les émotions rurales dans les pays de Beauce, du Hurepoix et du Mantois* (Paris: Publisud).

Chauvaud, Fréderic and Mayaud, Jean-Luc (eds.) 2005. *Les violences rurales au quotidien* (Paris: Boutique de l'Histoire).

Chesnais, Jean-Claude. 1976. *Les morts violentes en France depuis 1826. Comparaisons internationales* (Paris: Presses Universitaires de France).

Chesnias, Jean-Claude. 1981. *Histoire de la violence en Occident de 1800 à nos jours* (Paris: Robert Laffont).

Clough, Cecil H. 1993. Love and war in the Veneto. Luigi da Porto and the true story of Giulietta e Romeo. IN Chambers, David S., et al. (eds.), *War, culture and society in Renaissance Venice. Essays in honour of John Hale* (London: Hambledon Press): 99~127.

Cobb, Richard. 1970. *The police and the people. French popular protest, 1789~1820* (Oxford: Oxford University Press).

Cockburn, J. S. 1991. Patterns of violence in English society. Homicide in Kent, 1560~1985. *PP* 130: 70~106.

Cohen, Elizabeth S. 1992. Honor and gender in the streets of early modern Rome. *JIntH* 22,4: 597~625.

Cohen, Esther. 1996. *Peaceable domain, certain justice* (Hilversum: Verloren).

Cohen, Sherrill. 1992. *The evolution of women's asylums since 1500. From refuges for ex-prostitutes to shelters for battered women* (New York: Oxford: Oxford University Press).

Cohen, Thomas V. 1992. The lay liturgy of affront in 16th-century Italy. *JSH* 25,4: 857~77.

Cohen, Thomas V. and Cohen, Elizabeth S. 1993. *Words and deeds in Renaissance Rome. Trials before the papal magistrates* (Toronto: University of Toronto Press).

Cohn, Samuel K., Jr. 1996. *Women in the streets. Essays on sex and power in Renaissance Italy* (Baltimore/London: Johns Hopkins University Press).

Cohn, Samuel K., Jr. 2002. The Black Death. End of a paradigm. *AHR* 107,3: 703~38.

Collard, Franck. 2003. *Le crime de poison au moyen âge* (Paris: PUF).

Conley, Carolyn A. 1999a. *Melancholy accidents. The meaning of violence in post-famine Ireland* (Lanham, MD: Lexington Books).

Conely, Carolyn. 1999b. The agreeable recreation of fighting. *JSH* 33,1: 57~72.

Cooney, Mark. 1997. The decline of elite homicie. *Criminology* 35,3: 381~407.

Cooney, Mark. 1998. *Warriors and peacemakers. How third parties shape violence* (New York/London: New York University Press).

Cooney, Mark. 2003. The privatization of violence. *Criminology* 41,4: 1377~406.

Curtis, L. Perry, Jr. 2001. *Jack the Ripper and the London press* (New Haven/London: Yale University Press).

Daly, Martin and Wilson, Margo. 1988. *Homicide* (New York: Aldine de Gruyter).

Danker, Uwe. 1988. *Räuberbanden im alten Reich um 1700. Ein Beitrag zur GEschichte von Herrschaft und Kriminalität in der frühen Neuzeit*, 2 vols (Frankfurt a.M.: Suhrkamp).

Dauphin, Cecile and Farge, Arlette (eds.) 1997. *De la violence et des femmes* (Paris: Albin Michel).

Davies, Andrew. 1998. Youth gangs, masculinity and violence in late Victorian Manchester and Salford. *Journal of Social History* 32,2: 349~69.

Davies, Andrew. 1999. "These viragoes are no less cruel than the lads." Young women, gangs and violence in late Victorian Manchester and Salford. *British Journal of Criminology* 39,1: 72~89.

Davis, Natalie Zemon. 1987. *Fiction in the archives. Pardon tales and their tellers in 16th-century France* (Stanford: Stanford University Press).

Davis, Robert C. 1994. *The war of the fists. Popular culture and public violence in late Renaissance Venice* (New York: Oxford University Press).

D'Cruze, Shani. 1998. *Crimes of outrage. Sex, violence and Victorian working women* (London: UCL Press).

D'Cruze, Shani. 1999. *Sex, violence and local courts. Working-class respectability in a mid-19th-century Lancashire town. British Journal of Criminology* 39,1: 39~55.

D'Cruze, Shani (ed.) 2000. *Everyday violence in Britain, 1850~1950. Gender and class* (Harlow, Longman).

Dean, Trevor. 1997. Marriage and mutilation. Vendetta in late medieval Italy. *PP* 157: 3~36.

Dean, Trevor. 2001. *Crime in medieval Europe, 1200~1550* (Harlow, Pearson).

Dean, Treavor and Lowe, Kate J. P. (eds.) 1994. *Crime, society and the law in Renaissance Italy* (Cambridge: Cambridge University Press).

Dercksen, Adrianne and Verplanke, Loes.1987. *Geschiedenis van de omnaatsch-appelijkheidsbestrijding in Nederland, 1914~1970* (Meppel, Boom).

Dkji, Jan van, et al. 2005. *EUICS Report: The burden of crime in the EU. A comparative analysis of the European survey of crime and safety* (EUICS).

Dinges, Martin. 1994. *Der Maurermeister und der Finanzrichter. Ehre. Geld und soziale Kontrolle im Paris des 18. Jahrhunderts* (Göttingen: Vandenhoeck & Ruprecht).

Dinges, Martin and Sack, Fritz (eds.) 2000. *Unsichere Grossstädte? Vom Mittelalter bis zur*

Postmoderne (Konstanz: Universitätsverlag).

Doggett, Maeve E. 1992. *Marriage, wife-beating and the law in Victorian England* (London: Weidenfeld and Nicolson).

Dülmen, Richard van. 1991. *Frauen vor Gericht. Kindsmord in der frühen Neuzeit* (Farnkfurt a.M.: Fischer).

Dunnage, Jonathan. 2002. *Twentieth-century Italy. A social history* (London: Longman).

Dunning, Eric and Sheard, Kenneth. 1979. *Barbarians, gentlemen and players. A sociologicla study of the development of rugby football* (Oxford: M. Robertson).

Dunning, Eric, et al. 1987. Violent disorders in 20th-century Britain. In Gaskell, George and Benewick, Robert (eds.), *The crowd in contemporary Britain* (London: Sage): 19~75.

Dunning, Eric, et al. 1992. *Violence in the British civilising process* (Leicester: Leicester University Discussion Papers in Sociology, nr. 592/2).

Dupont-Bouchat, Marie Sylvie. 1994. "L' homicide malgré lui." Les transformations dans la gestion de l'homicide à travers les lettres de rémission, 163~183 siécle (Paper at IAHCCJ Colloquium, Paris).

Edgerton, Robert B. 1992. Sick societies. *Challenging the myth of primitive harmony* (New York: Free Press).

Egelkamp, Margarethe Maria. 2002. Inflation von Gewalt? Strafrechtliche und kriminologische Analysen von Qualifikationsentscheidungen in den Neiderlanden und Deutschland (Dissertation, University of Groningen).

Eggens, Albert. 2005. *Van daad tot vonnis. Door Drenten gepleegde criminaliteit voor en tijdens de Eerste Wereldoorlog* (Assen: Van Gorcum).

Egomond, Florike. 1993. *Underworlds. Organized crime in the Netherlands, 1650~1800* (Cambridge: Polity Press).

Eibach, Joachim. 1998. Städtische Gewaltkriminalität im Ancien Régime: Frankfurt am Main im europaischen Kontext. *Zeitschrift für Historiche Forschung* 25: 359~82.

Eigen, Joel Peter. 1995. *Witnessing insanity. Madness and mad-doctors in the English court* (New Haven/ London: Yale University Press).

Eisner, Manuel. 1997. Das *Ende der zivilisieren Stadt? Die Auswirkungen von Modernisierung und urbaner Kriser auf Gewaltdeliquenz* (Frankfurt/New York: Campus).

Eisner, Mannuel. 2001. Modernization, self-control and lethal violence. The long-term dynamics of European homicide rates in theoretical perspective. *British Journal of Criminology* 41: 618~38.

Eisner, Manuel. 2003. *Long-term historical trends in violence crime. Crime and Justice. A Review of Research* 30: 83~142.

Elias, Norbert. 1969. [1939] *Über den Prozess der Zivilisation Soziogenetische und psychogenetische Untersuchungen*, 2nd edn. 2 vols. (Bern/Munchen: Francke Verlag). English translation by Edmund Jephcott: *The civilizing process*, 2 vols. (Oxford: Blackwell, 1978~82).

Elias, Norbert. 1992. *Studien Über die Deutschen. Machtkämpfe und Habitusentwicklung im 19. und 20. Jahrhundert* (Frankfurt a.m.: Suhrkamp). English translation, with Preface, by Eric Dunning and Stephen Mennell, ed. Eric Dunning: *The Germans: power struggles and the development of habitus in the nineteenth and twentieth centuries* (Cambridge: Polity, 1996).

Elias, Norbert and Dunning, Eric. 1986. *Quest for excitement. Sport and leisure in the civilizing process* (Oxford/New York: Oxford University Press).

Elias, NOrbert and Scotson, John L. 1976. *De gevestigden en den buitenstaanders. Een studie van de spanningen en machtsverhoudingen tussen twee arbeidersbuurten* (Utrecht/ Antwerpen: Het Spectrum). English translation: *The established and the outsiders: sociological enquiry into community problems* (London: Cass, 1965; 2nd edn. London: Sage, 1994).

Emsley, Clive. 1996. *Crime and society in England, 1750~1900*. 2nd edn. (London: Longman).

Emsley, Clive. 2005. *Hard men. The English and violence since 1750* (London/New York: Hambledon and London).

Emsley, Clive, et al. (eds.) 2004. *Social control in Europe. Vol. 2: 1800~2000* (Columbus: Ohio State University Press).

Eshof, P. van den and Weimar, E. C. J. 1991. Moord en doodslag in Nederland. Nederlandse gegevens in internationaal perspectief. *Justitiële Verkenningen* 17,1: 8~34.

Evans, Richard J. 1996. *Rituals of retribution. Capital punishent in Germany, 1600~1987* (Oxford: Oxford University Press).

Faber, Sjoerd. 1978. Kindermoord, in het bijzonder in de 18e eeuw te Amsterdam.

Bijdragen en Mededelingen betreffende de Geschiedenis der Nederlanden 93: 224~40.

Faber, Sjoerd. 1983. *Strafrechtspleging en criminaliteit te Amsterdam: 1680~1811. De nieuwe menslievendheid* (Arnhem: Gouda Quint).

Faber, Sjoerd and Krikke, Bert. 1977. De psychiatrische expertise in de zaak Harmen Alfkens. Een Bataafse primeur? *Tijdschrift voor Gezondheidsrecht* 1: 262~4.

Farr, James R. 1988. Hands of honor. *Artisans and their world in Dijon, 1550~1650* (Ithaca: Cornell University Press).

Farr, James R. 1991. The pure and the disciplined body. Hierarchy, morality and symbolism in France during the Catholic Reformation. *JIntH* 21,3: 391~414.

Farr, James R. 2003. The death of a judge. Performance, honor and legitimacy in seventeent-century France. *JMH* 75,1: 1~22.

Farrell, Sean. 2000. Rituals and riots. Sectarian violence and political culture in Ulster, 1784~1886 (Lexington: University Press of Kentucky).

Feeley, Malcolm M. and Little, Deborah I. 1991. The vanishing female. The decline of women in the criminal process. *Law & Society Review* 25,4: 719~57.

Fehr, Hans. 1908. *Der Zweikampf* (Berlin: Curtius).

Ferket, Nathalie. 1999. Zwijgen als vermoord. Vrouwenmishandeling en de juridische positie van de gehuwde vrouw in Belgie in de 19e eeuw. *TvSG* 25: 285~304.

Ferraro, Joanne M. 1993. *Family and public life in Brescia, 1580~1650. The foundations of power in the Venetian state* (Cambridge: Cambridge University Press).

Fishman, Jane Susannah. 1982. *Boerenverdriet. Violence between peasants and soldiers in early modern Netherlands art* (Ann Arbor, UMI Research Press).

Fletcher, Jonathan. 1997. *Violence and civilization. An introduction to the work of Norbert Elias* (Cambridge: Polity).

Foucault, Michel. 1973. *Moi Pierre Rivière, ayant égorgé ma mère, ma soeur et mon frère. Un cas de parricide au 19e siècle* (Paris: Gallimard).

Fox, James Alan and Levin, Jack. 2005. *Extreme killing. Understanding serial and mass murder* (London: Sage).

Foyster, Elizabeth A. 1999a. *Manhood in early modern England. Honour, sex and marriage* (London: New York: Longman).

Foyster, Elizabeth. 1999b. Boys will be boys? Manhood and aggression, 1660~1800. In Hitchcock, Tim and Cohen, Michele (eds.) *English masculinities, 1660~1800* (London:

New York: Longman): 151~166.

Frank, Michael. 1995. *Dörfliche Gesellschaft und Kriminalität. Das Fallbeispiel Lippe, 1650~1800* (Paderborn, Ferdinand Schöningh).

Franke, Herman. 1991. Geweldscriminaliteit in Nederland. Een historische-sociologische analyse *Amsterdams Sociologisch Tijdschrift* 18,3: 13~45.

Frevert, Ute. 1991. *Ehrenmänner. Das Duell in der bürgerlichen Gesellschaft* (München: Beck).

Frost, Ginger. 2004. She is but a woman. Kitty Byron and the English Edwardian criminal justice system. *Gender and History* 16,3: 538~60.

Fuchs, Ralf-Peter. 1999. *Um die Ehre. Westfälische Beleidigungsprozesse vor dem Reichskammergericht, 1525~1805* (Paderborn, Ferdinand Schöningh).

Gallant, Thomas W. 2000. Honor, masculinity and ritual knife fighting in 19th-century Greece. *AHR* 105,2: 359~82.

Garnot, Bernoît. 1993. *Un crime conjugal au 18e siècle* (Paris: Imago).

Garnot, Benoît (ed.). 1996. *L'infrajudiciaire du moyen âge à l'époque contemporaine* (Dijon: Editions Universitaires).

Garnot, Benoît. 2000. *Justice et société en France au 16e, 17e et 18e siècles* (Paris: Orphrys).

Garnot, Benoît. 2004. *Intime conviction et erreur judiciaire. Un magistrat assassin au XVIIe siécle?* (Dijon: Editions Universitaires de Dijon).

Gaskill, Malcolm. 1998. Reporting murder. Fiction in the archives in early modern England. *SocHist* 23,1: 1~30.

Gaskill, Malcolm. 2000. *Crime and mentalities in early modern England* (Cambridge: Cambridge University Press).

Gatrell, V.A.C. 1980. The decline of theft and violence in Victorian and Edwardian England. In Gatreel et al. (eds.), *Crime and the law. The social history of crime in Western Europe since 1500* (London: Europa Publishers): 238~370.

Gauvard, Claude. 1991. *"De grace especial." Crime, état et société en France à la fin du moyen âge, 2 vols.* (Paris: Publications de la Sorbonne).

Gauvard, Claude. 1999. Fear of crime in late medieval France. In Hanawalt, Barbara and Wallace, David (eds.) *Medieval crime and social control* (Minneapolis, University of Minnesota Press): 1~48.

Gemert, Frank van and Torre, Edward van der. 1996. Berbers in de dope. Cultuur als verklaring voor vormen van criminaliteit. *Amsterdams Sociologisch Tijdschrift* 23,3: 480~503.

Geremek, Bronislaw. 1976. *Les marginaux Parisiens aux 14e et 15e siècles* (Paris: Flammarion).

Gilman, Sander. 1999. *Making the body beautiful. A cultural history of aesthetic surgery* (Princeton: Princeton University Press).

Given, James Buchanan 1977. *Society and homicide in thirteenth-century England* (Stanford: Stanford University Press).

Glaudemans, Corien. 2004. *Om die wrake wille. Eigenrichting, veten en verzoening in laat-middeleeuws Holland en Zeeland* (Hilversum, Verloren).

Godfrey, Barry. 2003. Counting and accounting for the decline in non-lethal violence in England, Australia and New Zealand, 1880~1920. *British Journal of Criminology* 43: 340~53.

Godfrey, Barry, et al. (eds.) 2003. *Comparative histories of crime* (Uffculme: Willan Publishing).

Goff, Jacques le. 1980. *Time, work and culture in the Middle Ages*, trans. Arthur Goldhammer (Chicago/London: University of Chicago Press).

Gómez Bravo, Gutmaro. 2005. *Crimen y castigo. Cárceles, justicia y violencia en la España del siglo XIX* (Madrid, Catarata).

Gonthier, Nicole. 1992. *Cris de haine et rites d'unité. La violence dans les violles, 13e~16e siècle* (Turnhout, Brepols).

Gorn, Elliott J. 1986. *The manly art. Bare-knuckle prize fighting in America* (Ithaca, NY: Cornell University Press)

Gouldsblom, J. 1998. De paradox van de pacificatie. *Amsterdams Sociologisch Tijdschrift* 25,3: 395~406.

Gowing, Laura. 1994. Language, power and the law. Women's slander litigation in early modern London. In Kermode, Jenny and Walker, Garthine (eds.), *Women, crime and the courts in early modern English* (London: UCL Press): 26~47.

Gowing, Laura. 1996. *Domestic dangers. Women, words and sex in early modern London* (Oxford: Clarendon Press).

Gowing Laura. 1997. Secret births and infanticide in 17th-century England. *PP* 156:

87~115.

Graus, Frantisek. 1987. *Pest, Geissler, Judenmorde. Das 14. Jahrhundert als Krisenzeit* (Göttingen: Vandenhoeck & Ruprecht).

Graziani, Antoine-Marie. 1997. *La Corse génoise. Economie, société, culture. Période moderne, 1453~1768* (Ajaccio: Alain Piazzola).

Green, Thomas Andrew. 1985. *Verdict according to conscience. Perspectives on the english criminal trial jury, 1200~1800* (Chicago: University of Chicago Press).

Greenshields, Malcolm. 1994. *An economy of violence in early modern France. Crime and justice in the Haute Auvergne, 1587~1664* (University Park, PA: Pennsylvania State University Press).

grimmer, Claude. 1983. *Vivre à Aurillac au 18e siècle* (Aurillac: PUF).

Groebner, Valentin. 2003. Ungestalten. *Die visuelle Kultur der Gewalt im Mittelalter* (München: Carl Hanser).

Guarnieri, Patrizia. 1993. *A case of child murder. Law and science in 19th-century Tuscany* (Cambridge: Polity).

Guillais, Joelle. 1986. *La chair de l'autre. Le crime passionnel au 19e siècle* (Paris: Olivier Orban).

Gurr, Ted Robert. 1981. Historical trends in violence crime. A critical review of the evidence. *Crime and Justice. An Annual Review of Research* 3: 295~353.

Guttmann, Allen. 1986. *Sports spectators* (New York: Columbia University Press)

Gyger, Patrick J. 1998. *L'epée et la corde. Criminalité et justice à Fribourg, 1475~1505* (Lausanne: Université de Lausanne).

Haan, W. J. M. de. 1997. *'t Kon minder. Gewelds criminaliteit, leefbaarheid en kwliteit van veiligheidszorg. Rede uitgesproken bij de aanvaarding van het ambt van gewoon hoogleraar in de criminologie aan de Rijksuniversiteit te Groningen* (Deventer: Gouda Quint).

Haan, W. J. M. de, et al. 1999. *Jeugd en geweld. Een interdisciplinair perspectief* (Assen: Van Gorcum).

Haan, W. J. M. de. 2000. Explaining the absence of violcence. A comparative approach. In Karstedt, Susanne and Bussmann, Kai-D. (eds.), *Social dynamics of crime and control. New theories for a world in transition* (Oxford: Hart Publishing): 189~203.

Häberlein, Mark. 1998. Tod auf der Herrenstube. Ehre und Gewalt in der Augsburger

Fuhrungsschicht, 1500~1620. In Beckmann, Sibylle, et al. (eds.), *Ehrkonzepte in der fruhen Neuzeit. Identitaten und Abgrenzungen* (Berlin: Akademie Verlag): 148~69.

Haen, Ineke. 2000. *Vuurwapens en geweld in internationaal perspectief. Tijdschrift voor Criminologie* 42,2: 118~29.

Haine, W. Scott. 1996. *The world of the Paris café. Sociability among the French working class, 1789~1914* (Baltimore/London: Johns Hopkins University Press).

Halttunen, Karen. 1995. Humanitarianism and the pornography of pain in Anglo-American culture. *AHR* 100,2: 303~34.

Hammer, Carl I., Jr. 1978. Patterns of homicide in a medieval university town: 14th-century Oxford. *Past and Present* 78: 3~23.

Hanawalt, Barbara. 1976. Violent death in 14th and early 15th-century England. *Comparative Studies in Society and History* 18: 297~320.

Hanawalt, Barbara. 1979. *Crime and conflict in English communities, 1300~1348* (Cambridge, MA/London: Harvard University Press).

Handvesten ofte privilegien ende octroyen mitsgaders willekeuren, costumen, ordonnaniten en handelingen der stad Amstelredam, 3 vols. (Amsterdam 1748).

Hanewinckel, Stephanus. 1800. *Reize door de Majorji van 's Hertogenbosch, in den jaare 1799, in brieven. Met plaaten* (Amsterdam).

Hanlon, Gregory. 1985. Les rituels de l'agression en Aquitaine au 17e siècle. *AESC* 40,2: 244~68.

Hardwick, Julie. 2006. Early modern perspectives on the long history of domestic violence. The case of seventeenth-century France. *JMH* 78,1: 1~36.

Harris, Anthony R., et al. 2002. Murder and medicine. The lethality of criminal assault, 1960~1999. *Homicide Studies* 6: 128~65.

Harris, Ruth. 1989. *Murders and madness. Medicine, law and society in the fin de siècle* (Oxford: Clarendon Press).

Hasselt, Johan Jacob van. 1772. *Rechtsgeleerde verhandeling over de noodza-akelykheid van het schouwen der doode lighaamen* (Amsterdam).

Hay, Douglas, et al. 1975. *Albion's fatal tree. Crime and society in 18th-century England* (New York: Pantheon Books).

Heers, Jacques. 1974. *Le clan familial au moyen âge. Etude sur les structures politiques et sociales des milieux urbains* (Paris: PUF).

Heers, Jacques. 1990. *Le ville au moyen âge en Occident. Paysages, pouvoirs et conflits* (Paris: Fayard).

Heijden, Manon van der. 1995. Criminaliteit en sexe in 18e-eeuws Rotterdam. *Tijdschrift voor Sociale Geschiedenis* 21,1: 1~36.

Heijden, Manon van der. 1998. *Huwelijk in Holland. Stedelijke rechtspaak en kerkelijke tucht, 1550~1700* (Amsterdam: Bert Bakker).

Heijden, Manon van der. 2000. Women as victims of sexual and domestic violence in 17th-century Holland. Criminal cases of rape, incest and maltreatment in Rotterdam and Delft. *JSH* 33,3: 623~44.

Henry, Brian. 1994. *Dublin hanged. Crime, law enforcement and punishment in late 18th-century Dublin* (Dublin: Irish Academic Press).

Herwaarden, Jan van. 1978. *Opgelegde bedevaarten. Een studei over de praktijk van het opleggen van bedevaarten in de Nederlanden gedurende de late mid-deleeuwen* (Assen, Amsterdam: Van Gorcum).

Hett, Benjamin Carter. 2004. *Death in the Tiergarten. Murder and criminal justice in the Kaiser's Berlin* (Cambridge, MA: Harvard University Press).

Hobbs, Dick et al. 2005. Violence and control in the night-time economy. *European Journal of Crime, Criminal Law and Criminal Justice* 13,1: 89~102.

Hobsbawm, Eric. 1981. *Bandits*. Revised edn. (New York: Pantheon Books).

Hoffer, Peter C. and Hull, N. E. H. 1981. *Murdering mothers. Infanticide in Englnad and New England, 1558~1803* (New York: New York University Press).

Hoolandts Placcaet-boeck. 1645. *1580 tot 1645* (Amsterdam: Jan Janssen).

Hood, Roger and Joyce, Kate. 1999. Three generations. Oral testimonies on crime and social change in London's East End. *British Journal of Criminology* 39,1: 136~60.

Hoogenboezem, J. Mortaliteit. 1995. Moord en doodslag in Nederland. *Maandbericht Gezondheidsstatistiek* 14,7: 4~10.

Hoppenbrouwers, P. C. M. 1992. *Een middeleeuwse samenleving. Het Land van Heusden, ca. 1360~ca. 1515*, 2 vols. (Wageningen: A. A. G. Bijdragen 32).

Hufton, Olwen H. 1974. *The poor of eighteenth-century France, 1750~1789* (Oxford: Clarendon Press).

Hufton, Olwen. 1990. Women and violence in early modern Europe. In Dieteren, Fia and Kloek, Els (eds.) *Writing Women into history* (Amsterdam: Historisch Seminarium van de Universiteit van Amsterdam): 75~95.

Hurnard, Naomi D. 1997[1969]. *The king's pardon for homicide before AD1307* (Oxford: Clarendon Press).

Jackson, Mark. 1996. *New-born child murder. Women, illegitimacy and the courts in 18th-century England* (Manchester/New York: Manchester University Press).

Jackson, Mark (ed.). 2002. *Infanticide. Historical perspectives on child murder and concealment, 1550~2000* (Aldershot: Ashgate).

James, Mervyn. 1978. *English politics and the concept of honour, 1485~1642* (Oxford: Past & Presesnt Supplement 3).

Jansson, Arne. 1998. *From swords to sorrow. Homicide and suicide in early modern Stockholm* (Stockholm: Almqvist & Wiksell International).

Johnson, Eric A. 1995. *Urbanization and crime: Germany, 1871~1914* (Cambridge: Cambridge University Press).

Johnson, Eric A. and Monkkonen, Eric H. (eds.) 1996. *The civilization of crime. Violence in town and country since the Middle Ages* (Urbana: University of Illinois Press).

Jones, George Fenwick. 1959. *Honor in German literature* (Chapel Hill: University of North Carolina Press).

Jones, Philip. 1997. *The Italian city-state. From commune to signoria* (Oxford: Clarendon Press).

Kaes, Anton. 2000. *M* (London: British Film Institute).

Kaeuper, Richard W. 2000. Chivalry and the "civilizing process." In Kaeuper, Richard W. (ed.), *Violence in medieval society* (Woodbridge: Boydell Press): 21~35.

Kaiser, Hildegunde. 1982. Das Messer als Tatwerkzeug bei Gewaltdelikten. Eine Untersuchung über die Beziehungen zwiscehen Täter, Opfer, Tatmotive und Tatwaffe (Dissertation, University of Frankfurt).

Kalifa, Dominique. 2005. *Crime et culture au 19e siècle* (Paris: Perrin).

Kelly, James. 1995. *"That damn'd thing called honour." Duelling in Ireland, 1570~1860* (Cork: Cork University Press).

Kempers, Bram. 1987. *Kunst, macht en mecenaat. Het beroep van schilder in sociale verhoudingen, 1250~1600* (Amsterdam: Arbeiderspers).

Kesselring, K. J. 2003. *Mercy and authority in the Tudor state* (Cambridge: Cambridge University Press).

Kierna, V. G. 1988. *The duel in European history. Honour and the reign of aristocracy* (Oxford: Oxford University Press).

King, Peter. 1996. Punishing assault. The transformation of attitudes in the English courts. *JIntH* 27,1: 43~74.

Knotter, Ad. 1999. *Rondom de Stokstraat. "Onmaatschappelijkheid" en "onderklasse" in de jaren vijftig* (Maastricht: Sociaal Historisch Centrum voor Limburg).

Kock, Henri Francois de. 1876. Het duel. Aantekening op boek II, titel Vi van het Ontwerp-Wetboek van Strafrecht van 1875 (Dissertation, University of Leiden).

Koenraadt, F., (ed.) 1991. *Ziek of schuldig? Twee eeuwen forensische psychiatrie en psychologie* (Arnhem: Gouda Quint).

Kolmer, Lothar. 1997. Gewalttätige Öffentlichkeit und Öffentliche Gewalt. Zur städtischen Kriminalität im späten Mittelalter. *Zeitschrift der Savigny Stiftung für Rechtsgeschichte, Germanistische Abteilung* 114: 261~ 95.

Komen, Mieke. 1998. Kindermishandeling en sociale verandering. *Tijdschrift voor Criminologie* 40,1: 39~58.

Koskivirta, Anu and Forsström, Sari (eds.) 2002. *Manslaughter, formication and sectarianism. Norm-breaking in Finland and the Baltic area from medieval to modern times* (Helsinki: Finnish Academy of Science and Letters).

Kuehn, Thomas, 1991. *Law, family and women. Toward a legal anthropology of Renaissance Italy* (Chicago/London: University of Chicago Press).

Kurgan-Vanhentenryk, Ginette (ed.). 1999. *Un pays si tranquille. La violence en Belgique au 19e siècle* (Bruxelles: Editions de l'Université).

Küther, CArsten. 1976. *Räuber und Gauner in Deutschland. Das organisierte Bandenwesen im 18. und frühen 19. Jahrhundert* (Göttingen: Vandenhoeck & Ruprecht)

Lacour, Eva. 2000. *Schlägereyen und Unglücksfälle. Zur Historischen Psychologie und Typologie von Gewalt in der frühneuzeitlichen Eifel* (Egelsbach: Hänsel-Hohenhausen).

Lacour, Eva. 2001. Faces of violence revisited. A typology of violence in early modern rural Germany. *JSH* 34,3: 649~67.

Lane, Roger. 19997. *Murder in America. A history* (Columbus: Ohio STate University Press).

Langbein, John H. 1974. *Prosecuting crime in the Renaissance. England, Germany,*

France (Cambridge, MA: Harvard University Press).

Lange, Katrin. 1994. *Gesellschaft und Kriminalität. Räuberbanden im 18. und frühen 19. Jahrhundert* (Frankfurt a.M.: Lang).

Lapalus, Sylvie. 2004. *La mort du vieux. Une histoire du parricide au 19e siècle* (Paris: Tallandier).

Larnet, John. 1980. *Italy in the age of Dante and Petrarch, 1216~1380* (London: Longman).

Lawrence, John. 2003. Forging a peaceable kingdom. War, violence and fear of brutalization in post-First World War Britain. *JMH* 75,3: 557~89.

Leany, Jennifer. 1989. Ashes to ashes. Cremation and the celebration of death in 19th-century Britain. In Houlbrooke, Ralph (ed.), *Death, ritual and bereavement* (London: Routledge): 118~35.

Lebigre, Arlette. 1991. *Les dangers de Paris au 17e siècle. L'assassinat de Jacques Tardieu, leutenant criminel au Châtelet, et de sa femme, 24 août 1665* (Paris: Albin Michel).

Leistra, Gerlof and Nieuwbeerta, Paul. 2003. *Moord en doodslag in Nederland, 1992~2001* (Amsterdam: Prometheus).

Lepourtre, David. 1997. *Coeur de banlieue. Codes, rites et langages* (Paris: Odile Jacob).

Lind, Vera. 1999. *Selbstmord in der frühen Neuzeit. Diskurs, Lebenswelt und kultureller Wandel am Beispiel der Herzogtumer Schlesswig und Holstein* (Göttingen: Vandenhoeck & Ruprecht).

Lindenberger, Thomas and Alf Lüdtke (eds.) 1995. *Physische Gewalt. Studien zur Geschichte der Neuzeit* (Frankfurt a.M.: Suhrkamp).

Lorenz, Maren. 1999. *Kriminelle Korper- Gestörte Gemüter. Die Normierung des Individuums in Gerichtmedizin und Psychiatrie der Aufklärung* (Hamburg, Hamburger Edition).

McAleer, Kevin. Dueling. 1994. *The cult of honor in fin-de-siècle Germany* (Princeton: Princeton University Press).

McDonagh, Josephine. 2003. *Child murder and British culture, 1720~1900* (Cambridge: Cambridge University Press).

Macdonald, Michael and Murphy, Terence R. 1990. *Sleepless souls. Suicide in early modern England* (Oxford, Clarendon Press).

McIntosh, Marjorie Keniston. 1998. *Controlling misbehavior in England, 1370~1600*

(Cambridge: Cambridge University Press).

McMahon, Vanessa. 2004. *Murder in Shakespeare's England* (London: Hambledon and London).

Maddern, Phillipa C. 1992. *Violence and social order. East Anglia, 1422~1442* (Oxford: Clarendon Press).

Malcolmson, Robert W. 1973. *Popular recreations in English society, 1700~1850* (Cambridge: Cambridge University Press).

Mantecón, Tomás. 1997. *La muerte de Antonia Isabel Sánchez. Tiranía y escándalo en una sociedad rural del Norte español en el Antiguo Régimen* (Alcalá de Henares: Centro de Estudios Cervantinos).

Mantecón, Tomás. 2002. Mujeres forzadeas y abusos deshonestos en la Castilla moderna. In Manuscrits. *Revista d'Historia Moderna* 20: 157~85.

Mantecón, Tomás. 2004. Les démons de Martín. Folie et erreur judiciaire dans la Castille du 17e siècle. In Garnot, Benoît (ed.), *L'erreur judiciaire. De Jeanne d'Arc áRoland Agret* (Paris: Imago): 61~84.

Mantecón, Tomás, 2006a. Las culturas criminales portuarias en las ciudades arlanticas. Sevilla y Amsterdam en su edad dorada. In Fortea, José Ignacio and Gelabert, Juan E. (eds.), *La ciudad portuaria atlantica en la historia* (Santander: Autoridad Portuaria de Santander): 161~94.

Mantecón, Tomás. 2006b. Hampas contrabandistas en la España Atlántica de los siglos 17 y 18. In Fernandez de Pinedo, E., et al. (eds.) *El Abra: ¿ Mare Nostrum? Portugalete y el mar* (Bilbao: Concejalia de Cultura de Portugalete); 131~72.

Marci, Iacobus. 1618. *Deliciae Batavicae. Variae elegantesque picturae* (Amsterdam).

Marsilje, J. W., et al. 1990. *Bloedwraak, partijstrijd en pacificatie in laat-mid-deleeuws Holland* (Hilversum: Verloren).

Martines, Lauro (ed.) 1972. *Violence and civil disorder in Italian cities, 1200~1500* (Berkeley: University of California Press).

Marwick, Arthur. 1998. *The sixties. Cultural revolution in Britain, France, Italy and the United States, c.1958~c.1974* (Oxford: Oxford University Press).

Mehl, Jean-Michel. 1990. *Les jeux au royaume de France du 13e au début de 16e siècle* (Paris: Artheme Fayard).

Meyer-Knees, Anke. 1992. *Verführung und sexuelle Gewalt. Untersuchung zum medizinischen und juristischen Diskurs im 18. Jahrhundert* (Tübingen: Stauffenburg Verlag).

Michalik, Kerstin. 1997. *Kindsmord. Sozial- und Rechtsgeschichte der Kindstötung im 18. und beginnenden 19. Jahrhundert am Beispiel Preussen* (Pfaffenweiler: Centaurus Verlag).

Mohrmann, Ruth-Elisabeth. 1977. *Volksleben in Wilster im 16. und 17. Jahrhundert* (Neumünster: Wachholtz).

Mols, R. 1979. De seculiere clerus in de 19de eeuw. In Blok, D. P., et al. (eds.), *Algemene geschiedenis der Nederlanden,* vol. 8 (Haarlem: Fibula-Van Dishoeck).

Monkkonen, Eric. 2001. New standards for historical homicide research. *Crime, Histoire & Sociétés/Crime, HIstory and Societies* 5,2: 5~26.

Monkkonen, Eric. 2006. Homicide. Explaining America's exceptionalism. *American Historical Review* 111,1: 76~94.

Monod, Paul Kléber. 2003. *The murder of Mr. Brebell. Madness and civility in an English town* (New Haven: Yale University Press).

Montel, Laurence. 2003. Genre et criminalité organisée á Marseille du début du 19e siècle à la fin des annéess 1930. Paper presented at the conference "Gender and Crime in Historical Perspective" (Paris: IAHCCJ).

Morris, David B. 1991. *The culture of pain* (Berkeley: University of California Press).

Morris, Robert M. 2001. "Lies, damned lies and criminal statistics." Reinterpreting the criminal statistics in English and Wales. *Crime, Histoire & Sociètès/Crime, History and Societies* 5,1: 111~27.

Mucchielli, Laurent. 2004. Demographic and social characteristics of murders and their victims. A survey on a department of the Paris region in the 1990s. *Population-E* 59,2: 1~27.

Mucchielli, Laurent, 2006. L'élucidation des homicides. De l'enchantement technologique à l'analyse du travail des enquêteurs de police judiciaire. Déviance et Société 30,1: 91~119.

Muchembled, Robert. 1989. La violence au village. *Sociabiité et comportements popularies en Artois du 15e au 17e siécle* (Turnhout: Brepols).

Muur, Edward. 1993. *Mad blood stirring. Vendetta & factions in Friuli during the Renaissance* (Baltimore/London: Johns Hopkins University Press).

Muir, Edward. 2005. *Ritual in Early Modern Europe, 2nd edn.* (Cambridge: Cambridge University Press).

Murray, Alexander. 1998. *Suicide in the Middle Ages. Vol I: The violent against themselves* (Oxford/New York: Oxford University Press).

Murray, Alexander. 2000. *Suicide in the Middle Ages. Vol II. The curse of self-murder* (Oxford/New York: Oxford University Press).

Neste, Evelyne van den. 1996. *Tournois, joutes, pas d'armes dans les villes de Flandres á la fin du moyen âge, 1300~1486* (Paris: Ecole des Chartes).

Neuschel, Kristen B. 1989. *Word of honor. Interpreting noble culture in 16th-century France* (Ithaca/London: Cornell University Press).

Niccoli, Ottavia. 1999. Rinuncia, pace, perdono. Rituali di pacificazione della prima età moderna. *Studi Storici* 40: 219~61.

Nicholas, DAvid M. 1970. Crime and punishment in fourteenth-century Ghent, Second Part. *Belgisch Tijdschrift voor Filologie en Geschiedenis* 48,4: 1141~76.

Nicholas, David. 1988. *The van Arteldes of Ghent. The varieties of vendetta and the hero in history* (Leiden, Brill).

Nicholas, David. 1997. *The later medieval city, 1300~1500* (London: Longman).

Nirenberg, David. 1996. *Communities of violence. Persecution of minorities in the Middle Ages* (Princeton, Princeton University Press).

Nolde, Dorothea. 2003. *Gattenmord. Macht und Gewalt in der frühneuzeitlichen Ehe* (Köln: Böhlau).

Nubola, Cecilia and Wurgler, Andreas (eds.) 2002. *Suppliche e gravamina. Politica, amministrazione, giustizia in Europa, secoli 14~16* (Bologna: Il Mulino).

Nusteling, Hubert. 1997. The population of Amsterdam in the golden age. In Kessel, Peter van and Schulte, Elisja (eds.), *Amsterdam: Rome. Two growing cities in 17th-century Europe* (Amsterdam: Amsterdam University Press): 71~84.

Nye, Robet A. 1984. *Crime, madness and plitics in modern France. The medical concept of national decline* (Princeton: Princeton University Press).

Nye, Robert A. 1993. *Masculinity and male codes of honor in modern France* (New York/Oxford: Oxford University Press).

O'Donnell, Ian. 2002. Unlawful killing past and present. *The Irish Jurist 37,* New Series: 56~90.

Österberg, Eva and Sogner, Sölvi (eds.) 2000. *People meet the law. Control and conflict-handling in the courts: the Nordic countries in the post-Reformation and preindustrial period* (Oslo: Universitetsforlaget).

Paresys, Isabelle. 1998. *Aux marges du royaume. Violence, justice et société en Picardie sous François Ier* (Paris: Publications de la Sorbonne).

Parrella, Anne. 1992. Industrialization and murder. Northern France, 1815~1904. *Journal of Interdisciplinary History* 22,4: 627~54.

Payling, S. J. 1998. Murder, motive and punishment in 15th-century England. Two gentry case studies. *EHR* 113: 1~17.

Pazzaglini, Peter Rayond. 1979. *The criminal ban of the Sienese commune, 1225~1310* (Milano: A. Giuffrè).

Peltonen, Markku. 2003. *The duel in early modern England. Civility, politeness and honour* (Cambridge: Cambridge University Press).

Perrot, Michelle. 2001. *Les ombres de l'histoire. Crime et châtiment du 19e siècle* (Paris: Flammarion).

Perry, Mary Elizabeth. 1980. *Crime and society in earl modern Seville* (Hanover, NH: University Press of New England).

Petkov, Kiril. 2003. *The kiss of peace. Ritual, self and society in the high and late medieval West* (Ledien: Boston, Brill).

Philippa, Marlies. 2004. *Lustwoorden. Over eten en seks in taal* (Den Haag: SDU).

Phillips, Roderick. 1988. *Putting asunder. A history of divorce in Western society* (Cambridge: Cambridge University Press).

Pinar, Francisco J. Lorenzo. 2002. Actitudas violentes en torno a la fornicación y disolución del matrimonio en Castilla durante la edad moderna. In Fortea, José I., et al. (eds.) *Furor et Rabies: Violencia, Conflicto y Marginación en la Edad Moderna* (Santander: Universidad de Cantabria): 159~82.

Ploeg, J. d. van der and Mooij, T. (eds.) 1998. *Geweld op school. Achtergronden, omvang, oorzaak, preventie en aanpak* (Rotterdam: Lemniscaat).

Ploux, Francois. 2002. *Guerres paysannes en Quercy. Violences, conciliations et répression pénale dans les campagnes du Lot, 1810~1860* (Paris: Boutique de l' Histoire).

Pohl, Susanne. 1999. Ehrlicher Totschlag - Rache - Notwehr. Zwischen männlichem

Ehrencode und dem Primat des STadtfriedens. Zürich 1376~1600. In Jussen, Bernhard and Koslofsky, Craig (eds.) *Kulturelle Reformation. Sinnformationen im Umbruch, 1400~1600* (Göttingen: Vandenhoeck & Ruprecht): 239~83.

Poitrineau, Abel. 1965. *La vie rurale en Basse-Auvergne au 18e siècle, 1726~1789,* 2 vols. (Aurillac: Imprimerie Moderne).

Pol, Lotte van de. 1996a. *Het Amsterdams hoerdom. Prostitutie in de 17e en 18e eeuw* (Amsterdam: Wereldbibliotheek).

Pol, Lotte van de. 1996b. *In en om het spinhuis. In Met Straffe Hand: Tucht en Discipline in het Amsterdamse Rasphuis* (Amsterdam: Universiteitsbibliotheek): 35~42.

Porret, Michel. 1992. *Le crime et ses circonstances. De l'esprit de l'arbitraire au siècle des lumières selon les réquisitoires des procureurs généraux de Genève* (Genève: Droz).

Porret, Michel. 2003. Le drame de la nuit. Enjeux médico-légaux du quadruple égorgement commis en 1885 à Genève par une mère sur ses enfants. *Revue d'Histoire du XIXe Siècle* 26~37: 305~29.

Port, Mattijs van de. 2001. *Geliquideerd. Criminele afrekeningen in Nederland* (Amsterdam: Meulenhoff).

Potter, David. 1997. "Rigueur de justice." Crime, murder and the law in Picardy, 15th to 16th centuries. *French History* 11: 265~309.

Raeymakers, Dries. 2004. *"Pour fuyr le nom de vilayn et meschant." Het duel in de Zuidelijke Nederlanden: aspecten van eer en oneer in de Nieuwe Tijd* (Leuven: Licentiaatsverhandeling Katholieke Universiteit).

Raggio, Osvaldo. 1991. Social relations and control of resources in an area of transit: eastern Liguira, 16th to 17th centuries. In Stuart Woolf (ed.), *Domestic strategies. Work and family in France and Italy, 1600~1800* (Cambridge/New York: Cambridge University Press): 20~42.

Reekers, Stephanie. 1956. *Westfalens Bevölkerung, 1818~1955. Die Bevölkerung-sentwicklung der Gemeinden und Kreise im Zahlenbild* (Münster: Aschendorfse Verlagsbuchhandlung).

Regt,. Ali de. 1984. *Arbeidersgezinnen en beschavingsarbeid. Ontwikkelingen in Nederland, 1870~1940. Een historisch-sociologische studie* (Meppel, Amsterdam: Boom).

Reuber, Ingrid Sybille. 2002. *Der Külner Mordfall Fonk von 1816. Das Schwurgericht und das königliche Bestätigungsrecht auf dem Prüfstand* (Köln: Böhlau).

Rexroth, Frank. 1999. *Das Milieu der Nacht. Obrigkeit und Randgruppen im spätmittelalterlichen London* (Göttingen: Vandenhoeck & Ruprecht).

Rey, Roselyne. 1995. *The history of pain* (Cambridge, MA/London: Harvard University Press).

Righard, Hans 2003. *De wereldwijde jaren zestig: Groot-Brittannië, Nederland, de Verenigde Staten. Bezorgd door Paul Luykx en Niek Pas* (Utrecht: Instituut Geschiedenis van de Universiteit Utrecht).

Roché, Sebastian 1998. *Sociologie politique de l'insécurité. Violences urbanies, inégalités et globalisation* (Paris: PUF).

Roeck, Bernd. 1993. *Aussenseiter, Randgruppen, Minderheiten. Fremde im Deutshland der frühen Heuzeit* (Göttingen: Vandenhoeck & Ruprecht).

Rombach, Geurt, 1993. Verbalen, vonnissen en volkschultuur. Een nieuwe lezing van bekende bronnen. In Jan van Oudheusden and Gerard Trienekens (eds.), *Een pront wiif, een mager paard en een zoon op het seminarie. Aanzetten tot een integrale geschiedenis van oostelijk Noord-Brabant, 1770~1914* (Den Bosch: Stichting Brabantse Regionale Geschiedbeoefening): 89~124.

Roodenburg, Herman. 1990. *Onder censuur. De kerkelijke tucht in de Gereformeerde gemeente van Amsterdam: 1578~1700* (Hilversum: Verloren).

Roodenburg, Herman and Spierenburg, Pieter (eds.) 2004. *Social control in Europe*. Vol. I: *1500~1800* (Columbus: Ohio State University Press).

Rousseaux, Xavier. 1993. Order moral, justices et violence. L'homicide dans les sociétés Européennes, 13e~18e siècle. In Garnot, Benoît (ed.), *Ordre moral et délinquance de l'Antiquité au 20e siécle*. Actes du Colloque de Dijon (Dijon: EUD): 65~82.

Rublack, Ulinka. 1998. *Magd, Metz' oder Mörderin. Frauen vor frühneuzeitlichen Gerichten* (Frankfurt a.M.: Fischer).

Rudolph, Harriet and Schnabel-Schüle, Helga (eds.) 2003. *Justiz = Justice= Justicia : Rahmembedingungen von Strafjustiz im Frühneuzeitlichen Europa*. Trierer Historische Forschungen, Band 48 (Trier: Kliomedia).

Ruff, Julius. 2001. *Violence in early modern Europe* (Cambridge: Cambridge University Press).

Ruggiero, Guido. 1980. *Violence in early Renaissance Venice* (New Brunswick, NJ:

Rutgers University Press).

Sabean, David Warren. 1984. *Power in the blood. Popular culture and village discourse in early modern Germany* (Cambridge: Cambridge University Press).

Saean, David Warren. 1990 *Property, production and family in Neckarhausen, 1700~1870* (Cambridge: Cambridge University Press).

Salernitano, Masuccio. 1975. *Ill Novellino. Reprint a cura di Salvatore Nigro* (Roma: Laterza).

San, Marion van. 1998. *Stelen en steken. Delinquent gedrag van Curaçaose jongens in Nederland* (Amsterdam: Het Spihuis).

Schär, Markus. 1985. *Seelennöte der Untertanen. Selbstmord, Melancholie und Religion im alten Zürich, 1500~1800* (Zürich: Chronos).

Scheuer, Herman Johannes. 1893. Insurbordinatie en militair tweegevecht (Dissertation, University of Utrecht).

Schmidt, Cornelis. 1986. *Om de eer van de familie. Het geslacht Teding van Berkhout, 1500~1950* (Amsterdam: De Bataafasche Leeuw).

Schmitt, Jean-Claude. 1976. Le suicide au moyen age. *Annales ESC* 31,1: 3~28.

Schnabel-Schüle, Helga. 1997. *Überwachen und STrafen im Territorialstaat. Bedingungen und Auswirkungen des Systems strafrechtlicher Sanktionen im frühneuzeitlichen Württemberg* (Köln: Böhlau).

Schreiner, Klaus and Schwerhoff, Gerd (eds.) 1995. *Verletzte Ehre. Ehrkonflikte in Gesellschaften des Mittelaters und der frühen Neuzeit* (Köln: Böhlau).

Schulte, Regina. 1989. *Das Dorf in Verhör. Brandstifter, Kindsmörderinnen und Wilderer vor den Schranken des bürgerlichen Gerichts Oberbayern, 1848~1910* (Reinbek bei Hamburg: Rowohlt).

Schumann, Dick. 2001. *Politische Gewalt in der Weimarer Republik, 1918~1933.* Kampf um die Straße und Furcht vor dem Burgerkrieg (Essen: Klartext Verlag).

Schüssler, Martin. 1994. VErbrechen im spätmittelalterlichen Olmütz. Statistche Untersuchung der Kriminalität im Osten des Heiligen Römischen Reiches. *Zeitschrift der SAvigny-Stiftung fure Rechtsgeschichte, Germanistische Abteilung* 111: 148~271.

Schüssler, Martin. 1998. Verbrechen in Krakau, 1361~1405, und seiner Beistadt Kasimur, 1370~1402. *Zeitschrift der Savigny-Stiftung für Rechtsgeschichte, Germanistische Abteilung* 115: 198~338.

Schuster, Peter. 2000a. *Eine Stadt vor Gericht. Recht und Altag im spätmittelalterlichen Konstanz* (Paderborn: Ferdinand Schöningh).

Schuster, Peter. 2000b. Richter ihrer selbst? Deliquenz gesellschaftlicher Oberschichten in der Spätmittelalterlichen Stadt. In Blauert, Andreas and Schwerhoff, Gerd (eds.), *Kriminalitätsgeschicte. Beiträge zur Sozial- und Kulturgeschichte der Vormoderner* (Konstanz: Universitatsverlag): 359~78.

Schwerhoff, Gerd. 1991. *Köln im Kreuzverhör. Kriminalitat, Herrschaft und Gesellschaft in einer frühneuzeitlichen Stadt* (Bonn/Berlin: Bouvier Verlag).

Schwerhoff, Gerd. 1999. *Aktenkundig und gerichtsnotorisch. Einführung in die historische Kriminalitätsforschung* (Tübingen, diskord).

Septon, Monique. 1996. Les femmes et le poison. L'empoisonnement devant les juridictions criminelles en Belgique au 19e siècle, 1795~1914 (PhD thesis, Milwaukee, Marquette University).

Serpentini Antoine Laurent. 2003. La crimnalité de sang en Corse sousla domination génoise, fin 17e~début 18e siècles. *Crime, HIstoire & Sociétés/ Crime, HIstory & Societies* 7,1: 57~78.

Shapiro, Ann-Louse. 1996. *Breaking the codes. Female criminatliy in fin-de-seicle Paris* (Stanford: Stanrode University Press).

Sharpe, J. A. 1984. *Crime in early modern England, 1550~1750* (London: New York: Longman).

Sharpe, James 2004 Dick Turpin. *The myth of the English highwayman* (London: Profile Books)

Shepard, Alexandra, 2003. *Meaning of manhood in early modern English* (Oxford: Oxford University Press).

Shoemaker, Robert B. 1998. *Gender in English society, 1650~1850. The emergence of separate spheres?* (London/New York; Longman).

Shoemaker, Robert b. 1999. Reforming male manners. Public insult and the decline of violence in London; 16660~1740. In Hitchcock, Tim and Cohen, Michèle (eds.) *English masculinities, 1660~1800* (London: New York: Longman): 133~50.

Shoemaker, Robert B. 2000. The decline of public insult in London: 1600~1800. *PP* 169: 87~131.

Shoemaker Robert B. 2001. Male honour and the decline of pulibic violence in 18th century London. *SocHist* 25, 2: 190~208.

Shovlin, John. 2000. Toward a reinterpretation of revolutionary antinobilism. The political economy of honor in the Old Regime. *JMH* 72: 35~66.

Simpson, Antony E. 1988. Dandelions and the field of honor. Dueling, the middle classes and the law in 19th-century England. *Criminal Justice History* 9: 99~155.

Sleebe, Vincent. 1994. *In termen van fatsoen. Sociale controle in het Groningse kleigebied, 1770~1914* (Assen: Van Gorcum).

Smail, Daniel Lord. 2003. *The consumption of justice. Emotions, publicity and legal culture in Marseille, 1264~1423* (Ithaca: Cornell University Press).

Smith, Helmut Walser. 2002. *The butcher's tale. Murder and anti-semitism in a German town* (New York: W. W. Norton).

Spicker-Beck Monika. 1995. *Räuber, Mordbrenner, umschweifendes Gesind. Zur Kriminalität im 16. Jahrhundert* (Freibrug im Breisgau: Rombach).

Spierenburg, Pieter. 1984. *The spectacle of suffering. Executions and the evolution of repression: from a preindustrial metorpolis to the European experience* (Cambridge: Cambridge University Press).

Spierenburg, Pieter. 1996. Long-term trends in homicide. Theoretical reflections and Dutch evidence, fifteenth to twentieth centureis. In Johnson, Eric A. and Monkkonen, Eric H. (eds.) *The civilization of crime. Violence in town and contry since the Middle Ages* (Urbana: Chicago, University of Illinois Press): 63~105.

Spierenburg, Pieter. 1997. How violent were women? Court cases in Amsterdam: 1650~1810. *Crime, Histoire & Sociétés/Crime, HIstory and Societies* 1,1: 9~28.

Spierenburg, Pieter (ed.). 1998a. *Men and violence. Gender, honor and rituals in modern Europe and America* (Columbus: Ohio STate University Press).

Spierenburg, Pieter. 1998b. *De Verbroken Betovering. Mentaliteit en Cultuur in Preindustrieel Europa,* 3rd. edn. (Hilversum: Verloren).

Spierenburg, Pieter. 1999. Sailors and violence in Amsterdam: 17th~18th centuries. In Lappalainen, Mirkka and Hirvonen, Pekka (eds.), *Crime and control in Europe from the past to the present* (Helsinki: Publications of the History of Criminality REsearch Project): 112~43.

Spierenburg, Pieter. 2000. Wapens en ewelt in historisch perspectief. *Tijdschrift voor Criminologie* 42,2; 183~90.

Spierenburg, Pieter. 2001. Violence and the civilizing process. Does it work? *Crime, HIstoire & Sociétés/Crime, HIstory & Societies* 5,2: 87~105.

Spierenburg, Pieter. 2004. *Written in blood. Fatal attraction in Enlightenment Amsterdam* (Columbus: Ohio State University Press).

Spierenburg, Pieter. 2006a. Democracy came too early: a tentative explanation for the problem of American homicide. *American Historial Review* 111,1: 104~14.

Spierenburg, Pieter. 2006b. Protestant attitudes to violence. The early Dutch Republic. *Crime, HIstoire & Sociétés/Crime, HIstory & Societies* 10,2: 5~31.

Statt, Daiel. 1995. The case of the Mohocks. Rake violence in Augustan London. *SocHist* 20,2: 179~99.

Stein-Wilkeshuis, M. W. 1991. Wraak en verzoening in middeleeuwse Friese en Scandinavische rechtsbronnen. IN Diederiks, H. A. and Roodenburg, H. W. (eds.), *Misdaad, zoen en straf. Aspekten van de middeleeuwse strafrechts-geschiedenis in de Nederlanden* (Hilversum: Verloren): 11~25.

Stern, Fritz (ed.). 1956 *The varieties of history. From Voltaire to the present* (Cleveland/New York: Meridian Books).

Steward, Frank Henderson. 1994. *Honor* (Chicago/London: University of Chicago Press).

Stone, Lawrence. 1965. *The crisis of the aristocracy, 1558, 1641* (Oxford: Oxford University Press).

Strocchia, Sharon T. 1998. Gender and the rites of honour in Italian Renaissance cities. In Brown, Judith C. and Davis, Robert C. (eds.), *Gender and society in REnaissance Italy* (London: New York: Longman): 39~60.

Sweeney, Frank. 2002. *The murder of Conell Boyle, Country Donegal, 1898* (Dublin: Four Courts Press).

Symonds, Deborah A. 1997. *Weep not for me. Women, ballds and infanticide in early modern Scotland* (University Park, PA: Pennsylvania STate University Press).

Tatar, Maria. 1995. *Lustmord. Sexual murder in Weimar Germany* (Princeton: Prnceton Universoty Press).

Tayor, Howard. 1998. The politics of the rising crime statistics of England and Wales, 1914~1960. *Crime, HIstoire & Sociétés/Crime, HIstory & Societies* 2,1: 5~28.

Terlouw, Gert-Jan, et al. 2000. *Geweld: gemeld en geteld. Een analyse van aard en omvang van geweld op straat tussen onbekenden* (Den Haag: WODC-rapport).

Thome, Helmut. 2001. Explaining long-term trends in violent crime. *Crime, HIstoire & Sociétés/Crime, HIstory & Societies* 5,2: 69~86.

Thome, Helmut and Birket, Cristoph. 2007. *Sozialer Wandel und Gewaltkriminalität. Deutschland, England and Schweden in VErgleich, 1950 bis 2000* (Wiesbasen: VS Verlag fur Sozialwissenschaten).

Tillier, Annick. 2001. *Des criminelles au village. Femes infanticides en Bretagne, 1825~1865* (Rennes: Presses Universitaires de Rennes).

Timmer, Jaap and Neayé, Jan. 2000. Wapens en wapengebruik van de politie. *Tijschrift voor Criminologie* 42,2: 165~77.

Tinkova, Daniela. 2005. Protéger ou punir? Les voies de la decriminalisation de l' infanticide en France et dans le domaine des Haabsbourg, 183~193 siècles. *Crime, HIstoire & Sociétés/Crime, HIstory & Societies* 9,2: 43~72.

Tlusty, B. Ann. 2001. *Bacchus and civic order. The culture of drink in early modern Germany* (Charlottesville/London: University Press of Virginia).

Tlusty, B. Ann. 2002. The public house nad military culture in Germany, 1500~1648. In Kumin, Beat and Tlusty, B. Ann (eds.) *The World of the Tavern. Public Houses in EArly Modern Europe* (Aldershot: Ashgate): 136~56.

Töngi, Claudia. 2005. Erziehung, Vernachlässigung, Missbrauch. Häusliche Gewalt gegen Kinder und Pflegekinder in Uri im 19. Jahrhundert. *Traverse* 12, 2: 101~17.

Torre, Angelo. 1994. Feuding, factions and parties. The redefinition of politics in the Imperial fiefs of Langhe in the 17th and 18th centuries. In Muir, Edward and Rugiero, Guido (eds.), *History for crime. Selections from Quaderni Storici* (Baltimore: London): 135~69.

Turner, David M. 2002. *Fashioning adultery. Gender, sex and civility in England, 1660~1740* (Cambridge: Cambridge University Press).

Ulbricht, Otto, (ed.). 1995. *von Huren und Rabenmüttern. Weibliche Kriminalität in der frühen Neuzeit* (Köln: Böhlau).

Vale, Juliet. 2000. Violence and the tournemanet. In Kaeuper, Ricarhd W. (ed.), *Violence in medieval society* (Woodbridge: Boydell Press): 143~58.

Venard, Marc et al. 1992. *Histoire du christianisme des orgines à nos jours*. Vol. VIII: *1530~1630* (Paris: Desclée).

Vigarello, Georges. 1998. *Histoire du viol, 16e~20e siècle* (Paris: Seuil).

Vincent, Karelle. 1999. Le régicide en république. Sadi Carnot, 24 juin 1894~Paul Doumer, 6 mai 1932. In *Crime, HIstoire & Sociétés/Crime, HIstory & Societies* 3,2: 73~93.

Vree, Wilbert van. 1994. *Nederland als vergaderland. Opkomst en verbreiding van een vergaderregime* (Groningen, Wolters-Noordhoff).

Vries, Jan de and Woude, Ad van der. 1995. *Nederland, 1500~1850. De eerste ronde van moderne economische groei* (Amsterdam: Balans).

Vrolijk, Marjan. 2001. *Recht door gratie. Gratie bij doodslagen en andere delicten in Vlaanderen, Holland en Zeeland, 1531~1567* (Dissertation, Nijmegen).

Waardt, Hans de. 1996. Feud and atonement in Holland and Zeeland. From private vengeance to reconciliation under state supervision. In Schuurman, Anton and Spierenburg, Pieter (eds.), *Private domain, public inquiry. Families and life-style in the Netherlands and Europe, 1550 to the present* (Hilversum: Verloren): 15~38.

Walker, Garthine. 2003. *Crime, gender and social order in early modern England* (Cambridge:Cambridge University Press).

Walker, Nigel. 1968. *Crime and insanity in England.* Vol I: *The historical perspective* (Edinburgh: Edinburgh University Press).

Watanabe-O' Kelly, Helen. 1990. Tournaments and their relevance for warfare in the early modern period. *European History Quarterly* 20,4: 451~63.

Watanabe-O' Kelly, Helen. 1992. *Triumphall shews. Tournaments at German-speaking courts in their European context, 1560~1730* (Berlin: Gebr. Mann).

Watson, Katherine. 2004. *Poisoned lives. English poisoners and their victims* (London/New York: Hambledon and London).

Watson, Katherine D. (ed.). 2007. *Assaulting the past. Violence and civilization in historical context* (Newcastle: Cambridge Scholars Publishing).

Watt, Jeffrey R. 2001. *Choosing death. Suicide and Calvinism in early modern Geneva* (Kirksville, MO: Truman State University Press).

Watt, Jeffrey R. (ed.). 2004. *From sin to insanity. Suicide in early modern Europe* (Ithaca: Cornell University Press).

Weber, Eugen. 1976. *Peasants into Frenchmen. The modernization of rural France, 1870~1914* (Stanford: Stanford University Press).

Weber, Eugen. 1986. *France, Fin de Siècle* (Cambridge, MA/London: Harvard University

Press).

Weel, A. J. van. 1977. De wetgeving tegen het duelleren in de Republiek der VErenigde Nederlanden. *Nederlands ARchievenblad* 81: 282~96.

Wegert, Karl. 1994. *Popular culture, crime and social control in 18th-century Württemberg* (Stuttgart: Steiner).

Weinstein, Donald. 2000. *The captain's concubine. Love, honor and violence in REnaissance Tuscany* (Baltimore/London: Johns Hopkins University Press).

Wernicke, Steffen. 2000. Von Schlagen, Schmahen und Unendlickheit. Die Regensburger Urfehdebriefe im 15. Jahrhundert. In Blauert, Andreas and Schwerhoff, Gerd (eds.), *Kriminalitätsgeschichte. Beiträge zur Sozial- und Kulturgeschicte der Vormoderne* (Konstanz: Universitätsverlag): 379~404.

Wiener, Martin. 1999. The sad story of George Hall. Adultery, murder and the politics of mercy in mid-Victorian England. *SocHist* 24,2: 174~95.

Wiener, Martine J. 2004. *Men of blood. Violence, manliness, and criminal justice in Victorian England* (Cambridge: Cambridge University Press).

Wills, Abigail. 2005. Delinquency, masculinity and citizenship in England, 1950~1970. *PP* 187: 157~85.

Wilson, Stephen. 1988. *Feuding, conflict and banditry in 19th-century Corsica* (Cambridge: Cambridge University Press).

Wiltenburg, Joy. 1992. *Disorderly women and female power in the street literature of early modern England and Germany* (Charlottesville: University Press of Virginia).

Wilterdink, NIco. 2000. *In deze verwarrende tijd. Eeen terugblik en vooruitblik op de postmodernisteit* (Amsterdam: Vossiurpers).

Wirsching, Andreas. 2003. Political violence in France and Italy after 1918. *Journal of Modern European History* 1,1: 60~78.

Wittke, Margarete. 2002. *Mord und Totschlag? Gewaltdelikte im Fürstbistum Münster, 1580~1620. Täter, Opfer und Justiz* (Münster: Aschendorff).

Wolf, H. J. 1984. *Hoe was het ook weer? Verhalen over Breda, de Koninklijke Militaire Academie en het kasteel van Breda* (Breda: Brabantia Nostra).

Wood, John Carter. 2004. *Violence and crime in 19th-century England. The shadow of our refinement* (London: Routlede).

Ylikangas, Heikki. 1998. *The knife fighters. Violent crime in Southern Ostrobothnia,*

1790~1825 (Helsinki: Academia Scientiarium Fennica).

Ylikangas, Helkii, et al. 1998. *Five centuries of violence in Finland and the Baltic area* (Helsinki: Publications of the History of Criminality Research Project).

Zaitch, Damián. 2002. *Trafficking Cocaine. Columbian drug entrepreneurs in the Netherlands* (Den Haag: Kluwer).

Zorzi, Andrea. 1995. Politica e giustizia a Firenze al tempo degli ordinamenti anti-magnatizi. In Arrighi, Vanna (ed.), *Ordinamenti di giustizia foirentini. Studi in occasione del VII centenario* (Florence: Archivio di Stato): 105~47.

■찾아보기